SAGGISTICA 38

Mediterranean Encounters and Legacies
Incontri e lasciti mediterranei

Mediterranean Encounters and Legacies
Incontri e lasciti mediterranei

Edited by
Antonio C. Vitti
Anthony Julian Tamburri

BORDIGHERA PRESS

Library of Congress Control Number: 2021940214

Printed in the United States.

Published by
BORDIGHERA PRESS
John D. Calandra Italian American Institute
25 West 43rd Street, 17th Floor
New York, NY 10036

SAGGISTICA 37
ISBN 978-1-59954-188-4

TABLE OF CONTENTS

Antonio Vitti and Anthony Julian Tamburri • "Prefazione" (ix)

Salvatore Bancheri and Simone Casini • "Emigrazione e immigrazione nel cuore del Mediterraneo: il caso Delia" (1)

Enrico Bernard • "Il mare 'nero' di Bernari e il 'non-mare' della Ortese: un confronto testuale" (35)

Daniela Bombara • "*Mutterrecht* siciliano versus subalternità femminile: il caso di Francesca Agnetta, drammaturga dimenticata del primo Novecento" (44)

Emilio Ceruti • "*El Procés*. Il discorso indipendentista catalano. Un'analisi critica del discorso storiografico dei principali manuali scolastici usati in Catalogna" (61)

Kyle Fulford • "Navigating the *anni di piombo*: Italian Progressive Rock" (76)

Alan Hartman • "Finding Wholeness by Embracing "Southernness" in Elio Vittorini's *Conversazione in Sicilia*" (81)

David Joseph Higgins • "Mediterranean Values (and the lack thereof) in My Films" (91)

Mario Inglese • "'Archeologia' della parola: Lingua e dialetto nella poesia di Nino De Vita" (96)

Maria Laudani • "Mediterraneo *siculo-ellenico*: alcune persistenze lessicali greche nel dialetto siciliano" (110)

Michael Lettieri • "Mastrodascio e la tradizione figurativa mediterranea e occidentale" (125)

Mauro Mangano • "Le rotte dell'unico Dio: Pensare la spiritualità e il sacro nel Mediterraneo, da San Francesco a Pier Paolo Pasolini (143)

Anna Maria Milone • "Il Meridione a margine: uno studio su Rocco Carbone" (155)

Giovanni Minicucci • "Gabriele D'Annunzio e la sua mediterraneità: la bellezza come stile di vita, natura come oggetto del ricordo" (162)

Gabriele Paolini • "L'Elba napoleonica, crocevia del Mediterraneo" (173)

Ilaria Parini • *"Cannoli, sciù, iris, and cassata:*: Sicilian pastries in Pif's debut novel … *che Dio perdona a tutti"* (187)

Ellen Patat • "I volti di Istanbul: gli spazi urbani di Cambria, Baydar e Aciman" (201)

Sheryl Lynn Postman • "May Their Memory Be a Blessing: The Innocent Victims in *Tiro al piccione* by Giose Rimanelli" (218)

Daniela Privitera • "'In una lingua che non so più dire': poesia di mare e profezia di morte nel Mediterraneo di Stefano D'Arrigo" (238)

Raffaella Sciarra • "La gastronomia italiana nei periodici dickensiani *Household Words* e *All the Year Round* (1850-1870)" (249)

Anthony Julian Tamburri • "Symbolizing Christopher Columbus? Reflections on Columbus and Italian Americans" (261)

Tellini, Gino • "Significato e valore dell'insularità in Grazia Deledda" (278)

Tellini, Giulia • *"Notturno* mediterraneo. Il dramma della perdita d'identità in Annibale Ruccello (289)

Carmelina Vaccaro • "Mediterranea Individualità" (301)

Maria Rosaria Vitti-Alexander • "Il ventre del Mediterraneo" (309)

Roberto Zagarese • "The 20th Century Wave of Italians in America: Renegotiating Identity Through Food" (317)

Index (327)

PREFAZIONE

Sempre sulla scia del volume inaugurale di otto anni fa — *Europe, Italy, and the Mediterranean: L'Europa, l'Italia, e il Mediterraneo* (2014), nato dal primo convegno organizzato dal Mediterranean Centre for Intercultural Studies (MCIS; Centro Mediterraneo di Studi Interculturali) — questa raccolta di saggi nasce dall'ottavo convegno del Centro, che si è svolto online nel mese di novembre dell'anno scorso per via del *lockdown* mondiale,.

La presente raccolta che, noterà il lettore, è più fitta di quelle degli anni passati e contribuisce maggiormente alla missione fondamentale del MCIS — fondato nel 2012 e situato a Erice — con l'obiettivo specifico di creare un dialogo tra gli studiosi il cui lavoro intellettuale è dedicato a temi legati a qualsiasi aspetto della cultura mediterranea nel senso più ampio del termine. Il volume sottolinea anche la necessità di mettere a disposizione il meglio del lavoro che scaturisce dagli incontri annuali del Centro.[1]

Come gli altri cento e più saggi dei sette volumi precedenti, gli argomenti delle relazioni qui incluse sono variegati e, in alcuni casi, multidirezionali. Ci sono saggi che trattano di quella che oggi è stata accettata come *diaspora* italiana, la quale, come tutti sappiamo, ha portato alla nascita di "colonie" italiane in diverse parti del mondo: all'interno del Mediterraneo, oltre l'Atlantico in varie parti delle Americhe, o in altri continenti, quali l'Australia, l'Africa, e il resto d'Europa. In altri casi, ci sono saggi che trattano del movimento verso l'Italia, creando, a sua volta, una nuova e diversificata Italia che è ormai diventata una terra di arrivo [im]migratorio in contrapposizione alla sua storica posizione [e]migratoria. Uno dei diversi risultati di questa traiettoria di migrazione inversa è quello che potremmo considerare una "colorazione" dell'Italia.[2] Ci sono inoltre saggi che offrono nuove prospettive su testi di scrittori classici della tradizione letteraria italiana.

Altri saggi, a loro volta, esaminano il dialogo dell'eredità culturale che abbraccia la cronologia all'interno dei confini della zona geo-culturale che cono-

---

[1] Informazioni generali sul Mediterranean Centre for Intercultural Studies (Centro Mediterraneo di Studi Interculturali) sono disponibili sul seguente sito: http:// centro studimediterranei.com. I soci fondatori del Centro sono: Antonio Vitti, Jerome Pilarski, Pinola Savalli, Gino Tellini e Anthony Julian Tamburri.

[2] Anche se non è questa la sede per tale discussione, potremmo considerare le radici di tale discorso di colore, in qualche misura, nel discorso contestato della Questione meridionale, secondo cui alcuni vedevano l'Italia meridionale come una estensione dell'Africa, come è stato spesso affermato, e lo è ancora oggi, purtroppo, da alcuni.

sciamo come Italia. Va rilevato che all'interno di questo volume alcuni saggi esaminano il testo scritto e come esso interagisce sia con l'italianità che con il concetto di mediterraneità, altri, ancora, esaminano il discorso cinematografico italiano che si è sviluppato negli ultimi cinquant'anni.

Questo ottavo volume vuole auspicare che i saggi della presente raccolta suscitino nel lettore nuove riflessioni e il desiderio di unirsi a noi ad Erice, in Sicilia, alla fine del mese di maggio del 2022, per poter continuare fisicamente insieme il dialogo, la riflessione, e la ricerca sugli studi mediterranei, come abbiamo sempre fatto nel periodo pre-Covid.

Antonio C. Vitti & Anthony Julian Tamburri, Primavera 2021

Emigrazione e immigrazione nel cuore del Mediterraneo: il caso Delia

Salvatore Bancheri e Simone Casini
University of Toronto Mississauga

1. Introduzione

Il contributo considera i processi linguistici e semiotici che caratterizzano Delia, piccola cittadina nel cuore della Sicilia, in provincia di Caltanissetta, che adesso, come nel passato, è al centro delle dinamiche migratorie sia in uscita che in entrata, tanto da rappresentare il paradigma del mondo globale e globalizzato. Le riflessioni che avanziamo prendono in esame da un lato la storia sociale della città, proponendo numeri e mete, motivazioni e questioni identitarie che attengono al processo migratorio, ma dall'altro guardano alla capacità che la cittadinanza ha dimostrato nel vedere nella migrazione un fattore di arricchimento e di crescita culturale, senza che ciò implicasse una perdita delle tradizioni e delle istanze identitarie della Delia più ortodossa. Questo significa che nonostante abbia visto partire molti suoi concittadini, Delia non ha perso la sua natura esistenziale, né questa è sfumata verso forme di 'alleggerimento' culturale ipoteticamente causate da una significativa diminuzione dei suoi abitanti nel corso della storia recente.

Il contributo si definisce su piani complementari che solo marginalmente sono implicati nella vita di Delia e dei deliani: Delia è il simbolo del nostro oggetto di ricerca che, più in ampio, è il fenomeno della migrazione, ovvero del movimento di persone, lingue, culture, identità e forme di vita. Un movimento che ha caratterizzato l'Italia di inizi Novecento, e che ugualmente caratterizza l'Italia del 2020 (*RIM* 2019). Dinamiche linguistiche si avevano allora e dinamiche linguistiche si hanno oggi (Vedovelli 2015; Casini 2018); dinamiche che assumono valore fondante per il futuro dell'Italia e dell'italiano nel mondo globale, se interpretate sul piano anche educativo della competenza e della capacità dell'italiano di oggi di essere una lingua di comunicazione e identità per milioni di persone nel mondo (Casini e Bancheri 2019). In questo senso leggiamo oggi i dati linguistici sulla presenza migratoria in Italia e a Delia attraverso un modello che non vuole solo dire quali lingue o quante lingue le persone parlano o possono sapere, ma richiama i fondamenti della teoria linguistica ed educativa sul significato di 'sapere una lingua' e di 'competenza linguistica'.

Il filo conduttore di questo contributo riflette visioni plurime: da quella storico-migratoria a quella linguistica, da quella letteraria a quella filosofico-identitaria. Pur ponendo come spunto l'analisi di ciò che è successo e succede a Delia, la prospettiva proposta non sarà di parte, condizionata dal fatto che uno degli autori è nato a Delia[1], in quanto scontato sarebbe abbandonarsi a sentimentalismi e ricostruzioni personali sulla storia e gli eventi della città. Quanto si propone è, di contro, sostenuto dal distacco necessario che definisce la bontà e l'autenticità delle prospettive avanzate al di là della pertinenza identitaria e di una facile ricostruzione storica di un fenomeno a lungo dibattuto, che oggi pare letto attraverso quadri nuovi, attuali, sostenuti da modelli di oggi, con numeri di oggi.

Inoltre, se il fenomeno migratorio ha una valenza che potremmo definire universale (Bevilacqua, Clementi e Franzina 2001 e 2002; Vedovelli 2011), quanto tratteremo ha i fondamenti storici nella emigrazione siciliana verso il Canada, ma potrebbe riguardare altri contesti di emigrazione nel mondo, così come riguarda oggi il Mediterraneo, epicentro del movimento, del dibattito, della migrazione tra paesi di partenza e paesi di arrivo. Per l'Italia ieri il Mediterraneo era il mare della partenza; oggi è invece è il mare arrivo. Che si tratti di emigrazione di italiani, marocchini, tunisini, rumeni, tanzaniani, gambiani, oppure immigrazione in Canada, Italia, Francia, Germania, Argentina, poco importa: le due cose, con al centro il Mediterraneo, sono collegate. Verso questa ipotesi ci muove un paradigma di analisi dei fatti per cui i prefissi dicotomici *e-* ed *in-* (emigrazione vs immigrazione) rendono pieno valore a loro stessi solo se considerati assieme, solo se considerati nella storia come forme diverse, figlie della medesima voglia di riscatto sociale, pace, libertà, lavoro e, in una parola sola, vita. Accenneremo a fatti sociali che portano con sé tutto il peso della migrazione e quindi, con il distacco che si confà ad un articolo scientifico, faremo riferimento solo marginalmente a immigrazione clandestina, pregiudizi, quarantena, morti bianche sul lavoro senza toccare fatti di attualità, ma ben consapevoli dei legami, talvolta anche espliciti, che possono esserci.

---

[1] La relazione è frutto della riflessione congiunta dei due autori: Casini, senese, e Bancheri, deliano. Tecnicamente entrambi sono emigrati, ma con storie assai diverse per momenti, progetti e dinamiche.

2. L'EMIGRAZIONE ITALIANA ALL'ESTERO: IL CASO DELIA

Delia è una piccola città (poco più di 4000 abitanti), che è stata profondamente toccata dal fenomeno dell'emigrazione come bene è messo in luce dai grafici 1 e 2[2]. Il primo grafico presenta la popolazione di Delia tra il 1959 e il 2005, mentre il secondo si sofferma sui numeri della emigrazione nello stesso periodo[3].

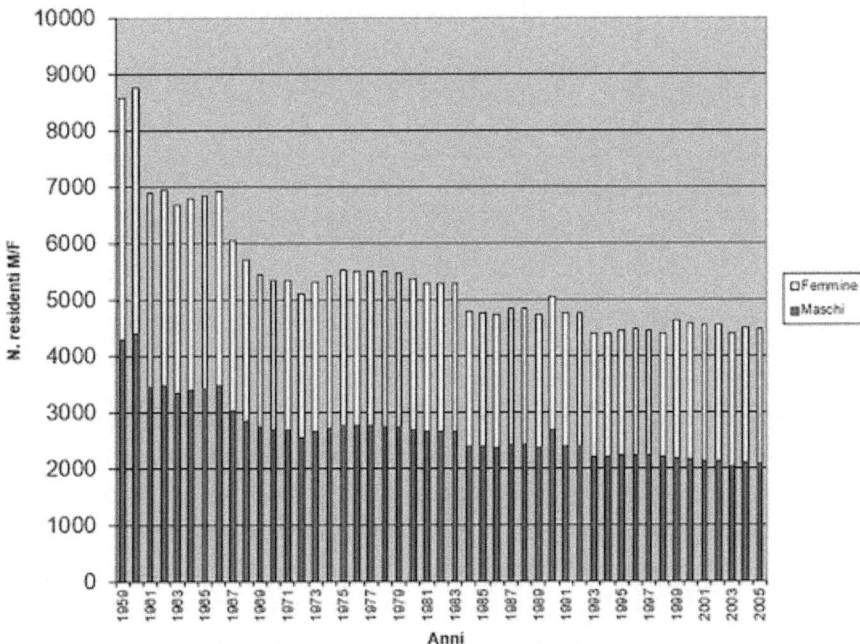

Grafico 1 – Delia, popolazione emigrata anni 1959-2005

---

[2] Per una considerazione generale sulla emigrazione dei deliani, si veda Carvello (2012), *Storia di Delia (1812-1922)* e Carvello (2013), *Storia di Delia (1923-1970)*. In quest'ultimo volume, si veda la sezione "Dall'emigrazione sporadica all'emigrazione di massa" (162-167), in cui viene anche menzionato il critico letterario di Delia Luigi Russo: "anche lui, in fondo, un emigrato, come dice la scrittrice Lina Dolce, era perennemente affetto da una struggente insularità d'animo, sentiva in modo profondo e pregnante l'appartenenza alla sua isola nei suoi riflessi psicologici, morali e culturali, tanto da farlo esclamare ne Il dialogo dei popoli: 'Noi portiamo sempre nel cuore la patria di origine, tanto più viva quanto più profondo è il distacco da essa per gli anni e per lo spazio'." (164-165).
[3] I dati sulla popolazione di Delia e sulla presenza oggi di cittadini stranieri sono stati elaborati dal sito https://www.tuttitalia.it e integrati da ricerche condotte dagli autori presso gli archivi municipali. Tali ricerche sono state possibili grazie al sindaco, Gianfilippo Bancheri, e alla giunta comunale che da subito hanno condiviso l'opportunità e l'importanza di un simile studio in linea con il tessuto migratorio e sociale di Delia.

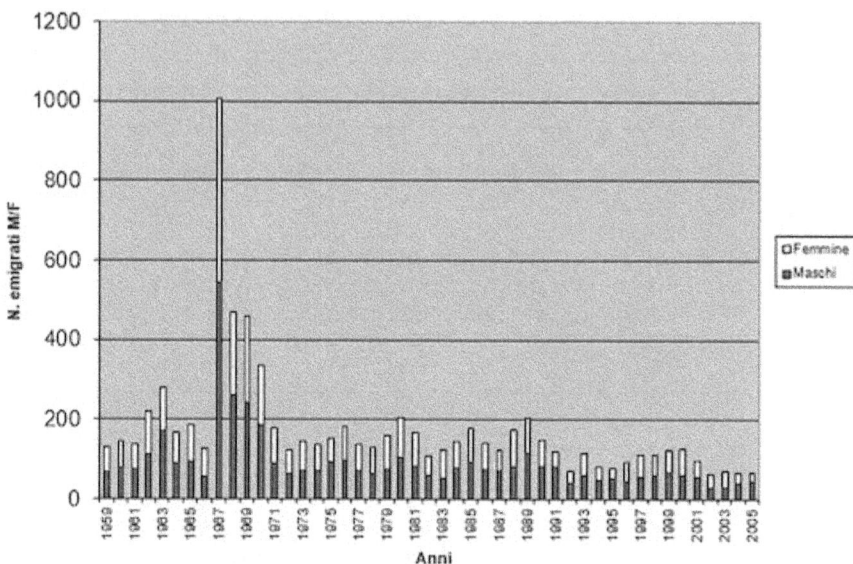

Grafico 2 – Delia, popolazione residente anni 1959-2005

Nel solo 1967 il numero degli emigrati deliani supera sia pur di poco le mille unità, ovvero circa il 16% della popolazione; altre 1000 persone lasciano il paese tra il 1968 e il 1970. Dal 1990 in poi, il numero degli emigrati è sempre inferiore alle 200 unità, mentre la popolazione di Delia si assesta a poco più di 4000 persone anche grazie al fenomeno dell'immigrazione. In sede storica, nel 1901 i residenti a Delia erano 4705 mentre nel 1911 erano 5311, con un incremento in appena 10 anni di oltre 600 persone, sintomo di un fenomeno emigratorio che, seppur presente, non aveva ancora toccato i propri apici. In piena epoca fascista, in linea con la politica migratoria del tempo, i flussi si interruppero e la popolazione residente arrivò a 6527. Dopo il secondo conflitto mondiale inizia quella inarrestabile emorragia che produrrà la lunghissima ondata di partenze e che porterà ad un impoverimento demografico assoluto tale da ridurre i residenti dai 7250 del 1951 ai 4855 del 1981, e ai poco più di 4,000 di oggi.

Questo movimento ha avuto per Delia e i deliani una duplice connotazione: da un lato è stato il tentativo, spesso riuscito, di vedere realizzati sogni di una vita migliore, sogni di una vita che in Italia difficilmente sarebbero stati realizzati. Va poi aggiunto che il modello migratorio era 'di paese' inteso cioè non come il singolo che si sposta, ma come un intero gruppo familiare nel senso più ampio, che ha portato anche persone, con condizioni di partenza diverse, a scegliere la nuova patria perché spinti da legami di famiglia piuttosto che da richiami economici. L'altro lato della medaglia riflette quel sentimento che già padre Dante ha cantato: in qualsiasi forma di migrazione (emigrazione, immigrazione, esilio politico o accademico) si prova sempre come "sa di sale / lo pane altrui, e come è duro calle / lo scendere e 'l salir per l'altrui scale" (*Par.* 17, vv. 58-60).

L'emigrazione di Delia ha natura sia europea che più generalmente globale: limitandoci al contesto nordamericano, la comunità deliana a Toronto (emblema nel multiculturalismo canadese) è oggi più grande di quella presente nella stessa Delia. A questa si aggiunga la altrettanto numerosa comunità in Germania, specialmente nelle città più sicilianizzate come "Dammistar", "Manaim" e "Sabrichen"[4], ovvero Darmstadt, Mannheim e Saarbrücken. Esistono poi comunità deliane in Francia, Belgio, Stati Uniti, Venezuela e Argentina, ecc. È chiaro, quindi, che non v'è cittadino di Delia che non abbia vissuto molto da vicino il problema dell'emigrazione[5]. Tuttavia, parafrasando la nota finale in *Conversazione in Sicilia*, "Delia è solo per avventura Delia, solo perché il nome Delia a noi suona meglio di Canicattì e Sommatino". La storia di Delia è la storia di Pachino, Racalmuto, Cattolica Eraclea, Siciliana, Castellammare del Golfo, Termini Imerese, Vita, o di qualsiasi altro paese del sud Italia (in particolare, ma di molte aree anche del centro e del nord).

Il fenomeno migratorio italiano ha avuto esiti qualitativi e quantitativi di notevole portata, e copiosa è la letteratura che ne ha trattato le condizioni[6]. Sia consentito, tuttavia, riprendere alcuni stralci di storia migratoria che bene danno il senso della portata identitaria del fenomeno. La crisi del 1880-1890 segna l'inizio dell'emigrazione di massa degli italiani il cui primo flusso di massa va dal 1880 al 1915[7]. All'alba della Prima guerra mondiale gli italiani erano sparsi

---

[4] L'ortografia qui adottata è quella trovata nel retro di copertina di *Tutti dicono Germania Germania* (1975) di Stefano Vilardo, di cui si discuterà oltre.

[5] Innumerevoli sono le storie di emigrazione e di "ritorni" raccolte nel volume *L'irresistibile fascino del quotidiano. Fatti e personaggi della Delia del XX secolo*, a cura di Marcello Occhipinti (2019). Si vedano in particolare i primi due capitoli ("Emigrazione ed immigrazione a Delia nel XX secolo" e "Deliani", pp. 1-56), anche se le riflessioni e i racconti di vicende particolari sono presenti nell'intero volume.

[6] La storia migratoria italiana ha una bibliografia sterminata. In questa sede facciamo riferimento alla tradizione di Bevilacqua, Clementi e Franzina (2001 e 2002). Per l'emigrazione in Canada si veda Breda e Toppan (2019), Harney (1984), Perin e Sturino (1988), Pozzetta e Ramirez (1992), Ramirez (1989), Zucchi (1988). Per una considerazione linguistica dell'emigrazione italiana si consideri poi Vedovelli (2011).

[7] Sulla emigrazione dei siciliani in questo periodo si veda Carvello (2012, pp. 106-108), in cui si fa riferimento allo specifico caso dei deliani. In appendice (pp. 185-188) è riportata la lettera-diario di bordo (Napoli-New York 24 maggio - 7 giugno 1913) del deliano Luigi Patermo.

un po' in tutto il Canada, dalla British Columbia alla Nova Scotia, anche se la concentrazione più alta era nel sud dell'Ontario, tra Toronto, Hamilton e la regione del Niagara[8]. Il secondo flusso migratorio significativo si ha tra il 1946 e il 1976, periodo in cui 7,5 milioni di italiani emigrano; circa 800 mila sono i siciliani, e circa 45-50 mila di essi si stabiliscono proprio in Canada. La maggior parte di essi proviene dalle province di Agrigento, Siracusa, Trapani e Messina. In questo periodo si rafforzano le comunità di Racalmuto, Pachino, Termini Imerese, Vita, ma vi sono grandi movimenti di interi paesi: Salemi, Cattolica Eraclea, Siculiana, Noto, Delia. Vistose colonie di siciliani sono a Windsor, Winnipeg, Vancouver, Montreal, ma la maggior parte degli emigrati siciliani si stabilisce nel sud Ontario.

In un articolo di oltre 25 anni fa sulle organizzazioni regionali italiane in Ontario, Buranello e Lettieri (1993) consideravano un aspetto di assoluto interesse legato al grado di coinvolgimento della emigrazione italiana nelle dinamiche di vita nell'altrove: a partire dalle comunità siciliane, ma arrivando a coprire buona parte delle regioni italiane, i due studiosi individuano oltre 250 gruppi regionali e ben 400 organizzazioni italiane di qualsiasi tipo nella sola area metropolitana di Toronto. Tali gruppi legati alla emigrazione italiana in Canada promuovono la cultura, la lingua e le tradizioni del paese di riferimento: sono nati con una valenza sociale come società per il mutuo soccorso, ma poi soprattutto dagli anni Sessanta hanno assunto la funzione di social club, divenendo, dall'ultimo ventennio, associazioni socioculturali e ricreative, attorno a cui coinvolgere generazioni di emigrati e italo-discendenti.

La comunità siciliana e in generale italiana di Toronto (e per esteso in tutto il Canada), ha attraversato momenti molto difficili ed è stata spesso emarginata come è messo in luce da Breda e Toppan (2019), Casini, "Bel Paese" (2019). Tuttavia, è riuscita a dare un contributo fattivo allo sviluppo non solo della italianità o della integrazione culturale nel Canada multietnico, ma allo stesso tessuto sociale ed economico canadese e in esteso nordamericano (si veda, per esempio, Agnoletto 2014; Breda e Toppan 2019; Toppan 2019).

L'emigrazione è stata (ed è tutt'ora) un fatto linguistico, sociale e identitario e per questo anche culturale, nell'ambito di una letteratura di emigrazione di cui riportiamo alcuni esempi che non vogliono essere esaustivi della ampiezza e della complessità del fenomeno, ma esemplificativi di una realtà che ha saputo

---

[8] Per l'emigrazione siciliana in Canada si veda anche Cumbo 1999.

dare un senso all'emigrazione interpretando sentimenti e stati d'animo di cui non avere vergogna, ma al contrario bisognosi di essere posti dinanzi alla attenzione globale. Alle gioie, ai lamenti, alle ansietà, alle condizioni e alle testimonianze del popolo di Delia (e, per estensione, di ogni emigrante) hanno dato voce poetica dapprima Stefano Vilardo[9] — autore di *Tutti dicono Germania Germania*, pubblicato da Garzanti nel 1975, con un'introduzione di Leonardo Sciascia — poi Lina Riccobene, sia attraverso una ricca produzione poetica — in particolare *La via dell'oceano (da Delia verso l'altrove)* del 1996 — sia attraverso una altrettanto prolifica produzione drammatica. Ci sia consentito citare da questi due autori perché colgono a pieno la condizione degli emigranti, interpretandone sentimenti ed emozioni di ieri analoghi a quelli che oggi vivono la medesima condizione di migrante[10].

Nel lavoro del Vilardo, una sorta di Spoon River nostrana, la parola è presa dagli stessi emarginati di Delia, costretti "fra due terre che perpetuamente li attirano e li respingono": la Germania "Manna del cielo" e "paradiso", quando è utopia e miraggio lontano, si trasforma in fatica e lavoro, quando diventa amara realtà dell'emigrato. Delia, a sua volta, si fa paradiso, fame e fatica, senza che vi sia necessariamente una forma di contraddizione in questo trittico, ma soltanto un presupposto di complementarità all'interno di un fenomeno poliedrico (Vilardo 1975, retrocopertina). Si legge in Vilardo:

È vita questa
Vita di sacrifici
Ma io dico
che sempre noi dobbiamo farli questi sacrifici
ché siamo figli di puttana
muli siamo senza padre né madre (17)

Tutti dicono Germania Germania
e se ne riempiono la bocca
come fosse la manna del cielo

---

[9] Per un approfondimento su Stefano Vilardo e sui suoi lavori cfr. la tesi di Giuseppina Stefania Mandalà, che comprende anche una dettagliata bibliografia. Si veda anche la postfazione di Aldo Gerbino alla edizione del 2007 di *Tutti dicono Germania Germania*. Per una lista sommaria delle pubblicazioni di Vilardo, si veda il risvolto del retro copertina del suo ultimo romanzo, *Garibaldi e il Cavaliere* (2017).
[10] Ci sia permesso segnalare due altri autori di Delia che hanno raccontato storie di emigrazione dei loro compaesani: Aronica (1976) e Leone (2000).

a me non ha portato che sfortuna
ma io sono cocciuto come un mulo
e andrò in Germania fino a quando crepo
[...]
Parlano della Germania come fosse il paradiso
come se i soldi te li regalassero
invece se non ti sfianchi di lavoro
per dieci dodici ore al giorno
a casa non manderesti che pidocchi (79)

Continua ancora Vilardo:

Sono partito per la Germania
Il due ottobre del millenovecento sessantuno
ché qui non potevo più campare
io e la famiglia con quattro bambini (11)

Sono partito per la Germania
nel millenovecentcinquattotto
Da clandestino
ché non sapevo come fare
per campare la famiglia
E curare la moglie ammalata.
Eravamo in otto
e passammo le montagne come cani bastonati
Ma Dio volle che arrivammo sani e salvi
Alla Saar
lì trovammo lavoro e casa (33)

Notiamo nelle parole degli emigrati deliani una durezza ed un'asprezza che, per quanto mediate dal raffinato filtro del poeta[11], conservano ancora un realismo in grado di far "azzidari li carni"[12], far accapponare la pelle.

Il rapporto Germania-emigrante è equivalente per gli emigrati italiani in Canada o negli USA al binomio "dollari-dolori" "dollàri-dolori" oppure al-

---

[11] Scrive Sciascia (1975): "[La raccolta di queste storie di emigranti] non è stata un'operazione facile. Per quanto, leggendole, non sembri, ma mediazione del poeta c'è stata. La ricreazione, appunto. E che non sembri, è il maggior merito di questo libretto" (7).
[12] L'espressione siciliana "azziddari li carni" o "arrizzari li carni" è molto forte ed equivale a "far accapponare la pelle", "far venire la pelle d'oca", "far venire i brividi".

l'espressione "streets were not paved with gold". La versione canadese di questa espressione recita così: prima di partire per il Canada, agli emigrati italiani veniva detto che in Canada avrebbero trovato le strade asfaltate in oro. Tuttavia, al loro arrivo in questa terra promessa si sono resi conto che le strade non erano asfaltate in oro; anzi non erano affatto asfaltate e che addirittura erano loro stessi a doverle asfaltare. Inoltre, non era stato detto loro che avrebbero addirittura perso la vita nell'asfaltare le strade, come documentato ampiamente nel volume *Land of Triumph and Tragedy* di Breda e Toppan (2019), nelle cui prime pagine si legge:

> When the names of the men and women who were killed in workplace tragedies were finally named on the *Italian Fallen Workers Memorial Wall*, they had at long last received the honour they truly deserved [...] Now that the historical account of Italian Canadian immigration history includes the story of this large number of Italian Fallen Workers and Italian immigrants' struggle for fairness and equality within the workplace across this great new country, the full story of the Italian Canadian immigration history has been recounted. (xi)

Alle parole del Vilardo[13] fanno eco quelle altrettanto dirette e forti di un deliano, la cui esperienza, assieme a quella di molti altri paesani è raccolta nel

---

[13] La migrazione di ieri e di oggi porta con sé numerosi spunti e conseguenze sociali sia per la vita del migrante che, nel lasciare la patria, affronta contesti e situazioni non sempre agevoli, sia per coloro che rimangono in patria, nei confronti dei quali si mantiene un legame familiare e non solo identitario di comunità. Non è immediato, semplice e univoco il rapporto che in questa linea si crea: talvolta la partenza e l'auspicato benessere nascondono realtà ben diverse, che non è raro siano celate, camuffate, perché foriere di uno stigma che il migrante vuole tenere nascosto. Non è pertanto inusuale che anche laddove la migrazione non porti quei benefici economici e sociali che ne determinano l'inizio, il processo di ritorno, auspicato e voluto in particolare dalle prime generazioni, sia accompagnato dalla necessità di nascondere il disagio della vita del migrante, l'insoddisfazione e l'impossibilità di arrivare allo status immaginato. Vilardo (1975) come pure Aronica (1976), Leone (2000) e Barbieri ("Il ritorno d'un emigrato", 1926) raccontano di condizioni psicologiche e personali di una vita 'non vera' che il ritorno porta con sé, nel tentativo (vano) di far vedere agli altri (ai paesani rimasti) che il sacrificio del viaggio ha portato un benessere non raggiungibile in patria. Per esempio, in Vilardo diversi protagonisti delle poesie di *Tutti dicono Germania Germania* avevano prima fatto una esperienza migratoria in Venezuela ed erano ritornati a Delia dopo "[...] anni di sacrifici / umiliazioni / sudori" (30) oppure perché stanchi "di quella vita da zingaro" (52). Un altro emigrato invece non avendo trovato un lavoro stabile aveva fatto dei debiti: "in Venezuela rimasi sei mesi senza lavoro / ma tramite gli amici i cugini / non mi mancavano i soldi per mangiare / ma ero pieno di debiti sino ai capelli / Finalmente trovai lavoro alla Montecatini / otto mesi di lavoro / e poi sei mesi a spasso / ricominciò la storia dei debiti / a stento tiravo avanti la vita / La sera non potevo uscire / ché non avevo una lira / e lavare i pantaloni le camicie / pulire le scarpine lavare le calzette / Così per sei anni / Visto che non potevo fare fortuna / mi decisi di tornare in Italia". Un altro ancora decide di ritornare

libro *L'Irresistibile fascino del quotidiano. Fatti e personaggi della Delia del XX secolo*, a cura di Marcello Occhipinti:

> L'otto ottobre finalmente l'imbarco per gli USA. L'Hamburg è un grosso piroscafo a vapore impiegato sulla rotta Napoli — New York; i due viaggiano in terza classe; sono alloggiati nella stiva, come mercanzie, un locale al buio, sporco, malsano e soggetto in maniera drammatica al rollio ed al beccheggio del grande bastimento. Il pianto dei bimbi, figli dei tanti disperati in viaggio per la "terra promessa", è continuo e lacerante e si respira appena: troppo fumo e poca aria. Si può salire sul ponte della nave solo per poco tempo e solo di mattina, mentre il resto della giornata si passa distesi sulle strette cuccette in ferro, molte volte in preda ad un feroce mal di mare.
>
> Finalmente il 21 ottobre 1913 l'arrivo a New York; vengono rigorosamente e brutalmente messi in quarantena; studiati come animali rari, visitati e molte volte vilipesi e rimpatriati dalle autorità statunitensi, quando ritenuti non compatibili per la nuova vita. (3)

Parole diverse, contesti diversi, ma sentimenti uguali sono quelli a cui dà forma poetica Lina Riccobene, in "Unni iè ghiè" ("Ovunque") che riassume la raccolta *La via dell'Oceano*. Scrive Lina Riccobene[14]:

Unni iè ghiè
è la noscia sorti

---

perché il lavoro era troppo pesante e la moglie, lasciata dopo soli 5 mesi di matrimonio, gli scriveva continuamente perché tornasse. Ne sono una testimonianza queste parole con cui il Vilardo ricorda un episodio di emigrazione in Venezuela: "In Venezuela non trovai lavoro / facevo giornate intere di cammino / i piedi pieni di piaghe / c'è travaho / ma quale travaho niente travaho, / allora mi misi a vendere gelati per le strade / [...] / Poi finalmente trovai lavoro in un cantiere / e cominciai a guadagnare qualche pesos / Dopo cinque anni mi stancai / ché non era vita da potersi fare / dalla mattina alla sera col piccone in mano / e mia moglie che non finiva mai / di scrivermi perché ritornassi" (102).

Se poi la migrazione è un fenomeno globale al di là del fatto storico, allora un analogo scenario non è escluso nell'Italia contemporanea quando sono ben presenti le partenze in particolare delle giovani generazioni. Talvolta anche in questo caso si parte per avere all'estero un futuro migliore e tuttavia si accettano all'estero condizioni lavorative e sociali che non sarebbero state accettate in patria, ma che proprio all'estero diventano la nuova vita, perché ancor più complesso (culturalmente e psicologicamente) sarebbe ammettere a sé e agli altri che l'estero non è (sempre) quell'Eden frutto di una esterofilia italiana universale.

[14] Sia Vilardo che Riccobene interpretano una condizione umana comune, una condizione psicologica e identitaria che supera talvolta le precarie condizioni di vita che hanno caratterizzato il viaggio in emigrazione. Altri autori sottolineano come ad esempio il non riuscire a far parte di eventi dalla forte connotazione identitaria quali la Settimana Santa, il Natale, le feste della comunità sia una inesorabile esclusione frutto di una distanza anche fisica difficile da colmare e tale da rendere ancor più atroce la lontananza. Per l'analisi della poetica di Riccobene e Vilardo si veda Bancheri 2003, 2007, 2009, 2010, 2012-2015, 2020. Si veda ancora Riccobene 2020.

passa mari e taglia aria
lassa caudu e trova gelu
pi fieudi di stenti e sudura
pi spranza mai lassata di maniu.

Gli emigranti (e i non emigrati) sono persone che hanno caratteri, personalità, attitudini, competenze, interessi anche diversi, ma una cosa pare accomunare tutte le persone che partono, siano esse europee o americane. Si tratta di un tratto che appare imprescindibile, come fosse una sorta di universale della migrazione, a-spaziale e a-temporale: il pregiudizio verso il nuovo e il diverso, il pregiudizio che il nuovo arrivato ha nei confronti del locale, e il pregiudizio dell'autoctono nei confronti del nuovo. Spesso tale sentimento, di cui sono richiamati gli effetti più evidenti da Stella (2002), si manifesta attraverso la lingua, attraverso cioè quelle forme simboliche potenti che sono le parole attraverso cui si creano, descrivono e trasmettono pensieri, sentimenti, stati d'animo, voglie di riscatto e con cui si alimentano anche false credenze e pregiudizi. Ma cosa è in effetti il pregiudizio? Il pregiudizio è una idea, una opinione concepita sulla base di convinzioni personali e prevenzioni generali, senza una conoscenza diretta dei fatti, delle persone, delle cose, tale da condizionare fortemente la valutazione, e da indurre quindi in errore. L'emigrante italiano ha dovuto combattere con il pregiudizio e il pregiudizio, talvolta, ha contribuito a creare, agli occhi degli altri, la sua identità.

Nicaso[15] (2004) ben rappresenta queste dinamiche, raccontando un episodio avvenuto in Canada nel 1922, sintomatico del pregiudizio diffuso verso gli italiani:

---

[15] Quanto Nicaso (2004) riporta richiamando un fatto di inizio Novecento non riflette usi e costumi solo passati, ma richiama sentimenti che, ancora oggi, nell'Italia aperta ai movimenti globali contemporanei, si ritrova pressante nelle pagine di giornali o nelle parole di alcuni italiani: "Rumeno uccide la moglie", "Marocchino violenta una donna". Sono solo alcuni degli slogan che con cui una comunicazione pubblica e sociale talvolta enfatizzata dai social descrive un fenomeno in cui il presupposto non è quello privo di connotazioni, di "un essere umano commette un reato penale nei confronti di un altro essere umano", ma richiama da vicino una forma linguistica di odio in cui l'accento è posto non sul reato, ma su colui che lo ha commesso e non (solo) in quanto ha commesso un reato, ma in questo straniero (estraneo) e che pertanto ha commesso un reato (Petrilli 2020).

Richiamando i corsi e i ricorsi storici di vichiana memoria, ci sia concesso riflettere su un fatto che ha visto protagonista direttamente uno dei due autori del contributo. Siamo consapevoli che sul piano scientifico (anche quello umanistico) il ricorso a fatti esperienziali ha un senso limitato, in quanto non pare corroborato da numeri, dati, riferimenti, letteratura che hanno il compito di togliere l'evento dal caso di hapax, dandogli dignità scientifica. Tuttavia, esistono aspetti delle scienze umane, come quelli linguistico-

"Mr Mayor," warned the head of a KKK unit based in nearby St. Catharines If [the] foreigner who shot and killed our fellow human, Officer Trueman, is not apprehended on or before Jan. 2, the clansmen of the fiery cross will take the initiative in the Thurold Italian Section." And the note published—on December 20 in the widely distributed newspaper *The Hamilton Spectator* — ended as follows: Eighteen hundred armed men of the scarlet division are secretly scouring this district, and await the word to exterminate these rats. This warning is no joke." (8)

Italia e Canada. Roma e Ottawa. Cambiando gli ordini degli addendi il risultato non cambia. Nella memoria collettiva degli emigrati italiani in Canada si ricordano storie di bambini di origini italiane che a scuola, durante la ricreazione, tiravano fuori dallo zainetto i tipici panini italiani: panini amorevolmente preparati da madri e nonne, panini con formaggio, salame, mortadella. All'inizio i figli dei "mangiacake", forse influenzati dai loro genitori o parenti, prendevano in giro i bambini figli dei "wop" perché mangiavano "stinky meat". Da parte loro, i bambini italiani, forse anche loro influenzati da genitori e parenti,

---

culturali, che coinvolgono il singolo e che anzi, senza il singolo, non avrebbero luogo e senso. Salvatore Bancheri ha lasciato l'Italia nel lontano 1972, vi ha fatto regolarmente ritorno, spesso per motivi professionali, ma altre volte *en touriste*, con la famiglia. Ha ricordi bellissimi per ciascuno dei viaggi fatti; tuttavia, e purtroppo, tra i ricordi indelebili che Bancheri ha non ci sono né le bellezze artistiche dell'Italia, né le sue prelibate specialità culinarie, e neanche la gioia nel rivedere parenti ed amici. È rimasta in lui impressa una scena a cui ha assistito assieme alla figlia più piccola, che aveva allora quasi 9 anni. Si tratta di un episodio avvenuto nel 1999, ovvero nel secolo scorso, ma che forse poteva avvenire anche ai nostri giorni. In un atrio ampio, come quelli così belli delle nostre piccole o grandi città, Bancheri ricorda di aver visto due bambini giocare tranquillamente al pallone. Due amici, forse due compagni di scuola, sicuramente due coetanei. L'uno italiano; l'altro, dai tratti somatici, non pareva italiano. A un tratto, si affaccia al cortile, diventato campo da gioco, il padre del bambino italiano che rimprovera il figlio per l'unica colpa che, a suo dire, aveva commesso: giocare con il compagno straniero, scambiare con lui la palla, come avrebbe potuto fare con qualunque altro ragazzino. Questo non andava bene, non perché il compagno non fosse abile come il figlio, oppure tra i due ci fosse stato qualche malinteso; ciò che non andava bene era il colore della pelle del compagno, non era candido come quello del figlio italiano. Alla resistenza o incredulità del figlio per quel rimprovero tanto fermo quanto inspiegabile (agli occhi del bambino) si aggiungono le parole di un vicino di casa il quale, dopo aver assistito al fatto, esclama: "Da' retta a tuo padre e non giocare con quel marocchino". Nel frattempo, si sente abbaiare un cane. E l'uomo aggiunge: "Anche i cani, quando vedono quelli là, abbaiano". Riflettiamo sull'espressione "Quelli là". Come se gli italiani fossero 'quelli qua', con un dubbio però su cosa fossero gli emigrati che non erano 'quelli là', ma non potevano dirsi neppure 'quelli qua'. Ancora oggi è difficile ricordare le parole con cui ha spiegato il perché di quella scena, o semplicemente il suo significato, agli occhi di una bambina di allora dieci anni che non ha vissuto mai tali sensazioni, non perché non esistenti anche in Canada (dove lei è nata), ma solo perché nata dopo. Nata dopo che cosa? Perché dopo? Dopo, non significa mai. Dopo significa che ci è stato un prima, e nel prima questa stessa scena avrebbe potuto avere luogo a Toronto, a New York, così come il cortile dei ricordi poteva essere a Milano, Roma o Palermo.

non riuscivano a capire cosa ci fosse di buono nel mangiare un pane soffice spalmato con peanut butter. Ben presto però i bambini dei "mangiacake" e i figli dei "wop" finirono per scambiarsi la colazione, perché il bambino, con la sua innocenza, non sa e non vuole sapere se il panino è il segno di qualche cosa, ma sa e soprattutto gli interessa solo che il panino sia buono. E i panini dei "wop" erano buonissimi. E i "tosti" con peanut butter dei "mangiacake" erano altrettanto buoni.

In linea con questo intendimento, e traslando i fatti nella attualità dei social, si considerino alcuni commenti ad un post recente apparso su Facebook dopo che era stata vandalizzata una statuetta della Madonna"

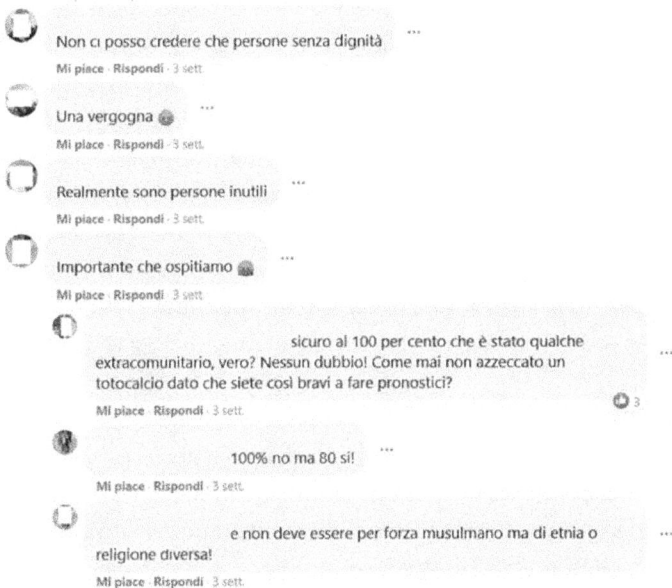

> Non ci posso credere che persone senza dignità
> Mi piace · Rispondi · 3 sett.

> Una vergogna 😡
> Mi piace · Rispondi · 3 sett.

> Realmente sono persone inutili
> Mi piace · Rispondi · 3 sett.

> Importante che ospitiamo 😡
> Mi piace · Rispondi · 3 sett.

>> sicuro al 100 per cento che è stato qualche extracomunitario, vero? Nessun dubbio! Come mai non azzeccato un totocalcio dato che siete così bravi a fare pronostici?
>> Mi piace · Rispondi · 3 sett.

>> 100% no ma 80 si!
>> Mi piace · Rispondi · 3 sett.

>> e non deve essere per forza musulmano ma di etnia o religione diversa!
>> Mi piace · Rispondi · 3 sett.

Tutto questo, nel bene e nel male, è il migrante. Ma alla fine qual è l'identità del migrante? Una, nessuna, centomila, direbbe Pirandello. Per spiegare la natura variegata dell'emigrante e della realtà italo-canadese o italo-americana, ci piace spesso portare questo esempio. Tra siciliani ci identifichiamo come deliani, pachinesi, palermitani, trapanesi; tra italo-canadesi o italo-americani siamo siciliani, calabresi, pugliesi; tra canadesi o americani siamo italiani; in Italia gli italo-canadesi sono chiamati addirittura americani. Una identità che cambia continuamente; e questo non è un limite; è una condizione che ci arricchisce che ci rende più completi e soprattutto più tolleranti.

Non stiamo parlando di una tolleranza politica, che talvolta ha come sinonimo la parola rispetto, rispetto per la diversità e per l'altrui che non dovrebbe mai cessare in uno stato moderno di diritto: la tolleranza a cui facciamo riferimento si riflette in una sorta di apertura alla diversità, accettazione e convinzione che la migrazione sia un fatto naturale legato alla storia delle genti e delle persone, che nel migrare e nel contatto portano con sé lingue, costumi, identità, forme di vita.

Più volte abbiamo sostenuto il fatto che emigrazione e immigrazione fossero semioticamente collegate non solo lessicalmente per la variazione di un prefisso, ma perché il migrare è sempre emigrazione e contestualmente immigrazione; nello stesso tempo siamo emigrati e immigrati; ciò che cambia è la prospettiva con cui si migra, ma non la natura del fatto. L'italiano di inizio e metà Novecento era un emigrato per l'Italia, ma un immigrato per l'America; il tunisino di oggi è un emigrato per la Tunisia e un immigrato per l'Italia. Questo continuum nei confronti della migrazione consente di guardare Delia con occhi diversi rispetto a quelle della tradizione storica e letteraria, ovvero considerare come a Delia, proprio per la sua cultura migratoria, possa risiedere quella consapevolezza culturale, apertura alla diversità, che consente di vedere nel movimento globale non un limite o un vulnus per una presunta 'integrità' e 'uniformità' sociale, ma un arricchimento collettivo nei quadri della diversità'.

3. ALCUNE QUESTIONI LINGUISTICHE

La linea che vogliamo percorrere porta oggi a considerare un fatto significativo per Delia, ma più in generale per l'intera Italia coinvolta in dinamiche europee, mediterranee e globali: se Delia è stata per decenni meta di emigrazione, oggi, è una meta di immigrazione. Perché questo avviene ed è avvenuto? La risposta può forse semplicemente far riferimento alle mutate generali condizioni economiche della cittadina italiana che ha raggiunto, come altre realtà locali, un benessere economico e sociale alla fine del Novecento e negli anni a seguire; ma forse, segno ancor più significativo di tale processo, è dato da una apertura all'accoglienza, alla integrazione e alla diversità che è culturalmente legata alla storia emigratoria particolare. Tra le due, tuttavia, la seconda pesa maggiormente sulla prima e i numeri che a breve proponiamo, prendendo spunto dal piano delle lingue, danno il senso a tale presupposto.

Delia non può essere considerata il centro dell'immigrazione italiana in termini assoluti, ma proprio Delia offre una chiave di lettura linguistica e semiotica per considerare un fatto strettamente connesso con la migrazione che è movimento di genti e persone, di culture e identità e quindi di forme simboliche e di lingue sin dalla tradizione biblica (Eco 1993). Delia come città plurilingue, ovvero il suo plurilinguismo, diviene l'occasione per riflettere oggi sulle lingue in contatto in Italia e guardare da una prospettiva semiotica lo spazio linguistico italiano attraverso le sue peculiarità e caratterizzazioni formali.

L'Italia linguistica di oggi è una Italia votata al plurilinguismo (ISTAT 2017) in cui assistiamo a dinamiche particolari: il processo di unificazione linguistica si è sostanzialmente concluso raggiungendo livelli del 78,1% in contesti familiari, ma arrivando sino al 92,4% in contesti professionali e con gli estranei (si consideri anche De Mauro 2014).

Tra la 2006 il 2015 l'uso esclusivo dell'italiano rimane pressoché stabile nelle relazioni familiari e con gli amici; il ricorso esclusivo all'italiano con gli estranei, che già a partire dal 2000 si era stabilizzato oltre il 70%, nel 2015 fa registrare un ulteriore significativo aumento. L'uso esclusivo del dialetto continua invece a diminuire: la quota di chi parla prevalentemente il dialetto in famiglia si era già dimezzata tra il 1988 il 2006 e nel 2015 cala ancora leggermente attestandosi al 14%. Per i nostri scopi è però interessante quanto è messo in luce dall'uso alternato italiano — dialetto: il dialetto continua ad essere caratterizzato da quella configurazione semiotica che lo rende la lingua della famiglia e della intimità (De Mauro 1992; Camilleri e De Mauro 2013), e nella comunicazione in famiglia ancora ricopre (può ricoprire) il 46,3% degli usi, così come nel contesto "con gli amici" si attesta al 44,2%, ricalcando quella funzione semiotica identitaria storicamente avuta al di là delle pessimistiche previsioni di pasoliniana memoria[16].

Il quadro di riferimento con il quale leggiamo questi dati, riflette l'impostazione metodologica già proposta da Tullio De Mauro nella *Storia Linguistica dell'Italia unita* (1963) — poi ripresa sempre da De Mauro nella *Storia Linguistica dell'Italia repubblicana* (2014) — che come è noto non è una storia della lingua italiana *tout court*, ma è una storia linguistica degli italiani attraverso la loro vita sociale.

Il fenomeno migratorio dello scorso secolo non è stato solo un fenomeno sociale e lavorativo ma è stato anche un fenomeno linguistico. De

---

[16] Tale percentuale cala notevolmente nel contesto "con gli estranei" e quindi nel contesto della maggiore formalità espressiva e comunicativa, in cui gli usi si attestano al 17,1%. Si rimanda a ISTAT (2017) per ogni altro approfondimento.

Mauro (1963) individua nella migrazione uno dei fattori che hanno dato avvio al processo di unificazione linguistica nazionale, affermando che proprio l'emigrazione ha giocato un ruolo determinante nella diffusione della italofonia sia per conseguenze dirette (ovvero per aver tolto numeri significativi di popolazione analfabeta da alfabetizzare), sia per conseguenze indirette, (ovvero l'aver acquisito all'estero una consapevolezza sulla necessità della alfabetizzazione e sull'importanza della scuola non diffusa in patria).

Nonostante questo aspetto, sino agli anni più recenti, le questioni linguistiche dell'emigrazione o più in generale del contatto tra italiano e lingue straniere si risolvevano nella analisi di presiti linguistici, anglismi o italianismi nelle altre lingue che, richiamando ancora l'espressione demiauriana, sono "assai poca cosa" rispetto al peso che i fenomeni sociali delle migrazioni hanno dato al piano delle lingue. Procedendo per analogia, anche l'immigrazione, come già l'emigrazione, ha una carica linguistica e quindi crediamo debba essere letta entro lo stesso paradigma semiotico, che ha il ruolo di delineare il processo sociale come determinazione di un quadro linguistico di attualità con conseguenze non solo per i migranti, ma per l'intero spazio linguistico italiano.

In Italia è mancata (e forse manca tutt'ora) una prospettiva scientifica e linguistica della migrazione, e quando le questioni hanno toccato il piano della scuola con i bambini stranieri nelle classi elementari e medie, il focus si sposta quasi essenzialmente sull'insegnamento dell'italiano come L2 (MIUR 2012 e 2014), aspetto di indubbio interesse ed importanza, ma non il solo, come messo in luce dalle riflessioni di stampo italiano che negli anni settanta sono state elaborate all'interno del GISCEL (Gruppo di Intervento e Studio nel Campo della Educazione Linguistica) quando la questione non era italiani VS stranieri, ma italofoni VS dialettofoni[17].

Il piano della ricerca scientifica descrive però un quadro di intervento che la politica non ha voluto cogliere con la stessa determinazione. Il primo lavoro

---

[17] Le pertinenze del Gruppo GISCEL hanno visto la realizzazione nel 1975 delle Dieci Tesi per l'Educazione linguistica democratica. Esse rappresentano un documento programmatico nato per la scuola, in cui sono state poste le basi per definizione della scuola in chiave democratica, ovvero di una scuola a cui potessero accedere gli studenti al di là delle condizioni linguistiche e sociali di partenza dell'Italia degli anni Settanta ancora molto solcata da differenze dialettali. Per una riflessione generale sulle questioni educative conseguenti le Dieci Tesi si rimanda a De Mauro (1981 e 2018) e quanto proposto da Casini, "In principio" (2019) nel quadro nordamericano.

sociologico sulla presenza di cittadini stranieri in Italia per motivi non di turismo è del 1979, a cui segue due anni dopo il primo lavoro linguistico sull'immigrazione straniera in Italia. È il 1981 quando Vedovelli mette in luce le conseguenze linguistiche dell'immigrazione sullo spazio linguistico italiano e le conseguenze che l'immigrazione di lì a poco avrebbe avuto sul mondo della scuola e non solo per l'insegnamento dell'italiano come L2. A partire da Vedovelli (1981), la sociolinguistica ha proposto una articolazione della immigrazione linguistica in lingue immigrate e lingue migranti, le prime in grado di condizionare semioticamente lo spazio sociale e quindi anche urbano in cui insistono dell'Italia, del Mediterraneo e del mondo e che sono portate in Italia dagli oltre 5 milioni di cittadini stranieri presenti sul territorio nazionale (8,2%, ISTAT 2019) senza tuttavia che sia prevista una reale politica linguistica a livello delle istituzioni, della scuola che ad esempio definisca o meno modalità di tutela delle minoranze, di valorizzazione della diversità anche delle lingue immigrate il cui intervento, anche sulle possibilità di azione è demandato ai singoli (insegnanti, presidi, amministratori locali), alla loro volontà e lungimiranza.

Italiano, dialetti, minoranze storiche di antico insediamento, lingue immigrate, lingue straniere comunque presenti nel sistema educativo e turistico italiano, sono i poli di un Italia plurilingue che le consente di essere e in qualche modo giustificano il perché l'Italia è al 13° posto nel mondo per indice di diversità linguistica; un indice non sostenibile solo dal vigore e dalla vivacità del plurilinguismo storico dialettale.

La domanda, sul piano generalmente scientifico, a questo punto è: in Italia viviamo una lingua o viviamo uno spazio linguistico? E con spazio linguistico, noi intendiamo il modello proposto da De Mauro (1980) in cui lo studioso si distacca in parte da quello che poi sarà il concetto di repertorio linguistico (Berruto 1995). Se per repertorio linguistico consideriamo l'insieme di lingue disposte in un sistema scolastico (cioè ad esempio insegnate) o presenti nel territorio, per via ufficiale, o conosciute dalle persone, nello spazio linguistico, secondo il modello demauriano (che è anche il modello con cui sono state elaborate le *Dieci Tesi*) è necessario far intervenire la questione educativa. Uno degli aspetti centrali delle *Dieci Tesi* è legato al principio della funzionalità comunicativa delle lingue da apprendere e da insegnare/valorizzare a scuola. Le Tesi, distaccandosi dall'insegnamento formale (dell'italiano) che aveva posto in evidenza solo la lingua della letteratura, senza alcun legame con la vita sociale dello studente, con il suo mondo, e quindi con gli usi già presenti nella sua vita, definiscono come finalità della scuola l'arricchimento del continuum comunicativo a partire dalle parlate più locali e colloquiali. Non per fermarsi ad esse, ma perché da esse possano prendere avvio nuove esperienze, nuovi accessi a contesti sociali che avrebbero necessitato di usi più consapevoli della lingua attraverso usi più riflessi e meno immediati. De Mauro, nel definire uno spazio di possibilità espressive a cui uno studente (e per estero un cittadino) deve fare riferimento, coinvolge proprio la questione educativa: cosa significa sapere una lingua presente nel proprio repertorio/spazio linguistico? Per De Mauro sapere una lingua, e quindi avere una competenza linguistica, significa muoversi entro le possibilità comunicative del proprio spazio linguistico, ovvero selezionare le risorse adeguate alle esigenze espressive dell'individuo in funzione dei bisogni, del contesto sociale di comunicazione, degli obiettivi. Ne risulta un modello in cui le lingue si collocano sullo stesso piano, senza una vera e propria lingua *prima*, perché le altre, *pares*, anche quelle non verbali, sono funzionali al raggiungimento del fine semiotico che è la comunicazione e l'espressione[18].

All'interno di questo paradigma italiano e mediterraneo ci muoviamo coinvolgendo attori già richiamati in precedenza: le scuole sono il luogo per eccellenza in cui si costruiscono i rapporti sociali, in cui si costruiscono i fondamenti etici del vivere civile e sono anche il contesto privilegiato in cui guardare le lingue in contatto oggi. A ciò si aggiunge una innocenza prebabelica, cioè una inconsapevolezza della divisione formale (regionale, statuale, sovrastatuale delle lingue) che porta le giovani e giovanissime generazioni di studenti di quarta, quinta elementare a non considerare una lingua nella sua importanza semiotica e comunicativa solamente se questa è una lingua ufficiale. Per i bambini le lingue (lingua, dialetto, lingua storica di insediamento, lingua straniera o lingua immigrata) sono forme simboliche *ante litteram*: sono lingue "tutte uguali", o meglio sono lingue che si differenziano per una maggiore o minore vicinanza alla vita del bambino stesso, alla sua esperienza, al suo modo di essere con gli altri attraverso quella lingua.

I bambini rappresentano i nostri testimoni privilegiati, coloro che, sulla base di percezioni e autodichiarazioni (Bagna e Casini 2012; Casini e Siebetcheu 2017), possono dare il senso di ciò che avviene nel contesto scuola, e più in generale nel contesto sociale in cui sono immersi, che vogliamo credere

---

[18] Per una riflessione teorica sullo spazio linguistico in chiave di creatività semiotica, si consideri Casini (2020).

essere il paradigma per l'Italia linguistica del domani. I dati oggetto della ricerca sono stati raccolti tramite la somministrazione di un questionario sociolinguistico e semistrutturato rivolto a studenti iscritti all'Istituto comprensivo "Nino Di Maria" di Delia nell'anno 2019. La scelta del comune di Delia è giustificata dalla sua storia migratoria, e da quanto messo in luce in premessa da questo stesso studio[19].

Sul piano dei numeri, il comune di Delia raccoglie 4.096 residenti (dati aggiornati al 4 novembre 2020) di cui 475 cittadini stranieri per 14 diverse nazionalità: Romania (371), Marocco (65), Venezuela (13), Tunisia (8), Cina (4), Filippine (3), Germania (3), Gambia (2) Moldavia (1), Pakistan (1), Polonia (1), Spagna (1), Tanzania (1), Ucraina (1)[20].

Se i dati assoluti dei cittadini stranieri presenti nel comune di Delia possono, solo in apparenza, non costituire un fattore di interesse perché quantitativamente non rilevanti rispetto al numero complessivo dei migranti in altre aree, assumono ben altro aspetto se analizzati in chiave percentuale di incidenza sul totale della popolazione. All'interno dell'intera provincia di Caltanissetta, la città di Delia si presenta con 475 immigrati residenti, ed una incidenza sul totale della popolazione dell'11,6%. Tale percentuale è ampiamente superiore a quella degli altri comuni nella stessa provincia (come è messo in luce dalla tabella 1) e si attesta sopra alla percentuale nazionale (8,8%) e regionale (4%), indicativamente pari alla media della Lombardia (11,7%) e leggermente inferiore alla città di Milano (14,5%), che prendiamo come modello (Grafico 3) di una metropoli globale e multiculturale, economicamente e socialmente caratterizzata da un tessuto difforme rispetto a quello di Delia[21].

---

[19] Una testimonianza discorsiva di Angela Randazzo, coordinatrice del Centro di Ascolto "Marianna Amico Roxas" rileva che nel 2003 l'Istituto comprensivo di Delia ospitava 56 alunni stranieri, ovvero più del 10% dell'intera popolazione scolastica.

[20] Sulla base di una ricognizione sulla presenza degli immigrati nel Centro di Ascolto Caritas "Marianna Amico Roxas" di Delia, nel luglio 2019 il numero degli stranieri regolarmente iscritti al banco alimentare era di 536, un numero, quindi, nettamente superiore a quello ufficiale. Si consideri inoltre che questi dati sono parziali in quanto diverse famiglie non utilizzano i servizi del Centro di Ascolto. La residenza o il domicilio a Delia è la condizione per potere usufruire regolarmente dell'aiuto alimentare. Cogliamo qui l'occasione per ringraziare la coordinatrice del Centro, Angela Randazzo, che ci ha procurato i dati, ed Eliana Giordano per le interviste fatte.

[21] I dati che riportiamo sono tratti da www.tuttitalia.it, nostre elaborazioni. Ultima consultazione 12 dicembre 2020.

Comune	Stranieri (31 dic. 2019)	Comune	Stranieri (31 dic. 2019)
Caltanissetta	3.090 (5,1%)	Sommatino	132 (1,9%)
Gela	1.632 (2,2%)	Montedoro	76 (5,1%)
Niscemi	872 (3,3%)	Sutera	65 (4,9%)
Delia	475 (11,6%) (4 nov. 2020)	Campofranco	46 (1,6%)
Riesi	456 (4,0%)	Vallelunga P.	61 (1,8%)
San Cataldo	431 (1,9%)	Milena	62 (2,1%)
Mazzarino	255 (2.2%)	Villalba	12 (0,8%)
Mussomeli	183 (1,8%)	Resuttano	19 (1,0%)
Butera	172 (3,8%)	Marianopoli	13 (0,7%)
Santa Caterina V.	142 (2.8%)	Acquaviva P.	9 (0,9%)
Serradifalco	160 (2,7%)	Bompensiere	4 (0,7%)

Tabella. 1 — Presenza di cittadini stranieri nella provincia di Caltanissetta. Numeri assoluti e percentuali.

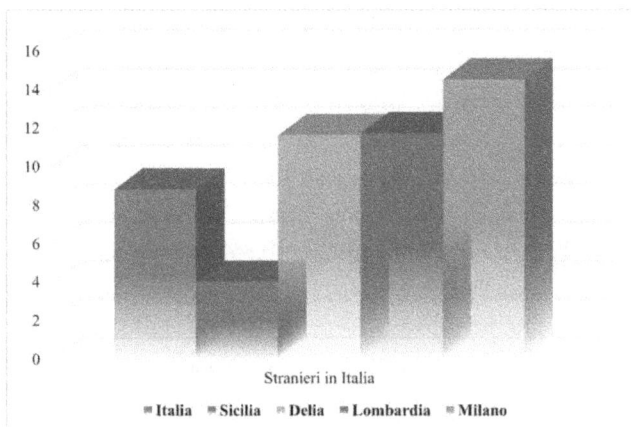

Grafico 3 – Stranieri in Italia e a Delia

Concordiamo con una impostazione di metodo già emersa altrove (Casini e Bancheri 2019) in cui si metteva in luce come il dato di per sé sia non autoevidente e pertanto necessiti di un modello di riferimento teorico e di metodo per essere interpretato. Ponendoci entro i riferimenti teorici e di metodo di ricerche nazionali e internazionali sulle lingue immigrate in Italia (tra i quali ricordiamo Bagna, Machetti e Vedovelli, 2003; Bagna e Casini 2012; Casini, "Lingue in contatto" 2016; Casini, "L'italiano all'estero" 2020), utilizziamo uno strumento di analisi sociolinguistica basato su autodichiarazione degli informanti e sia caratterizzato da semplicità, dinamicità e modalità organizzative.

Semplicità, intesa come la necessità di rendere il questionario il più possibile accessibile a studenti giovani e giovanissimi con livelli linguistici diversificati. *Dinamicità* con lo scopo di dare la possibilità agli alunni di illustrare liberamente il loro repertorio linguistico senza limitarsi alle risposte predefinite; *Modalità organizzative* con l'intento di recare meno disturbo possibile alle attività didattiche.

Tale strumento, originariamente comporto da 18 domande, è strutturato su 5 macroblocchi[22]: a) riferimento anagrafico; b) repertorio linguistico degli alunni; c) autodichiarazione della competenza linguistica; d) usi linguistici nei diversi contesti di interazione (famiglia, scuola, amici); e) percezione delle lingue degli altri) è stato utilizzato in questa specifica ricerca in particolare per elicitare lo spazio linguistico personale, ovvero comprendere quali fossero le lingue, i dialetti o in generale le varietà conosciute dagli studenti.

L'analisi è tesa a considerare un grado di plurilinguismo che è concepito 'in potenza', ovvero in quanto grado di potenzialità espressive verbali entro un continuum di possibilità legato all'insieme delle forme semiotiche capaci di creare senso nell'azione e nella interazione sociale degli informanti.

Come già introdotto, l'analisi del dato linguistico consente di avanzare alcune riflessioni sull'inquadramento teorico degli oggetti di analisi: in linea con il modello dello spazio linguistico, il potenziale plurilingue cui facciamo riferimento è l'insieme della capacità espressive determinate entro uno spazio linguistico, che è spazio, per sua stessa costituzione, di possibilità e potenzialità in divenire: se concepito in questo senso l'informante non è pertanto orientato da parametri formali di competenza, frequenza o contesto d'uso, ma dalla possibilità di inserire entro la gamma espressiva quanti più idiomi possibili avendo, come unico criterio di scelta, la percezione soggettiva e la vicinanza semiotica verso le singole/diverse forme linguistiche dichiarate.

Questo aspetto ci porta a richiamare la seconda riflessione che abbiamo proposto sopra: gli idiomi rilevati non sono presi in esame sulla base della loro "veste sociolinguistica" e questo ci porta preventivamente a non proporre distinzioni tra lingua nazionale, dialetto, idioma o varietà locale o non locale ecc. (Berruto 1995). Tutto ciò ha il fine di ovviare alla possibilità — non troppo latente — di istituire una sorta di "graduatoria linguistica" tra forme verbali alte e meno alte, tra forme verbali con uno status proprio e

---

[22] Si faccia riferimento alla bibliografia proposta per precedenti analisi basate su rilevazioni con medesimi spunti metodologici. Per la distribuzione dei questionari, le prime statistiche e una primissima considerazione dei risultati, ringraziamo Luisa Genova ed Eliana Giordano.

altre che sono tali solo perché percepite, più o meno consapevolmente, dagli informanti nella loro diversità e varietà, così da dare uguale dignità a tutte le plurali realtà linguistiche.

La ricerca ha coinvolto 73 studenti (45 con entrambi i genitori italiani e 28 con almeno un genitore o entrambi i genitori stranieri[23]) di scuola primaria e secondaria di primo grado (a fronte di 135 questionari distribuiti). I primi risultati di una analisi tutt'ora in fase di elaborazione, confermano quanto lo spazio linguistico delle giovani generazioni di deliani sia potenzialmente caratterizzato da plurilinguismo. Riportiamo nella tabella 2 i dati rilevati e riferibili al potenziale plurilingue dichiarato in termini di valore frequenziale, ovvero il numero di volte in cui la dichiarazione occorre nelle autodichiarazioni. I risultati mettono in evidenza l'alto numero di dichiarazioni dell'italiano (sintono della introiezione della lingua nella consapevolezza delle giovani generazioni) a cui seguono lingue appartenenti ad almeno quattro diverse polarità: si riscontra la presenza di varietà linguistiche locali, a base regionale (siciliano, sardo), varietà a base più marcatamente locale (deliano, napoletano), varietà internazionali (tedesco, inglese questo legato presumibilmente alla azione formativa della scuola), varietà immigrate (rumeno, arabo-marocchino, cinese, spagnolo venezuelano) evidentemente legate ai processi migratori.

Idioma	Valore frequenziale	Idioma	Valore frequenziale
Italiano	59	Arabo / Marocchino	6
Deliano	52	Cinese	4
Siciliano	39	Spagnolo Venezuelano	4
Inglese	30	Napoletano	2
Rumeno	28	Sardo	1
Tedesco	7		

Tabella 2 — Varietà linguistiche dichiarate, valori frequenziali

I dati in nostro possesso mettono in luce la preminenza dell'italiano, cui segue la dimensione dialettale per la quale, considerando la tipologia di informanti, non è ipotizzabile una reale distinzione tra ciò che è ad esempio "deliano" e ciò che invece è "siciliano", almeno nei caratteri tipologici di tali varietà. Quello che però a questo livello di analisi appare di maggiore interesse non è

---

[23] Il dato in questo caso è linguistico. Consideriamo il background familiare se completamente italofono per entrambi i genitori o con almeno una esperienza familiare non italofona.

la varietà nel suo essere tipologicamente lingua diversa da dialetto (o dialetto diverso da dialetto). Al contrario, affidare i dati alla percezione del singolo significa considerare come al fianco di una lingua 'istituzionalizzata' (dalla scuola, dalla famiglia, dalla società) sia ben viva e presente la dimensione locale/dialettale. Considerato l'intero corpus preso in esame, costituito da studenti italiani e stranieri, non sorprende la presenza né delle lingue della scuola, né delle lingue immigrate. L'interpretazione di questo ultimo dato necessita di un ulteriore riferimento. Gli informanti con entrambi i genitori di origine italiana sono 45 pari al 61,64% del totale. Bagna e Casini (2012) e Casini e Siebetcheu (2017) mettevano in luce un fatto interessante: oltre 10 anni fa il 4-5% degli studenti nati in Italia e con entrambi i genitori di origine italiana delle classi primarie e secondarie di primo grado dichiarava di conoscere l'arabo, il rumeno, il cinese, il russo, il tunisino ecc., ovvero di conoscere una lingua di immigrazione portata nelle classi dagli studenti di origine straniera.

Nel primo decennio del 2000 venne sottolineata l'importanza di questo aspetto e, seppur con numeri assoluti limitati, si parlò di "seme", di un segno di un processo che stava nascendo per il quale avvenivano forme di travaso lessicale tra studenti di origine italiana e di origine straniera (Vedovelli, 2010: 231).

Questo stesso riferimento veniva commentato da una indagine del 2017 in cui il 'seme' 2012 sia era sostanzialmente raddoppiato, portando la percentuale di studenti che dichiaravano spontaneamente di conoscere qualche parola appartenente ad una lingua immigrata al 10,7% del totale degli informanti italiani.

Questo dato dimostrava e ribadiva come nelle giovanissime generazioni lo scambio linguistico, il contatto e l'apprendimento linguistico non fossero solo monodirezionali, dall'italiano agli stranieri, ma fossero già bidirezionali, dagli stranieri, dalle lingue immigrate agli italiani. Nel caso di nostra pertinenza, con i numeri della ricerca su Delia, tale tendenza non solo è confermata, ma pare aver subito una crescita esponenziale: in 20 anni dalla prima indagine senese, a cui sono seguite indagini successive e che hanno coinvolto territori anche diversi, si è giunti a numeri percentuali pari al 39,5% (17 informanti su 43 di origine italiana) che dichiarano di conoscere parole in arabo, cinese, rumeno o altre lingue di immigrazione. Questo è un dato significativo perché mette in luce una apertura alla diversità (quella che altrove abbiamo chiamato innocenza prebabelica) che non pensiamo sia necessariamente genetica, ma abbia una sfera culturale non trascurabile. Crediamo cioè che il fenomeno ricalchi un trend diffuso, ma abbia assunto i contorni così forti in termini percentuali perché frutto di un contesto culturale votato alla accoglienza e alla diversità per le ragioni storiche e le condizioni culturali già ricordate in questo scritto[24].

Un ulteriore aspetto su cui è opportuno continuare a riflettere: se disaggreghiamo i dati del corpus totale, prendendo in esame i soli dati degli studenti stranieri, rileviamo che il valore frequenziale dichiarato dell'italiano è nettamente superiore rispetto al valore frequenziale della prima varietà locale (deliano). In termini numerici passiamo da 28 (valore frequenziale) per l'italiano a 12 (valore frequenziale) per il deliano[25]. Sul piano semiotico il valore di tali numeri non è inaspettato: anzi riflette una tendenza nazionale, già messa in luce da ISTAT (2014) nel report *Diversità linguistiche tra i cittadini stranieri*.

Il Report ISTAT (2014) fotografa una tendenza nazionale su alcuni punti che richiamiamo nelle tabelle che seguono e di cui vogliamo leggere alcuni dati a conferma della tendenza registrata a Delia.

PROSPETTO 1. CITTADINI STRANIERI DI 6 ANNI E PIU' PER LINGUA MADRE (LINGUA PARLATA PRIMA DI ANDARE A SCUOLA). Anno 2011-2012. Valori assoluti e composizioni percentuali per lingua madre, sesso e classi di età

LINGUA MADRE	Valori assoluti	%
Rumeno	798.364	21,9
Arabo	476.721	13,1
Albanese	380.361	10,5
Spagnolo	255.459	7,0
Italiano	162.148	4,5
Cinese	159.597	4,4
Russo	126.849	3,5
Ucraino	119.883	3,3
Francese	116.287	3,2
Serbo; Croato; Bosniaco; Montenegrino	93.289	2,6
Altre lingue	950.269	26,1
Totale	**3.639.227**	**100,0**

Tabella 3 – Lingua madre e cittadini stranieri di 6 anni e più

---

[24] L'integrazione degli stranieri nel tessuto sociale di Delia è anche documentato dai seguenti fattori: 1) diversi stranieri residenti a Delia hanno acquisito col tempo la cittadinanza italiana (ultimamente in media 1-2 all'anno) ed alcuni di essi si sono diplomati o laureati ed ora sono affermati professionisti; 2) dati informali del luglio 2019 ci confermano di almeno 19 matrimoni tra deliani/e con stranieri/e; si registra anche un caso di matrimonio tra stranieri di diverse nazionalità; 3) in paese esistono almeno due esercizi con nomi o insegne straniere: un negozio di generi alimentari "rumeno" ed un emporio di proprietà di una famiglia cinese; 4) la presenza di una moschea, "La Moschea della pace"; 5) comunicazioni con volantini e messaggi sui media (Facebook o Instragram) in lingue straniere per sensibilizzare la comunità circa la raccolta differenziata o invitarla a rispettare le regole durante la pandemia da COVID 19; 6) molto attivi sono la Caritas e il Centro di Ascolto "Marianna Amico Roxas", il cui scopo è di essere al servizio dell'integrazione nel segno della solidarietà; molto sentita è anche la "Festa dei Popoli", che si prefigge di creare uno spazio di dialogo tra le diverse culture e tradizioni di popoli.

[25] Gli informanti avevano la possibilità di dichiarare più lingue. In termini comparativi, considerando il corpus totale, la situazione era 59 (valore frequenziale) italiano e 39 (valore frequenziale) siciliano.

Cittadini stranieri minorenni (6-17 anni)		
LINGUA MADRE	Valori assoluti	%
Italiano	139.510	*25,5*
Rumeno	86.220	*15,8*
Arabo	68.924	*12,6*
Albanese	48.313	*8,8*
Cinese	38.327	*7,0*
Spagnolo	29.100	*5,3*
Altre lingue	136.197	*24,9*
Totale	**546.590**	*100.0*

Tabella 4 – Lingua madre e cittadini stranieri minori

Nelle tabelle 3 e 4 si mette in luce come ci sia un radicale cambiamento di prospettiva nella considerazione della lingua madre a seconda delle generazioni di informanti. Il Report ISTAT (2014) propone una differenziazione che noi vogliamo cogliere quando evidenzia che in un corpus costituito da informanti di 6 anni e più, il dato nazionale propone l'italiano come quinta lingua madre dichiarata, dopo rumeno, arabo, albanese e spagnolo. Sul piano linguistico della competenza il concetto di lingua madre non evoca fattori di maggiore competenza linguistica ed inoltre di per sé il concetto di lingua madre pone degli interrogativi semiotici per i quali rimandiamo a Barni (2012) e alla nota metodologica ISTAT (2014). In questa sede preme non entrare nel merito del significato di lingua madre (e della sua validità teoretica alla luce della società multilingue contemporanea), ma è opportuno considerare come il concetto di lingua madre richiami di per sé una affinità semiotico-culturale non trascurabile. Ciò significa che se per le generazioni più adulte (con percorsi migratori in età matura e avanzata) la lingua di origine è percepita come lingua madre, nelle giovani generazioni (6-17 anni) di cittadini stranieri che possono essere nati in Italia o arrivati in italiana in età scolare o pre-scolare, l'italiano è lingua madre per il 25,5% del corpus nazionale, seguito (a distanza) da rumeno (15,8%), arabo (12,6%), albanese (8,8%), cinese (7%) e spagnolo (5,3%).

PROSPETTO 5. CITTADINI STRANIERI DI 6 ANNI E PIU' PER LINGUA PARLATA IN FAMIGLIA, CON GLI AMICI E AL LAVORO. Anno 2011-2012. Valori assoluti e composizioni percentuali per lingua madre e cittadinanza.

LINGUA MADRE	Lingua parlata prevalentemente in famiglia (a)			Lingua parlata prevalentemente con gli amici (b)			Lingua parlata prevalentemente a lavoro (c)		
	Italiano	Altra lingua	Totale (v. a.)	Italiano	Altra lingua	Totale (v. a.)	Italiano	Altra lingua	Totale (v. a.)
Rumeno	39,1	60,9	739.054	63,9	36,1	781.821	93,6	6,4	518.379
Arabo	21,9	78,1	451.254	49,5	50,5	467.570	93,5	6,5	225.117
Albanese	32,0	68,0	369.827	61,8	38,2	375.497	91,8	8,2	200.822
Spagnolo	53,2	46,8	245.632	73,9	26,1	252.484	97,0	3,0	153.019
Italiano	77,9	22,1	161.739	96,3	3,7	162.101	97,5	2,5	9.851
Cinese	7,0	93,0	155.598	27,9	72,1	157.055	50,9	49,1	90.187
Russo	67,1	32,9	118.129	67,1	32,9	125.590	96,2	3,8	85.001
Ucraino	59,6	40,4	102.128	56,5	43,5	117.534	98,0	2,0	90.201
Francese	44,9	55,1	108.788	71,7	28,3	112.999	90,4	9,6	65.408
Serbo; Croato; Bosniaco; Montenegrino	32,2	67,8	88.872	62,9	37,1	89.883	95,8	4,2	52.500
Altre lingue	36,8	63,2	882.439	54,3	45,7	932.827	90,7	9,3	553.670

Tabella – 5 Cittadini stranieri in Italia per lingua parlata in famiglia, con gli amici e al lavoro

La tabella 5 propone poi un uso delle lingue per contesti diversi di interazione. Se per i cittadini con madrelingua rumeno, albanese e cinese gli usi comunicativi in famiglia sono prevalentemente svolti attraverso una lingua altra rispetto all'italiano (60,9% per coloro con rumeno madrelingua, 68% albanese, 93% cinese), nei contesti 'con gli amici' e 'al lavoro' tali rapporti si ribaltano completamente: il 63% dei cittadini con lingua madre rumeno dichiara di avere rapporti amicali in italiano per il 63,9% dei casi, percentuale che raggiunge il 93,6% nel contesto formale del lavoro. Stessa tendenza si registra per i madrelingua albanese (61,8% di uso italiano con gli amici e 91,8% di uso italiano al lavoro), mentre più radicato è l'uso di una lingua altra sia con gli amici che al lavoro per i madrelingua cinese (27,9% di uso italiano con gli amici, 50,9% di uso italiano al lavoro).

Questi dati consentono di intravedere delle differenziazioni tra comunità, segno di un maggiore o minore coinvolgimento della persona straniera nella attività sociali o lavorative della comunità di appartenenza. Tuttavia esprime un dato interessante che richiama la tendenza già registrata nel comune di Delia e che in conclusione riflette anche il dato della tabella 6:

PROSPETTO 6. CITTADINI STRANIERI DI 6 ANNI E PIU' CHE DICHIARANO DI AVERE DIFFICOLTÀ' CON LA LINGUA ITALIANA. Anno 2011-2012. Composizioni percentuali per sesso, classi di età, lingua madre e cittadinanza.

	Difficoltà con lingua italiana (a)		
	Nessuna	Almeno qualche	Totale
SESSO			
Maschi	39,0	61,0	100
Femmine	39,3	60,7	100
CLASSI DI ETA'			
6-15	68,8	31,2	100
16-25	51,5	48,5	100
26-35	34,0	66,0	100
36 e più	30,1	69,9	100

Tabella 6 – Cittadini stranieri di 6 anni e più che dichiarano difficoltà con la lingua italiana

I cittadini in età scolare e post scolare (ma che può comunque essere sempre nell'ambito della formazione universitaria 6-25 anni) dichiarano rispettivamente per il 68,8% (età compresa tra 6 e 15 anni) e per il 51,5% (età compresa tra i 16 e 25 anni) nessuna difficoltà con la lingua italiana ovvero, implicitamente, dichiarano di possedere le strutture che l'italiano metta a disposizione dei parlanti per assolvere a compiti linguistico-comunicativi senza la necessità di un intervento esterno (il supporto di un secondo parlante) o il ricorso ad una lingua altra. Ne consegue che per buona parte della popolazione straniera giovane e giovanissima, l'italiano è parte integrante del proprio spazio linguistico, e quindi parte integrante di una identità culturale che è (almeno) pari a quella delle generazioni di italiani.

4. CONCLUSIONI

'Che italiano fa?' O che italiano farà nei prossimi anni in Italia? Non lo sappiamo e forse mai potremo saperlo. Fra Babele e la Pentecoste, fra la paura babelica delle lingue degli altri e la grazia delle lingue come un dono che gli umani hanno a disposizione, occorre scegliere questa seconda opzione. E i bambini, i giovani sono coloro che possono appoggiarsi su una ricchezza plurilingue che tale è finché gli adulti, la scuola, le istituzioni non provano a limitarne gli effetti. Sappiamo che la migrazione non è un fenomeno italiano; è un fenomeno mediterraneo e globale, e pertanto non crediamo possa essere possibile ipotizzarne un arresto. Anzi. Anche per motivazioni economiche legate alla sempre più elevata anzianità della popolazione italiana, il tessuto migratorio avrà conseguenze sociali ed economiche per l'Italia e conseguentemente, in una ottica saussuriana, anche conseguenze linguistiche. Si apre quindi una nuova questione delle lingue per gli stranieri in Italia, una questione che ha però profili diversi, se consideriamo generazioni diverse di immigrati.

Delia è stata per noi il punto di partenza per una riflessione che ha coinvolto anime diverse delle scienze umane, quella letteraria, quella storica, quella migratoria e quella linguistica: non sono le une contro le altre, sono le une con le altre, cioè sono parti di uno stesso tutto in cui il tutto è la migrazione, e le diverse parti sono lati (necessari) di un poliedro composto, perché composita è la natura del problema, e composite devono essere le sue chiavi di lettura.

La questione migratoria oggi in Italia non è più una questione rinviabile: non è rinviabile un intervento istituzionale che ne gestisca i fondamenti di legge, non è più rinviabile un intervento etico che ponga che dia merito di un fatto che già esiste e lo elevi a dignità statuale, non solo perché può convenire nel prossimo futuro per motivi elettorali, o economici (considerata l'età sempre più avanzata della popolazione italiana). Tale dignità va data perché è giusto, è eticamente giusto così. Sul piano delle lingue, poi, vogliamo concludere con le parole di Camilleri che dialoga con De Mauro, in un dialogo che ha il sapore dei dialoghi platonici tra Socrate e lo stesso Platone, e che con la semplicità (che non è banalità) ma è capacità rara di dire le cose con chiarezza e lungimiranza guardano all'Italia di oggi e domani. E dicono:

> **(De Mauro a Camilleri):** Beh, in fondo ancor oggi buona parte della popolazione sa, è in grado di parlare in dialetto. Una vera e propria riserva di autenticità, un argine contro quel tecnologichese impersonale che Pasolini temeva.
>
> Però la lingua continua a battere su un dente che duole. Ciascun dialetto poggiava su una trama di cultura materiale, su un ordito, che era la cultura dei campi e, come ha detto una volta Sciascia, la cultura dei mestieri. Anche chi non era contadino o artigiano viveva quella cultura. E su quell'ordito si potevano tessere tele più raffinate. Ma è successo che i dialetti si sono staccati da quell'ordito, o meglio, quell'ordito e scomparso quasi del tutto. I dialetti resistono, ma quasi dappertutto privati delle loro radici più antiche. Quanto all'italiano, penso che anche il suo buon uso avrebbe richiesto — e richiederebbe — un ordito di base solido, che a me sembra dovrebbe consistere in una larga adesione alla cultura intellettuale, artistica, scientifica, buona informazione, teatro, musica, cinema, libri, amore o almeno rispetto per il sapere critico, storico, scientifico. Ma è proprio qui che le note si

fanno dolenti. L'enorme crescita della scolarità formale in età giovanile non si è accompagnata in età adulta alla larga adesione di cui parlavo. Per troppa parte della popolazione l'italiano rischia di essere un guscio fonico, povero di contenuti necessari a vivere nel complicato mondo contemporaneo [...]. Che cosa offriamo a quel 7% di popolazione che, per nostra fortuna, la fortuna sua è venuta a cercarla qui arrivando da altre terre, parlando lingue che ad eccezione del rumeno, del portoghese o dello spagnolo latinoamericani, sono lontanissime dalla nostra? Qui la lingua nemmeno batte perché per ora manco ci si accorge del nuovo dente che spunta.

(**Camilleri a De Mauro**): Questo sì che è un argomento importante con il quale concludere il nostro discorso. Viviamo circondati da gente che parla altre lingue, lingue diverse dalla nostra, lingue non europee. La mia speranza è che siccome la lingua è sempre in movimento, in una progressione lenta e costante, da questo meticciato di lingue degli extracomunitari e dei migranti tutti, il guscio vuoto, come dici tu, possa essere riempito da queste nuove parole che arrivano da fuori. Un po' come succede con il tasso di natalità: noi italiani non facciamo più figli, ma il tasso di natalità regge in virtù della presenza degli stranieri. Ecco, io spero questo, che il guscio vuoto che si sta svuotando possa essere colmato, arricchito e non sostituito, da parole nuove e diverse che diventeranno parole nostre. Mi è capitato di leggere alcuni racconti scritti da extracomunitari e la forza e l'energia del loro italiano, nonostante la povertà linguistica, sono talmente dirompenti che l'italiano acquista un vigore nuovo, una nuova linfa che ringiovanisce la parola.

Si apre, per l'italiano, una nuova questione linguistica, che è questione di lingua, cultura, identità, forme di vita. È una questione etica, di convivenza sociale civile nel Mediterraneo globale.

OPERE CITATE

Agnoletto, Stefano. *The Italians Who Built Toronto: Italian Workers and Contractors in the City's Housebuilding Industry, 1950-1980*. Oxford: Peter Lang, 2014.

Aronica, Salvino L. *Vivere come mentire*. Firenze: Pugliese Editore, 1976.

Bagna, Carla e Simone Casini. "Linguistica educativa e neoplurilinguismo nelle scuole italiane: la mappatura della diversità linguistica e la gestione delle immagini del contatto". *Linguistica educativa*, a cura di Silvana Ferreri. Roma: Bulzoni, 2012, 225-236.

Bagna, Carla, Sabrina Machetti e Massimo Vedovelli. "Italiano e lingue immigrate: verso un plurilinguismo consapevole o verso varietà di contatto?" In *Ecologia linguistica*, a cura di Ada Valentini, Piera Molinelli, Pierluigi Cuzzolin, Giuliano Bernini, Roma: Bulzoni, 2003, 201-222.

Bancheri, Salvatore. "Intervista a Lina Riccobene. *La via dell'oceano*: l'anima siciliana da Delia verso l'altrove". *Italian Canadiana* 26-29 (2012-2015), 155-160.

Bancheri, Salvatore. "*Italiese* and Italiesco: Two Different Faces for the Otherness of Emigration in the Work of Riccobene and Vilardo," *Diversity, Otherness, and Pluralism in Italian Literature, Cinema, language, and Pedagogy. Yesterday, Today, and Tomorrow.* F. Calabrese, L. Ghezzi. T. Lobalsamo, W. Schrobilgen, eds. Ottawa: Legas, 2009, 263-280.

Bancheri, Salvatore. "*Nun mi maritu ppi procura*: denuncia sociale e comicità linguistica in una commedia degli equivoci," *De vulgari eloquentia: Lingua e dialetti nella cultura italiana*. Rachele Longo Lavorato, ed. Toronto-Ottawa-New York: Legas, 2010, 157-181.

Bancheri, Salvatore. "Riccobene's *Nun mi maritu ppi procura*: The Italian Canadian Linguistic Pastiches in a Comedy of Errors." *Patois and Linguistic Pastiche in Modern Literature*. Giovanna Summerfield, ed. Newcastle, UK: Cambridge Scholars Publishing, 2007, 47-75.

Bancheri, Salvatore. "Siciliano e *italiese* nelle opere di Lina Riccobene." *Italian Canadiana* 17 (2003): 47-66.

Bancheri, Salvatore. "Un viaggio nel mio *nostos*. La comunità siciliana globale di Delia tra tradizioni, teatro, dialetto ed italiese.". In Patterns of *Nostos in Italian Canadian Narratives*. Gabriel Niccoli, ed. Special issue. *Italian Canadiana* 35 (2021): 129-151.

Barbieri, Ignazio. *Il canto di un solitario*. Palermo: Giuseppe Di Michele, 2926.

Barni, Monica. *Language Rich Europe. Trends in Policies and Practices for Multilingualism in Europe*. In *Language Rich Europe*, a cura di Monica Barni. Cambridge GBR: Cambridge University Press, 2012, 146-153.

Berruto, Gaetano. *Fondamenti di sociolinguistica*. Roma-Bari: Laterza, 1995.

Bevilacqua, Piero, Andreina De Clementi e Emilio Franzina, a cura di. *Storia dell'emigrazione italiana. Partenze*. Roma: Donzelli, 2001.

Bevilacqua, Piero, Andreina De Clementi e Emilio Franzina, a cura di. *Storia dell'emigrazione italiana. Arrivi*. Roma: Donzelli, 2002.

Breda, Paola, and Marino Toppan. (Eds.). (2019). *Land of Triumph and Tragedy: Voices of the Italian Fallen Workers. A Century of Italian Immigration to Canada: Immigrants Who Made It and Those Who Perished Trying*. Toronto: Verità, 2019.

Buranello, Robert and Michael Lettieri. *"Italian Regional Organization". Italian Cultural Organizations in Ontario*. Julius Molinaro and Maddalena Kuitunen, eds. Welland: Soleil, 1993, 35-49.

Camilleri Andrea e De Mauro, Tullio. *La lingua batte dove il dente duole*. Roma-Bari: Laterza, 2013.

Carvello, Angelo. *Storia di Delia (1812-1922)*. Caltanissetta: Tipografia Lussografica, 2012.

Carvello, Angelo. *Storia di Delia (1923-1970)*. Caltanissetta: Tipografia Lussografica, 2013.

Casini, Simone e Raymond Siebetcheu. "Le lingue in contatto a scuola. Un'indagine nella provincia di Siena". In *L'Italiano dei Nuovi Italiani,* a cura di Massimo Vedovelli. Roma: Aracne, 2017, 93-110.

Casini, Simone e Salvatore Bancheri. *'*Stanno tutti bene. Una ricognizione sugli studi di italianistica in Nord America*". Il mondo dell'italiano, l'italiano nel mondo*. A cura di Carla Bagna e Laura Ricci. Pisa: Pacini Editore, 2019, 213-239.

Casini, Simone. "Bel Paese, brutta gente? Riflessioni di ieri e di oggi sugli italiani in Canada". In *RIM (Rapporto Italiani nel mondo),* a cura di Delfina Licata. Roma: Tau, 2019. 371-379.

Casini, Simone. "*In principio erat verbum?* Tullio De Mauro e le riflessioni americane di educazione linguistica democratica". *Italica* 96.1 (2019): 94-126.

Casini, Simone. "L'italiano all'estero: riflessioni linguistico semiotiche tra Italia e Canada". In *Fragments of Culture Between Diaspora, Language and Semiotics. Festschrift in memory of Paul A. Colilli, A Modern-Day Renaissance Man.* Salvatore Bancheri, Simone Casini, Michael Lettieri and Christine Sansalone, eds. Firenze: Cesati, 2020.

Casini, Simone. "Lingue in contatto a scuola: competenze e usi tra italiano e altre lingue. Una indagine in provincia di Siena". In *Studi in onore di Silvana Ferreri,* a cura di Gaetana Platania. Viterbo: Settecittà, 2016, 25-44.

Casini, Simone. *Language Creativity: A Semiotic Perspective*. Lanham, Maryland: Lexington — Rowman & Littlefield, 2020.

Casini, Simone. "Neomobilità giovanile in Canada: tra prospettive educative e processi occupazionali". In *RIM (Rapporto Italiani nel mondo),* a cura di Delfina Licata. Todi (PG): Tau, 2018, 282-291.

Cumbo, Enrico. "The Sicilian Presence in Canada". In: *A Monument for Italian-Canadian Immigrants: Regional Migration from Italy to Canada*, edited by G. Scardellato and Manuela Scarci. Toronto: Department of Italian Studies, University of Toronto and The Italian-Canadian Immigrant Commemorative Association, 1999, 13-19.

De Mauro, Tullio. *Guida all'uso delle parole*. Roma: Editori Riuniti, 1980.

De Mauro, Tullio. *L'educazione linguistica democratica*, a cura di S. Loiero e M. A. Marchese. Roma-Bari: Laterza, 2018.

De Mauro, Tullio. *L'Italia delle Italie*. Roma: Editori Riuniti, 1992.

De Mauro, Tullio. *Scuola e Linguaggio*. Roma: Editori Riuniti, 1981.

De Mauro, Tullio. *Storia linguistica dell'Italia repubblicana dal 1946 ai nostri giorni*. Roma-Bari: Laterza, 2014.

De Mauro, Tullio. *Storia linguistica dell'Italia unita*. Roma-Bari: Laterza, 1963.

Eco, Umberto. *La ricerca della lingue perfetta nella cultura europea*. Roma-Bari: Laterza, 1993.

Gerbino, Aldo. "Postfazione". In Vilardo, Stefano, *Tutti dicono Germania Germania*. Palermo: Sellerio, 2007.

Harney, Robert F. *Dalla frontiera alle Little Italies: Gli italiani in Canada, 1800-1945*. Roma: Bonacci Editore, 1984.

ISTAT 2014. *Diversità linguistiche tra cittadini stranieri*. https://www.istat.it/it/files/2014/07/diversità-linguistiche-imp.pdf?title=Diversità. Ultima consultazione 27 dicembre 2020.

ISTAT 2017. *L'uso della lingua italiana, dei dialetti e di altre lingue in Italia*. Roma. https://www.istat.it/it/archivio/207961. Ultima consultazione 10 dicembre 2020.

ISTAT 2019. *Indicatori demografici*. https://www.istat.it/it/files//2019/02/Report-Stime-indicatori-demografici.pdf Ultima consultazione 27 dicembre 2020

Mandalà Giuseppina Stefania. *Stefano Vilardo. "Voce di memoria"*. Tesi di laurea, 2000/2001. Università degli studi di Palermo, anno accademico 2000/2001. https://digilander.libero.it/AroGia//Voce%20di%20memoria.htm. Consultato il 13 dicembre 2020.

MIUR 2012. Indicazioni nazionali per il curriculo della scuola dell'infanzia e del primo ciclo d'istruzione. http://www.indicazioninazionali.it/2018/08/26/indicazioni-2012/ Ultima consultazione 27 dicembre 2020.

MIUR 2014. Linee guida per l'integrazione e l'accoglienza dei bambini stranieri. https://www.miur.gov.it/documents/20182/2223566/linee_guida_integrazione_alunni_stranieri.pdf/5e41fc48-3c68-2a17-ae75-1b5da6a55667?t=1564667201890. Ultima consultazione 27 dicembre 2020.

Nicaso, Antonio. *Rocco Perri. The Story of Canada's Most Notorious Bootlegger".* Mississauga: Wiley, 2004.

Occhipinti, Marcello, a cura di. *L'irresistibile fascino del quotidiano. Fatti e personaggi della Delia del XX secolo. Attraverso gli scritti del* Cerchio Aperto *e oltre.* Canicattì (AG): Edizioni Cerrito, 2019.

Perin Roberto e Franc Sturino. *Arrangiarsi: The Italian Immigrant Experience in Canada.* Montreal: Guernica, 1988

Petrilli, Raffaella. *Hate speech. L'odio nel discorso pubblico. Politica, media, società.* Roma: Round Robin Editrice, 2020.

Pozzetta, George e Bruno Ramirez, eds. *The Italian Diaspora: Migrations Across the Globe: Essays in Honor of Robert F. Harney (1939-1989).* Toronto: Multicultural History Society of Ontario, 1992.

Ramirez, Bruno. *The Italians in Canada.* Ottawa: Canadian Historical Association, 1989.

Riccobene Lina. *La via dell'oceano (da Delia verso l'altrove).* Prefazione di Giovanni Amodio. Palermo: Autori Riuniti, 1996.

Riccobene, Lina. "Emigrazione, dialetto e italiese: viaggio alla riscoperta di se stessi". In *Fragments of Culture Between Diaspora, Language and Semiotics. Festschrift in memory of Paul A. Colilli, A Modern-Day Renaissance Man.* Salvatore Bancheri, Simone Casini, Michael Lettieri and Christine Sansalone, eds. Firenze: Cesati, 2020, 731-749.

Riccobene, Lina. "Unni iè ghiè". Poesia inedita, 2001.

RIM (Rapporto Italiani nel mondo), a cura di Delfina Licata. Todi (PG): Tau Editrice, 2019.

Sciascia, Leonardo. "Introduzione". In Vilardo Stefano. *Tutti dicono Germania Germania,* con introduzione di Leonardo Sciascia. Milano: Garzanti, 1975, 5-7.

Stella, Gian Antonio. *L'orda, quando gli albanesi eravamo noi.* Milano: Mondadori, 2002.

Toppan, Marino. *The Voice of Labour. A Life in Toronto's Construction Industry.* Toronto: The Frank Iacobucci Centre for Italian Canadian Studies, 2019.

Tuttitalia. Guida ai Comuni, alle Province ed alle Regioni d'Italia. https://www.tuttitalia.it. Ultima consultazione 27 dicembre 2020.

Vedovelli Massimo, a cura di. *Storia linguistica dell'emigrazione italiana nel mondo.* Roma: Carocci, 2011.

Vedovelli, Massimo. "La condizione linguistica dei neoemigrati italiani nel mondo: problemi e prospettive". In *RIM (Rapporto Italiani nel mondo)*, a cura di Delfina Licata. Todi (PG): Tau Editrice 2015, 204-209.

Vedovelli, Massimo. "La lingua degli stranieri immigrati in Italia". *Lingua e Nuova Didattica* 10.3 (1981): 17-23.

Vedovelli, Massimo. *Guida all'italiano per stranieri. Dal Quadro comune europeo per le lingue alla Sfida salutare*. Roma: Carocci, 2010.

Vilardo Stefano. *Garibaldi e il Cavaliere. Storia, racconti e folclore di un paese della profonda Sicilia*. Valverde (CT): le farfalle, 2017.

Vilardo Stefano. *Tutti dicono Germania Germania*, con introduzione di Leonardo Sciascia. Milano: Garzanti, 1975.

Zucchi John E. *Italians in Toronto: Development of a National Identity, 1875-1935*. Kingston and Montreal: McGill-Queen's University Press, 1988.

"Il mare 'nero' di Bernari e il 'non-mare' della Ortese: un confronto testuale"

Enrico Bernard

Parte della critica ha vissuto a lungo con l'ora legale. Maria Corti, infatti, per risolvere la datazione del neorealismo, sposta in avanti le lancette della storia letteraria posizionandole sull'ora ufficiale con cui ci si è regolati per un trentennio: per lei il neorealismo inizia nel dopoguerra (Corti).

Così quanto affermatosi nel periodo tra le due guerre, in particolare tra il 1927 e il 1934 (Bernard 2018), è stato relegato nell'incunabolo[1]: Alvaro, Moravia e Bernari sono stati trasformati da fondatori del "nuovo stile realista" in semplici "precursori", anticipatori, pionieri e sperimentatori *ante litteram*. Naturalmente questa concezione contrasta col fatto che non solo questi importanti autori hanno fondato il neorealismo — altro che incunabolo! — ma lo hanno anche sviluppato e rielaborato in chiave teorica, narrativa e nel cinema, nella seconda metà del Novecento. Sono dunque loro i capisaldi del nuovo genere letterario.

Ciò spiega, del resto, come sia fuorviante l'interpretazione della Corti che stacca il corpus del neorealismo dalle sue radici storiche sottraendogli linfa vitale. Una concezione parziale e sommaria che è stata però per lo più accettata e seguita. Causando una serie di corti circuiti. Vuoi per comodità di fronte alla difficile definizione dell'oggetto "neorealista" che la stessa Corti definì una "viscida anguilla" perché sguscia da tutte le parti e non lo si riesce — a suo dire — a fissare in una formula. Ma anche per compiacere l'ideologia di partito che pretendeva dalla letteratura molto contenuto, documento e denuncia sociale, e poco formalismo. Una commistione a danno della forma lontana dal neorealismo che non andrebbe confuso col realismo socialista propugnato dai funzionari culturali del PCI.

Tra le vittime di questa amputazione che separa il corpus del neorealismo, il periodo del dopoguerra, dalla sua testa, gli anni a cavallo tra i Venti e i Trenta, c'è Carlo Bernari. La critica lo ha sempre etichettato tra i pionieri della moderna letteratura italiana, dimenticando che l'opera di Bernari parte, certo, con *Tre operai* negli anni Trenta, ma poi si sviluppa nella narrativa, nel

---

[1] A definire il romanzo di Bernari "incunabolo neorealista" è Eugenio Montale.

cinema e nel teatro oltre che nella saggistica e nel giornalismo proprio in quel dopoguerra in cui alla Ortese si assegna una primogenitura stilistica che non le compete del tutto. Non si tratta beninteso di giudizi di valore letterario, ma di storia della letteratura.

È tuttavia evidente che fissando l'esordio del neorealismo nel 1945, quindi separando il corpus del secondo novecento dalla testa della prima metà del secolo, è giocoforza giungere alla fuorviante conclusione che la rappresentazione neorealista della Napoli bigia e piovosa, industriale e cupa, sottratta alla letteratura paesaggistica e campanilistica, piuttosto che a *Tre operai* del 1934 di Bernari, sia ascrivibile a *Il mare non bagna Napoli* del 1953 della Ortese.

Va anche ricordato che *Tre operai* esce appunto nel '34 nell'ambitissima nuova collana Rizzoli de "I giovani" diretta da Cesare Zavattini, scompigliando le questioni letterarie allora agitate e giungendo perfino a provocare la reazione di Mussolini. Impossibile che la ventenne Anna Maria non studi approfonditamente il romanzo di Bernari ambientato a Napoli nel nuovo stile realista o neorealista che dir si voglia.

Ciò nonostante, si è attribuito alla Ortese, senza nulla togliere beninteso al valore dell'autrice, il merito di una presunta innovativa visione della Napoli offuscata dai fumi delle ciminiere, del mare sporco di nafta, insomma di una città reale che si discosta fortemente dall'immaginario collettivo del sole perenne e del mandolino sempre pronto a suonare e cantare.

A tal proposito va piuttosto citato l'intervento di Raffaele La Capria al convegno napoletano nel 2002 in onore di Carlo Bernari a dieci anni dalla scomparsa. La Capria disse allora che:

> Bernari ha il grande merito di aver aperto la letteratura napoletana, fino ad allora campanilistica e pittoresca, alla grande letteratura europea, di averla in sostanza sdoganata portandola a livello del surrealismo e della lezione di Kafka e Thomas Mann.

E concluse:

> Siamo tutti noi di questa generazione eredi di Carlo Bernari.

Dello stesso avviso era Ermanno Rea, autore de *La dismissione* (2002) che in una dedica personalissima del romanzo mi scrive:

A Enrico, figlio del grande Bernari che ho conosciuto, ammirato e al quale mi sono ispirato scrivendo questo libro.

La Napoli di *Tre operai* anticipa, dunque, di vent'anni quella della Ortese che la definisce "città senza grazia" e "un solo sonno". Ma questa sembra una citazione del romanzo di Bernari:

> Il mercoledí piove a dirotto. È tragico alzarsi dal letto quando piove, chi è che ha stabilito che bisogna alzarsi alle sei, per essere puntuali sul lavoro? [...] In fabbrica, sotto lo zoccolo della porta chiusa, si vede la pioggia brillare sul selciato del cortile dove si incontrano i diversi rigagnoli di tinta e di acqua saponata che rigurgitano dagli scoli. (*Tre Operai*, 10).

> La gita domenicale è fallita miseramente. Cominciò a piovere sul più bello, quando Teodoro cercava timidamente le labbra di Anna. Fuggirono alla ricerca di un riparo, lasciando la colazione sull'arenile. La sabbia grigia, bucherellata dalle gocce di pioggia, era diventata una stuoia a palline nere. Il mare argilloso, pieno di alghe e di rifiuti, assaliva la spiaggia cancellando l'orma dei loro corpi. La pioggia divenne sempre più fitta e li inseguì fin dentro la spelonca dove si erano rifugiati e li costrinse quasi controvoglia ad abbracciarsi. (*Tre Operai*, 14)

> La strada è grigia, e i tram passano con le luci ancora accese. Ricomincia a piovere. Quando un operaio va in cerca di lavoro, piove sempre; e Teodoro è costretto a ripararsi sotto un porticato. Davanti gli passano i carri avviati verso il centro: le ruote sbattono nelle fosse della strada e le tende svolazzano nell'aria; fango e grigio; e anche pioggia, questo c'è nell'aria; fango e pioggia e panni appesi alle finestre del palazzo di fronte, panni d'un incerto bucato che attraverso la pioggia sembrano ancor più sporchi. (*Tre Operai*, 17)

Alla luce di questi brani, sembrerebbe che la prefazione in cui Pietro Citati sostiene che "di rado un artista moderno ha saputo rendere in modo così intenso la spettralità di tutte le cose, delle colline, del mare, delle case, dei semplici oggetti della vita quotidiana" sia scritta per *Tre operai* e non per *Il mare non bagna Napoli*. Invece è il contrario. Eppure, il mare di Bernari è macchiato dalla povertà e dall'abbandono. O meglio esiste il mare solare e sgargiante dei borghesi villeggianti e quello cupo e melmoso degli operai, quasi come se la natura operasse una forma di classismo relegando i pezzenti proletari nell'angolo peggiore dello specchio acquitrinoso del Golfo:

> La domenica anche gli operai andavano al bagno, ma si riunivano fra di loro e se ne stavano in disparte in qualche angolo della spiaggia [...] che da quella, invece, appariva più triste e più sporca. Il mare batteva quasi sempre su quel lato portando sbavature di alghe e di catrame, che seccandosi attiravano mosche, zanzare, nugoli di moscerini. (*Tre Operai*, 20)

Anche la Napoli della Ortese è "una meraviglia senza coscienza", vale a dire coscienza politica, civile, sociale. Ma dove ha preso la Ortese queste immagini "ideologizzate" della città che ha perso la sua solarità per acquisire i toni cupi propri dello sfruttamento dell'uomo?

Ce lo rivela la stessa Ortese, forse involontariamente, nel capitolo "Tessera d'operaio n. 200074" in cui descrive il suo incontro con Domenico Rea. Già il titoletto è una indicazione precisa e un rimando forse involontario ma inconscio ai *Tre operai*. Ricordo solo che la Ortese fa visita a Rea, ma è Domenico Rea a venire mensilmente a Roma per seguire l'opera di Bernari e avere con lui confronti letterari dal vivo.

Coincidenze, certo, che però non finiscono qui. Entrando infatti nel campo tematico e stilistico, il rapporto di forma e contenuto, sfido a distinguere alcuni passaggi di *Tre operai* da un brano del capitolo "Tessera d'operaio n. 200074" della Ortese, facendo attenzione all'elemento cromatico:

> L'indomani si levò una giornata poco limpida, eppure piena di riflessi abbaglianti, di una confusa turbata luce [...] non vedevo linea, qui, ma un colore cosí turbinoso, da farsi a un punto bianco assoluto, o nero. I verdi e i rossi, per la rapidità erano diventati marci, gli azzurri e i gialli apparivano sfatti. Solo il cielo, a momenti, viveva, e la sua luce era tale che bisognava farsi schermo agli occhi. (Ortese, 138-139)

Luce accecante e colori marci: quasi un ossimoro efficace, che però è derivato da *Tre operai*. Ecco un esempio, ma se ne potrebbero prendere tanti (rimando al saggio di Rocco Capozzi, *Bernari tra Fantasia e realtà*, in particolare al capitolo sui colori in *Tre operai*).

> Dalle vasche gomitoli di intenso vapore salgono verso i lanternini: sembra fumo d'un incendio. Qualche muro è sgretolato, e dal tufo umido affiorano cristalli salmastri e su ogni punto brilla una goccia d'acqua. I muri dietro le caldaie della tintoria sono neri o rossi o addirittura violacei schizzati d'anilina. Sul ritmo cadenzato dello stantuffo della vecchia macchina a vapore si ode il battito degli zoccoli tra rigagnoli di sapone sporco e di acqua tinta che acquista colore vivo via via che si avvicina allo spiraglio di una porta chiusa, dove si scontra con una lama di sole: fuori sarà bel tempo (C. Bernari, cit., 8-9)

Ancora più diretto è il riferimento della Ortese al "punto bianco assoluto, o nero... e la sua luce era tale che bisognava farsi schermo agli occhi". I punti neri per contrasto sul muro bianco come uno schermo sono in effetti gli elementi conclusivi della vicenda esistenziale di Tedoro, protagonista di *Tre operai:*

Teodoro già dorme sulla sedia e quei fatti, quei rumori nel sogno si mescolano ai ricordi: tre uomini con le maglie a righe rosse nel cantiere pieno di sole gli dànno dei soldi: ma ridono di lui vigorosamente tossendo, e lui scappa, sulla banchina che brucia dal sole; e i tre uomini gli sono sempre davanti, che ridono. Riesce ad acchiapparne uno per il collo e a conficcarlo in una parete, come un chiodo; e poi il secondo; e poi il terzo; ma le teste grigie degli operai si muovono sempre; ed egli dà colpi sulle teste di quei chiodi, che sono diventati tanti e tanti, conficcati sul muro bianco, immenso. (C. Bernari, cit., 231-232).

Il mare della Ortese presenta del resto altri richiami a *Tre operai*. Il tema delle due sorelle, ad esempio, Anna e Maria in Bernari, Anna e Anastasia nella Ortese. Anna in Bernari è la bruttina che invidia Maria, più bella, mentre per la Ortese Anna è la più avvenente delle due che suscita le gelosie dell'altra. Non c'è tempo per un confronto testuale ampio, ma così stanno le cose:

Non sono come mia sorella Anna, che porta ancora i capelli sciolti, e suona il pianoforte. Di me, ora, i giovani non si accorgono più e se non vestissi bene e non usassi un profumo di costo, neppure buongiorno mi direbbero. Se non sono ancora vecchia, però sto per invecchiare [...] o Antonio ha davvero un sentimento per me, mi ama e ha bisogno di me, oppure eccomi perduta. (Ortese, 37)

Nel romanzo di Bernari il giovane, diviso tra la bruttina Anna e l'avvenente Maria, non si chiama Antonio, bensì Teodoro. La situazione è però identica e le battute sembrano riecheggiare:

Intanto Anna, seduta sul letto si spogliava svogliatamente davanti allo specchio che riflette la sua immagine, piedi scoperti, gambe scoperte; un piccolo sforzo, ed eccola completamente nuda. Guarda il suo corpo con attenzione e si chiede se ridotta in quello stato possa ancora piacere a qualcuno: i seni flosci, le gambe secche, il ventre magro e [...] il pensiero le corre a Teodoro che è diventato cattivo: se non ci fosse Maria fra di noi... Ma si è proposta di non essere gelosa. (Bernari, cit., 50)

Ma poi c'è il ritorno di Teodoro a Napoli subito dopo il servizio militare in trincea. Reduce e spaesato, cerca Anna e Maria e un lavoro a Napoli. Bernari qui viene letteralmente parafrasato dalla Ortese con il ritorno di Antonio dalla navigazione anche se non dalla trincea, ma con le stesse identiche parole:

> Lui è stanco di navigare. Forse deluso. Vuole sistemarsi a Napoli. Potrei aiutarlo. Forse ha bisogno di sicurezza, di affetto. Non cerca più la ragazza ma la donna. (Ortese, 37)

È lo stesso sentimento che prova Anna di Bernari nei confronti di Teodoro appena tornato in città:

> Teodoro è a Napoli, Anna lo sente, e ogni volta che vi pensa ne è più persuasa, perché ora la vicinanza [...] la incita a fare dei raffronti con Marco. Che differenza. Sì, è anche disposta al perdono; quando addirittura non è disposta ad accollarsi tutti i dolori che son seguiti da quel disgraziato giorno della sua partenza. (Bernari, cit., 152)

Nel 1949 esce per la Medusa mondadoriana *Speranzella,* il romanzo di Bernari che vince il Premio Viareggio 1950. Qui la questione si complica e si tinge di giallo. *Il mare* della Ortese viene pubblicato nel 1953 da Vittorini nei gettoni Einaudi. Ma è lo stesso Vittorini che nel 1949 oppone a Cesare Pavese un rifiuto netto quando lo scrittore piemontese propone alla Einaudi l'opera di Bernari, cercando di portarlo via da Mondadori. Pavese scrive addirittura a Bernari una lettera di scuse sostenendo: "Abbiamo fatto fiasco... Ho trovato un terreno già avvelenato dai tuoi amici di Milano [Vittorini, ndr.] che ti bloccheranno anche il premio... intendevo elogiare i tuoi racconti, descriverne una loro qualità vitale, una certa *gaucherie* apparente, nella frase e nel piglio e nelle parole..." (Bernard 2014; corsivi di Pavese).

Si capisce benissimo qui il sibillino accenno, sottolineato, di Pavese alla *gaucherie apparente.* Come a dire: sei un battitore libero, fuori dai giri di partito, quindi niente da fare.

In effetti Bernari, al quale si attribuisce già il prestigioso riconoscimento per *Speranzella,* sarà costretto a dividerlo ex aequo con Jovine per *Le terre del sacramento.* Jovine a differenza di Bernari non è contagiato da alcuna "gauche-rie apparente", è un discreto scrittore realista con tessera comunista, segreta-rio del sindacato scrittori.

Quindi non si è lontani dal vero sospettando che Vittorini e la Einaudi scarichino Bernari contro il parere di Pavese e sostengano la Ortese antici-pando o premettendo quel "corto circuito" della critica che poi troverà con-ferma in un libro pubblicato sempre da Einaudi, quello della Corti di cui par-lavo all'inizio. Un corto circuito che nel caso specifico parte da lontano, dalla stroncatura di Vittorini del 1934, unica nella critica italiana, di *Tre operai* quando il critico militava nelle file fasciste (Vittorini 1934) e forse si sentiva scavalcato dal giovane Bernari che veniva acclamato all'esordio, al posto dello scrittore siciliano, come il primo neo-verista (Aristarco, 1934).

Polemica letteraria a parte, ci sono altre coincidenze. Il romanzo di Ber-nari *Speranzella* sulla Napoli del dopoguerra alla vigilia del referendum repub-blicano esce nel 1949 nella mondadoriana Medusa e vince il Viareggio. La Ortese non può non averlo letto dato il successo del libro, il prestigio dell'edi-tore, il premio e ovviamente il suo interesse per la questione napoletana. La studiosa napoletana Daniela Bernard, nipote di Bernari, ha dedicato un'at-tenta analisi pubblicata in Forum Italicum alle corrispondenze e parallelismi di molti temi, contenuti ed elementi stilistici tra *Speranzella* di Bernari e *Il mare* della Ortese. Rimando a questo saggio per ogni approfondimento.

Va sottolineato che se Napoli è comunque una fonte di ispirazione e of-fre spunti che possono rincorrersi nelle opere dei singoli autori, ci sono poi altri elementi specifici che portano a sospettare influenze più dirette. In que-sto caso vanno bene attenzionati i personaggi delle opere in discussione. Scrive Daniela Bernard:

> Per questi vicoli Nannina, la giovane protagonista del romanzo di Ber-nari cammina, salendo e scendendo, spiata dagli sguardi del quartiere che la seguono cercando di indovinarne gli incontri, i pensieri, le intenzioni. Nan-nina accende appetiti e invidie, crea aspettative e delusioni. Nannina, Elvira la Caffettèra, la donna che accetta di prendersene cura, Carmilina, la sorella di Nannina, resa egoista e rassegnata dalla miseria, la Pizzicatella, trovano le loro sorelle nelle donne raccontate dalla Ortese: zì Nunzia, donna Rosa, Nunzia Apicella, Antonia Lo Savio, la piccola Nunzia Faiella. Donne forti e sfiduciate, donne a cui la storia ha tolto quel poco di miseria che hanno

ricevuto dalla vita; e che proprio nella disperazione trovano il coraggio di reagire e andare avanti quando soccombere diventa l'unica alternativa.

Un'ulteriore analogia tra i personaggi principali del *Mare* della Ortese e di *Speranzella* di Bernari riguarda Maria, portatrice di un disturbo alla vista, e la Caffettèra bernariana altrettanto "cecata" ma capace di una vista "migliore" con l'occhio interiore che tutto vede e controlla. Una qualità che anche la Ortese attribuisce alla sua protagonista Maria ricalcando così la narrativa dello scrittore che l'ha preceduta. E anticipata.

OPERE CITATE

Aristarco (E. Zazo). 1934. "Un neo-verista: Carlo Bernard. *L'Italia Letteraria* X.14: 9–10.

Bernard, Enrico. 2018. "1927-1932, Il lustro che cambiò la letteratura." *Forum Italicum* 52.2: 282-300. Also, https://journals.sagepub.com/doi/abs/10.1177/001458 581 8757479.

Bernard, Enrico. 2014. "Due lettere di Cesare Pavese a Carlo Bernari." *Il Neorealita* 13. Also, on *Academia.edu*. https://www.academia.edu/8002370/Due lettere_di_Ce-sare_Pavese_a_Carlo_Bernari.

Bernari, Carlo. 1949. *Speranzella*. Milano: Mondadori.

Bernari, Carlo. 1966 [1934]. *Tre operai*. Milano: Mondadori.

Capozzi, Rocco. 1984. *Bernari tra fantasia e realtà*. Napoli: Società Editrice Napoletana.

Corti, Maria. 1978. Il *viaggio intertestuale*. Torino: Einaudi.

Montale, Eugenio. 1957. "*Tre operai*." *Corriere della Sera*, 29 May. 3.

Ortese, Anna Maria 1994. *Il mare non bagna Napoli*, Adelphi, Milano.

Vittorini, Elio. 1934. "*Tre operai* che non fanno un popolo." *Il Bargello* VI (22 luglio): 7.

MUTTERRECHT SICILIANO VERSUS SUBALTERNITÀ FEMMINILE: il caso di Francesca Agnetta, drammaturga dimenticata del primo Novecento

Daniela Bombara

INTRODUZIONE

In un articolo sul teatro di Natalia Ginzburg, Cinzia Samà osserva come sia

> molto difficile tracciare il percorso di una drammaturgia femminile perché in Italia non esiste ancora una tradizione teatrale al femminile e non ci sono neanche studi sistematici e classificazioni delle autrici italiane di questo genere e delle loro opere. Non sorprende la difficoltà di reperire una tradizione teatrale a firma femminile se pensiamo che nel teatro del passato le donne sono sempre state escluse dalla scena, soprattutto quando il teatro diventa luogo della parola religiosa o politica (51).

Attrici dalla seconda metà del Cinquecento, le donne solo saltuariamente sono anche drammaturghe, in primo luogo poiché scrivere professionalmente per le scene comporta l'ingresso 'da autore' in un mondo moralmente criticabile, nel quale si assume un ruolo pubblico, estraneo alla sfera domestica e ben più evidente rispetto alla funzione autoriale di altri generi letterari, poiché esso si estrinseca nella concreta pratica spettacolare. Si consideri poi che la scrittura teatrale richiede un'oggettivazione alquanto inusuale nell'ambito della produzione femminile che, almeno dalla seconda metà dell'Ottocento, ovvero quando la presenza delle autrici sulla scena letteraria diventa rilevante, tende al racconto di sé, o comunque prende le mosse dal materiale autobiografico per focalizzare in primo luogo il proprio personale rapporto con la realtà, intendendo la scrittura "come svelamento di sé a sé e agli altri" (Zancan 101).

Il secondo dopoguerra vede finalmente l'affermarsi delle drammaturghe italiane, alle quali viene anche riservata un'apprezzabile attenzione da parte degli studiosi; le scrittrici per il palcoscenico di primo Novecento, o anteriori, sono state invece "pesantemente criticate, liquidate con tiepide lodi e di solito rapidamente dimenticate" (Wood 369). Ignorate quindi dalle storie del teatro o dalle antologie di testi teatrali, le drammaturghe del passato meno recente sono ancora sconosciute al vasto pubblico e poco rappresentate; i nomi e le opere di Isabella Andreini (1562-1604), Diodata Saluzzo (1774-1840), Elisabetta Caminer (1751-1796), o i lavori teatrali di narratrici quali Grazia Deledda (1871-1936) e Annie Vivanti (1866- 1942), ignoti ai più, non interrompono un silenzio e un'assenza da un panorama di produzione letteraria e pratica spettacolare a firma unicamente maschile.

Nel mondo dello spettacolo le donne sono ammesse in genere come attrici, talvolta così note da polarizzare l'interesse di pubblico e critica — è il caso di Adelaide Ristori (1822-1906) o, ai primi del Novecento, di Eleonora Duse (1858-1924) —; questa presenza non implica comunque di norma un ripensamento della "tradizionale condizione di oggettività della donna nel suo rapporto con la scena: essa vi può comparire in quanto oggetto dello sguardo altrui, aderendo perlopiù ai ruoli, altamente stereotipati, che nella vita reale le sono attribuiti arbitrariamente in virtù del proprio genere, con una perfetta coincidenza tra il ruolo attoriale ed il ruolo sociale" (Morelli 2). D'altra parte, la stessa Isabella Andreini è attrice prima che drammaturga, e l'elaborazione letteraria si innesta sulla pratica teatrale, inscindibile da quest'ultima, e non autonoma rispetto a essa. Per restituire a spettatori, lettori e critici l'opera delle scrittrici di teatro, sarebbe necessario, auspica Daniela Cavallaro in un significativo articolo dal titolo *Alla ricerca delle drammaturghe perdute*, "una ricerca prolungata in archivi e biblioteche [che consenta] di recuperare la loro produzione e apprezzarne l'importanza" (16).[1]

Se la situazione italiana è quella di una drammaturgia femminile silenziata, è ancora più evidente la marginalizzazione della produzione femminile per il teatro nella Sicilia di fine Ottocento, nella quale la condizione sociale della donna appare ancora più arretrata, poiché sono minimi l'alfabetizzazione, il possesso degli strumenti culturali essenziali per approdare alla scrittura, ma soprattutto i contatti con editori, attori e impresari. In Sicilia, a parte il caso isolato della messinese Anna Maria Arduino (1672-1700), ammessa nell'Accademia dell'Arcadia come Getilde Faresia e nota per aver composto il prologo al dramma *Li rivali generosi* (1697) di Apostolo Zeno, troviamo quasi soltanto attrici, soprattutto fra '800 e '900, e appartenenti al teatro dialettale: Mimì Aguglia (1884- 1970), Virginia Balistrieri (1888-1960), Rosina Anselmi

---

[1] Qualcosa è stato fatto, in tempi recenti: si segnala il numero monografico della rivista *Itinera*, del 2019, dedicato a *Le donne e il teatro in Italia*; il numero monografico, pubblicato sempre nel 2019, di *Rivista di letteratura teatrale* (12), dal titolo *Scrittrici di teatro*, a cura di Giulia Tellini.

(1876-1965), per citarne alcune (Zappulla Muscarà, Zappulla Enzo). Per le drammaturghe bisogna aspettare il pieno Novecento, con due figure molto diverse: Maria Campagna (1937-1978), fautrice di un teatro impegnato, chiave di lettura dei problemi del passato come specchio dei contemporanei, autrice dei drammi *I Fatti di Bronte* e *Caccia alle streghe*, ed Emma Dante (1967-), attrice, regista teatrale e cinematografica, drammaturga di fama mondiale.[2] In questo panorama risalta per la sua unicità un dramma in dialetto siciliano scritto da una donna, Francesca Sabato Agnetta, ai primi del Novecento: *'U sapiti com'è*, testo ancora oggi vivo nella concreta pratica registica e attoriale, frequentemente rappresentato nei teatri dell'isola con inalterato successo.

FRANCESCA SABATO AGNETTA FRA PIRANDELLO, MARTOGLIO, MUSCO

Francesca Sabato Agnetta è citata nelle numerose recensioni reperibili sul web in relazione alle messinscene di *'U sapiti com'è*, e definita, con poche varianti, "rinomata scrittrice e drammaturga palermitana" (Sicanianews). Qualche notizia in più è presente in un articolo di Claudia Lo Presti, in occasione di una rappresentazione del dramma citato al teatro Metropolitan di Catania, il 26 aprile 2019: "[Francesca Sabato Agnetta] letterata, giornalista ed autrice palermitana [...] scrisse questa vicenda per e su suggerimento di *Angelo Musco* che aveva fra i suoi un amico disabile che la famiglia tendeva a tenere in disparte" (s. p.). Non è facile comunque fare emergere dall'anonimato questa figura di scrittrice attraverso ricerche in archivi e biblioteche, accogliendo quindi il suggerimento di Cavallaro: non vi è traccia di Sabato Agnetta nelle storie della letteratura, neanche siciliana, nei repertori di scrittrici, nell'ambito della critica teatrale o letteraria, né il dramma a cui è legato il suo nome è reperibile nelle biblioteche, non essendo mai stato pubblicato. Bisogna allora rivolgersi direttamente alle compagnie teatrali, oppure se ne trova copia, di dubbia attendibilità, sul web.[3] Santi Correnti le dedica qualche riga nel suo *Donne di Sicilia*:

Le drammaturghe siciliane hanno la loro principale rappresentante nella palermitana Francesca Sabato Agnetta (1877-1943), il cui commovente

---

[2] La personalità intellettuale di Emma Dante è così complessa da non poterla riassumere in poche righe; si rimanda pertanto ai lavori di Anna Barsotti e Andrea Porcheddu.

[3] Per la stesura del presente articolo ho utilizzato un copione dattiloscritto che mi è stato donato dal regista trapanese Giuseppe Passalacqua, fondatore e direttore della compagnia "Amici di Nino Martoglio". Per alcune notizie biografiche sul regista si veda la scheda sul sito trapaninostra.

dramma "U sapiti com'è" continua ancora a rappresentarsi con successo. La Sabato Agnetta fu letterata, conferenziera e giornalista, pubblicò i romanzi "Martirio d'anime", "Una sola uccide", "Il villino delle rose" e "Il picco dei Tre signori". Per il teatro scrisse numerosi drammi in lingua italiana ("Il legame, "La diga", "Terra vulcanica", "Moda inglese, "L'erma" e "L'isola irredenta"); e in siciliano scrisse drammi che furono portati al successo da Angelo Musco sulle scene, come "Cantalanotti", "Rinninedda", "Tuppi tuppi" e il suo capolavoro "'U sapiti com'è" (127).[4]

Rita Verdirame definisce Agnetta "amica di Martoglio di cui si dichiarava allieva, legata a Musco da un sodalizio non solo artistico" (58)[5], e ne sottolinea la vivacità intellettuale, l'attivismo, infine la proposta di un sistema di valori morali ampiamente condivisibile; il riferimento è sempre a 'U sapiti com'è:

> ella si lascia alle spalle quel "mutangarismo a vita" a cui i siciliani veraci [...] vorrebbero condannare la donna. [...] Nella frastagliata scelta dei generi, la Agnetta è in special modo orientata verso quello didascalico, capace di trasmettere tramite la piacevolezza della narrazione un messaggio etico e educativo. La conferma di tale disposizione è data dalle commedie in lingua e in dialetto, dall'*Ultimo naso* a *Rinninedda*, *Rondinella* (che fu rappresentata a cospetto dei sovrani) e soprattutto 'U sapiti com'è, storia di Cola, un ragazzo "diverso" che, nonostante il ritardo mentale, interpreta il valore positivo della solidarietà e degli affetti di fronte alla frettolosità cinica della società (58).[6]

---

[4] Anni prima, Francesco De Felice, nella sua fondamentale *Storia del teatro siciliano*, aveva definito Agnetta "scrittrice dialettale, ricca d'ingegno, che diede numerose commedie interessanti al teatro siciliano" (176). *Dall'Annuario della Stampa Italiana* apprendiamo che era redattrice del *Giornale di Sicilia* e aveva esordito nel 1910 con il *Corriere di Sicilia* (313). Nella rivista *L'eloquenza siciliana* è definita "[l]a valorosa scrittrice signora Francesca Sabato Agnetta, figliuola dell' illustre Avvocato, Professore ed Oratore Francesco Agnetta" (Nasti 45); Sabato è evidentemente il cognome del marito, per cui da ora in poi si userà la forma Francesca Agnetta.

[5] Il riferimento è alla nota 122 di p. 58, anche negli altri casi in cui è citata la medesima pagina.

[6] Verdirame riprende i titoli indicati da Correnti, integrandoli con notizie bibliografiche:"Pubblica le novellette per bimbi *Il villino delle rose* (Bemporad, 1906), il racconto *Il sogno del babbo* (Vallardi, 1925), *Le due vite*, lo scherzo in due atti *I tre gobbi*, del 1926, *Mignolino* (tutti a Palermo, Industrie Riunite Editoriali Siciliane), *Il picco dei tre signori* (Napoli, Artigianelli, 1938)" (58). Aggiunge inoltre la commedia *Ultimo naso*, di cui si parlerà nel presente lavoro. Consultando i cataloghi a livello nazionale, risultano editi una lettura pubblica, *Oleum charitatis amor!* (Palermo, Vena, 1910); due conferenze (*Questa umana facoltà del ricordare ci è stata largita o inflitta?*, Palermo, Virzì, 1908; *Le piccole fonti del dolore*, Palermo, La Celere, 1909). Fra i testi di narrativa troviamo i racconti per bambini *Le due vie* e *Mignolino*, entrambi stampati a Palermo dalle Industrie Riunite Editoriali Siciliane, collezione Primule Dorate; *Il sogno del babbo*, pubblicato dalla più prestigiosa Vallardi nel 1925; il romanzo *Il picco dei tre signori*, stampato a Napoli, Artigianelli, nel 1938. *Il villino delle*

Eppure la misconosciuta Agnetta gioca un ruolo non indifferente nei rapporti fra Martoglio, Pirandello e Musco, con il quale ha una relazione sentimentale e professionale. Al secondo decennio del Novecento data il periodo 'siciliano' del teatro pirandelliano, che vede opere composte in dialetto o tradotte dall'italiano per la compagnia di Angelo Musco: fra queste *'A birritta ccu 'i ciànciani (Il berretto a sonagli)*, scritta nell'agosto del 1916, incontra vari problemi di allestimento, per cui vedrà le scene solo l'anno successivo, il 27 giugno 1917, al Teatro Nazionale con il titolo *'A birritta ccu 'i ciancianeddi*. Martoglio dirige le prove e comunica a Pirandello le perplessità degli attori, che si "son trovati in bocca l'imbroglio di discorsi lunghi, incisi, da portare alla fine senza saper come" (Zappulla Muscarà, 176), come riporta lo stesso Pirandello con stupore e preoccupazione nella lettera di risposta a Martoglio, datata 12 febbraio 1917.

Roberto Alonge attribuisce l'esitazione degli attori non a un 'difetto' del copione ma alla sostanziale impossibilità, da parte loro, di comprendere il teatro di Pirandello, di superiore livello culturale:

Abbiamo sottolineato [...] come Musco fondasse il proprio notevolissimo successo di pubblico su un repertorio spesso puramente comico- farsesco di basso livello. Le preferenze del pubblico, unite a quelle dei proprietari di teatro, condizionano fortemente l'attore, lo rendono talvolta perplesso di fronte ai più complessi e talvolta difficili testi pirandelliani. Pirandello è perfettamente cosciente dei termini reali della questione e chiude infatti la sua lettera a Martoglio con una frecciata polemica: "Salutami caramente il signor Musco e digli che si conservi per il trionfo di tutti *Gli ultimi nasi* del suo repertorio. E basta". Il riferimento è appunto al più recente successo comico

---

rose. *Letture per la iv classe elementare*, pubblicato da Bemporad a Firenze nel 1906, è un testo scolastico. Di minore fortuna editoriale il teatro in lingua, di cui risultano editi solo testi brevi, per bambini o ragazzi: *I tre gobbi, scherzo in due atti* (Palermo, Industrie Riunite Editoriali Siciliane, collezione "Piccoli attori", 1926); *L'alba, commediola storica in un atto* (Palermo, Biondo, 1913). Quest'ultima opera faceva parte della collana Bibliotechina aurea illustrata; nel fondo librario Giuseppe Bucci del Convitto Matteo Spinelli di Giovinazzo sono presenti altri brevi testi teatrali in un atto, inseriti nella stessa collana: *Il distratto, Il monello, La prova*, tutti editi nel 1913 (Il catalogo del fondo librario è consultabile in Saracino 75- 98). Se l'insieme delle pubblicazioni testimonia la vastità di interessi di un'autrice che godeva di un certo prestigio pubblico, al punto da essere invitata a tenere conferenze, considerate altresì degne di pubblicazione, e i cui racconti, romanzi, soprattutto diretti a fini pedagogici, suscitarono l'interesse di Vallardi e Bemporad, la sua produzione teatrale in dialetto rimase inedita, perché ritenuta strumentale alla messinscena; poco apprezzata, come si vedrà, dagli stessi addetti ai lavori. Fra i lavori dialettali perduti si segnalano *'A Cugghiuta di l'aranci* (1910) *Punto e da capo... scherzo comico* (1919), *Un omu, 'na fimmina e 'na capra* (1920) (Zappulla Muscarà 1985ᵃ 92), *Mulinazzu ci guarda* (1918), (Zappulla Muscaràᶜ 76).

di Musco, *L'ultimo naso* di certa Francesca Sabato Agnetta, lavoro di terz'ordine considerato dal nostro come rappresentante tipico delle scelte più corrive del repertorio di Musco (xxxviii).

Pirandello in effetti disprezza Agnetta, amante di Musco e mediocre commediografa, che impedisce all'attore di evolversi, e a Pirandello stesso di avere quel successo di pubblico che si aspetterebbe. Una rivale di basso livello, ma comunque una concorrente, che incarna il teatro farsesco e d'effetto, dalle tinte veriste, i cui massimi interpreti sono Giovanni Grasso e Mimì Aguglia; un genere commerciale, abile a diffondere un falso modello di sicilianità passionale e tradizionalista, il cui intento è "manifatturare una Sicilia d'importazione" (Pirandello s. p.).[7] In realtà, esaminando la corrispondenza epistolare fra Pirandello, Martoglio e Musco, nella quale interviene saltuariamente Agnetta, intravediamo la fisionomia di un'autrice che non vuole rimanere confinata al farsesco e cerca di evolversi, inviando a Martoglio, già nell'agosto 1916, "*parecchi etti* della mia produzione siciliana" (Zappulla Muscarà[a] 69). Su queste opere chiede umilmente consiglio: "Sia buono, La prego: mi faccia comprendere il vero dal falso, il buono dal cattivo, come un amico [...] Oh Dio, so bene che non ho diritto alcuno a chiederle tanto, ma, mi tratti un po' come un affluente del fiume Musco, e per questo, e perché siciliana, e perché donna, e perché muscovita, abbia per me pazienza e verità" (69). Martoglio prende molto sul serio il suo compito e così scrive a Musco in una lettera del 4 dicembre 1916: "le voglio bene come fosse una vecchissima amica buona, come fosse una sorella e sono desideroso di esserle utile in senso tangibile. Io devo rivederle il lavoro e renderglielo, ove non lo sia del tutto — sicuro del successo" (Zappulla Muscarà[b] 253).

Arrivano le prime soddisfazioni da parte del pubblico, di cui Agnetta riferisce puntualmente a Martoglio (10 aprile 1916) sempre enfatizzando il suo ruolo 'subordinato' al talento di Musco:

---

[7] In realtà la commedia di Agnetta è apprezzata da un critico esigente quale Gramsci, la cui posizione si mostra opposta a quella pirandelliana. Recensendo l'opera per l'*Avanti*, il 2 aprile 1917, Gramsci ne rileva il carattere farsesco, ma aggiunge: "è appunto questo contenuto leggero, fatto tutto di dialogo brioso e di atteggiamenti fisici, che fa la fortuna del teatro siciliano anche fuori della regione siciliana [...]. *L'ultimo naso* è una storia famigliare sul tema obbligato della moglie serpente, di cui il marito crede essere stato liberato da un naufragio, e che invece ricompare sana e prospera proprio nello stesso giorno in cui don Fofò sta per riammogliarsi" (138).

Musco ha iniziato le prove del mio *Cantalanotte* e per esso chiedo i migliori auguri, sicura, del resto, che non mi mancheranno. Il lavoro non ha altro merito che il tipo vero, e mancante alla collezione di tipi che offre il repertorio Musco. L'opera mia si riduce quindi ad avere trovato l'appendipanni, e Musco penserà a vestirlo. Ho poi letto i primi due atti di una commedia scritta in collaborazione con la Matamè [Geni Sadero]... Pensi, caro Martoglio, che gioia , nel vedere il successo ottenuto da questa lettura! ... Musco, e gli attori, ascoltarono la nostra *Rondinella* con vero interesse... malgrado la sua estrema semplicità, *Rondinella* riuscì a far sorridere ed a commuovere. A pena sarò a Roma finirò, con la cara Matamè, il III atto, e poi le chiederò un'ora del suo tempo e le leggerò tutto il lavoro. Ci conto, vero?... (Zappulla Muscarà[b] 261- 262).

Rondinella ha una sua rilevanza: sarà scelta per essere rappresentata a corte, come opera esemplificativa del repertorio di Musco. Ambiguamente però Martoglio critica la produzione di Agnetta rivolgendosi a Pirandello in una lettera del 31 maggio 1917: "Intanto tra Rondinella e Malantrinu avrà rovinata una stagione, mentre aveva la Giarra, per risollevarla" (Zappulla Muscarà[b] 268).[8] Intanto nascono incomprensioni fra Musco e i commediografi, l'attore vuole essere più autonomo nel suo ruolo, si sente coautore delle opere che mette in scena; un atteggiamento che i due scrittori attribuiscono, sia pure velatamente, all'influenza deleteria di Agnetta, *femme fatale* che ha 'montato' Musco contro di loro. Di ciò la drammaturga si lamenta con Martoglio rivendicando un suo ruolo positivo nella carriera di Musco, in una lettera del 3 ottobre 1919: "Perché ha creduto sempre agli altri, e mai a me? Gli altri possono essere dei competitori: io no. Io, sono una donna, e corro sola. Mi spiego? Io, volevo esserle veramente amica. Lei non l'ha capito mai. Perché? Io, che dò a Musco tutto il mio affetto, non voglio che il vantaggio di Musco. Gli altri — salvo sparute eccezioni — no" (Zappulla Muscarà[b] 274- 275). Agnetta come donna 'corre sola' in un universo spettacolare fortemente androcentrico, nel quale la scrittrice di teatro ha un ruolo defilato, di mero supporto alla performance attoriale, mai paritario rispetto ai commediografi.

La situazione si ribalta con il grande successo di '*U sapiti com'è*, rappresentato a Milano, al Teatro Filodrammatici, il 1 marzo del 1920: Agnetta diventa

---

[8] *U malantrinu* è una commedia brillante di Enrico Serretta (1881- 1939); *La Giara* di Pirandello è nota.

per Martoglio un vero interlocutore, 'autorizzata' ad esprimere significativi giudizi sul mondo del teatro. Due giorni dopo la *prima* Martoglio le scrive una lunghissima lettera che esordisce con un affettuoso "Amica cara e gentile", per poi affermare: "Debbo dirle che ero sicuro del successo caldo e duraturo della sua ultima e bella commedia? Così come a Torino vedrà che trionferà dappertutto e dappertutto terrà il cartello, a Milano più che a Torino e a Roma" (Zappulla Muscaràᵇ 284). Martoglio conferma inoltre la sua amicizia nei confronti di Musco, ed arriva a consigliarsi con Agnetta riguardo alle *tournées* che l'attore dovrebbe affrontare, o addirittura a possibili investimenti economici. Infine, con affettato stupore, arriva a considerare la donna al suo stesso livello: "Curioso, scrivo a lei e le do del voi… perché dimentico e mi pare di scrivere a mio compare. Scusi" (284). Nella risposta Agnetta esprime una sua ferma opinione sulla lingua come elemento fondante del teatro in Sicilia: "L'affare del teatro siciliano, scritto da siciliani, dovrebbe essere cantato sui giornali" (288), in modo non dissimili dal noto articolo "Dialettalità" che di lì a poco Pirandello pubblica sulla rivista *Cronache d'attualità* (agosto- ottobre 1921).

Come si è detto, il teatro dialettale di Agnetta, per quanto apprezzato, è rimasto strettamente legato alla pratica spettacolare, e non ha riscontri editoriali. Si è già accennato a *Rinninedda*, rappresentata per la prima volta al teatro Alfieri di Torino dalla compagnia di Angelo Musco il 23 marzo 1918; nella versione italiana *Rondinella* viene scelta per essere allestita al Quirinale nel 1921, quando Vittorio Emanuele III chiama Angelo Musco in seguito al successo di pubblico e critica riscosso con il *Paraninfo* di Capuana. La singolarità della scelta di Agnetta come autrice, rispetto ai più noti Capuana, Martoglio, o Pirandello, presenti nel repertorio attoriale di Musco, è sottolineata da Alfio Caruso, che rileva anche l'imbarazzo di Musco di fronte ai compassati sovrani (402).

Il testo è scritto in collaborazione con Geni Sadero, pseudonimo di Eugenia Scarpa (1891-1961). Cantante autodidatta, Scarpa si dedica in quegli anni al repertorio folkloristico siciliano, che porta in tournée in tutto il mondo, e in particolare negli Stati Uniti subito dopo la Grande Guerra, ottenendo un discreto successo. Sono sue le canzoni che corredano il testo di *Rondinella*, una copia del quale è presente nel catalogo della Library of Congress; si tratta di un dattiloscritto di 44 pagine, che reca nella seconda pagina il titolo *Rondinella, commedia in tre atti*, e il nome dell'autore, Geni Sadero, mentre non si menziona Agnetta[9]; la data, 1925, è presente solo nella scheda catalografica. Una nota vergata a mano, a p. 2, recita: "Tutte le canzoni sono di Geni Sadero e devono essere cantate dall'autrice". La trama dell'opera è molto semplice: un parroco, Giacinto, accoglie in casa la nipote di otto anni, Lulù, soprannominata Rondinella, la cui madre è morta in miseria cantando nei locali. A vent'anni la ragazza, viziatissima, conserva la memoria del mondo magico e falso in cui era vissuta con la madre, e s'innamora di Serafino, che le promette di farle fare una carriera di cantante nelle grandi città se fuggirà con lui. Il vecchio prete sventa il piano di Serafino; Lulù si ravvede in un finale strappalacrime.

Si tratta quindi di una commedia seriosa che varia il motivo già ampiamente sfruttato della 'stimmata' morale — presente ad esempio in *Giacinta* di Capuana — descrivendo con realismo e insieme delicatezza (il maggior pregio dell'opera) un mondo popolare ingenuo e buono, intriso di religiosità superstiziosa.

LA DISABILITÀ SUL PALCOSCENICO: *'U SAPITI COM'È*

Molto più significativo rispetto ai lavori precedenti risulta *'U sapiti com'è*, dramma dialettale in tre atti con lievi spunti di comicità, che ha il coraggio di mettere in scena la malattia mentale nel personaggio di Cola, affetto da un ritardo cognitivo e legatissimo alla madre Gati, anziana e paralitica. L'azione si svolge in un imprecisato paesino siciliano: la dolorosa esistenza di Gati è tormentata anche dal comportamento dell'altro figlio Gaetano, ragazzo 'normale' ma superficiale e istintivo, che è innamorato di Vennira, ma amoreggia con Mara fino al punto di doverla sposare poiché questa aspetta da lui un bambino. Gati muore, Cola resta con Gaetano che tradisce frequentemente la moglie, nonostante le donne del paese cerchino di fare una fattura per ricostituire la coppia. Nel tentativo di riconciliare Gaetano con la moglie, Cola viene ucciso dal coltello che il fratello lancia a Mara; in punto di morte Cola ottiene dagli sposi una promessa di pace, esaudendo così l'ultimo desiderio espresso dalla madre. La 'prima' dell'opera consacra Agnetta quale drammaturga di successo, ma anche autrice innovativa e sagace, in grado di sfruttare

---

[9] In effetti nella prima pagina il titolo è in inglese: *Swallow. Comedy in Three Acts*. Accanto, in scrittura corsiva, "from Rondinella by Geni Sadero Scarpa. Author and only owner." Vi è poi una seconda pagina, il vero e proprio frontespizio dell'opera, con il titolo *Rondinella. Commedia in tre atti*, in scrittura corsiva ampia ed elegante.

le doti attoriali di Musco per tentare un discorso 'serio' sulla diversità e sull'esclusione, molto al di là dei temi farseschi a cui era abituato il pubblico del teatro dialettale. Fra i critici entusiasti vi è anche Marco Praga:

> Fra questi autori sorti attorno al Musco e per virtù del Musco c'è, e sta nelle prime linee, la signora Francesca Agnetta, la quale, dopo tre o quattro tentativi più o meno riusciti, ma che dimostravano in ogni modo le sue attitudini all'arte del teatro e che erano, appunto, dei buoni canovacci su cui l'attore siciliano potè ricamar da par suo, ha dato ora alle scene una commedia, *'U sapiti com'è*, che ha, se non m'inganno, un vero sapore d'arte e che ha offerto all'interprete il modo di creare un tipo per lui assolutamente nuovo. La collaborazione, tra autore ed interprete, è riuscita in modo perfetto; e con *'U sapiti com'è* Francesca Agnetta e Angelo Musco hanno ottenuto un successo così entusiastico da segnare una data per l'uno e per l'altra. Cola è uno di quegli esseri incompleti che non sono degli idioti nel senso esatto della parola, ma traversano la vita con una psicologia rudimentale e un raziocinio immaturo: uno di quegli esseri che, forse imperfettamente, noi chiamiamo dei deficienti, e che i francesi, più poeticamente ma con maggiore esattezza, chiamano les innocents. Cola è un semplice. Il suo concetto del dovere si riassume nell'ubbidienza, un'ubbidienza cieca che non discute, che non ragiona, che non si rende neppur conto del perché dell'ordine ricevuto; la sua affettività si concentra nell'adorazione per la donna che lo ha generato, una specie di adorazione istintiva, animale (82).

Il primo dato da rilevare è la rappresentazione realistica della malattia: Cola non è un disabile 'simpatico', è violento, astioso, reagisce malamente agli scherzi degli altri ragazzi: "Si vennu finu ccà… a pitrati li pigghiu. (esce dalla tasca dei sassi) Figghi di…" [I, 1] (Agnetta 5).[10] Il giovane ha l'età mentale di un bambino di pochi anni, prende tutto alla lettera ed è incapace di comprendere la figuralità del linguaggio, tuttavia possiede una dolorosa consapevolezza della sua condizione di 'inferiore', alla quale è in grado di opporre solo il rapporto esclusivo con la madre:

---

[10] "Se vengono fino a qua… a pietrate li piglio. Figli di…" Le traduzioni sono dell'autrice del presente articolo.

COLA 'U sapiti com'è… comu sugnu mamà? Picchi mi dicinu tutti di sta
    manera? Sugno comu mi fici vossia!

GATI Sì… comu ti fici Iddiu!

COLA E Diu chi po' fari figghi?! Diu macculu è ! [...] Non sugnu 'nfigghiu
    bonu? Non v'ubbidisciu?[...] Si puru vossia si metti contru di mia…
    Chi haju a fari jo? [I, 1]. (Agnetta 6- 7)[11]

Lo stesso amore materno non è incondizionato, ma anch'esso intriso di
sofferenza. Di fronte alla 'stoltezza' del figlio, che gli impedisce di svolgere anche il compito più semplice e lo espone allo sbeffeggiamento della comunità,
Gati esclama: "Ah! Signuri! Una cruci mi dastuvu, ma è pisanti assai"[12] [I, 1]
(Agnetta 6- 7). Cola non riesce a comunicare con gli altri, poiché manca degli
strumenti logici necessari, si esprime però con un suo linguaggio, sinestetico e
'disordinato' , che lo esclude dalla standardizzazione e dall'ordine presenti nel
discorso di chi possiede il potere nella società; le parole 'di vento', sfuggenti, di
Cola che inutilmente ne rincorre il significato, subiscono da parte della comunità quello che Foucault chiama una "partizione (partage) e un rigetto" (5) "Sti
paroli 'ntra la me testa furrianu… furrianu… comu si li ciusciassi lu ventu,
fannu … pffffffffff (imitando il vento). E mi scappano di la vucca comu vennu
iddi, no, comu vogghiu jo. Pirchì mamà?" [I, 5] (Agnetta, 16).[13] La condizione
di solitudine di Cola, 'ascoltato' solo dalla madre,[14] è quindi messa in scena
senza patetismi, e con un'attitudine, piuttosto che comica, umoristica in senso
pirandelliano; il personaggio ad un primo impatto suscita il riso, ma poi se ne
comprende il dramma interiore. Afferma al riguardo Verdirame: "Non era una
tematica facile, quella della malattia fisica e psichica, non facile e ben poco fre-
quentata sul palcoscenico, nazionale e regionale, sia per una sorta di resistenza

---

[11] "COLA: Lo sapete com'è … come sono mamma? Perché mi dicono tutti in questo modo? Sono come
mi avete fatto voi. GATI: Sei… come ti ha fatto Dio! COLA: E Dio che può fare i figli? Dio è maschio?
[...] Non sono un buon figlio? Non vi ubbidisco? [...] Se pure voi vi mettete contro di me… Che devo
fare io?"

[12] "Ah! Signore! Una croce mi avete dato, ma è molto pesante".

[13] "Queste parole nella mia testa vanno in giro… vanno in giro… come se le soffiasse il vento, fanno…
pffffffffff. E mi scappano dalla bocca come vanno loro, no, come voglio io. Perché mamma?"

[14] In realtà anche il fratello, dopo averlo colpito Cola a morte, sembra finalmente disposto a recepirne le
parole, perché il sacrificio del giovane ne elimina la minoranza, elevandolo ad un grado superiore e dimo-
strando quanto sia vincente la linea dell'amore e degli affetti, di cui Cola e la madre sono portatori, sull'ari-
dità sentimentale degli altri personaggi. "COLA (riunendo la testa di Gaetano e di Mara i quali sono ingi-
nocchiati ai suoi piedi) Vasativi, vasativi! (li fa baciare e poi alzando lo sguardo) Mamma! Mamma! Tutti
tr 'nsemmula semu!..." [III, 5] (Agnetta 49). "Baciatevi, baciatevi! Mamma! Mamma! Tutti insieme siamo!"

a spettacolarizzare gli elementi potenzialmente inquietanti per lo spettatore sia perché l'equazione teatro vernacolare-tematica comica troppo spesso era acquisita acriticamente, scontata e reputata quasi 'naturale'" (58).

Il tema della disabilità era stato trattato proprio in quegli anni con toni che andavano dal tradizionale compatimento — ad esempio in *Cuore* (1886) di Edmondo De Amicis il piccolo Nelli, gobbo, è fatto oggetto della pietà di tutti — ad una innovativa valorizzazione dei personaggi manchevoli di abilità, fisiche o mentali, perché in grado di sviluppare una percezione del reale più intensa e autentica, come avviene nel pirandelliano *Ciaula scopre la luna* (1907). In effetti anche Cola rientra nel novero dei personaggi 'diversamente eroi' — dal titolo di un libro di Salvatore Ferlita del 2012 —, per i quali la menomazione innesca una visione del mondo libera dalle incrostazioni del pensiero razionale, e dal sistema di valori e codici comportamentali a cui i 'normali' sono confinati. In vari momenti del dramma Cola rivela una saggezza profonda e inaspettata, che lo connota come essere misteriosamente superiore. A metà del secondo atto un'ostessa, Pidda, chiama un avvocato per evitare il pignoramento del locale, ma la situazione sembra senza via d'uscita; inaspettatamente è il giovane a trovare la soluzione, proponendo di murare la porta dalla quale dovrebbero entrare gli usceri. Pidda commenta: "Figghiu, figghiu biniditu! Tu non si babbu! No! No! Tu si prufeta… prufeta!" [II, 7] (Agnetta 34). [15] È sempre Cola a rivelare a Mara, all'inizio del terzo atto, che Gaetano e Vennira si incontrano in una casa abbandonata, dando luogo a una crisi risolutiva; nella scena successiva racconta all'amica Lisidda che inferno sia il matrimonio della coppia, evidenziando l'assurdità dell'unione fra due persone che non trovano un punto di contatto e di intesa, quindi implicitamente criticando il codice d'onore siciliano.

L'idiozia 'trasgressiva' di Cola ricorda da vicino il personaggio di Giufà, protagonista di un ciclo di narrazioni folkloriche siciliane che il medico e antropologo Giuseppe Pitrè (1841- 1916) raccoglie nel primo volume delle sue *Fiabe, novelle e racconti popolari siciliani* (1875). Giufà è un *idiot savant* che, interpretando tutto alla lettera, mostra la convenzionalità del linguaggio e la labilità della significazione usuale, dando luogo ad una 'logica' alternativa. L'ottica infantile del personaggio attua un ribaltamento carnevalesco dei valori che la società propone e dei ruoli consolidati, per cui gli 'sciocchi' e gli 'incapaci'

---

[15] "Figlio, figlio benedetto! Tu non sei stupido! No! No! Tu sei un profeta… profeta!"

diventano i cosiddetti normali. Secondo Matteo Martelli, Giufà è "un viola-tore, colui che all'interno dell'ordine della socialità comunitaria tende ad alte-rarne, forse involontariamente, le regole fondamentali (come il ruolo del po-tere, la religione etc.) […]; al tempo stesso propone funzioni positive alterna-tive" (306).

Nell'opera di Agnetta la focalizzazione della figura del disabile è comun-que funzionale, in primo luogo, a rappresentare un corpo sociale chiuso, che non riesce ad accogliere l'alterità. Nel paesino siciliano di primo Novecento, senza nome quindi rappresentativo di un ambiente, chi possiede una meno-mazione, fisica o mentale, diventa il capro espiatorio della comunità, su cui si concentra l'aggressività degli altri personaggi nei confronti di chi è mental-mente debole, non può difendersi personalmente, e non è inserito in un tes-suto familiare stabile; il giovane non ha il padre, la madre è minorata a sua volta nel fisico. Cola è segnato da uno stigma (Goffman), di cui è consape-vole. È proprio la condizione di emarginazione a innescare nel pensiero e comportamento di Cola due meccanismi differenti, che si incrociano e po-tenziano vicendevolmente, in una fruttuosa sinergia: da un lato la distanza rispetto all'esperienza dei 'normali' conferisce a Cola uno sguardo straniato (Šklovskij 45-61), in grado di individuare le distonie di una società aspra, op-pressa da valori arcaici e rigidi codici comportamentali. Dall'altro è la stessa sofferenza del giovane ad essere uno strumento conoscitivo: l'isolamento di Cola è attutito solo dal rapporto di intesa quasi simbiotica con una madre che al tempo stesso però, non essendo autonoma, aumenta il disagio del perso-naggio; questi fa allora esperienza di un *pàthei màthos* che gli consente di orien-tarsi in modo più produttivo, nonostante la sua disabilità, nel coacervo di passioni istintive che agita gli abitanti del paesino, un microcosmo isolano rappresentato come mondo caotico, debolmente normato, soggetto alla con-tinua minaccia di un esplodere inarrestabile della violenza.[16]

L'altro protagonista del dramma è Gati, che cerca di esercitare un ruolo materno di supporto, guida, dominio sui figli, nonostante la disabilità fisica; complementare a Cola, che agisce senza poter tradurre verbalmente e consa-pevolmente il senso di ciò che fa, la madre interviene con la parola nella vita degli altri, ma non può dare concretezza di azione fisica al suo discorso. Il personaggio testimonia in ogni caso la persistenza di strutture matriarcali nel

---

[16] Il 'soffrire per conoscere' è un concetto eschileo, presente nell'*Inno a Zeus* dell'*Agamennone* (vv. 175- 176).

tessuto più profondo della compagine sociale siciliana, un 'potere della madre' tanto più perturbante quanto meno visibile a uno sguardo superficiale; secondo Gianvito Resta "l'opposizione di un *mutterecht* ad una 'cultura del padre' nella prospettiva ormai vulgata di Bachofen, è, infatti, situazione ben rilevata e precisata nella società mediterranea" (5). La volontà di controllo di Gati è evidente, all'inizio del dramma, nel rapporto conflittuale col figlio Gaetano, al quale la donna cerca di imporre il matrimonio riparatore, da svolgersi al più presto.

> GAETANO: Subitu! Subitu! È chi addivintai Cola? [...]; omu sugnu e non babbu comu a Cola. [...] Matri, sugnu bonu e caru, ma li pedi supra non nni vogghiu misi
>
> GATI: I pedi ti li mittisti tu stissu, ora fai lu tò duviri [...]; ti dicu, ca jò, to matri ca ti fici, ti crisciu, ti fici omu, sudannu e travagghiannu notti e jornu, jò povera fimmina, senza cumpagnu e senza aiuto vogghio accussì. [...]
>
> GAETANO: A mia mi stannu pigghiannu pi picciriddu.
>
> GATI: E si pura? Non ti ci pigghia to matri? [I, 4] (Agnetta 14-15).[17]

Per Verdirame, "il pensiero corre alla Grande Madre Concezione della vittoriniana *Conversazione in Sicilia*, questa mitica e scorporata nel simbolo, quella di Francesca realistica e mesta" (58). Gati incarna certamente il potere materno, che coniuga dominio e saggezza, sul debole e fallace istinto maschile, ma è forse più importante sottolineare quanto la donna e Cola siano uniti in una relazione simbiotica; il giovane trova la sua identità nella predominanza del femminile e del materno, dell'affetto incondizionato che supera barriere fisiche e mentali. D'altra parte entrambi i personaggi sono manchevoli, ma 'vedono' più e meglio degli altri; Cola e la madre si completano e compensano, l'uno con la mente inferma, l'altra col corpo.[18] Formano una diade, un essere doppio, in cui si riassume l'aspetto positivo dell'archetipo della Madre, "il benevolo, protettivo, tollerante; ciò che favorisce la crescita, la fecondità, la nutrizione; i luoghi della magica trasformazione, della rinascita; l'istinto o

---

[17] Figlio, figlio benedetto! Tu non sei stupido! No! No! Tu sei un profeta… profeta!

[18] Quando la gente dice a Cola che è meglio che la madre muoia, essendo paralitica, il giovane risponde: "Chi ci fa, non si sunnu li jammi di Cola pi idda? Nun po' travagghiari? Travagghia Cola…" [II, 2] (Agnetta 25). "Che ci fa, non ci sono le gambe di Cola per lei? Non può lavorare? Lavora Cola…"

l'impulso soccorrevole" (Jung 83); il pensiero amoroso, quindi, come impulso vitale che, nonostante la doppia morte di Gati e Cola, permetterà la continuazione dell'esistenza nella coppia 'rinata', Gaetano e Mara, finalmente decisi ad estinguere l'odio reciproco.[19]

CONSIDERAZIONI FINALI

U sapiti com'è costituisce una valida alternativa al teatro farsesco e alla tragedia popolare siciliana, ma anche, nella sua semplicità, al teatro intellettuale pirandelliano. Tutto il complesso della sicilianità — povertà, matriarcato, superstizioni, fatture, rifiuto del diverso, gelosia, accoltellamenti — è rivisto e reinterpretato attraverso una mente ingenua ma non priva di capacità critica, che si oppone a suo modo all'immobilismo di una società profondamente ingiusta, pronta ad emarginare chi non è produttivo e a risolvere ogni conflitto con lo sbeffeggio o la violenza.[20]

Ci sono quindi molte ragioni per riscoprire Francesca Agnetta, una donna che si costruisce un suo spazio in un mondo a dominanza maschile, partendo dalla posizione screditata di amante di un attore comico. Non solo drammaturga, ma anche giornalista, autrice di opere per l'infanzia, romanziera, Agnetta è una professionista della scrittura in lingua, ma anche un'acuta indagatrice del mondo dello spettacolo dialettale, che rischiava di rimanere confinato in un ambito inferiore, del teatro farsesco, d'effetto, violento e passionale. La scrittrice ai suoi esordi è interamente dipendente dal talento istrionico del compagno, ma gradatamente l''affluente del fiume Musco' acquista autonomia e personalità: dalla commedia patetica, bozzettistica — *Rondinella* — che ha il merito di raffigurare in modo autentico, per quanto edulcorato e moralistico, la vita modesta del proletariato siciliano e la sua sospettosa accettazione degli 'irregolari' quali la protagonista, figlia di una cantante di facili

---

[19] La drammaturga Stella Saccà ha tratto dal dramma di Agnetta un monologo, *Cola,* incentrato sul rapporto intenso, quasi sensuale, fra il giovane e la madre; l'opera è stata rappresentata al teatro Tor Bella Monaca il 19 e 20 maggio 2018, per la regia di Mario Silani e l'interpretazione di Andrea Puglisi.

[20] Il testo del copione donatomi da Passalacqua è accompagnato da una lettera nella quale il regista mi informa di avere effettuato una variazione nel finale, attribuendo la morte di Cola ad una spinta del fratello che lo fa cadere accidentalmente su un forcone, appoggiato alla parete. La scelta mi sembra risolva una contraddizione interna all'opera di Agnetta, che rivisita in un'ottica straniata il teatro siciliano verista e i suoi ingredienti usuali, quali la passionalità, il matrimonio riparatore, il coltello punitivo, come negli stessi anni e in altri modi avviene nel pirandelliano *Liolà* (Santuccio 101- 126), ma poi non si sottrae alla sicura resa spettacolare della scena cruenta.

costumi, al ribaltamento tragico di Cola, minorato mentale, incapace di comunicare con gli strumenti verbali della comunità ma abile ad esprimersi nel
linguaggio appassionato degli affetti, e a comprendere, ben più dei 'normali',
i sentimenti e i valori ad essi connessi. Quello di Agnetta è quindi il teatro dei
diversi, degli esclusi, degno oggi non solo di essere portato sulle scene, ma di
essere edito a stampa, studiato, inserito nel canone letterario novecentesco.

OPERE CITATE

Agnetta, Francesca Sabato. *'U sapiti com'è. Dramma dialettale in tre atti*. Compagnia Artistica Amici di Nino Martoglio.

Alonge, Roberto. "Introduzione". Luigi Pirandello. *Maschere nude*, II, 2015. Iv- xlviii.

Annuario della Stampa Italiana, Voll. 15- 16. Bologna: Zanichelli, 1937.

Barsotti, Anna. *La lingua teatrale di Emma Dante. mPalermu, Carnezzeria, Vita mia*. Pisa:
ETS, 2009.

Caruso, Alfio. *I siciliani*. Vicenza: Neri Pozza, 2014.

Cavallaro, Daniela. "Alla ricerca delle drammaturghe perdute." *Itinera*, 18 (2019): 15-
30.

Ferlita, Salvatore. *Diversamente eroi*. Acireale: Bonanno, 2012.

Foucault, Michel. *L'ordine del discorso e altri interventi*. Torino: PBE, 2014.

Gramsci, Antonio. *Il teatro lancia bombe nei cervelli, Articoli, critiche, recensioni 1915-1920*.
Fabio Francione ed. Milano-Udine: Mimesis, 2018.

Goffman, Erving. *Stigma. L'identità negata*. Bari: Laterza, 1963.

Jung, Carl G. "Gli *aspetti psicologici dell'archetipo della Madre*". *Gli archetipi dell'inconscio
collettivo*, in *Opere*. Vol. IX, tomo 1. Torino: Boringhieri, 1980. 75- 108.

Lo Presti, Claudia. "U sapiti com'è"… Idonea & Idonea." *MetroCt*, 26 aprile 2019.
https://www.metroct.it/u-sapiti-come-idonea-idonea/

Martelli, Matteo. "Leggere l'idiozia. Note sul ciclo narrativo di Giufà". *Strumenti critici*,
2 (2011): 295- 310.

Morelli, Maria. "Le donne e il teatro in Italia". *Itinera*, 18 (2019): 1- 15.

Nasti Agostino. "Le conferenze del Centro di cultura corporativa". *L'eloquenza siciliana rivista mensile*, Palermo: G. Travi, 1932. 41- 44.

Praga, Marco. *Cronache teatrali 1920*. Milano: Treves, 1921.

Pirandello, Luigi. "Teatro siciliano?" *Rivista Popolare di Politica, Lettere e Scienze sociali*,
31 gennaio 1909. https://www.pirandelloweb.com/teatro-siciliano/

Pirandello, Luigi. "Dialettalità" *Cronache d'attualità*, agosto-settembre- ottobre 1921,
ora in *Saggi e interventi*, a cura e con un saggio introduttivo di Ferdinando Taviani

e una testimonianza di Andrea Pirandello. Milano: Mondadori, 2006. 1025-1028.

Porcheddu, Andrea (ed.). *Palermo dentro. Il teatro di Emma Dante*. Zona: Civitella in Val di Chiana, 2006.

Resta, Gianvito. "Prolusione" a Sarah Zappulla Muscarà (ed.). *Letteratura siciliana al femminile: donne scrittrici e donne personaggio*. Atti del convegno nazionale di studio, Misterbianco 1- 2 dicembre 1983. Caltanissetta- Roma: Salvatore Sciascia Editore, 1984. 5- 9.

Sadero Scarpa, Geni. *Rondinella. Commedia in tre atti*. [1925]

Samà, Cinzia. "Natalia Ginzburg e la comicità del femminile nel teatro italiano del Novecento". *Carte Italiane*, 5 (2009): 51-69.

Sicanianews, "'U sapiti com'è' stasera a Calamonaci: un'alternanza vincente tra lacrime e sorrisi". 22/2/2014. https://www.sicanianews.it/u-sapiti-come-stasera-cala-monaci-unalternanza-vincente-tra-lacrime-e-sorrisi/

Santuccio, Maria Elena. "La dimensione regionale del teatro italiano: la sicilianità nazionale e l'alternativa pirandelliana". *Quaderni d'italianistica*, xxxv, n. 1 (2014): 101-126.

Saracino, Vito. *Giuseppe Bucci (1872- 1935). Storia di un educatore nel passaggio dalla società liberale all'età fascista*. Bari: Adda, 2018.

Šklovskij Viktor B. "L'arte come procedimento", in *Letteratura e strutturalismo*, L. Rosiello ed. Bologna: Zanichelli, 1974. 45-61.

Tellini, Giulia (ed.). *Rivista di letteratura teatrale*. Vol. 12, *Scrittrici di teatro*. Pisa: Fabrizio Serra Editore, 2019.

http://www.trapaninostra.it/Foto_Trapanesi/Didascalie/Passalacqua_Giu-seppe.htm

Wood, Sharon. "Contemporary Women's Theatre", in J. Farrell, P. Puppa (eds.), *A History of Italian Theatre*, Cambridge University Press: Cambridge, 2006. 368—78.

Zancan, Marina. *Il doppio itinerario della scrittura: la donna nella tradizione letteraria italiana* Torino: Einaudi, 1998.

Zappulla Muscarà[a], Sarah. *Pirandello, Martoglio*. Catania: C.U.E.C.M., 1985.

Zappulla Muscarà[b], Sarah. *Nino Martoglio*. Caltanissetta- Roma: Sciascia, 1985.

Zappulla Muscarà[c], Sarah. *Odissea di maschere: 'A birritta cu 'i ciancianeddi di Luigi Pirandello*. Catania: Maimone, 1988.

Zappulla Muscarà, Sarah and Zappulla, Enzo. *Le donne del teatro siciliano da Mimì Aglia a Ida Carrara*. Catania: La Cantinella, 1995.

El Procés. Il discorso indipendentista catalano.
Un'analisi critica del discorso storiografico dei principali manuali scolastici usati in Catalogna.

Emilio Ceruti

INTRODUZIONE

Leggere un discorso per poter leggere la realtà sociale è una prospettiva analitica che sorge dalla necessità di allontanarsi dallo studio della lingua come sistema formale del linguaggio, come nella prospettiva saussuriana, per avvicinarsi allo studio della lingua in uso. Questo cambiamento epistemico negli studi del linguaggio si deve soprattutto al fatto che il linguaggio non sia sempre trasparente, cioè spesso la relazione tra segno (di qualunque natura esso sia) e referente risulta opaca. Non è quindi sufficiente spiegare la comunicazione umana come un processo di codificazione e decodificazione di segni, giacché entrano in gioco una serie di inferenze (Grice 1975, Sperber e Wilson 1994) che vanno oltre il significato letterale che può avere il segno.

In uno scambio epistolare pubblicato in Duranti (2007) e citato in Mantovani (2008), l'etnolinguista Alessandro Duranti e l'analista del discorso Teun van Dijk si confrontano sulla centralità del concetto di *intenzionalità* nella creazione di un discorso. Data la definizione di intenzionalità che fornisce van Dijk, ossia la volontà del mittente di fare in modo che il testo che produce sortisca gli effetti desiderati, risulta complesso e arduo, dice Duranti, sapere quale sia l'intenzione di un parlante. Le intenzioni del mittente, infatti, possono essere multiple e addirittura inconsce; per questo motivo, non bisogna mai dimenticare la centralità dell'interazione, vista come l'insieme delle organizzazioni presenti all'interno di un discorso. Il discorso può creare e manipolare ideologie ed è, perciò, "lo strumento principale attraverso cui i membri di un'organizzazione creano una realtà sociale coerente che fa da cornice al loro senso di chi essi siano" (Mantovani 90). Ogni momento della nostra vita è rappresentato da un discorso, sia nei processi sociali, sia in momenti più intimi e personali.

Intenzionalità o no, risulta comunque chiaro che la dimensione discorsiva ricopre un ruolo fondamentale nella creazione e nel consolidamento delle relazioni sociali. Non a caso, si considera il discorso come una pratica sociale e quindi si analizza il discorso per portare a termine un'analisi sociale.

In questa prospettiva nasce l'Analisi Critica del Discorso (d'ora in avanti, ACD), che parte dal presupposto che il discorso è una forma d'azione e, quindi, studiare il discorso inserito in un determinato contesto sociale significa studiare una particolare forma di azione sociale (Fairclough 1992, 1995; van Dijk 1997, 1998, 2000; Wodak 1989; Wodak e Reisigl, 2001).

In questo studio ci si appoggerà a queste premesse per proporre un'analisi qualitativa del discorso nell'insegnamento della storia e della civiltà nelle scuole catalane. Come già visto in Ceruti (2011), la manipolazione del discorso storiografico può plasmare le ideologie dei più giovani e spesso sfocia nel rafforzamento di certi stereotipi o sentimenti nazionalisti e indipendentisti, come nel caso della Catalogna. Van Dijk (1981) struttura il procedimento analitico del discorso didattico in tre tappe: (a) analizzare le strutture linguistiche del testo, (b) stabilire in che misura queste strutture influenzano il processo di apprendimento e (c) relazionare queste strutture con i contesti socio-culturali in cui avviene l'apprendimento. Il discorso si può controllare sia a livello microstrutturale (significati globali), sia a livello microstrutturale (significati locali). Il successo della manipolazione del discorso dipenderà dalla relazione tra gli elementi del discorso: modalità discorsiva, ordine delle parole e forma dei significati proposti (van Dijk, 2004).

Concretamente, per questo studio si prenderanno in esame alcuni manuali di storia e scienze sociali usati in Catalogna per studenti di 10 e 11 anni (5° e 6° grado secondo il sistema educativo spagnolo), gli stessi manuali che l'associazione di professori catalani AMES (Azione per il Miglioramento dell'Insegnamento Secondario) ha denunciato in un rapporto redatto nel 2017[1].

1. CATALOGNA E INDIPENDENTISMO

La Catalogna è una delle regioni della Spagna più densamente popolate con quasi 7 milioni e mezzo di abitanti, superata solo dall'Andalusia, confina a nord con Andorra e la Francia (Pirenei Orientali), a ovest con l'Aragona e a sud con la Comunità Valenziana. La Catalogna è anche la regione più economicamente forte della Spagna, grazie, soprattutto, alla concessione di Carlo III, nel XVIII secolo, ad aprire il commercio con l'America. Questa rifioritura economica risveglia un sentimento antico di rifiuto verso il Regno di Castiglia,

---

[1] Vedasi: https://e00elmundo.uecdn.es/documentos/2017/05/17/adoctrinamiento_libros_texto_cata lunya.pdf

sentimento già presente dal XIV secolo, periodo in cui nasce la *Generalitat*, organismo governativo catalano tutt'oggi presente con rappresentanti ecclesiastici, militari e popolari de *Las Cortes*.

Senza anticipare questioni storiche di cui comunque si parlerà, la Catalogna è considerata oggi il motore economico della Spagna: è una regione non solo altamente industrializzata, ma anche con un flusso turistico intenso (è famosa anche per la sua cucina e i suoi cuochi pluri-stellati. La Catalogna è anche terra di artisti ed intellettuali del calibro di Gaudì (il famoso architetto dell'eterna *Sagrada Familia*), Joan Mirò, Pablo Picasso e Salvador Dalì (per menzionare la pittura e le arti plastiche), Bigas Luna e l'attore italo-catalano Giulio Marchetti per il cinema, la soprano Montserrat Caballé, e in letteratura non possiamo non menzionare Eduardo Mendoza, Manuel Vazquez Montalban, Gonzales Ledesma, paul Morand e un lungo eccetera.

Si parla, quindi, di Catalogna e se si parla di Catalogna è anche necessario parlare di sentimenti d'indipendenza e di discorso. Come si diceva, il proposito qui è presentare la questione catalana attraverso l'analisi del discorso di testi di storia ed educazione civica per le scuole secondarie usati in Catalogna a partire dal rapporto dell'AMES, che denuncia un addottrinamento dei giovani studenti catalani attraverso l'educazione, soprattutto, civica e storiografica.

Se parliamo di indipendentismo catalano è anche necessario parlare del famoso *Procés*, che rappresenta un movimento sociale cominciato concretamente il 10 aprile 2013, spinto dalla monaca Teresa Forcades e l'attivista Arcadi Oliveres, i quali promulgano un manifesto (*Manifest per a la convocatòria d'un procés constituent a Catalunya*) che getta le basi per cominciare un processo costituente anticapitalista, basato sull'ideale di una democrazia partecipativa e sulla disobbedienza pacifista, che porterebbe la Catalogna all'indipendenza[2]. Oggi *El Procés* si considera concluso (Teresa Forcades è tornata in convento), ma viene preso come punto di riferimento riguardo alla lotta verso l'indipendentismo che è tutt'altro che finita.

---

[2] Il manifesto ottenne 10.000 adesioni in meno di una settimana ed è aumentato esponenzialmente gli anni successivi. Da una tradizione di democrazia partecipativa e di disobbedienza pacifista, si crea il progetto di una Catalogna indipendente come modello di un nuovo stato sociale, economicamente ed ecologicamente giusto, con sovranità energetica e alimentare, nazionalizzazione delle banche e municipalizzazione delle risorse e beni comuni come l'acqua.

Sicuramente tutti conoscono i recenti avvenimenti catalani, soprattutto quelli che riguardano la dichiarazione d'indipendenza proclamata verso la fine del 2017 dall'allora presidente della *Generalitat* Carles Puigdemont dopo il referendum non autorizzato dell'ottobre dello stesso anno. Come tutti sanno, questa dichiarazione d'indipendenza viene considerata anticostituzionale dalla monarchia parlamentare spagnola e Puigdemont si vede obbligato ad auto-esiliarsi a Bruxelles per non essere arrestato. Questo episodio rappresenta l'apice della protesta indipendentista, che diventa una protesta mordace dal 2010, quando il Tribunale Costituzionale blocca la serie di riforme dell'*Estatut* catalano iniziato nel 1979, anno in cui vengono create le Comunità Autonome nella riconfigurazione geopolitica nazionale post-franchista. È quindi, come indica Clua i Fainé (2014), un sentimento che si alimenta principalmente con due questioni: quella politica, appunto, riguardante l'*Estatut* d'autonomia da un lato, e quella economica dall'altro. Da alcuni studi di campo, come quelli di Bel (2013) e Prat (2012), spicca il fatto che chi spinge per l'indipendenza catalana non lo fa per gli stessi motivi; infatti, la questione economica (che esalterebbe il successo e la crescita economica catalana) starebbe a cuore soprattutto agli indipendentisti detti *blandi*, che hanno spesso un'identità ibrida (uno dei due genitori è catalano o semplicemente sono cresciuti in Catalogna) –e quindi si limitano ad esigere più autonomia in campo tributario ed economico-, mentre per gli indipendentisti più accaniti sarebbe una questione ideologica e politica che aspira alla creazione di uno stato europeo indipendente. Per dirlo con le parole dell'antropologa Montserrat Clua i Fané (2014), il successo del discorso indipendentista catalano si deve al fatto che in esso convergono "i meridiani sociali e i paralleli nazionali" (81): la mobilitazione e l'attivismo da parte della cittadinanza catalana sono paralleli ad altri movimenti anti-sistema scaturiti dalla crisi economica 2008-2012 (per esempio, 15M -o *indignados*-, *Occupy Wall Street*, gli *iaioflautas* –o pensionati).

La famosa riforma dell'*Estatut*, come si diceva, inizia dallo stesso '79 e viene sostenuta, soprattutto, dai partiti di estrema sinistra (i partiti anti-franchisti e indipendentisti) che nascono a inizio '900. Ricordiamo: la Lliga Regionalista (1901) e il partito ERC (*Esquerra Republicana de Catalunya*), che vince le elezioni nel 1931, dopo la breve dittatura di Miguel Primo de Rivera, il quale nel 1925 sopprime l'organo governativo della *Mancomunitat de Catalunya* (nata nel 1914). Nello stesso 1931, ERC proclama la Repubblica Catalana, ma questa proclamazione finisce in una negoziazione con Madrid per un governo regionale autonomo. Poi, come sappiamo, il Generale Franco sopprime ogni autonomia nel 1939 e comincia così una dura repressione che durerà 40 anni. I vari governi che si succedono dopo la dittatura franchista (soprattutto quelli di sinistra, che devono contare sull'appoggio dei partiti indipendentisti antifranchisti per avere i numeri al parlamento) concedono sempre più autonomia alla Catalogna (e ai Paesi Baschi): soprattutto Felipe González (1982-1996), ma anche il governo Aznar (fino al 2004), e Zapatero (fino al 2011). È il partito di Rajoy (PP), che succede a Zapatero, chi decide di fermare le negoziazioni con i partiti indipendentisti, con un ricorso presentato già nel 2006 e accettato dal Tribunale Costituzionale, lasciando, appunto, la questione della riforma dell'*Estatut* catalano in mano al Tribunale Costituzionale, che la blocca nel 2010. Da quel momento, l'indipendentismo in Catalogna prende vigore e i vari presidenti della *Generalitat* intraprendono una guerra istituzionale verso l'indipendenza: nel novembre del 2014[3] (*el 9N*), Artur Mas indice un referendum auto-gestito (non autorizzato dal governo centrale) in cui i sì all'indipendenza arrivano all'81% (c'è da sottolineare che sono soprattutto gli indipendentisti quelli che vanno a votare, perché si tratta di un referendum non ufficiale e quindi senza valore legale). Mas viene denunciato e condannato nel 2017, mentre nel 2016 viene eletto come presidente Carles Puigdemont, che organizza un altro referendum non autorizzato il 1 ottobre 2017, che finisce con un 90% di sì all'indipendenza (e 894 feriti per le sommosse). Di nuovo, visto il clima teso, più della metà dei catalani si è vista bene dall'uscire di casa, mentre gli indipendentisti più o meno accaniti si sono recati alle urne. Come si accennava, non si tratta di un referendum organizzato in base a criteri rigidi e, per esempio, non si controllavano documenti di votanti e non c'erano liste da spuntare. Inoltre, il governo Rajoy ha inviato la *Guardia Civil* in Catalogna per fermare il referendum, destituendo alcuni dei seggi elettorali, per cui molta gente si è recata a votare non solo in seggi diversi da quelli in teoria assegnati, ma addirittura molti votanti hanno espresso più di un voto o due a testa. Il

---

[3] Il 2014 era un anno simbolico per la Catalogna: si ricordava il tricentenario della sconfitta catalana nella guerra di Successione spagnola, in cui, per la successione al trono di Filippo IV, i catalani appoggiano Carlo d'Austria contro Filippo V. Quando vincono i Borboni, Filippo V sopprime tutte le istituzioni autonome e, come si diceva, la Catalogna rimane in secondo piano fino a Carlos III (XVIII sec.). Curioso che il 2014 fosse anche una data significativa per gli indipendentisti scozzesi, che ricordano la battaglia di Bannockburn del 1314, che vede la vittoria degli scozzesi grazie all'ispirazione che Robert The Bruce (Roberto I di Scozia, successore di William Wallace – *Brave Heart*) prende dal disegno di una ragnatela mentre si nasconde in una grotta per prepararsi alla battaglia.

resto è storia: Puigdemont fugge a Bruxelles e il suo auto esilio dal territorio spagnolo dura ancora oggi.

2. IL DISCORSO INDIPENDENTISTA NEI TESTI SCOLASTICI

Il discorso indipendentista, quindi, crea due poli in netta contrapposizione: quello catalano da un lato e quello castigliano dall'altro, principalmente sulla base di tre criteri: lingua, identità etnico-nazionale differenziata (che viene risaltata con la manipolazione del discorso storiografico) e il progetto politico in Catalogna (autonomia o indipendenza). Troviamo questi criteri in studi che analizzano interviste semi guidate rivolte ad attivisti indipendentisti o di catalani in generale (Clua i Fané 2014) e li ritroviamo nell'analisi discorsivo di articoli giornalistici che trattano la questione catalana in spagna e all'estero (es. Perales-García e Pont-Sorribes 2017[4], Capdevila e Castelló 2014, Ortiz de Antonio 2014) e nell'analisi di discorsi politici (Villena Martínez 2020).

Vorrei soffermarmi in quest'occasione sul secondo punto, quello che riguarda la costruzione di un'identità etnico-nazionale che si differenzi da quella castigliana e che viene realizzata attraverso il discorso storiografico. Jordi Canal i Morell, per esempio, nel suo *História mínima de Cataluña* (2015), afferma che quella catalana è una società *malata di storia*[5], nel senso che ha costruito un paradosso, l'eterna Catalogna, che è diventato il mito che legittima il discorso indipendentista e mobilita all'azione.

Questa costruzione discorsiva la ritroviamo nei manuali di storia e civiltà usati nelle scuole secondarie. Si è citato all'inizio di quest'intervento la denuncia dell'AMES nel 2017 riguardo ai contenuti di questi manuali, ma non è l'unica: l'ex leader di *Ciudadanos*, Albert Rivera, porta questo problema in parlamento e, come lui, molti politici di destra o centro destra per presentarlo come un *problema* della sinistra spagnola.

Il corpus che si presenta qui è composto da manuali per l'educazione storica e civica di 5° e 6° grado (per studenti di 10-11 anni), in particolare quelli delle case editrici che producono libri per tutta Spagna, come Santillana (che diversifica i manuali in base alla comunità autonoma) e case editrici puramen-

---

[4] Ho trovato interessante che fosse proprio la stampa italiana tra quelle che prestano più attenzione a questa questione. Secondo gli italiani, la catalogna ha diritto di esprimere il voto in un referendum, che però deve essere accordato e regolato.

[5] "una sociedad enferma de pasado. Y los historiadores no siempre han sabido o no han querido protegerse frente a ello, poniendo en peligro en ocasiones uno de los fundamentos de su propia profesión, el espíritu crítico" (13).

te catalane (Barcanova, Baula -gruppo Edelvives-, Cruilla, Edebé, La Galera, Vicens Vives) e sono stati confrontati con quelli della Comunità di Madrid (quelli di Santillana, Edelvives-che si chiama Baula in Catalogna-, e SM).

La prima cosa da menzionare è che tutti i manuali usati in Catalogna sono in solamente in Catalano. I manuali usati nella comunità valenziana che sono in castigliano, come quelli della SM, o altri manuali bilingui catalano-castigliano, non vengono usati in Catalogna perché non sono solo in catalano –ricordiamo che il valenziano è praticamente catalano, con piccole differenze poco sostanziali. Inoltre, cambiano i contenuti, come vediamo nell'esempio della casa editrice Edelvives, che cambia nome in Catalogna e si chiama Baula. Confrontando i manuali che propongono per Madrid e per la Catalogna, spicca non solo il cambio di lingua, ma anche la differenza dei contenuti (vedasi il grafico 1 qui sotto):

Grafico 1.

Indice del manuale di Bula. (2015). ISBN: 978-84-479-2953-5	Indice del manuale di Edelvives. (2015). ISBN: 978-84-263-9662-40
0. Tots aprenem de tots	0. Todos aprendemos de todos
1. El relleu i el clima	1. Geografía de España
2. El paisatge	2. Geografía de Europa
3. Els sectors Primari i Secundari	3. Los inicios de la Edad Contemporánea en
4. El sector terciari. La empresa	España
5. L'edat contemporània: el segle XIX	4. La modernización de España
6. L'edat contemporània: els segles XX i	5. España del siglo XX a nuestros días
XXI.	6. La organización política y territorial de
	España

Nel manuale per la Catalogna non si fa riferimento alla Spagna ed è quasi completamente focalizzato sulla Catalogna. Dall'analisi lessicale, risulta infatti che non si menziona mai la parola Spagna, che viene sempre chiamata *El Estado* o *Castella*, rendendo davvero difficile per lo studente identificarsi come spagnolo. I testi per la comunità di Madrid creano la visione di Spagna come unità fin dal VI secolo, con Toledo capitale (con il re visigoto Recaredo) e di nuovo con la fondazione del califfato di Cordoba di Abderraman III nel 929, avvenimenti che anticipano la creazione della contea di Barcellona del X secolo. Infatti la Catalogna nasce nel contesto della lotta contro il dominio arabo-musulmano. Per creare una maggiore protezione dai mori, erano stati create dai Carolingi delle zone cuscinetto nella zona dei

Pirenei, la cosiddetta Marca Hispánica, quindi nel VII secolo, sotto Carlo Magno, si formano le cosiddette contee catalane. La contea più florida è quella di Barcellona, che, nel 1137 si unisce a quella di Aragona grazie al matrimonio tra il Conte Raimondo Berengario IV e Petronilla (che ha solamente 1 anno d'età), figlia di Ramiro II di Aragona, per l'aiuto ricevuto contro Alfonso VII di León e, per questo, Raimondo Berengario IV viene proclamato Principe di Aragona e Conte di Barcellona. Poi, nel 1258, con il trattato di Corbell, la contea di Barcellona passa dai francesi agli aragonesi di Jaime I. Si fa riferimento a un Principato già nel 1058, quando Raimondo Berengario I, trisnonno del IV, si fa chiamare Principe di Barcellona, conte di Girona e marchese di Osona negli atti di consacrazione della Cattedrale di Barcellona. Per i detrattori, come Canal i Morell, il regno di Catalogna non è altro che il frutto di certe costruzioni storiografiche e politiche contemporanee (46). A questo proposito, nel manuale di Barcanova (come possiamo vedere negli esempi riportati nelle immagini 1, 2 e 3), si parla della corona catalano-aragonese, che effettivamente non è mai esistita (esisteva solo il regno di Aragona, che inglobava anche la Catalogna).

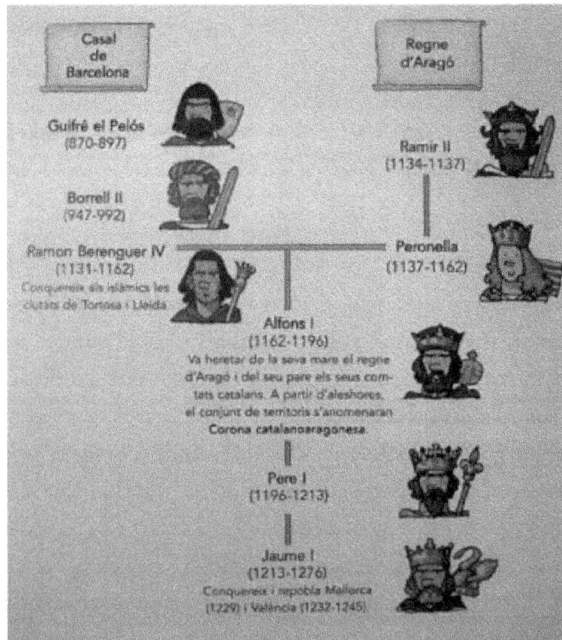

Immagine 1

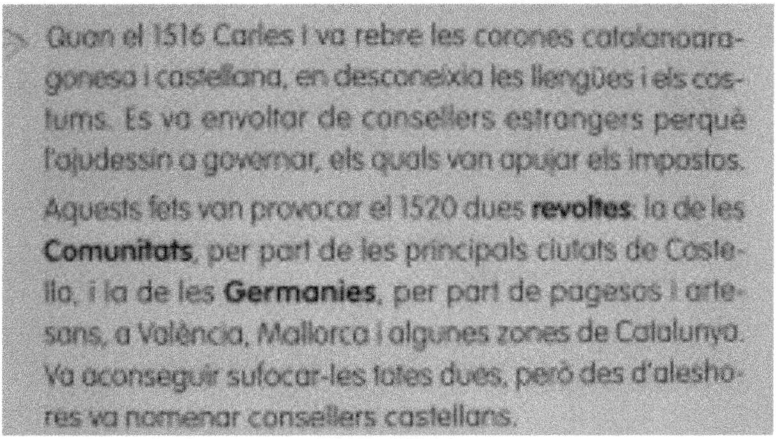

> Quan el 1516 Carles I va rebre les corones catalanoaragonesa i castellana, en desconeixia les llengües i els costums. Es va envoltar de consellers estrangers perquè l'ajudessin a governar, els quals van apujar els impostos. Aquests fets van provocar el 1520 dues **revoltes**: la de les **Comunitats**, per part de les principals ciutats de Castella, i la de les **Germanies**, per part de pagesos i artesans, a València, Mallorca i algunes zones de Catalunya. Va aconseguir sufocar-les totes dues, però des d'aleshores va nomenar consellers castellans.

Immagine 2

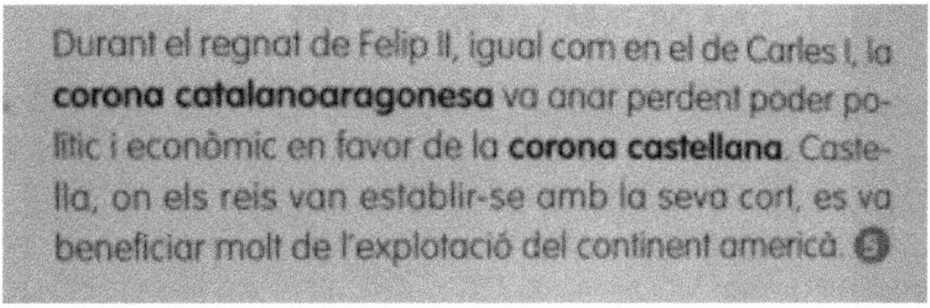

> Durant el regnat de Felip II, igual com en el de Carles I, la **corona catalanoaragonesa** va anar perdent poder polític i econòmic en favor de la **corona castellana**. Castella, on els reis van establir-se amb la seva cort, es va beneficiar molt de l'explotació del continent americà. ❺

Immagine 3

Continuando con l'analisi lessicale, spicca che si dica che i primi abitanti della Catalogna erano gli iberi, che erano tribù *indipendenti*, quando sarebbe più corretto dire che erano tribù libere o isolate, perché la nozione di indipendenza implica relazioni con i loro vicini in uno scenario in cui tutti mantengono il loro governo (e invece è dimostrato che non avevano molte relazioni con altre tribù). Inoltre, come si vede nell'immagine 4, si dice che i romani invasero la Catalogna nel III a.C., il che fa pensare ad un'eterna Catalogna, che è sempre esistita e che quindi ha tutto il diritto di riprendersi il proprio territorio e gestirlo in modo indipendente.

> Els romans van entrar al territori català l'any 218 aC i el van anar ocupant militarment a poc a poc.
>
> A partir del segle I aC tot el territori català estava **romanitzat**. S'hi van anar instal·lant molts soldats llicenciats de l'exèrcit i colons romans als quals donaven terres per cultivar. L'ús de la llengua **llatina** es va anar generalitzant.

Immagine 4

Analogamente, il re Carlo I di Spagna (V imperatore), viene chiamato Carlo I di Castiglia e di Catalogna-Aragona (205).

Si presentano quindi due poli, come si diceva, Castilla e Catalogna: nei manuali catalani si menziona che le leggi più importanti per i cittadini è l'*Estatut* catalano, quando invece la costituzione spagnola sta al di sopra (immagine 5). Addirittura, si dice che il Tribunale Costituzionale ha provocato malessere e disagio quando ha dichiarato anticostituzionale la famosa riforma dell'Estatut (immagine 6).

> Catalunya és una de les disset comunitats autònomes de l'Estat espanyol i està formada per quaranta-una comarques agrupades en quatre províncies.
>
> L'**Estatut d'Autonomia** de Catalunya n'és la norma institucional bàsica i estableix que la **Generalitat de Catalunya** està integrada, entre altres institucions, pel **Parlament**, la **Presidència** i el **Govern de la Generalitat**. Els seus poders s'exerceixen d'acord amb l'Estatut d'Autonomia i la Constitució espanyola.

Immagine 5

Catalunya és una de les disset comunitats autònomes de l'Estat espanyol i està formada per quaranta-una comarques agrupades en quatre províncies.

L'**Estatut d'Autonomia** de Catalunya n'és la norma institucional bàsica i estableix que la **Generalitat de Catalunya** està integrada, entre altres institucions, pel **Parlament**, la **Presidència** i el **Govern de la Generalitat**. Els seus poders s'exerceixen d'acord amb l'Estatut d'Autonomia i la Constitució espanyola.

Immagine 6

Nei manuali Cruilla, per esempio, si fa riferimento al governo catalano e ai simboli nazionali della Catalogna, senza alcuna menzione al governo spagnolo (immagini 7 e 8).

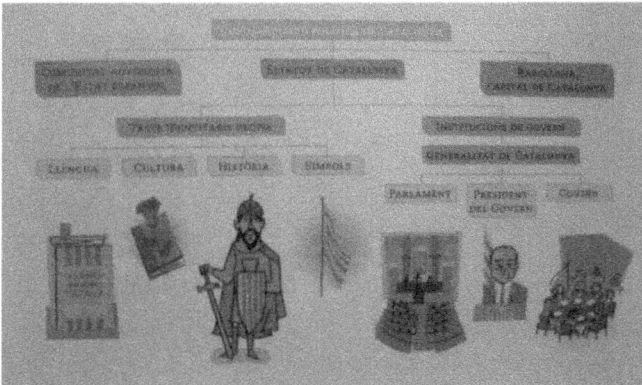

Immagine 7

Immagine 8

Allo stesso modo, vediamo come la Catalogna viene comparata con altri Paesi dell'Unione Europea, come l'Italia, il Belgio, la Germania e il Regno Unito. Più avanti (immagine 9) poi una tabella mostra la densità di popolazione spagnola (47 milioni) e quella della Catalogna (7,5) come se fossero paesi diversi. La Catalogna viene definita infatti come una regione europea e la definizione che si da di regione europea è un territorio che può avere un governo proprio. Anche qui si dice che la *Generalitat* applica le leggi che approva il Parlamento di Catalogna, senza menzione al governo spagnolo.

Immagine 9

Nei manuali Edebé, per esempio, si dice che la lingua ufficiale in Catalogna è il catalano e non si menziona lo statuto di bilinguismo realmente vigente. Inoltre, si afferma che il nuovo statuto della Catalogna post-franchista permette ai cittadini di recuperare l'uso pubblico del catalano, quando invece ne era stato proibito solo l'uso in ambito politico (immagine 10). Durante il franchismo, infatti, sono stati istituiti premi di letteratura in catalano e, nel 1967, una sentenza del Tribunale Supremo condanna Néstor Luján (Pont Sorribe 2011), direttore del settimanale *Destino*, a otto mesi di carcere oltre a 10 mila pesetas di multa per aver pubblicato nella sezione "Lettere al direttore" una lettera intitolata *El catalán se acaba,* nella quale "se vertían conceptos de tipo ofensivo para la lengua catalana, cuyo libre uso particular y social se respeta y garantiza".

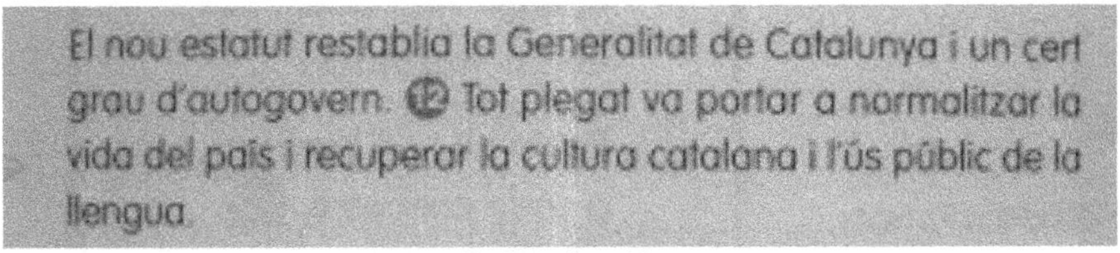

El nou estatut restablia la Generalitat de Catalunya i un cert grau d'autogovern. ⑫ Tot plegat va portar a normalitzar la vida del país i recuperar la cultura catalana i l'ús públic de la llengua.

Immagine 10

A MODO DI CONCLUSIONE

Abbiamo presentato in questo breve intervento alcuni dei manuali presi in analisi per questo studio, che rappresenta un inizio per un'indagine più approfondita sui manuali usati per altre classi. Inoltre, in studi futuri sarebbe ideale affiancare le riflessioni qualitative a dati quantitativi, relativi a frequenze e relazioni non solo tra singoli concetti, ma anche a livello di struttura discorsiva e retorica.

Si sarebbe potuto andare avanti con altri esempi analoghi a quelli presentati, ma in definitiva, abbiamo visto come il discorso storiografico ricopra un'importanza fondamentale nel costruire un'identità catalana etnico-culturale che si differenzi da quella spagnola e, in particolare, castigliana e, quindi, nel legittimare la tanto agognata indipendenza.

OPERE CITATE

Bel, Germa. Anatomía de un desencuentro. La Cataluña que es y la España que no pudo ser. Destino: Barcellona, 2013.

Canal i Morell, Jordi. História mínima de Cataluña. Turner: Madrid, 2015.

Capdevila, Arantxa e Castelló Enric. "El 'vacío discursivo' sobre la independencia. Un análisis del mensaje periodístico durante las elecciones catalanas de 2006 y 2010." Conferenza presentata al X Congreso AECPA. 'La política en la red'. Murcia: Universidad de Murcia, 2011.

Ceruti, Emilio. "La americanización del discurso historiográfico. Un análisis crítico del discurso sobre el 1898 puertorriqueño en un texto de amplia circulación para la educación media y superior." Aled 11(2011): 61-78.

Clua i Fainé, Montserrat. "Identidad y política en Cataluña: el auge del independentismo en el nacionalismo catalán actual." Quaderns-e de l'Institut Català d'Antropologia 19 (2) (2014): 79-99.

Duranti, Alessandro. Etnopragmatica. La forza del parlare. Carocci: Roma, 2007.

Fairclough, Norman. Critical discourse analysis. Longman: London, 1995.

Fairclough, Norman. Discourse and social change. Polity Press: Cambridge, 1992.

Grice, Herbert Paul. "Logic and conversation." In Peter Cole e Jerry L. Morgan, eds., Syntax and semantics vol. 3, Speech acts, Academic Press: New York, 1975.

Mantovani, Giuseppe. Analisi del discorso e contesto sociale. Il Mulino: Bologna, 2008.

Ortiz de Antonio, Jordi. La construcció discursiva del procés independentista de Catalunya en el diari El País. Tesi di Master. Barcelona: Universidad Pompeu Fabra, 2014.

Perales-García, Cristina e Pont-Sorribes, Carles. "Estudio de la representación del Proceso catalán en la prensa internacional (2010-2015)." Cahiers du MIM-MOC 18, 2017.

Pont Sorribe, Carles. "Los años en que el franquismo quiso doblegar a Néstor Luján." Obra periodística 2, 2011. http://www.upf.edu/obraperiodistica/es/anuari-2011/nestor-lujan-periodista.html

Prat, Lorenç. El suport a la independència de Catalunya. Anàlisi de canvis i tendències en el periode 2005-2012. CEO: Barcellona,2012.

Sperber, Dan e Wilson, Deirdre. La relevancia. Visor: Madrid, 1994.

Van Dijk, Teun. El discurso como interacción social. Gedisa: Barcelona, 2000.

Van Dijk, Teun. Discourse as social interaction. Sage: London, 1997.

Van Dijk, Teun. Ideology. A multidisciplinary approach. Sage: London, 1998.

Van Dijk, Teun. "Discourse studies and education." Applied linguistics (1981): (1) 1-26.

Villena Martínez, Antonio José. Fabricando el Procés. Análisis del discurso independentista reciente en Cataluña. Cuenca: Universidad de Castilla-La Mancha, 2020.

Wodak, Ruth. Language, power and ideology. Benjamins: Amsterdam, 1989.

Wodak, Ruth e Reisigl Martin. "Discourse and racism." In Deborah Tannen, Deborah Schiffrin e Heidi Hamilton, eds. The handbook of discourse analysis (352-371). Oxford: Blackwell, 2001.

CORPUS

a.   Manuali usati in Catalogna:

Editorial Barcanova. Cicle Superior 1 de Primària. 2015. Medi natural, social i cultural.

Editorial Barcanova. Cicle Superior 2 de Primària. 2014. Medi natural, social i cultural.

Editorial Baula. 5è de Primària. 2014. Ciències socials 5 Primària. SuPerPixèPolis. (Grupo Editorial Luis Vives).

Editorial Baula. 6è de Primària. 2015. Ciències socials 6 Primària. SuPerPixèPolis. (Grupo Editorial Luis Vives).

Editorial Cruïlla de 5è de Primària. 2014.Coneixement del medi. Ciències socials i ciències naturals. Construïm. Cicle superior. 5è Primària.

Editorial Cruïlla de 6è de Primària. 2014. Coneixement del medi. Ciències socials i ciències naturals. Construïm. Cicle superior. 6° Primària.

Editorial Edebé. 5è de Primària. 2014. Ciències socials 5Primària. Projecte global interactiu.

Editorial Edebé. 6è de Primària. 2015. Ciències socials 6 Primària. Projecte global interactiu.

Editorial La Galera. 2014. Coneixement del medi. Projecte Tram 2.0. Cicle superior. 5è Primària.

Editorial La Galera. 2014. Coneixement del medi. Projecte Tram 2.0. Cicle superior. 6è Primària.

Editorial Santillana. 2014. Coneixement del medi. 5 Primària.

Editorial Santillana. 2014. Coneixement del medi. 6 Primària. Tercer trimestre.

Editorial Vicens Vives. 2015. Educació Primària. 5.1. MEDI. Ciències Socials.

Editorial Vicens Vives.2015. Educació Primària. 6.1. MEDI. Ciències Socials.

b.   Manuali usati nella Comunità Autonoma di Madrid:

Editorial Edelvives. 6° de Primaria. Ciencias sociales 6 Primaria. SuPerPixèPolis. 2015.(Grupo Editorial Luis Vives).

Editorial Santillana. 2014. Ciencias Sociales. 5 Primaria.Aprender es crecer. Comunidad de Madrid.

Editorial Santillana. 2015. Ciencias Sociales. 5 Primaria. Aprender es crecer. Comunidad de Madrid.

Editorial SM. 5° Primaria. Savia. 2014.Ciencias sociales. Comunidad de Madrid.

Editorial SM. 6° Primaria. Savia. 2015. Ciencias sociales. Comunidad de Madrid.

NAVIGATING THE *ANNI DI PIOMBO*
Italian Progressive Rock

Kyle Fulford

INTRODUCTION

"Rock Progressivo Italiano" is a retrograde term for Italian pop produced primarily between 1970-1976, lagging a few years behind its British Art Rock roots. The influence of bands like Emerson Lake & Palmer and Genesis would not reach the Italian mainland until tours in the early 1970s. Many early Italian Prog bands like New Trolls and Rovescio Della Medaglia began combining orchestras with rock instrumentation as early as 1969; others like Le Orme and Premiata Forneria Marconi came out of the "beat" scene, incorporating Western Art Music traditions through a distinctly Italian romantic lens. By 1972, Italian Pop was changing and the pervasive *canzone* songs of the 1950s and 60s gave way to a more aggressive and politically-charged movement in rock music. While many rock bands incorporated political themes and activism in their music, Italian Prog was also a display of enormous creativity: according to Donald Lax of Quella Vecchia Locanda, "It was an exalting period. There was a lot of creativity, we used to share new ideas, and we were spreading the seeds of a new genre of music" (Parentin 2011, 16).

Brazenly progressive works pushed the boundaries of popular music throughout Europe; in Italy, pop singers like Lucio Battisti even incorporated "progressive" elements in their music, often recruiting rock musicians as session players. While some current scholarship on Italian Prog exists, relatively little analyzes the social context of the genre; this paper seeks to add to existing discourse by focusing specifically on the political and cultural influence Italian Prog had on the larger popular music scene, and how the interplay of music and lyrics accomplished it.

CASE STUDY: AREA

Straying from the more common romantic and symphonic traditions of groups like Banco del Mutuo Soccorso, the fiercely political and iconoclastic band Area released its jazz-rock fusion debut *Arbeit Macht Frei* in 1974. The opener "Luglio, agosto, settembre (nero)" ("July, August, [Black] September") takes its name from Black September, the Palestinian terrorist group responsible for the 1972 massacre at the Munich Summer Olympics. Musically, the composition is an odd-meter tour de force, showcasing the instrumental talents of the performers and the idiosyncratic voice of lead singer Demetrio Stratos. Lyrically, the song is a plea to reject violence, at least during its introduction. A spoken-word performance begins tacitly, in Arabic, unaccompanied and melancholic. According to lyricist Gianni Sassi, the woman's voice (credited only as "An Egyptian") was from a recording "...stolen from a library in Cairo." Whether Sassi's claim is fact or fiction remains unclear; regardless, this curious inclusion which both embraces global influences and "the other" while denying her identity is problematic. The lyrics as printed on the inner album sleeve follow:

حبيبي	my love, with peace
بالسلام حطيت ورود الحب قدامك	with peace I have placed loving flowers at your feet
بالسلام مسحت بحور الدم علشانك	with peace, I stopped the seas of blood for you
سيب الغضب	forget anger
سيب الالم	forget pain
سيب السلاح	forget your weapons, and come…
سيب السلاح وتعال	come and live
تعال نعيش	come and live with me, my love
تعال نعيش يا حبيبي	under a blanket of peace
ويكون غطانا سلام	I want you to sing, beloved light of my eyes
عايز اك تغني يا عيني	and your song will be for peace
ويكون غناك بالسلام	let the world hear, my beloved, and say to the world
سمع العالم يا قلبي وقول	forget anger
سيبوا الغضب	forget pain
سيبوا الالم	forget your weapons
سيبوا السلاح	forget your weapons and come
وتعالوا نعيش	and live in peace

The Arabic "Poem for Peace" (signed by Rafia Rashed on the lyric sleeve) transitions to Stratos' a capella entrance. The transition is a bold juxtaposition between the quiet, spoken-word introduction and Stratos' sung voice; Sassi's lyrics could be interpreted as a call to arms, a seemingly incongruous theme considering the song's peaceful beginning. Another interpretation is an ecological plea, as heard in the first stanza:

Giocare col mondo facendolo a pezzi	Playing with the world, leaving it in pieces
bambini che il sole ha ridotto già vecchi	children that the sun has reduced to old age.
Non è colpa mia se la tua realtà	It is not my fault if your reality
mi costringe a fare guerra all'omertà.	forces me to fight your conspiracy of silence.
Forse un dì sapremo quello che vuol dire	maybe one day we will know what it means
affogare nel sangue con l'umanità.	to drown in blood with humanity.
Gente scolorata quasi tutta uguale	Discolored people, almost all the same
la mia rabbia legge sopra i quotidiani.	my anger reads above the news.
Legge nella storia tutto il mio dolore	reads into the past all my pain
canta la mia gente che non vuol morire.	sings my people that don't want to die.
Quando guardi il mondo senza aver problemi	When you see the world without problems
cerca nelle cose l'essenzialità	seek the essence of all things.
Non è colpa mia se la tua realtà	It is not my fault if your reality
mi costringe a fare guerra all'umanità	forces me to make war with humanity.

Incorporating Balkan melodies, syncopated rhythms and global music influences, Area and its iconic singer Demetrio Stratos pushed the boundaries of progressive rock in Italy. Stratos, born in Greece and raised in Italy, personified the intercontinental influences of the band: guitarist Paulo Tofani experimented with electronic music in London, and the rhythm section of Ares Tavolazzi (bass) and Giulio Capiozzo (drums) studied jazz. Keyboardist Patrizio Fariselli anchored the group and helped synthesize their multiple influences. Lyricist and producer Gianni Sassi (nicknamed "Frankenstein") was also the owner of Area's record label Cramps. Sassi played a critical role in the political identity and marketing of Area, spiritually functioning as a fifth member.

"FRANKENSTEIN'S MONSTER"

Gianni Sassi was not only the lyricist and producer of Area, but the curator of its image. A provocateur and intellectual, Sassi used Area as a vehicle for his political ideals and agenda; some have even named him the "man who invented cultural media marketing" (Marino 2013). While a bold claim, Sassi did use his influence and connections to stage concerts, art exhibits, and advertising to promote his leftist and communist views. While the conservative Christian Democrat (DC) party has mostly dominated Italian politics since the late 1960s, student movements and radicals sought to end political corruption and global capitalism through demonstrations and, in some cases, acts of terrorism. The Red Brigades, a militaristic leftist group, kidnapped and held DC leader Aldo Moro hostage for ransom in 1978 as an act of protest; he was ultimately murdered (Ginsborg 2003).

Moro's murder illustrates the violence industry in 1970s Italy, known as the anni di piombo or "years of lead." Area's music captures violence not just lyrically but musically: "Luglio, agosto, settembre (nero)," despite its major key refrain, is an intense and chaotic journey in the span of four minutes. Rather than composing side-long symphonic suites like their contemporaries, Area's songs are often a blast of energy focusing on concrete, literal themes instead of abstract imagery. "Luglio, agosto, settembre (nero)" is a direct reference to Black September and connects the violence happening in Israel to violence in Italy; in Sassi's words, "...Let's deal with this issue. Let's talk about it. Right now, no one else has the guts to do it" (D'Onofrio 2009).

Area did something about it, until they couldn't. In 1977, a series of medical and scientific tests on Stratos' triplophonic and ultrasonic vocal cords were conducted, and this research was published to the scholarly community (Murphy 2018). That same year, doctors discovered Stratos had a rare and nearly inoperable Leukemia. Area staged a large benefit concert in Rome to raise funds for Stratos' treatment in New York City. On the eve of the concert, Demetrio Stratos died at age 34 (Anderton 2010, 432). The concert went on as scheduled in the form of a tribute and celebration of his groundbreaking and relentless contributions to vocal performance, the avantgarde, and his fearlessness. Though Gianni Sassi would continue to release experimental music from John Cage and others, Sassi's vehicle, his vicarious voice, was gone with Stratos.

DISCUSSION

This article has sought to illustrate the ways in which politics shaped Italian Progressive Rock music. Though cultural actors were largely ineffective at ending violence and corruption in 1970s Italy, the political and social circumstances of this era informed the musical output of the performers. Popular groups like Area sought to raise awareness and promote action against violence in not only Italy, but around the world. The contemporary progressive rock scene, while often looking back to its seventies roots, now incorporates an even broader number of disparate influences and instrumentation within the genre. This flexibility allows artists to express themselves musically and lyrically in a politically divided international climate. Italy in particular has enjoyed a great resurgence in the scene, as many of the original groups have reunited to perform live and record new music. Though the political situation in modern Italy remains complex, 1970s Italian Prog remains a musical snapshot of an era fraught with terrorism, corruption, and musical activism.

REFERENCES:

Anderton, Chris. 2010. "A Many-headed Beast: Progressive Rock as European Meta-genre." *Popular Music* 29, no. 3: 417-35. http://www.jstor.org/stable/40926943.

Croce, Augusto. 2016. *ItalianProg: The comprehensive guide to the Italian progressive music of the 70s.* Lexington, KY: CreateSpace.

Fabbri, Franco, and Goffredo Plastino. eds. 2013. *Made in Italy: Studies in Popular Music.* New York: Routledge.

Fiori, Umberto, and Michael Burgoyne. 1984. "Rock Music and Politics in Italy." *Popular Music* 4: 261-77. http://www.jstor.org/stable/853366.

Ginsborg, Paul. 2003. *A History of Contemporary Italy: Society and Politics, 1943-1988*. New York: Palgrave Macmillan.

Hegarty, Paul, and Martin Halliwell. 2011. *Beyond and before: Progressive Rock Since the 1960s*. New York: Continuum.

Marino, Maurizio. 2013. *Gianni Sassi: fuori di testa: l'uomo che inventò il marketing culturale*. Roma: Castelvecchi.

Murphy, Timothy S. 2018. "I Play for You Who Refuse to Understand Me - Demetrio Stratos and Area in the Crucible of Seventies Italy." *Journal of Popular Music Studies*, Vol. 30 No. 4:143-160. Berkeley: University of California Press. UniverDOI: 10.1525/jpms.2018.300410.

Parentin, Andrea. 2011. *Rock Progressivo Italiano: An Introduction to Italian Progressive Rock*. Lexington, KY: CreateSpace.

Plastino, Goffredo. Ed. 2003. *Mediterranean Mosaic: Popular Music and Global Sounds*. New York: Routledge.

Romano, Will. 2010. *Mountains Come Out of the Sky: The Illustrated History of Prog Rock*. Milwaukee, WI: Backbeat Books.

Walker, Greg. 2008. "Selling England (and Italy) by the Pound: Performing National Identity in the First Phase of Progressive Rock: Jethro Tull, King Crimson, and PFM" in *Performing National Identity: Anglo-Italian Cultural Transactions*. Amsterdam: Rodopi.

Finding Wholeness by Embracing "Southernness" in Elio Vittorini's *Conversazione in Sicilia*

Alan G. Hartman
MERCY COLLEGE

In Pino Aprile's 2013 work *Terroni*, the Italian social critic writes that "[g]li italiani vanno al Nord in cerca di soldi; al Sud in cerca dell'anima" (13). A protagonist named Silvestro in search of his "anima," or soul, is the metaphorical plot that we find in Vittorini's 1947 novel *Conversazione in Sicilia*. The soul sought by Silvestro, however, is not simply a personal soul. It is a collective soul that helps connect the reader and writer to a deeper reality, which overcomes social and historical space. In Vittorini's pseudo-autobiographical novel *Conversazione in Sicilia* we find the writer struggling to embrace his Sicilianness as well as the metaphorical Sicilianness, or alterity, of the world around him. This is an unconscious endeavor on the part of the pseudo-autobiographical protagonist and reflects a deeply interior striving in the life of the novelist, Elio Vittorini. In this article I will examine how the fictional character Silvestro and novelist Vittorini overcome this struggle and find a sense of wholeness by returning to their Sicilian homeland, reconnecting with their true selves, and rejecting the Italian fascist identity in which Vittorini once believed fully.

Born in 1908, Vittorini was only 17 years old when Mussolini led the black shirts on their "March on Rome." He became a noted fascist supporter by publishing pro-fascist articles and essays in national fascist periodicals such as *L'Ordine Nuovo*, through which he developed a strong friendship with the fascist editor Curzio Malaparte. On December 15, 1926, at the age of 18, Vittorini wrote an article that was published in *L'Ordine Nuovo* in which he lamented the inexistence of a singular Italian identity but celebrated fascism's mission to unify Italians politically. On this he wrote:

…come l'Italia non fu fatta mai — eccioè come l'Italiano non venne mai organizzato, e come non è mai avvenuto di esistere uno Stato, un governo od un Reame, di nostro italiano spirito e principio. [...] Adunque non si fa un'Italia a noi sol perché vi ha la Francia ai Francesi ed il Congo ai Congolesi; a noialtri ci si può fare un *ordine*, perché ce lo abbiamo in qualche modo nel

sangue con la *ordinarietà* che ci viene dalla natura — e noialtri ci si può fare ciò
che fa il fascismo - ci si può fare una vita politica, una Signoria, un Bargello,
e fazioni, ci si possono dare dei Principi che ci strapazzino, dei Magnifici che
ci assoldino, un Papa che ci benedica e un venturiero che ci conduca [...] perché noi pensiamo subito a Mussolini, questo Signore protetto da Dio, che
finalmente restaura il costume a degli italiani. (*Letteratura Arte Società*, 4-6)

This article clearly shows the writer's enthusiastic support for fascism and
why he became a well-known fascist voice. It also allowed others to see Vittorini as a noteworthy fascist political and literary thinker.

Vittorini travelled to Florence in 1929 at which time he joined his artist
uncle, Pasquale Scandurra, and worked an exhausting schedule consisting of
mostly translating novels, short stories and articles from English and French
into Italian so that he could support his primary interest; fiction writing. By
1929 Vittorini's translations, articles, and fiction were published regularly in
even the most prestigious Italian literary periodicals such as *La Nazione*, *Letteratura* and *Solaria*. Guido Bonsaver notes that between 1933 and 1941 Vittorini translated "una quindicina di romanzi, 7 racconti e un libro di viaggio,
tutti scritti da autori nordamericani, in minor parte, britannici" (102). Many
of Vittorini's letters to his friends and relatives, however, address his ongoing
precarious financial state. We see this in a letter he writes to his brother-in-
law and poet, Salvatore Quasimodo, on January 7, 1933. In this letter he
writes "Lavoro e tu lo vedi. Articoli di frequente sull'*Italia Letteraria*, articoli
per *Il Bargello* tutte le settimane. In più *Pégaso* e qualche quotidiano ogni tanto.
Si capisce senza riuscire mai a coprire le spese. Su novanta centessimi che
guadagno è sempre una lira che ci vuole per mangiarcia su. Ah mio caro e se
mi lamento che mi aiuta?" (*I libri* 5).

This period of intense work and financial difficulty, however, proved to
be very important for Vittorini, not least because it brought him into constant
and intimate contact with anglo-American and non-fascist works and ideas.
On this Flavio Cogo writes:

Negli anni 1934-1937 Vittorini accresce la sua cultura grazie alla lettura di
autori italiani e stranieri nonché di vari testi storici (testimoniate dalle lettere
e dai ricordi di alcuni suoi amici), senza tralasciare anzi, intensificando l'impe-

gno di scrittore, sperimentando nuove forme comunicative, stilistiche e con-
tenutistiche: stesura dell'ultima puntata del *Garofano rosso* e del seguito; la cura
dell'edizione di *Viaggio in Sardegna* ottenuto dalla rielaborazione del *Quaderno
sardo* e di altri brani apparsi in riviste (nel dopoguerra ripubblicato in una
nuova versione con il titolo *Sardegna come un'infanzia*), le premesse e gli abbozzi
di *Erica e i suoi fratelli* e di *Conversazione in Sicilia*. Nel 1937, l'ultimo anno di
presenza sul settimanale fiorentino, consumata la rottura definitiva con l'ideologia fascista, lo scrittore inizia la collaborazione con una nuova rivista letteraria, *Letteratura*, in cui pubblica *Giochi di ragazzi* (continuazione di *Garofano
rosso*), una recensione a Faulkner e il saggio storico *I vespri siciliani*. (84)

Despite his prized position and strong support from within the fascist
party, in 1936 Vittorini became disgusted with the fascist regime because of
its active support for General Franco in Spain. Vittorini wrote that his writing
of *Conversazione* was the result of his initial disillusion with the fascist state
due to its support for Franco during the Spanish Civil War. On this he writes
"*Conversazione* ho potuto scriverla tutta in uno stato di tensione portato dalla
Guerra di Spagna. La vivevo nei particolari, pienamente. La seguivo in tutti i
giornali francesi e inglesi che arrivavano a Firenze. La Seguivo captando Radio Barcellona con un apparecchio a galena" ("Coscienza di classe," *Il menabò
della letteratura*, v. 10, 44-46). Having moved to Florence at the age of 21 to
work and promote fascism while writing within Italy's most celebrated literary circles, Vittorini embodied the very fascist ideals of youth and modernity
that the regime celebrated. Leaving his humble Sicilian roots behind at an
early age to participate fully in the modern and dominant Italian fascist culture as a young man showed that Vittorini also exhibited the rhetoric of success allegedly made possible for all Southern Italians by the fascist state.

Ruth Ben-Ghiat's text *Fascist Modernities* well documents how Italian fascism was a movement that sought to celebrate a bourgeois and modern national society that denigrated the importance of regional identities. Vittorini
initially shared and sought to further the notion of fascist modernity. We even
find these modern and bourgeois ideals in Vittorini's first fictional work, *Piccola Borghesia*, which was published in 1931. *Piccola Borghesia* is an anthology of
short stories in which only two stories reference Italy's south. The first short
story to do so is "Il piccolo amore." This short story takes place in Sicily
although the island is never explicitly mentioned. "Il piccolo amore" takes

place on a train passing from Calabria through Sicily and its personages are clearly bourgeois and largely immoral. The only clear evidence of *sicilianità* apparent in this short story is found in the countryside that the omniscient narrator describes briefly as it passes by the train in which they ride. Though the bourgeois characters in "Il piccolo amore" are in Sicily, they belong only to a modern middle class Italian culture that transcends their possible Sicilianness or the reason why they happen to be in Sicily.

The second short story in *Piccola Borghesia* in which we find a reference to Sicily is "La mia guerra." Here a Sicilian migrant family is depicted as living in the northern Italian city of Gorizia as immigrants. Gorizia became a part of Friuli-Venezia after the First World War and the plot takes place just as the war is encroaching on the then still Austro-Hungarian city. Gorizia also holds a personal value for Vittorini because Vittorini and his wife Rosina Quasimodo moved to Gorizia in 1927 after marrying earlier that same year in Sicily. Like the writer and his wife, the fictional Sicilian family in "La mia guerra" moved to Gorizia in search of a better life. In this short story the grandfather maintains his Sicilian identity despite moving to Gorizia and constantly assures his family of peace and calm as warfare nears. The Sicilian grandfather often speaks about his efforts to plant a garden that will be a bit of Sicily in Gorizia, and thus a place of peace and recollection for his family amidst such danger. The garden represents the sense of place and belonging that Sicily holds for the grandfather. He tells his grandchildren "E io voglio una Sicilia; vedrete che Sicilia, ragazzini, che Sicilia vi farà il vostro nonno" ("La mia guerra," *Piccola borghesia* 20). In "La mia guerra" this grandfather is referred to as a "Gran Lombardo," a figure that will reappear in *Conversazione in Sicilia* as the revered grandfather of the protagonist in that novel. It is important to note that years later Vittorini stated that he would rewrite all the short stories in *Piccola Borghesia* except for "La mia guerra" in a February 11, 1940 letter to Salvatore Aglianò. Here Vittorini writes "di *Piccola borghesia* non so accettare che il primo racconto; 'La mia guerra.' Lo riscriverei " (*I libri, la città, il mondo* 100). This confirms Vittorini's greatly diminished interest in depicting modern and bourgeois fascist values and traits in his prose after the publication of *Piccola Borghesia*.

Elio Vittorini first discovers the importance of Italy's South when he wins a contest to write a travel text about Sardinia, which he does in his 1937 work

Nei Morlacchi: Viaggio in Sicilia. To complete this work, Vittorini travels to Sardinia and explores the world of Sardinian peasants as well as the relatively cosmopolitan city of Cagliari. In this work Vittorini renders dignity and worthiness upon farmers, fishermen, and workers in a way unseen in *Piccola borghesia*'s short stories. Most importantly, however, Vittorini writes in *Viaggio in Sardegna* that he found happiness in Sardinia, something that the protagonist of *Conversazione in Sicilia* also notes for the first time when he returns to his Sicilian hometown. When writing about Vittorini in a 1937 review of *Viaggio in Sardegna* in "Letteratura" Giansiro Ferrata sustains that "prima di chiudersi in una nuova verità di memoria [...], s'addentra in ogni suo luogo ma tornando, ogni volta, su un filo pungente di strana avventura" (173). This "strana avventura" that Vittorini makes in Sardinia can now be understood as a prologue for the writer's next "strange adventure" in Sicily, the writer's homeland. Vittorini's focus on Sicilianness becomes clear beginning in his 1937 essay in *Letteratura* titled "Vandea in Vandea, i vespri siciliani." In this text Vittorini notes the uniqueness and resilience of the Sicilian people affirming "la Sicilia le dimostrava col Vespro in che senso loro popoli del mezzogiorno potessero "far da sé" (15). In fact it is this very Sicilian resilience that which *Conversazione in Sicilia*'s protagonist discovers upon his return to Sicily from Milan.

Conversazione in Sicilia was first published in fragments in five consecutive editions of *Letteratura* between 1938 and 1939. Vittorini confirmed in a 1948 letter to Ernest Hemingway that *Conversazione* was his oldest novel, and we find that this work remained extremely important for the author for the remainder of his life. Vittorini references the novel in over thirty letters written between 1945 and 1951 to colleagues, family, and friends, more than any other singular work at that time. The novel was published in its current form in 1947 and celebrated as an antifascist novel. *Conversazione*, together with Vittorini's antifascist activities after 1939, helped bring the writer success and notoriety after the war. Vittorini even commented on his achievement in a 1948 letter in which he wrote "dopo anni ed anni di sforzi io sono riuscito a conquistarmi un piccolo pubblico che mi permette di vivere dei miei libri... e senza dover fare altro mestiere" ("Lettera a Renato Mieli," 22 giugno 1948, *Gli anni del <<Politecnico>>, Lettere 1945-1951* 187-188). At last, the Sicilian writer could comfortably live off revenue generated by his literary works as well as fully embrace his Sicilian identity. This process of accepting his regional and cultural identity was made possible by the overwhelming success of his 1947 novel in which the protagonist is transformed into a happy and better adjusted Italian citizen because he can meld his Sicilian and Italian migrant identities together and become a fully functioning, and well integrated individual. In *Conversazione* Vittorini wrote a pseudo-autobiographical novel wherein he literarily escaped fascist pseudo-modernity and returned to Sicily, his homeland. In the island's poverty, destitution, and misery, the struggles that Sicilians endured daily exposed the fictitious fascist modern and bourgeois mystique. On this Vittorini writes:

> Scrivendo *Conversazione*, ero limitato da una società primitiva, com'era la società siciliana, in cui la classe operaia non è classe di fabbrica, non è classe industriale. È una classe che si muove in senso anarchico, legata a un artigianato subalterno della vita contadina. Sotto questa visione corre la tensione verso una società veramente industriale, per lo meno nei modi, nelle forme, giacché io dovevo presentare un'affettività siciliana, ossia un'affettività immersa nel mondo contadino. Ma dovevo presentarla anche aperta alle domande sull'avvenire del mondo. È una finzione di cui, per quanto ricordo, mi sembra di essere stato cosciente.
>
> (Vittorini, "Conoscenza di classe," *Il menabò della letteratura* 10:46)

In this, Vittorini fuses the strangeness that he explored in his work *Nei Morlacchi: Viaggio in Sardegna* and the fierce Sicilian independence that he praised in "Vandea in Vandea; i vespri siciliani" to sustain the value and importance of Italian regional identities.

The Sicily that Silvestro encounters in *Conversazione* contrasts sharply with propagandistic images of the fascist nation. In *Conversazione* Sicily is primitive, ancient, and mysterious. The deeper into the Sicilian countryside and the farther up the mountain that Silvestro travels towards his home town, the more the protagonist returns to a unique, impoverished, and marginalized land. Upon Silvestro's arrival to his hometown, his mother serves as an ambassador between Sicily, other Sicilians, and him. Silvestro therefore returns to Sicily as an Italianized Sicilian emigrant who even called himself "Americano" (142) when meeting Sicilian peasants on the ferry between Calabria and Sicily. In Sicily Silvestro is not guided by reason but by a "brama interiore" that rescues the character from depression and a life of unfulfilling mediocrity in the North. Silvestro's return to Sicily, therefore, is no other than a return to his true-self through self-rediscovery made possible by remembering and re-claiming his Sicilian identity. This return to Sicily rescues Silvestro from "as-tratti furori" (131), which are sorrowful sentiments that even the protagonist refuses to define other than to say that they are "per il genere umano per-duto" (131) and leave him feeling "il terribile, la quiete non speranza" (131). On his journey to Sicily and through his poorly remembered and impover-ished hometown, Silvestro slowly sheds this hopelessness that so strongly defined him and his life in the North. Finally, the protagonist recognizes his conflictual inner dichotomy and confesses to have been living "come se mai avessi avuto un'infanzia in Sicilia" (133).

Upon Silvestro's arrival to his childhood home he declares himself to be happy for the first time in the novel and says "fui contento d'esserci venuto" (177). After acknowledging this happiness, he begins to realize that his true inner journey has only begun. Silvestro recognizes the transformation that he experiences during his time in Sicily when he remarks upon his pending de-parture from the island. At this time Silvestro remarks that even though he is leaving Sicily he feels like he has not "finito il mio viaggio; anzi, forse, averlo appena cominciato" (177). In Sicily, Silvestro's memory fuses with the pre-sent and everything appears "due volte reale" (201). This meta-real experi-ence awakens the protagonist to a fuller and truer awareness of who he is. Consequently, the protagonist begins to view the world around him more accurately and supersede the typical destiny of Sicilian emigrants, which is progressive integration into the dominant cultures and identities of their newly adopted lands as well as an experience of prolonged marginalization within those societies because of their inability to fully do so.

The Sicilian American writer Jerre Mangione writes that Sicilian emigrants left Sicily in an attempt to escape their "destino," which was governed by "tra-ditions and myths" and "the willingness to resign oneself to misfortune, which was the key to survival" (Gardaphe 56). Vittorini shows us, however, that for Sicilians "destino" is more than being trapped in a Sicily that offers little hope. For Vittorini, "destino" is that which is rooted in the ancient and bound to become prologue of the future when properly integrated. A Sicilian's "destino" is thus something to be embraced and used as a tool for empowerment in see-ing and understanding clearly the world in which one sojourns. Just as Silvestro shows that Sicily can serve as a metaphor for marginalized societies every-where, being Sicilian can mean belonging to a people with a long tradition of overcoming alterity by embracing fully who they are and directly confronting challenges presented to them by the time and place that they inhabit.

Sivestro's return to Sicily transforms his understanding of who he, his family, and his place of origin are. In so doing Silvestro undergoes what Abraham Maslow calls a "transcendent" or "peak experience" (163). Maslow notes that "peak experiences" are especially important for understanding one's identity because "people in peak-experiences are most (fully) their identities, closest to their real selves, most idiosyncratic" (92). In *Toward a Psychology of Being*, Maslow writes that "a person in the peak-experience feels more integrated […] he is more able to fuse with the world, with what was formerly not-self" (92-93). Silvestro's unhappy and fragmented understanding of himself in the Italian fascist national context is therefore resolved upon his return to Sicily because he recalls who he truly is and reclaims that part of his being. Seeing his journey back to the north as the true beginning of his new life further shows Silvestro's desire to reenter dominant society as an individual that is able to fully assimilate his Sicilian and migrant Italian identities meaningfully.

This explains the often difficult to comprehend and operatic fifth part of the novel, in which the protagonist meets numerous symbolic characters and has an onomatopoeia-based conversation with his deceased brother Liborio. The need to employ onomatopoeia to express Silvestro's experience is consistent with the manifestation of a "peak experience." Maslow notes that "(e)xpression and communication in the peak-experiences tend often to become poetic, mythical and rhapsodic, as if this were the natural kind of language to express such states of being" (97). While many have discussed Vittorini's influence by the operatic composer Giuseppe Verdi as a possible explanation for this hermeneutical section of the novel, it may be best understood as a difficult to articulate "peak experience" for Silvestro, which fuses the protagonist's previously fragmented identity. The attainment of such integration is what Maslow called "self-actualization" (170) because "many dichotomies become resolved, opposites are seen to be unities and the whole dichotomous way of thinking is recognized to be immature" (170). Silvestro's newly found sense of wholeness empowers the protagonist to immediately leave his parents in the epilogue, depart from Sicily, and return to Northern Italy, where he had previously felt marginalized and depressed. This means that Silvestro's return to Sicily ultimately united the protagonist's sense of self and strengthened his ability to confront the larger world as a result. As such, through Silvestro's return to Sicily the character outgrows his immature and dichotomized self, and reconciles his identity as a Sicilian born Italian who fully recognizes and understands his regional, familial, and personal identity.

Scott Barry Kaufman writes that "growth lies at the heart of self-actualization" (XXXIII). Kaufman also notes that even Maslow preferred the term "fully human" instead of the term "self-actualized" later in life so as "to fully capture what he was really trying to get at" (XXXIII). Growth, made possible through the resolution of inner dichotomy that prevented growth, and the ability to act in "full humanness" is therefore the very basis of Silvestro's struggle for wholeness in *Conversazione in Sicilia*. This mimics Vittorini's endeavor to reconcile his identity after his disillusionment with Italian fascism and the need to gather a new sense of self in the final years of the Italian fascist state as well as the complicated and difficult years that followed in postwar Italy. Vittorini's fictional return to Sicily allows the Sicilian protagonist and writer alike to reclaim and maturely grasp their regional and familial identities. The celebration of such an identity rejects the "literary establishment (that sought) a distinctly Italian and fascist model of modernity" (Ben-Ghiat 46) in Italian literature during the fascist period. As such, in *Conversazione in Sicilia*, Vittorini shows readers that the Italian fascist identity could not fulfill the existential needs of Italians and that a fully human and well-integrated self may only be found by fusing all aspects of one's identity into their current being, including their regional and likely anti-fascist ways of being

BIBLIOGRAPHY

Aprile, Pino. *Terroni*. Milano: Piemme, 2010.

Ben-Ghiat, Ruth. *Fascist Modernities. Italy, 1922-1925*. Berkley: University of California, 2004.

Bonsaver, Guido. *Elio Vittorini, letteratura in tensione*. Firenze: Franco Cesati Editore, 2008.

Cogo, Flavio. *Elio Vittorini editore 1926-1943*. Bologna: Archetipo Libri, 2012.

Ferrata, Giansiro. Recensione di "Elio Vittorini- *Nei Morlacchi; Viaggio in Sardegna* — Fratelli Parenti Editori, Firenze L. 5." *Letteratura*, 7.1:4 (Ottobre 1937): 172-175.

Gardaphe, Fred. "Re-Inventing Sicily in Italian American Writing and Film." MELUS (Autumn 2003) 28:3, Italian American Literature, pp. 55-71.

Kaufman, Scott Barry. *Transcend. The New Science of Self-Actualization*. New York: Penguin Random House LLC, 2020.

Maslow, Abraham. *Toward a Psychology* of Being. Floyd, VA: Sublime Books, 2014.

Vittorini, Elio. *Conversazione in Sicilia.* Milano: I grandi romanzi BUR, gennaio 2006.

Vittorini, Elio. *I Libri, la città, il mondo, lettere 1933-1945.* Torino: Einaudi, 1985.

Vittorini, Elio. *Gli anni del* Politecnico, *Lettere 1945-1951.* Torino: Einaudi, 1977.

Vittorini, Elio. *Letteratura Arte Società, Articoli e Interventi 1926-1937.* Torino: Einaudi, 1997.

Vittorini, Elio. *Lettere 1952-1955.* Torino: Einaudi, 2006.

Vittorini, Elio. "Piccola Borghesia." *Le opere narrative.* Ed. Maria Corti. V. 1. Milano: Mondadori, 1974.

Vittorini, Elio. "Sardegna come un'infanzia." *Le opere narrative.* Ed. Maria Corti. V.1. Milano: Mondadori, 1974.

Zanobi, Folco. *Elio Vittorini, introduzione e guida allo studio dell'opera vittoriana.* Firenze: le Monnier, 1974.

MEDITERRANEAN VALUES (AND THE LACK THEREOF) IN MY FILMS

David Joseph Higgins

As the eighty-third anniversary of the death of Antonio Gramsci approaches one can only imagine that if Gramsci were alive today, he would be disheartened by the lack of publications dedicated to stimulate social change. Gramsci's critique on the Italian scholastic system (and neorealism's push to make inexpensive films with important messages) are the two primary vehicles that pushed me to become an independent filmmaker and I am grateful to be a part of a conference that suggests collaboration can potentially save the future of Italian Studies. Reading Gramsci's *Prison Notebooks* convinced me that Gramsci, a supreme Mediterranean intellectual, is the perfect spokesperson for the future of academia as his battle against fascism was an intellectual struggle. His ideological critique on elitism and their proposed scholastic system must be highlighted as a struggle far greater than that of only an Italian, but as a Mediterranean scholar who saw flaws further than those only within the Italian borders. As Italianistica struggles it is my sincere hope that professors push their students to make independent films and broaden their views on stringent lesson plans.

I do not feel like the appropriate spokesperson to defend my own films but certainly will explain the writing as I wrote the scripts in the following essay. I will dissect three of my films that deal with the Mediterranean culture: *Meet Mario, Santino* and *Pasquale's Magic Veal.*

MEET MARIO

Meet Mario is a feature film that was released on Amazon Prime and Vimeo Video on Demand in 2015. It is also the name of my production company as alongside my partner, Julie Robinson, we have vowed to remain faithful to our first project (and the messages it embodies). It was my first feature film and is certainly plagued with the flaws of inexperience and a lack of funding. I directed the film and wrote it alongside Julie Robinson. The film was made on a limited budget and was my thesis for an MA that I completed at Sacred Heart University. The film was financed through independent investors and the crowd sourcing site *Kickstarter.com*. It is a film that attempts to question the racism that immigrants face in the Mediterranean and an attempt to dispel the ignorance associated with racism as an integral part of the Italian-American culture.

The film begins with Mario as a nine-year-old Italian and his first day in America with his father. In a close-up-one-shot we see Mario's sadness as he just lost his mother and has left his family and friends in Italy. His reactions are shown through a variety of close-ups that show him as a shy and far from enthusiastic child as he fears his new life in the United States. The film shows that Mario feels culturally Italian (because he is) while most Americans in the film see him as a black man who speaks Italian (highlighting the outside world's ignorance of Mediterranean complexities).

The main drama of the film takes place during the scene in which Mario enters his Italian-American girlfriend's house as a guest invited to dinner and the scene lasts twelve minutes. This scene was shot independently before as a short film and then became the third scene of the film and is a tribute to Sidney Poitier's film, *Guess Who's Coming to Dinner (1967)*. It underlines how intrinsic racism is often externally hidden under the umbrella of political correctness that exists inside of many homes (both Italian and Italian-American). While Mario introduces himself to Sara's family (everyone except Vinny) welcome him with the utmost hospitality. Everything seems almost too perfect until Vinny refuses to shake his hand and drink his wine with brazen anger and disappointment. The film features a close-up of Vinny's face as he raises his eyes and silence falls on the scene, which prefigures the film's final climax.

SANTINO

Santino's story is taken from a children's "Dual Language" book that I wrote and then published with Boulevard Books in 2017. After the publication of the book, I won a grant provided by the Russo brothers ("The Russo Brothers" are co-directors of *Spiderman, Captain America, Avengers*, etc.) in collaboration with NIAF (National Italian American Foundation) as the primary producer of the film. The film stars Tony Darrow (Sonny Bunz in *Goodfellas* 1990) and Artie Pasquale (Burt Gervasi from the *Sopranos* 1999-2007) and Angela Rago (*Sleepers* 1996). The screenplay consisted of twenty-two pages and broke all the rules of "Film School", as it is traditionally stated that one day of production must be given for each written page. Santino, however, was shot in one day (23 hours straight).

Santino is the story of a twenty-seven-year-old Italian from Matera who comes to the United States to work in his grandmother's pizzeria. His grandmother is disappointed that her grandson, after three years in the United States, is still a bachelor at twenty-seven and decides to become the self-appointed matchmaker of possible dating encounters. The grandmother meets an Italian-American girl at the supermarket and decides to invite her home to meet her unsuspecting grandson.

The film itself tells a much darker version of the story than that of the children's book as it shows that the concept of family can often be invasive and harm one's overall integration into society. The appearance of Santino (the protagonist) is atypical for a children's story as (Giuseppe Santochiriccio) has a mohawk, a nose ring and a lip tattoo on his neck. The first scene is a wide-shot of Santino getting out of his car with a bouquet of flowers and a pizza. The camera follows Santino as we see him approaching his grandmother's villa and greets Angelina's butler, Cosimo. Santino's appearance is designed to invite the viewer to immediately judge the protagonist as a criminal, a symbol of how many Americans view immigrants. Santino's style has been exaggerated to push each viewer's subconscious judgment as a symbol of his immigration status and Santino, despite his punk rock style, is polite, loves his grandmother and respects her tremendously.

The film quickly introduces many Italian stereotypes just to shatter them and challenge the values of the Italian and Italian-American culture. For example, Santino's family has a pizzeria, but Santino's family eats pizza with a fork and knife. While Santino helps prepare the table and Cosimo dusts the house (ironically while the food is put on the table) the film shatters the fascist stereotype that a woman's job is to clean and cook while we see that Nonna Angelina does not cook and clean her own home. In the second act Santino and his grandmother sit at the kitchen table and the grandmother begins to explain to Santino that although she came to America she must not forget where she comes from (and the importance of "The Family" and Italian traditions). This scene is a comment on how many immigrants do not share their language or culture with their children and end up as strangers both in their native country and in their corresponding new 'host country'. Santino challenges his grandmother's logic until Cosimo slaps him, reminding him that Santino could share Cosimo's fate and die alone and without a family. Here, once again, the film presents the importance of the family and the common importance in Italian and Italian-American cultures which underline that "culture" is much more than having a meal together. Cosimo is an Italian who left his country as a young man in the hope of finding wealth and lost a piece of himself in the process; he never married, never had children and lives a life of total disappointment. Cosimo's character touches on an immigration theme that most films deny; many immigrants live in a strange space between the hometown they have left and their new country (where they really never feel at home). In the process of his immigration, Cosimo never became Americanized because culturally he was never able to accept many of the new "rules" and at the same time, he was so far from Italy that he no longer understood the changes in his country of origin. In fact, although he was born in Italy, his accent when speaking Italian is American.

PASQUALE'S MAGIC VEAL

We open in a kitchen functioning at maximum capacity. Chef Pasquale Russo moves from pan to pan as a bee flies from flower to flower searching for honey. He bears an eccentric smile as if marching to the beat of a drum in his own head. He has spent a lifetime trying to convince Americans as to what real Italian food is while shattering the stereotypes of "Galamad" and "Chicken Parm" as the quintessential Italian meals. As he moves in a trance like fashion, he places salt into five pots boiling with water, he peppers a veal shank and flips a series of browned onions that slowly cook to perfection. He appears to be some sort of sorcerer. His eyes are cross-eyed and his smile bewildering. Who is this man? An angel or a demon? The steam from the stove creates the mystique of a mastermind's workplace. The eccentric chef is in his element. He lifts one of the golden onions to his lips and slowly bites into the delicate morsel. His lips bear the shape of satisfaction and his smile is contagious. He continues to cook and caresses the golden-brown onions with a wooden spoon as if they were the inner thighs of his lover. As he cooks, he sings the song, Ave Maria. We are in the presence of what appears to be a holy ritual and it is evident that his craft is sacred.

In the meantime, Pasquale's good friend Father Alfred is in the restaurant and conducts a marriage counseling session with a struggling couple, Rocco and Francine. Rocco has no use for a priest while Francine clings to her cultural values and the thought of a fairytale wedding in the Catholic Church. As Rocco continues to sling insult after insult in the priest's direction, our fiery protagonist and Italian cook team up to make Rocco an offer he cannot refuse. Father Alan has the last laugh as Rocco bites into a piece of "magic meat" and begins to tell all. After just one bite his past infidelities, lies and true nature slip out of his recently loosened lips. As Father Alfred watches in delight, Francine is enraged and walks out of the restaurant... newly single.

My commentary on contemporary dating is a pessimistic view on culture. As we cling to the safety nets of our ancestors, we have lost in the process the ability to decipher at what cost our cultural pride cashes in at.

As a filmmaker I have tried to keep Antonio Gramsci's writings and the values of the Mediterranean present in my art, as my films attempt to present a 'formal' and 'informal education' through the lens of cinema.

'Archeologia' della parola
Lingua e dialetto nella poesia di Nino De Vita

Mario Inglese
PhD, National University of Ireland, Galway

Introduzione

In questo studio cercherò di indagare, sia pure in forma sintetica, le relazioni tra l'uso della lingua italiana e, in seguito, del dialetto nell'opera poetica di uno dei più significativi autori che ricorrono oggi al vernacolo in Italia. Per Nino De Vita (nato a Marsala nel 1950) scrivere in dialetto equivale a un recupero della lingua dei luoghi e degli abitanti che fanno non tanto da sfondo quanto da soggetto privilegiato della sua lirica precipuamente narrativa. Il dialetto si trova "costantemente in bilico tra vita e morte, in lotta contro le forze che gli sottraggono l'aria", come afferma Massimiliano Manganelli (2005: 865). Nominare le cose significa dare realtà alle cose stesse. Afferma l'autore, "ho iniziato a scrivere versi per conservare parole che rischiavano di scomparire." (cit. da Manganelli: 865) Non si tratta di un'operazione antiquaria quanto di un atto sostanzialmente 'politico'. Siamo davanti a un'assunzione di responsabilità che cerca di conferire dignità a un mondo fatto di uomini, donne, animali, piante, luoghi che disegnano una geografia locale, ma proprio per questo intimamente vicina alla coscienza di un uomo che rischia drammaticamente di separarsi sempre di più dalla sua dimensione antropologica e dalla sua collocazione 'paesologica', per usare un termine di Franco Arminio. In questo senso un radicamento di questa natura non può essere disgiunto da un discorso di ecocritica quanto mai pertinente. Infatti, la meticolosa esplorazione di una dimensione antropologica così circoscritta sembra anche giustificare una critica, sia pur indiretta, dell'ambiente naturale in cui la prima si innesta osmoticamente.

Lingua e dialetto in De Vita

A partire da questa geografia locale "[l]'effetto immediato dell'impatto del grande sul piccolo è nella dilatazione dei cronot[o]pi: la *Cutusìo* di De Vita, riattivazione insulare e verista della Tursi sciamanica di Pierro, è soprattutto un microcosmo di rarefazioni a risonanza interiore (...)", come afferma Fabio Zinelli (2005: 802). L'autobiografismo di fondo di De Vita, a cominciare dall'evocazione della sua infanzia e adolescenza, presuppone la presenza di un io che "si configura quale testimone necessario e cantore delle *res gestae* della propria contrada" (Manganelli 866). Ma l'infanzia non è solo l'oggetto da cui prende avvio questa poetica, è anche il destinatario delle sue poesie-favole rivolte ai bambini, *in primis* ai figli.

Come sottolinea Emanuele Trevi (2020: 6), siamo di fronte a un poeta eminentemente narrativo. Le poesie-racconto di De Vita scaturiscono da un'educazione all'ascolto, da una vera e propria arte dell'ascolto (Trevi 7) imparata fin da bambino. Un bambino dotato di una rara curiosità nei confronti di una civiltà così palpabile e vicina, trasmessa da padre in figlio fino a costituire un reticolo di storie, credenze, miti, che sembravano aspettare un cantore partecipe e raffinato al contempo. Le storie in versi di De Vita si concludono spesso in maniera aperta, persino enigmatica, poiché "lasciano in sospeso molto di più di quello che sciolgono, e in questo hanno un'aria orientale, un lieve sapore taoista o se si preferisce kafkiano" (*ibid*). Quella di De Vita ci appare davvero come un'innata vocazione alla narrazione: "Narratori si nasce, come un tempo si nasceva aedi, o pupari, o vagabondi", per dirla ancora con Trevi (*ibid.*)

Fosse Chiti, la raccolta di esordio (1984), è un omaggio al mondo familiare della contrada confinante con la sua Cutusio, frazione di Marsala. Come recita la seconda di copertina dell'edizione del 2007, è una sorta di "diario di un naturalista". Piante, animali, fenomeni, sono osservati, esplorati, con grande attenzione al dettaglio. Si tratta di una visione da laboratorio che nella sua apparente oggettività tradisce in realtà un forte attaccamento a questo mondo, un microsmo su cui il poeta si affaccia con la sua rara capacità di captare le più intime risonanze attraverso il trascorrere delle stagioni. Non solo avvertiamo subito un'indubbia affinità con la sensibilità di Pascoli per via della disposizione all'auscultazione ma persino il dettato dei versi rimanda, in una certa misura, al poeta romagnolo. Per Giovanni Raboni la lirica di De Vita "vive di una sommessa, incantevole, 'inspiegabile' precisione" (De Vita 2007: seconda di copertina). Salvatore Ferlita (2020: 32) parla di "pronuncia così cristallina, quasi da entomologo", a proposito dell'uso della lingua italiana in questa raccolta. Va aggiunto che non si possono neppure sottacere certe analogie con Montale, non soltanto per la presenza di paesaggi assolati, aspri, che prendono vita leggendo i versi del poeta marsalese ma anche per la 'petrosità' della stessa versificazione. Così leggiamo:

Bruciata la terra d'agosto

            l'erba

è tutta bianca polvere

di strada.

Ha lasciato frutti immaturi il pomo

nell'angoscia dell'acqua

e lo stelo si spezza

tra le dita

          la spina

di cardo

        secca (De Vita 2007: 23).

oppure ancora: "(...) fossi e crepe / il corvo, su di un ramo/ del carrubo / secco" (24).

Nonostante il poeta sia attentissimo all'avvicendarsi delle stagioni e alla lenta metamorfosi di ogni cosa, a prevalere è un'atmosfera di calma, di sostanziale stasi, quasi da poesia orientale, da *haiku*: "altro rumore non c'è nella campagna. // E l'afa stagna. / Attende / con il buio ogni vita. /che sa / un umidore / di fresco..." (27). Non si tratta tuttavia di un mondo idilliaco, idealizzato, tutt'altro; il dramma della sofferenza quotidiana, un *Weltschmerz* che avvolge tutte le cose, è sempre presente. Il poeta lo registra sommessamente, quasi con chirurgico distacco, ma solo all'apparenza: "Ma come fa la scrofa / a testa in giù / coi piedi / legati.../ La ferita / sul ventre: un groppo rosa / di carne che la mano / stacca..." (45). Un universale destino di caducità accomuna ogni creatura, persino le cose inanimate: "L'acqua sale la terra, filtra i muri / di tufo, i pavimenti, / l'intonaco sottile / di calce/ che si screpola / e ricade" (63). Vien fatto di pensare alle "vene / di salnitro e di muffa" in "Notizie dall'Amiata" di Montale (1990: 190). Dalla raccolta *Cutusìu* (De Vita 2001: 245) leggiamo ancora: "Comu l'òmini 'i cosi / pinìanu; e s'avìssiru / 'a palora 'i sintìssimu / angusciari, vuciari, / viremma, 'unn'u sapemu, / priari. ("Come gli uomini le cose / soffrono, e se avessero la parola le sentiremmo / piangere, gridare, pure, forse pregare" ("Quando il sole dardeggia").

L'abbandono dell'uso della lingua italiana avviene a partire dalla citata *Cutusìu* (del 2001). Una sorta di illuminazione si verifica quando il poeta si accorge che i suoi studenti non comprendono una frase che rivolge loro in siciliano[1]. Ancora una volta il problema linguistico, la questione della lingua, diventa elemento determinante, dirimente; diviene la ragion d'essere di un'operazione letteraria. Era già avvenuto con Verga, D'Arrigo, Consolo, Camilleri e altri ancora. La differenza con essi è che De Vita adotta un mezzo espressivo puro, classico, per così dire. Non opera commistioni, non riplasma il dato linguistico ma lo elegge a strumento di ricognizione di una realtà per altro di assoluta, terragna pregnanza. Così come cose, animali, piante e persone entrano nel *tiatru* (per usare il titolo della sua raccolta del 2018) della sua poesia, senza orpelli o paludamenti simbolici, la lingua e dopo, senza interruzioni, il dialetto della sua contrada sono assunti a strumento naturale per esprimere un mondo che si vuole preservare nella dimensione mitopoietica di limpidi versi. Un affettuoso riconoscimento della poesia di Di Vita viene tributato da Vincenzo Consolo (1994: 135), che il nostro poeta conosceva personalmente: "(...) Nino scrive poemi in vernacolo alto, in una pura, classica lingua simile all'arabo, al greco, all'ebraico".

Come ha intuito Pasolini (1995), il dialetto non è più o solo lingua di realtà ma lingua di poesia. Esso contiene assonanze, echi, implicazion affettive materne, è lingua dei sentimenti e delle stratificazioni generazionali e antropologiche, prima ancora che lingua di investigazionae razionale. Il dialetto diviene, *naturaliter*, l'idioma del canto della poesia e del racconto. Se il neocapitalismo distrugge i dialetti con la sua forza omologante e livellante, la scelta del dialetto si traduce in un atto di resistenza contro l'entropia della voce della terra, di quella matrice ctonia che sta alla base delle ragioni di questo tipo di scrittura. Scrivere in dialetto a proposito di un lembo di provincia come quello in cui è vissuto e opera il poeta De Vita significa abbracciare la propria realtà nella sua interezza, come fa il contadino che, quando parla — in dialetto — della propria contrada, sembra conoscere tutto il mondo. Perché questo mondo contiene in sé tutte le vicende della vita e della morte, vale a dire del ciclo naturale in cui tutto — uomini, cose e animali — è inscritto. Come riconosce Gianni Bonina (2014), Nino de Vita "ha raggiunto un delicato equilibrio tra poesia e prosa innestando a un lessico classico una sintassi anch'essa siciliana, esercizio ambiziosissimo questo non riuscito neppure a sicuri maestri come Guglielmino e Vann'Antò."

---

[1] Sono debitore per questa notizia a Marcello Benfante (2020b: 14).

Si intitola *Vita di un Naturalista* il volumetto di saggi e interviste scritto in occasione del settantesimo compleanno del poeta (Benfante & Marino 2020). È ovvio il riferimento alla raccolta di Seamus Heaney *Death of a Naturalist* (1966). Con il poeta irlandese De Vita condivide sia le origini contadine, sia l'impiego di soggetti e ambienti fortemente legati al proprio mondo di provenienza. Non solo, in entrambi il compito di scrivere assume il valore di un compito non semplicemente artistico ma etico. Così come Heaney scava nel corpo vivo della parola e della realtà di cui si sostanzia (si pensi al celebre componimento "Digging" [ossia scavare, zappare]), l'autore marsalese scava nell'idioma dei suoi luoghi:

E cci vonnu palori,
a ghèttitu, a frusciuna, zaariddaru,
ncutrunutu, apparari, canigghiola,
appigghiari, ddispòticu,
agghiummuniuni, rrèficu, sgangatu,
lampuni...

E ci vogliono parole,
in abbondanza, in piena: merciaio
infeltrito, addobbare, forfora,
bruciacchiare, consenso
ruzzolone, imbastitura, scalfito,
 mangione... ,

come leggiamo da *Tiatru* (De Vita 2018: 95-94). L'oblio progressivo della lingua è un dissanguamento, uno sperpero: "Eu sacciu comu èttanu 'i palori. / Aiutàtimi cci ricu / a rricurdari, un omu / è fattu ri palori" ("Io so come gettano le parole. / Aiutatemi chiedo / a ricordare, un uomo / è fatto di parole" (99-98). Leggiamo ancora:

Acchiànanu 'i palori
cosi chi su' nno trùbbulu.
'Un sunnu addibbiluti,
strasannati, attassati; 'un si sfannu
nno postu runni stannu

sarvati, 'un s'ammalìgnanu.
'I penzu eu, ri notti, arruspigghiatu.

Portano le parole
fatti che sono nell'oblio. Non sono infiacchite,
abbandonate, intorpidite; non si guastano
nel posto dove stanno
conservate, non si prendono di male.
Le penso io, di notte, sveglio (103-102).

Si avverte un forte senso di urgenza e di scarto, non solo generazionale ma tra un mondo ancora legato alla terra, alla natura, e uno che sembra tutto proiettato nel virtuale e nella bulimia da informazioni superveloci. Leggendo sempre dal componimento "Berengario":

Ncontru casentuluna
nnammentri chi scaminu
ntacciatu ri palori, marimari,
orruorru pi nne
salini e fazzu 'u rrèticu.
Ricinu vastasati, a mmia, ô 'n vecchiu.
'I chiamu, cca, viniti.
Viatri, addumannu, viatri:
'u capiti socch'è solachianeddu,
cattiva, micciu, nziru,
sinàiula, minghiozzu, ammuccaficu,
òpira.
Pàrinu citruluna addummisciuti,
pigghianu a mmia pi
forestu, 'un mi capìscinu (105).

Incontro ragazzacci
mentre che barcollo
ubriaco di parole, lungo il mare,
tutto attorno alle saline e le borbotto.
Dicono parolacce a me, a un vecchio.

Li chiamo, qui, venite.
Voi, domando, voi:
lo capite che cos'è ciabattino,
vedova, stoppino, brocca,
tramaglio, caspita, credulone,
baccano.
Sembrano babbalei alloppiati,
mi scambiano per un
forestiero, non mi capiscono (104).

Significativamente questa poesia dall'impianto dialogico si conclude con una forte asserzione dell'io narrante, — e dell'autore: "e pure mi bisognano, / o Berengario, i fatti, / gli dissi." (108) Parole e fatti sembrano trovare una sintesi perfetta in quella creazione che è il libro. Anzi i libri, per De Vita, assumono un'esistenza propria, si stagliano nella loro solitudine con forza, a guisa di viatico per l'uomo che ne comprenda il valore. Leggiamo, infatti, dalla racccolta *Sulità* (Solitudine), del 2017, una vera e propria 'dossologia' dei libri:

I libbra cci hannu 'a firi,
'i palori chi sarvanu.
Fannu pinzari, chiànciri,
nni fannu scaccaniari;
amici ncudduriati
ri chiddi nfarinati, 'i sularini.

Hannu tristizzi i libbra
ch'unn'i putemu fari
scenti,
ddulura linzittiusi.
Gnunìanu trisora, l'allisciati
ri chiddu chi, calatu
a pinzari, a nchiappari
nne fogghi, sapi chi
cci sunnu (143-145).

I libri hanno la fede,
le parole che salvano.
Fanno pensare, piangere,
ci fanno sbellicare dalle risa;
amici intimi sono
dei sapienti, dei solitari.

Hanno tristezze i libri
che non possiamo
capire,
dolori laceranti.
Nascondono tesori, le carezze
dell'uomo che chinato
a pensare, a scrivere
sui fogli, sa che
ci sono (142-144).

Salvatore Ferlita riprende un'affermazione di Consolo secondo il quale i poeti in dialetto sarebbero i poeti della fine, della fine di un "mondo, di una cultura" (Ferlita 2020: 33). De Vita è certamente poeta della "fine della civiltà contadina" (*ibid.*), ma anche poeta della metaformosi, delle trasformazioni. A ben vedere, tuttavia, egli non va tanto considerato come poeta dialettale, quasi derubricandolo a una categoria secondaria, quanto come poeta mediterraneo, per seguire ancora Ferlita (34.) Secondo lo studioso, De Vita "è uno sperimentatore pur utilizzando una lingua della retroguardia" (*ibid.*). La sua poesia ha una qualità quasi artigianale ma questo non impedisce un respiro ampio che ha fatto parlare di universalità. Secondo Ferlita, infatti, la sua universalità nasce dal momento in cui i lettori vengono a far parte, in virtù di una sorta di destino condiviso, della stessa comunità a cui appartiene il poeta (*ibid.*).

L'impiego del dialetto a partire da *Cutusìu*, come già accennato più sopra, si può certamente intendere come un atto etico-politico. Scaturisce dalla constatazione che il poeta, discendente — come già ricordato — da una famiglia contadina, è testimone di una lenta ma inesorabile emorragia della parlata della sua terra. Scomparendo le parole, anche gli oggetti e le azioni che esse veicolano sono destinati in larga parte a scomparire inesorabilmente. I processi dell'incalzante globalizzazione, l'impiego di un linguaggio sempre più omologato, indistinguibile, dove anche la *koinè* nazionale è minacciata da contaminazioni sempre più stucchevoli e plastificate (basti pensare al profluvio di neologismi, calchi e anglicismi), danno la misura di come il poeta si trovi davvero in una zona liminare tra la sopravvivenza e la morte di un mondo condannato. È quasi superfluo constatare come l'inglese, in quanto lingua dell'*impero*, si sta imponendo quasi senza argini tra le pieghe dell'italiano, con risultati sovente discutibili e inutili sovrapposizioni. Spesso la sua pervasività tradisce un uso strumentale, politicamente connotato, volto a emarginare, in ultima analisi, tanto da far pensare all'impiego del latino — il *latinorum* — come mezzo di egemonia socio-culturale di cui parla Manzoni[2]. Per Zinelli lo scrittore dialettale (o meglio *post-dialettale*, considerata la crisi del dialetto come strumento normale e diffuso di comunicazione) non si troverebbe "in posizione di antagonista (...) nei confronti del suo omologo italiano, ma su un piano almeno teoricamente paritario, essendo la propria crisi contestualizzabile nei meccanismi di crisi in atto in tutte le aree della comunicazione" (Zinelli 802).

Ma c'è un altro aspetto da considerare. La devastazione degli ecosistemi e i conseguenti processi di assottigliamento della biodiversità vanno di pari passo con la scomparsa di intere lingue in tutto il pianeta[3]. Forse la più grande tragedia della contemporaneità va rintracciata nella perdita di contatto diretto con la natura. Viviamo in una società in cui tutto sembra essere *post*: dal post-industriale al post-umano, perfino alla post-verità. L'aver trattato la natura come qualcosa di *dis*pensabile, di cui tutto sommato fare a meno, salvo estrarne il massimo profitto economico, in una visione di inaudita miopia etico-politica, spalanca scenari inquietanti dalle conseguenze mortifere. Il dialetto in questo senso, come afferma Zinelli (803), "ci fornisce un indice di rappresentazione della rottura dell'equilibrio ecologico". E poiché il dialetto è primariamente e fondamentalmente oralità, non deve sorprendere il suo posizionamento privilegiato nell'ambito della poesia piut-

---

[2] Celebre il seguente brano, tratto dal secondo capitolo del capolavoro manzoniano: "'Error, conditio, votum, cognatio, crimen, / Cultus disparitas, vis, ordo, ligamen, honestas,/ Si sis affinis…' cominciava don Abbondio, contando sulla punta delle dita. 'Si piglia gioco di me?' interruppe il giovine. 'Che vuol ch'io faccia del suo *latinorum*?'" (Manzoni 1967: 34).

[3] Le relazioni tra biodiversità e diversità delle lingue, nonché la loro drammatica riduzione, sono state studiate, tra gli altri, da Daniel Nettle e Suzanne Romaine (2002).

tosto che della prosa da una parte, della narratività, dei racconti, delle favole per adulti e per l'infanzia dall'altra.

In linea con le posizioni dell'amato Ignazio Buttitta, De Vita sembra ammonirci suggerendo, tra le righe, che privare un popolo della propria lingua, in cui si identifica e che ne custodisce la cultura stratificata nel tempo, è come privarlo della libertà, annientarne le radici e la specificità. Per Pasolini, citato da Zinelli (799), i dialetti avrebbero "la funzione quasi fisica di dare corpo a strati di realtà che altrimenti resterebbero inconoscibili". L'operazione 'archeologica' di De Vita si traduce, a mio avviso, in un dialogo umile ma attentissimo con una modalità di declinare linguisticamente storie, vicende, memorie, persone e luoghi. Si tratta, se si vuole, di un atto ermeneutico, nel senso che Gadamer (1986) attribuisce a questo termine. L'*orizzonte* del poeta e l'*orizzonte* delle storie, dei miti e della cultura che egli vuole indagare e far rivivere si fondono in un'armonica comprensione. La refertazione, apparentemente distaccata, del mondo della sua contrada permette al poeta di restituire, attraverso le parole, le cose in una società globalizzata che fagocita e distrugge rapidamente, più che trasformare. Attraverso lo speciale idioma di Cutusio il poeta compie, a ben vedere, un'operazione gnoseologica, conoscitiva, *non* antiquaria. In questo senso ha ragione Ferlita quando parla di De Vita come di uno sperimentatore, come testé accennato. Ma non si può neppure disconoscere che De Vita, in quanto poeta che impiega una sua lingua dai forti addentellati comunitari e *micro*geografici, concorre a quello che Zinelli (802) individua come una "ridefinizione del dialetto in termini di resistenza culturale alla massificazione e alla globalizzazione".

Quella sorta di nominalismo che connota la poesia di De Vita, cioè la volontà di evocare come magicamente le cose dalle parole che le designano, è adombrata nel titolo stesso della raccolta *Nnòmura* (Nomi) del 2005. I *nnòmura* non sono soltanto i nomi che portano persone della famiglia dello scrittore, o quelli delle contrade conosciute ma anche quelli di ogni oggetto, animale, pianta che costituiscono questo microcosmo. Sembra dirci il poeta: se non chiamiamo ogni cosa, anche la più dimessa, col suo nome preciso, come possiamo pretendere di cogliere il mondo intorno a noi nella sua pienezza, nella sua essenza? È l'attenzione umile, paziente, verso ogni essere vivente e ogni cosa che ci insegna a essere saggi, veramente aperti all'altro, al mondo di cui siamo costituiti — materia e spirito —, consapevoli del nostro destino e di quello delle generazioni che ci seguirannno. Vien fatto di pensare ancora una volta all'umanesimo moderno di Heaney, e in particolare alla raccolta *Human Chain* (2010). Non è poi tanto remoto il mondo del Virgilio delle *Georgiche* o de *Le opere e i giorni* di Esiodo. La 'classicità' di De Vita non si evidenzia solo nella purezza del suo idioma poetico ma anche nell'ostensione o, se si preferisce, nella teatralizzazione di quello che è stato definito "un grande repertorio antropologico della civiltà mediterranea" (Benfante 2020a: 7).

Analogamente, la vocazione alla narrazione di persone, vicende e miti domestici o locali è già presente nel titolo *Cùntura* (Racconti), la silloge del 2003. I personaggi che emergono dalla vasta galleria che il poeta ci presenta è gente perlopiù di modeste origini, semplice, povera, spesso avanti con l'età, prossima alla fine. Raccontano storie di tragedie familiari, cattiva sorte, attaccamento morboso alla *roba*, sovente di astio bilioso. In *Omini*, la raccolta del 2011, spiccano tuttavia personaggi famosi legati alla sfera della letteratura, dell'arte, della cultura in genere. Sono testi che rievocano incontri o rapidi ritratti di uomini e donne come Leonardo Sciascia, Vincenzo Consolo, Ignazio Buttitta, Gesualdo Bufalino, Angelo Fiore, Enzo Sellerio, Natale Tedesco, Maria Attanasio, Piero Guccione, Alessio Di Giovanni. Figure certamente legate a doppio filo con la Sicilia e con il Mediterraneo ma sicuramente proiettati in una dimensione che trascende i confini regionali.

Omini è anche l'opera che forse più delle altre manifesta l'amore di De Vita per l'esplorazione dei piccoli centri della sua Sicilia, paesi dove cercare le tracce di scrittori e artisti, — è il caso, per esempio, della Cianciana di Alessio Di Giovanni — ma anche intrattenersi con gente del posto, gente semplice. Fatto che ricorda tanto l'abitudine di Seamus Heaney di fermarsi a chiacchierare con contadini e pescatori della sua Irlanda. Una sezione della silloge porta, infatti, il titolo "Paisi". Si deve a Franco Arminio la nascita del termine *paesologia*, da cui *paesologo* e derivati. Per lui "[i]l paesologo si occupa di una realtà in estinzione, ma questo processo di estinzione ha molte forme, per cui il paesologo in realtà studia le diverse forme che vanno prendendo i paesi: essi sono come i fiocchi di neve, non ce ne sono due uguali" (Arminio 2003: 13). Come avviene con De Vita, Arminio registra il rischio in atto di espungere, a opera dell'uomo di oggi, gran parte della realtà a causa di una scarsa attenzione, fatta — ancora una volta — di ascolto e frequentazione, di quanto appare secondario o dimesso ma che è invece indice di una sintonia con il mondo della natura e di una dimensione antropologica più profonda. È per questo che Arminio può affermare — ma potrebbero anche essere parole di De Vita, a mio parere:

> A me colpisce molto che tante persone non sappiano più distinguere da che parte viene il vento. Mi colpisce vedere come si innamorano o si annoiano dei loro discorsi, ma non trovano il tempo per gettare uno sguardo al gatto che si è infilato nel buco della porta o al vecchio che ti guarda con un sentimento indecifrabile. Queste sono occasioni del nostro stare al mondo…. (*ibid.*)

Come quasi tutti i poeti contemporanei italiani che usano il dialetto (e sono tanti, si pensi al citato Albino Pierro, a Franca Grisoni, Emilio Rentocchini, Luciano Cecchinel, Giovanni Nadiani, Gian Mario Villalta), anche De Vita pone a fianco dei testi in vernacolo un'autotraduzione in italiano. Come osserva Zinelli (810), "[l]'autotraduzione mette a nudo la circolarità riflessa dell'intenzione autoriale. L'identità del testo a se stesso (...)". Ma queste autotraduzioni, aggiungo io, hanno assolutamente bisogno del testo di partenza, almeno per il lettore italofono, in quanto esplicitano apertamente il significato di termini spesso desueti ai più, persino ai dialettofoni siciliani che non sempre hanno familiarità con taluni vocaboli strettamente legati al contesto locale di Cutusio o delle aree limitrofe. Ciò è necessario poiché l'originalità, la *raison d'être*, di questa poesia in vernacolo espone a un grado estremo lo scarto davvero minimo tra parole e cose, "essendo già le cose nella lingua", per dirla ancora con Zinelli (*ibid*).

CONCLUSIONE

Da quanto ho tentato di dimostrare sin qui dovrebbe essere evidente il significato dell'operazione letteraria, e culturale *lato sensu*, di De Vita. Ciò che sembra emergere è l'urgenza di ridare dignità di circolazione, attraverso la scrittura, a uno strumento espressivo — il vernacolo — e a un mondo — il microcosmo di una piccola porzione di terra siciliana. Si tratta, a ben vedere, di un atto sostanzialmente etico-politico di resistenza all'entropia di modalità espressive specifiche a un ambiente microgeografico a fronte della massificazione e della devastazione degli ecosistemi. Forse coniugare il locale con il globale è oggi paradossalmente agevolato dall'espansione esponenziale della comunicazione virtuale, per cui è possibile continuare a vivere e operare in piccoli centri della provincia italiana e al contempo non sentirsi per nulla lontani dal mondo più ampio. In tal modo acquista ancora più senso, probabilmente, il recupero di una partecipazione intimamente vissuta all'interno di piccole comunità periferiche, con i loro gesti condivisi, memorie collettive, riti e tradizioni, dove rapporti interpersonali più profondi e una modalità più 'lenta' di vivere possiedono virtù e vantaggi che sembravano destinati a scomparire. Esempi di questo ritorno ai piccoli centri e di queste modalità di vita sembrano, sia pur timidamente, attirare l'attenzione generale.

OPERE CITATE

Alfano, Giancarlo et al. (a cura di) *Parola Plurale: Sessantaquattro poeti fra due secoli.* Roma: Sossella, 2005.

Arminio, Franco. *Introduzione alla paesologia.* Id. *Viaggio nel cratere.* Milano: Sironi, 2003.

Benfante, Marcello, Marco Marino. (a cura di) *Vita di un Naturalista.* Palermo: Glifo, 2020.

Benfante, Marcello (a). "Un'Opera-Mondo". Marcello Benfante e Marco Marino. (a cura di) *Vita di un Naturalista.* Palermo: Glifo, 2020.

Benfante, Marcello (b), "La Lingua Salvata". Marcello Benfante e Marco Marino. (a cura di) *Vita di un Naturalista.* Palermo: Glifo, 2020.

Bonina, Gianni. "Il dialetto prima e dopo Camilleri". 29 ottobre 2014. *Reset* (https://www.reset.it/blog/il-dialetto-prima-e-dopo-camilleri). Ultimo accesso 26 novembre 2020.

Consolo, Vincenzo. *L'olivo e l'olivastro.* Milano: Mondadori, 1994.

De Vita, Nino. *Cutusìu.* Messina: Mesogea, 2001.

De Vita, Nino. *Cùntura.* Messina: Mesogea, 2003.

De Vita, Nino. *Nnòmura.* Messina: Mesogea, 2005

De Vita, Nino. *Fosse Chiti.* Messina: Mesogea, 2007.

De Vita, Nino. *Òmini.* Messina: Mesogea, 2011.

De Vita, Nino. *Sulità.* Messina: Mesogea, 2017.

De Vita, Nino. *Tiatru.* Messina: Mesogea, 2018.

De Vita, Nino. *Il bianco della luna. Antologia personale (1984-2019).* Firenze: Le Lettere, 2020.

Ferlita, Salvatore, Marco Marino. (a cura di) "L'autore di profilo". Marcello Benfante, Marco Marino, eds. *Vita di un Naturalista.* Palermo: Glifo, 2020.

Gadamer, Hans-Georg. *Wahrheit und Methode. Grundzüge einer philosophischen Hermeneutik*, Tübingen: J. C. B. Mohr (Paul Siebeck), 1986; trad. it. *Verità e metodo* (a cura di G. Vattimo). Milano: Bompiani, 1983-2001.

Heaney, Seamus. *Death of a Naturalist*. London: Faber and Faber, 1966; trad. it., *Morte di un naturalista*. (a cura di M. Sonzogni). Milano: Mondadori, 2014.

Heaney, Seamus. *Human Chain*. London: Faber and Faber, 2010; trad. it. *Catena umana* (a cura di L. Guerneri). Milano: Mondadori, 2011.

Manganelli, Massimiliano, "Nino De Vita". Alfano, Giancarlo et al (a cura di) *Parola Plurale: Sessantaquattro poeti fra due Secoli*. Roma: Sossella, 2005.

Manzoni, Alessandro. *I promessi sposi*. Firenze: La Nuova Italia, 1967.

Montale, Eugenio. *Tutte le poesie*. Milano: Mondadori, 1990.

Nettle, Daniel, Suzanne Romaine. *Vanishing Voices: The Extinction of the World's Languages*. Oxford: Oxford University Press, 2002 (rev. ed).

Pasolini, Pier Paolo, "Introduzione". Mario Dell'Arco, Pier Paolo Pasolini. *Poesia dialettale del Novecento*. Torino: Einaudi, 1995.

Emanuele Trevi, "Le 'lisine' di Nino De Vita": Prefazione a Nino De Vita. *Il bianco della luna. Antologia personale (1984-2019)*. Firenze: Le Lettere, 2020.

Zinelli, Fabio, "Dialetto e post-dialetto". Alfano, Giancarlo et al. (a cura di) *Parola Plurale: Sessantaquattro poeti fra due secoli*. Roma: Sossella, 2005.

MEDITERRANEO *SICULO-ELLENICO*
Alcune persistenze lessicali greche nel dialetto siciliano

Maria Làudani
LICEO CLASSICO MARIO RAPISARDI DI PATERNÒ

Questo mio è un breve lavoro di carattere lessicografico, rivolto a sottolineare la significativa presenza di termini di origine greca nel Siciliano; tale disamina rappresenta una prima ricognizione che va ampliata ed approfondita.

Il punto di partenza è la constatazione che il "Siciliano", seppur considerato un "dialetto", in realtà è una Lingua, infatti è classificato quale "dialetto romanzo primario"[1], come l'Italiano: entrambi derivano direttamente dal Latino e le strutture, la complessità, l'autonomia del Siciliano ne delineano il tratto di Lingua a sé stante.

Poi la vicenda storica ha separato i percorsi, per cui il Siciliano è rimasto relegato ad un ambito regionale che include tutta l'Isola, nonché aree del Sud Italia nelle quali le specificità locali si sono sviluppate e radicate partendo da questa base unitaria[2].

Quindi l'isoglossa del dialetto siciliano è estesa a tutta la Sicilia, alla Calabria meridionale ed orientale, ad aree della Puglia[3].

Inoltre, sull'Isola, sono presenti alcune alloglossie interne costituite da parlate "Gallo-italiche" in varie aree tra Messina, Enna, Siracusa, altre "Arbëreshë" presso Piana degli Albanesi, in provincia di Palermo, in fine "Greche" in provincia di Messina[4].

---

[1] Caracè C., *Parlarsiciliano*, Stab. Poligrafico Fiorentino, Firenze, 1980, p. 73. Ed anche: Ruffino G., *Profili linguistici delle regioni - Sicilia* (a cura di Sobrero A. Alberto), Editori Laterza, Firenze, 2001, p. 3; Camilleri S., *Grammatica Siciliana*, Boemi, Catania, 2002. G. Pagano, *Il dialetto siciliano: alcune questioni teoriche,* Appunti di Linguistica generale – A.A. 2013/2014 – Università di Catania. Inoltre "Enciclopedia Treccani" all'indirizzo web: http://www.treccani.it/vocabolario/lingua/ (31 Agosto 2014). All'indirizzo web: http://www.treccani.it/vocabolario/tag/dialetto/ (31 Agosto 2014).
[2] Piccitto G., *La classificazione delle parlate siciliane e la metafonesi in Sicilia* in «Archivio Storico della Sicilia Orientale», Serie IV, 3 (1950), pp. 5-34. Una copia si trova online sul sito:.tiscali.it/lpweb/rel_ dittongazione_sic.pdf (17 Agosto 2014).
[3] G. Bonfante, *Bollettino del Centro di Studi Filologici e Linguistici Siciliani*, vol. III, 1955, p. 220; G.B. Pellegrini, *Carta dei dialetti italiani, Pisa 1977*.
[4] Cfr. *Archivio Delle Parlate Siciliane,* diretto da Vito Matranga, Centro di Studi Filologici e Linguistici Siciliani Dipartimento di Scienze Filologiche e Linguistiche Università degli Studi di Palermo, Bollettino 1, Palermo 2011.

epifania (vedere carta)	*battisimu* (di origine bizantina)	*tufania* (grecismo di tramite latino): palermitano orientale (in compresenza con *vécchia*), messinese e catanese occidentale e meridionale, nisseno-ennese; *tri rré* (iberismo) trapanese, palermitano occidentale, agrigentino, siracusano settentrionale; *strina* (gallicismo) siracusano meridionale e buona parte del ragusano

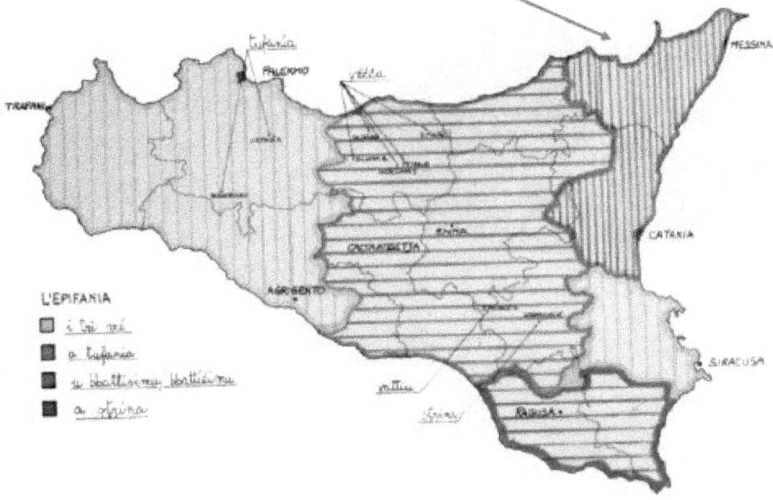

Cartina rielaborata da: Roberto Sottile, *Il lessico dialettale Prospettiva geolinguistica e prospettiva storico-etimologica*, https://www.csfls.it/res/wp-content/uploads/2019/09/Sottile_Il-lessico-dialettale.pdf

Oltre a tali vere e proprie *enclaves*, la Lingua siciliana è piuttosto variegata, a causa delle alterne vicende, nel suo lungo e travagliato percorso storico.

La presenza linguistica cui, come dicevo, desidero porre l'accento è quella greca, che è rilevantissima sul piano lessicale: gli studiosi che si sono dedicati alla stesura di un Dizionario siciliano[5] hanno, ad oggi, rilevato notevole quantità di termini derivati dal Greco classico e medievale.

Così, ad esempio, il Giarrizzo[6] nel "Dizionario etimologico siciliano", ha evidenziato attraverso una ricognizione effettuata su 5000 vocaboli, come le parole di origine greca statisticamente costituiscano circa il 15% e siano seconde solo a quelle di etimo latino, che detengono il primato:

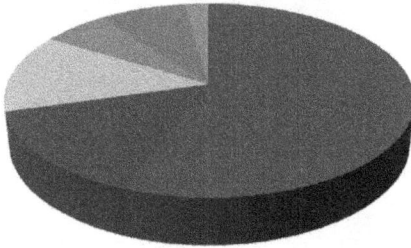

Analisi etimologica di 5.000 termini tratti dal *Dizionario etimologico siciliano* di S. Giarrizzo:

lingua	latina	2.792	(55,84%)
lingua	greca	733	(14,66%)
lingua	spagnola	664	(13,28%)
lingua	francese	318	(6,36%)
lingua	araba	303	(6,06%)
lingua	catalana	107	(2,14%)

lingua provenzale 83 (1,66%)

Questa indagine, evidentemente, risulta alquanto impegnativa, se rivolta alla lingua parlata perché è facile cadere nelle trappole delle paretimologie, visto che il patrimonio preso in considerazione proviene, per lo più, dalla raccolta orale, all'interno di una notevole variabilità fonetica.

---

[5] A cominciare dal *Vocabolario Siciliano* fondato da Giorgio Piccitto, co-diretto da Giovanni Tropea, diretto da Salvatore C. Trovato, Catania-Palermo 1977-2002, all'importante opera di G. Rohlfs, *Supplemento ai Vocabolari Siciliani*, München 1977, a Girolamo Caracausi, *Lessico greco della Sicilia e dell'Italia meridionale*, (secoli X-XIV), Lessici siciliani, 6 1990, XXXIV–635, Centro Studi filologici e Linguistici siciliani, 1990; Id. *Dizionario Onomastico della Sicilia*, Vol I, e Vol. II, Centro Studi filologici e Linguistici siciliani, 1993; Studio onnicomprensivo ed attualmente in fieri, *L'Atlante Linguistico della Sicilia*, (a cura del) Centro Studi Filologici e Linguistici Siciliani (CLFS), Palermo.

[6] S. Giarrizzo, *Dizionario etimologico siciliano*, Ed. Herbita, Palermo1989.

Spesso, come vedremo, i termini del lessico comune derivano dalla fusione di più parole in un unico lemma o, viceversa, dalla geminazione ed interpretazione semantica di un vocabolo originario; talvolta il significato viene addirittura capovolto con un meccanismo di enantiosemia; frequenti le metatesi che invertono le sillabe originarie della parola greca; consueto pure il rotacismo, tanto per citare i meccanismi più diffusi nel percorso secolare, che hanno condotto alla lingua attuale.

Per comprendere la permanenza dei termini greci nel Siciliano è bene ricordare che il Greco in Sicilia ha rivestito una duplice funzione:

1- Lingua parlata che ha avuto un'estensione diacronica millenaria sino a giungere ai nostri giorni attraverso la vasta quantità di voci ancora presenti e vive (almeno fin quando esisterà il Siciliano parlato);

2- contemporaneamente è stato adoperato come Lingua letteraria, dal periodo della colonizzazione Greca di età arcaica con filosofi come Empedocle di Agrigento, con il fiorire della Sofistica di Gorgia, Tisia, Corace, sino a giungere agli scienziati e poeti dell'Ellenismo come Archimede o Teocrito, o agli storiografi come Timeo di Tauromenio, o teorici della Letteratura come Cecilio di Calacte, presunto autore del saggio sul "Sublime", e molti altri ancora.

Nemmeno la conquista romana ha annullato l'uso del Greco letterario e parlato che, anzi, ha attraversato tutto il periodo dei regni romano-barbarici per riaffermarsi in età bizantina.

Sin dai primi secoli del Cristianesimo la Sicilia e l'Italia meridionale ospitarono numerosi monasteri basiliani[7], centri di straordinaria cultura, che fiorirono enormemente nel periodo Normanno-Svevo come nel caso del Monastero del Santissimo Salvatore in Lingua Fari di Messina, o quelli vicini

---

[7] Amplia bibliografia in merito troviamo in A. Pertusi, *Aspetti organizzativi e culturali dell'ambiente monacale greco dell'Italia meridionale*, in «Scritti sulla Calabria greca medievale», Soveria Mannelli 1994, p. 145, nota 27 da cui in particolare ricordiamo: M. Scaduto, *Il monachesimo basiliano nella Sicilia medievale. Rinascita e decadenza, sec.XI –XIV*, Roma 1947, pp. VII-XVII. G. Mercati, *L'eucologio di S .Maria del Patir*, in *Opere minori*, IV, Città del Vaticano 1937, pp. 469-486; A. Fortescue, *The uniate Eastern Churches. The byzantine rite in Italy , Sicily, Syria and Egypt,* London 1923; nei quali si dimostra appunto la particolarità del rito greco dell'It. mer. che aderisce a quello greco-orientale.

e in stretta relazione con gli ambienti siciliani, di Santa Maria del Patir di Rossano[8], o quello di San Nicola di Casole in Puglia.

In questi ambiti, negli *Scriptoria*, oltre a trascrivere e commentare in dotti scolii le opere religiose e laiche precedenti, fiorì un'ampia produzione di testi religiosi, liturgici, come l'innografia, l'agiografia, l'omeletica[9].

La corte Normanno-sveva fu centro anche di cultura laica, vediamo l'esempio di Giovanni e Nilo Doxopatri, o Filagato di Cerami[10] cui dobbiamo la splendida ekfrasis della Cappella Palatina di Palermo, in occasione dell'inaugurazione avvenuta il 28 Aprile 1143.

Ed ancora Enrico Aristippo, Eugenio di Palermo, ed i Poeti di origine siciliana che gravitarono intorno al Circolo poetico Salentino, sino a giungere alle soglie dell'età moderna quando, con la conquista di Costantinopoli da parte degli Ottomani molti intellettuali greci migrarono nella vicina Italia e in Sicilia, un caso per tutti quello dell'Umanista Cardinale Basilio Bessarione[11] che rivestì la carica di Amministratore apostolico presso la Diocesi di Mazara del Vallo.

---

[8] S. Lucà, *IL Patir di Rossano e il S. Salvatore di Messina* , in *Byzantina Mediolanensia*, a cura di F. Conca, Soveria Mannelli, 1996.

[9] P. Canart, *Aspetti materiali e sociali della produzione libraria italo-greca tra Normanni e Svevi*, in *Libri e lettori nel mondo bizantino*, a cura di G. Cavallo,Bari 1990, pp. 105-153, con particolare riguardo nelle pp.117-124, e Tavv. I-II. E naturalmente anche A. Pertusi, *Aspetti organizzativi e culturali...* cit. ed ivi l'*Appendice*, Codici di opere profane in biblioteche conventuali basiliane anteriori al secolo XV, pp.174-182. M. Làudani, *Persistenze culturali greco-classiche e bizantine nell'Italia meridionale tra l'VIII ed il XIV sec.: il "pre-umanesimo degli italogreci"*, in Porphyra n.6 : "Bisanzio, narrazione di una civiltà colta", Anno 2005 Dicembre numero 6, pp. 85-97, ivi ampia bibliografia.

[10] G. Rossi-Taibbi, *Filagato da Cerami, Omelie per i vangeli domenicali e le feste di tutto l'anno* I *Omelie per le feste fisse* (Palermo 1969), pubblicò 35 sermoni;altre omelie sono state pubblicate da S. Caruso, "Le tre omelie inedite 'Per la Domenica delle Palme' di Filagato da Cerami," *EEBS* 41 (1974) 109–132; Eugenio Amato, *Procopio Di Gaza Modello Dell'"Ekphrasis" Di Filagato Da Cerami Sulla Cappella Palatina Di Palermo*, Byzantion , Vol. 82 (2012), pp. 1-16 (16 pages) Published By: Peeters Publishers, Bruxelles, 2012.

[11] L. Moliler, *Kardinal Bessarion als Theologe, Humanist und Staatsmann*, I, *Darstellung*, Paderborn 1923. S. Ronchey, *Bessarione poeta e l'ultima corte di Bisanzio*, in G. Fiaccadori (a cura di), *Bessarione e l'Umanesimo*, catalogo della mostra, pref. di G. Pugliese Carratelli, Napoli, Vivarium - Istituto Italiano per gli Studi Filosofici - Biblioteca Nazionale Marciana, 1994, pp. 47–65; Ead., *L'enigma di Piero. L'ultimo bizantino e la crociata fantasma nella rivelazione di un grande quadro*, Milano, Rizzoli, 2006; Ead. , *Volti di Bessarione*, in *Vie per Bisanzio. VII Congresso Nazionale dell'Associazione di Studi Bizantini, Venezia 25-28 novembre 2009*, a cura di A. Rigo, A. Babuin e M. Trizio, Edizioni di Pagina, Bari 2013, pp. 539–55, Giuseppe L. Coluccia Basilio Bessarione,Lo spirito greco e l'occidente, Accademia delle Arti del Disegno. Monografie, vol. 15, 2009, Olschki Edizitore, Firenze, 2009.

Altro intellettuale siciliano che fece da tramite alla trasmissione culturale dei testi greci antichi all'Occidente fu Giovanni Aurispa, del quale mi sono occupata in uno studio di qualche anno fa.[12]

Accanto al Siciliano, lingua viva e parlata sino ad oggi, vi fu, quindi, un Siciliano letterario.

Gli studiosi hanno posto grandissima attenzione ai due fenomeni paralleli, quelli correlati principalmente alla presenza in Puglia, Calabria, Sicilia di una Cultura alta di lingua greca, convivente con la lingua parlata; cito l'esempio del grande Agostino Pertusi[13] che ha studiato il fenomeno in Sicilia e, soprattutto, in Calabria. Di Pertusi tengo a ricordare anche il testo interessantissimo su Leonzio Pilato, *Leonzio Pilato tra Petrarca e Boccaccio[14]*, che fu primo docente universitario di Greco in Italia, presso lo *Studium* fiorentino, ed intessette rapporti con Petrarca e Boccaccio, per i quali tradusse varie opere classiche, dal Greco in Latino.

---

[12] M. Làudani, *"La ricerca dell'identità mediterranea agli albori dell'Umanesimo: Giovanni Aurispa – tra Oriente ed Occidente"*, In Fourth International Conference on Mediterranean Studiesthe Mediterranean as Lived and Dreamed by Insiders and Outsiders sponsored by mediterranean centre for intercultural studies Erice, Italymay 18-21, 2016, organized by Antonio C. Vitti Indiana Universit, 2016.
IVI: Giovanni Aurispa possediamo un numero piuttosto limitato di studi rispetto all'importanza del personaggio e alla mole di testi antichi che commerciò e che tradusse. Indispensabili riferimenti sono: R. Sabbadini: *Biografia documentata di Giovanni Aurispa*, Noto 1891, su cui vedasi la recensione di G. Salvo Cozzo e la risposta del Sabbadini, in *Giornale storiografico di Letteratura italiana*, XVIII (1891), pp. 303-12, e XIX (1892), pp. 357-66; *Un epigramma dell'A.*.ibid., XXVIII (1896), pp. 341 s.; *Un biennio umanistico (1425-1426) illustrato con nuovi documenti*, ibid., suppl. n. 6 (1903), pp. 74-119; *G. A. scopritore di testi antichi*, in *Historia*, I (1927), pp. 77-84; la voce nell'*Enciclopedia Italiana*, V, pp. 375 8.; per ciò che concerne l'attività dell'A. come scopritore di testi: R. Sabbadini, *Le scoperte dei codici latini e greci ne' secoli XIV e XV*, 2 voll., Firenze 1905 e 1914, *passim*; e *Storia e critica di testi latini*, Catania 1914, *passim*. Id. *Carteggio di Giovanni Aurispa* (a cura di Remigio Sabbadini), «Istituto Storico Italiano», *Fonti per la Storia d'Italia*, Roma, 1931. Si vedano inoltre: G. A. Cesareo, *Un bibliofilo dei Quattrocento*, in *Natura e arte*, I (1892), pp. 958-964; R. Cessi, *La contesa fra Giorgio da Trebisonda, Poggio Bracciolini e G. A. durante il pontificato di Niccolò V*, in *Arch. stor. per la Sicilia orientale*, IX (1912), pp. 211-32; F. Ferri, *Un epigramma di G. A. a Francesco Ferretti*, in *Athenaeum*, III (1915), pp. 148-51; C. Sgroi, *Anecdota Netina. Giovanni Aurispa bibliofilo e umanista in uno scritto inedito di M. Raeli*, Catania 1932; W. L. Grant, *On Giovanni Aurispa's name*, in *Philological Quarterly*, XXXII (1953), pp. 219.
[13] A. Pertusi, *La scoperta di Euripide nel primo Umanesimo*, in «Italia Medievale e Umanistica», III, 1960; Id., *Leonzio Pilato a Creta prima del 1358-59. Scuole e cultura a Creta durante il secolo XIV*, in «Κρητικὰ Χρονικὰ», 15-16, 1961-62, II. Id. *Le fonti greche del «De gestis moribus et nobilitate civitatis Venetiarum» di Lorenzo de Monacis cancelliere di Creta (1388-1428)*, in «Italia Medievale e Umanistica», VII, 1965. Id, *Leonzio Pilato e la tradizione di cultura itala-greca*, in *Byzantino -sicula*, Palermo 1966. Id., *Il ritorno alle fonti del teatro greco classico: Euripide nell'Umanesimo e nel Rinascimento*, Firenze 1966.; Id. *Leonzio Pilato*, in «Scritti sulla Calabria greca medievale», cit., pp.243-253; Id., *Leonzio Pilato. I rapporti dell'Umanesimo con la cultura bizantina nel '300 e nel primo '400*, in «Scritti sulla Calabria greca medievale», cit., pp. 257-264.
[14] A. Pertusi, *Leonzio Pilato tra Petrarca e Boccaccio*, Venezia-Roma 1964.

Altri studiosi che bisogna ricordare sono Guglielmo Cavallo[15], Marcello Gigante[16], Bruno Lavagnini[17]. Ho consultato anche i lavori di Giuseppe Pitrè[18], i quali hanno coperto un raggio d'intessi che va dall'antropologia, alla paremiologia, al vocabolario.

Relativamente alla ricerca lessicale abbiamo degli strumenti utilissimi[19] come lo straordinario *Lessico greco della Sicilia e dell'Italia meridionale* di Girolamo Caracausi, del medesimo anche il *Dizionario Onomastico Siciliano*, il *Vocabolario Siciliano* di Giorgio Piccitto al quale ha lavorato anche mia mamma con una Tesi in Glottologia cui ho attinto; poi il *Supplemento ai Vocabolari siciliani* di Gerhard Rohlfs, ed ancora opere in fieri come l'Atlante Linguistico della Sicilia, il Dizionario di Onomastica Siciliana, vari studi di toponomastica, come quello dell'Alessio[20] relativo alla toponomastica di origine greca, ed altri ancora[21].

Non mi attardo oltre, ribadisco che in questa sede prescinderò dagli aspetti metacognitivi, mi limiterò ad una breve ricognizione lessicale di termini di origine ellenica ancora presenti nella lingua parlata, rispondendo ad un interesse di tipo etimologico.

A questo punto proporrò un breve saggio lessicale che comprende vocaboli già presenti negli studi sopra citati, ma anche alcuni inediti, frutto della mia personale ricerca e analisi.

Mi è parso utile suddividerli per categorie morfologiche e semantiche, in base all'ambito d'uso. Ho anche recuperato alcuni proverbi nei quali ri-

---

[15] G. Cavallo, *Libri greci e resistenza etnica in Terra d'Otranto*, p.171 in *Libri e lettori nel mondo bizantino*, a cura di G. Cavallo, Bari 1990.

[16] M. Gigante, *Poeti bizantini di Terra d'Otranto nel secolo XIII*, Napoli 1979. Id. , *La civiltà letteraria*, AA.VV. *I Bizantini in Italia*, 1986. Id., *Eugenii Panormitani versus jambici*, Palermo 1964 («Istituto siciliano di Studi bizantini e neoellenici. Testi», 10).

[17] B. Lavagnini, *Siracusa occupata dagli Arabi e l'epistola del monaco Teodosio*, in «Byzantion», 23-30 1959-1960. Id., *Filippo-Filagato e il romanzo di Eliodoro*,«Επετηρὶς Ἑταιρείας Βυζαντινων Σπουδων», XXXIX-XL, 1972-1973. Id. , *Filippo-Filagato promotore degli studi di greco in Calabria*, «Bollettino della badia di Grottaferrata», n.s. XXVIII, 1974.

[18] G. Pitrè, *Proverbi siciliani, confrontati con quelli degli altri dialetti d'Italia*, 4 voll., Palermo, L. Pedone-Lauriel, 1880. Id., *Grammatica siciliana*, introduzione di Alberto Varvaro, Palermo, Sellerio Editore, 1979.

[19] VEDASI NOTA 5.

[20] Alessio, G., «L'elemento greco nella toponomastica della Sicilia», in *Bollettino storico catanese*, 11-12, pp. 16-63, 1946. Id. «Concordances toponymiques sicano-ligures», in *Onomastica*, 2, pp. 183-206. Id., 1953, 1955, 1956. «L'elemento greco nella toponomastica della Sicilia», in *Bollettino del Centro di studi filologici e linguistici siciliani*, 1, pp. 65-106 / 3, pp. 223-261 / 4, pp. 310-356, 1948. Id.,*Fortune della grecità in Sicilia. I Il sostrato*, Palermo, Flaccovio1970.

[21] Sulla toponomastica siciliana vedasi amplia bibliografia in A. Castiglione, *Per una nuova toponomastica siciliana*, in "Bollettino, Centro studi Filologici e Linguistici siciliani", 25, Palermo 2014.

corrono uno o più vocaboli di origine greca. In questa sede ne esaminerò, solamente alcuni.

LESSICO:

1 - *Nomi comuni*

Oggetti:

- **gnuni** 'angolo, 'nascondiglio' (Piccitto), cfr. i toponimi *Agnone;* γωνία, - ας, ἡ

- **bummulu** ' recipiente', βομβύλη, - ης, ἡ

- **cantaru** ' vaso' da cui cantaranu = armadio ove riporre le stoviglie, κάνθαρος, - ου, ὁ, che vuol dire sia scarafaggio, che coppa a due manici

- **catu** *'secchio in metallo'* κάτος, - ου, ὁ

- **cumacca** 'comitiva' dal verbo κωμάζω= far baldoria quindi 'a cumacca è "un'allegra comitiva"

- **carusu** 'giovine' κοῦρος, - ου, ὁ, con apofonia vocalica

- **cafolu** 'grande quantità' dall'avverbio καθόλου = completamente, in assoluto

- **crivu** 'grande setaccio', atto a separare la farina dalle scorie, deriva dal verbo κρίνω = separo, giudico, che, però, nel Greco medievale e moderno muta la nasale in labiale: κρίβω

- **mitrateu,** 'colpo di sole' da Μίτρα, divinità orientale che rappresentava appunto il sole + θεός, -οὐ = dio

- **naca** 'culla', νάκη, - ης, ἡ, (Traina, sic. comune) f. culla per bambini. Voce comune alla Calabria, Lucania, Salento, arrivando fino a Pesto ed alla provincia di Foggia. Appartiene all'antico sostrato della Magna Grecia : gr. ant. νàκv = 'vello di pecora'. Con tale nome fu chiamato un tipo di culla sospesa, fino a 70 anni fa usato ancora in Calabria e in Sicilia. Nella sua forma primitiva non era altro che una pelle pecorina intelaiata in una cornice rettangolare, mentre in tempi più recenti la pelle è stata sostituita da un panno; v. la figura riprodotta in Revue de ling. rom. IX, 1934, p. 257 ed ib. fig. 25. - Questo tipo di culla (chiamato vàxa) appartiene ancora oggi al Peloponneso (Arcadia, Laconia); v. LGr 346. "Cascau da naca" = indica una persona sciocca, rimasta gravemente traumatizzata dalla caduta dalla naca, da neonato. Un nome astratto molto interessante anche per la "reinterpretazione" del termine che il Siciliano compie è

- **parracia** 'parlantina, logorrea', παρρησία, -ας, ἡ; = la libertà di parola nella democratica Atene
- **pisolu** 'soglia', diminutivo dell'aggettivo πεζός, - ἡ, -όν = che va per terra " sittarisi supra u pisolu"= sedersi per terra, sulla soglia.
- **trivu/trivulu** 'colui che si lamenta' da θρηνέω = lamentarsi

2- *Zoonimi*:
- **arpa** 'grande uccello di rapina' , dal verbo greco ἁρπάζω 'lumaca'
- **'ammaru** 'gambero' κάμμαρος, - ου, ὁ
- **babbaluci** 'βούβαλάιον, - ου, τό
- **caccarazza** ' gazza' , dal Greco medievale e moderno καρακάξα
- **taddarita** 'pipistrello' gr. ant. νυκτέρις, - ιδος, ἡ
- **zazzamita** 'geco' σαμαμίθιον, - ου, τό

3-*Fitonimi*:
- **agumaru** 'corbezzolo' κόμαρος, - ου, ὁ
- **appiu** 'pero' ἄπιον, - ου, τό
- **basilicò** 'basilico' βασιλκὸς, - ἡ, -όν = regale
- **ciparu** 'graminacea' κύπειρος, - ου, ὁ
- **laganu** 'erbaggio' λάχανον, - ου, τό
- **millucuccu** 'bagolaro', μελίκοκκος , - ου, ὁ
- **taddi** 'germoglio', dal verbo θάλλω = fiorisco, e dal sostantivo θαλλός = germoglio

4- *Gatronomia*:
- **ciciliu** 'uovo in pasta sfoglia, cotto al forno a pietra, tipico della festa di Pasqua', dall'agg. κυκλικός, -ή, - όν = circolare
- **cuddura** ' pagnotta' κολύρα, - ας, ἡ = pagnotta
- **mustazzolu** ' mostaccioli' da μάζα, - ης, ἡ = focaccia

5- *Cognomi*:
- **Andronico** Uomo vittorioso, ἀνήρ, ἀνδρός + νικητής
- **Atanasio/Attanasio** da ἀθάνατος = immortale
- **Calò/Caliò** καλός = bello
- **Caruso** da κοῦρος = *ragazzo*
- **Chirieleison** da Κύριε ἐλέησον, = Signore pietà
- **Crisafi** χρύσεος = aureo
- **Laganà** λάχανον, - ου, τό = verdura
- **Manuli** dal Greco moderno μανύλη è l'ipocoristico di "mamma", quindi letteralmente "mammina".

La Toponomastica siciliana di origine greca è amplissima, quindi non mi soffermerò ad esaminarla dettagliatamente, basti dire che i nomi delle città più importanti sono tutti greci:

Catania, Eolie/Lipari, Egadi, Etna, Messina, Gela, Palermo, Siracusa, Taormina, Trapani, etc.

È stata ampiamente sondata dall'Alessio[22] ed è oggetto attualmente di studi da parte di Castiglione e Burgio[23], che stanno stilando pure un Catalogo dei soprannomi ('ngiurii).

Anche l'agiografia è un ambito interessantissimo e da approfondire visto che molti Santi siciliani sono di origine greca, come attesta anche la frequenza di nomi propri come Agata, patrona di Catania, Barbara, Alfio, Filadelfo, Cirino (Patroni di Treccastagni), Sebastiano, patrono di vari comuni tra i quali Melilli e venerato anche ad Acireale; Sant'Euplio a Catania, San Teodoro, in vari comuni che ne portano anche il nome. Non ci soffermiamo oltre in questa sede.

VERBI:

ariari 'somigliare', da ὁράω = vedo

bummuliari 'lamentarsi sordamente', da βομβέω = produco ronzio

cattari 'comperare' da κτάομαι = comperare

nichiarisi/nichei 'dispiacersi', da νεικέω = rimproverare, fare dispetti

ntamari ' restare incantati, bloccati' essere 'ntamati' = essere particolarmente lenti, da θαμβέω = restare attoniti

tuppuliari 'bussare', da τύπτω = colpisco, busso

AGGETTIVI:

allippatu/ lappusu/ lippusu, dall'aggettivo verbale del verbo ἅπτω = tocco, al passivo, mi attacco

caiordu ' sudicio' da χούδος, -η, -ο = sudicio

---

[22] G. Alessio, «L'elemento greco nella toponomastica della Sicilia», cit.

[23] A. Castiglione, Angela, *Per una nuova toponomastica siciliana*,cit., Ead. *L'immagine dei Siciliani, nei proverbi' Blasonatori' di Giuseppe Pitré*, estratto da Lares, Quadrimestrale di Studi Demoetnoantropologici 2017/1 ~ a. 83, Olschki, Firenze 2017. M. Burgio, *Soprannomi etnici proverbiali e aneddotici in Sicilia .Qualche esempio dal Corpus Dases*, in Bollettino Studi Filologici e linguistici siciliani, 24, Palermo, 2013.

chinu 'pieno' da κενός, - ἠ, -όν = vuoto, da cui "cenotafio" = tomba vuo-
ta, invece in Siciliano, con un evidente meccanismo di "enantiosemia", ha
acquisito il significato di "pieno"

fraccu 'esile' da βράχυς, - εια, -ύ = breve, piccolo, leggero

nicu 'piccolo' da μικρός, -ά, -όν

vastasu 'maleducato', dal verbo βαστάζω, cioè, con un percorso "resulta-
tivo"= scaricatore, quindi sboccato

LOCUZIONI:

a matula, 'in vano', da μάτην = in vano

macari, ' anche', oppure 'magari' da μακάριος, -α, -ον = felice

nzamai, 'non ti stupire', θαυμάζω = mi meraviglio

PAREMILOGIA:

"Trivulu di casa e chiavi di vanedda" = "Lagna a casa e gioia per la strada",
di persona che si dimostra intrattabile con i propri familiari e giocondo
con gli estranei.

"U trivu 'nsigna a chiagiri" = " Il dolore insegna a piangere", di situazione
grama che fa riflettere sule sventure umane.

"Pari 'nciciru 'nto crivu" = "Sembra un cece su di un grande setaccio", di
persona di piccole dimensioni che si trova, ad esempio, su di un mezzo di
locomozione enorme, oggi una grande auto, etc.

"I corna si upportuni i nichei no" = " Le corna si tollerano, gli sberleffi
no", non occorre spiegazione….

"Fa u spacca e lassa", = " fa un grande spreco dei propri averi", questo è
stranissimo poiché è una vera e propria "interpretazione" del verbo Greco
medievale e moderno σπαταλλάζω = sperperare.

Evidentemente quanto proposto vuole essere solo un primo spunto di riflessione che va ulteriormente approfondito ed arricchito secondo spazi e
tempi conformi alla complessità del tema. Incontrovertibile è l'impronta
della Lingua greca nel Siciliano, impronta secolare e significativa.

Dedico questo mio breve studio alla mia adorata mamma, Rosa Corallo,
fine glottologa e donna dolcissima.

OPERE CITATE

Alessio, Giovanni, «L'elemento greco nella toponomastica della Sicilia», in *Bollettino storico catanese*, 11-12, Catania 1946.

_____. «Concordances toponymiques sicano-ligures», in *Onomastica*, 2, Revue internationale d'onomastique Année 1948, pp. 183-206.

_____. «L'elemento greco nella toponomastica della Sicilia», in *Bollettino del Centro di studi filologici e linguistici siciliani*, 1, Palermo, 1948.

_____. *Fortune della grecità in Sicilia*. I *Il sostrato*, Flaccovio Ed. , Palermo 1970.

Amato, Eugenio, *Procopio Di Gaza Modello Dell'"Ekphrasis" Di Filagato Da Cerami Sulla Cappella Palatina Di Palermo*, Byzantion , Vol. 82 (2012), pp. 1-16, Published By: Peeters Publishers, Bruxelles, 2012.

Archivio Delle Parlate Siciliane, diretto da Vito Matranga, Centro di Studi Filologici e Linguistici Siciliani Dipartimento di Scienze Filologiche e Linguistiche Università degli Studi di Palermo, Bollettino 1, Palermo 2011.

Atlante Linguistico della Sicilia, (a cura del) Centro Studi Filologici e Linguistici Siciliani (CLFS), Palermo.

Bonfante, Giuliano, *Bollettino del Centro di Studi Filologici e Linguistici Siciliani*, vol. III, Palermo, 1955.

Burgio, Michele, *Soprannomi etnici proverbiali e aneddotici in Sicilia. Qualche esempio dal Corpus Dases,* in Bollettino Studi Filologici e linguistici siciliani, 24, Palermo, 2013.

Camilleri, Salvatore, *Grammatica Siciliana*, Boemi Ed., Catania, 2002.

Canart, Paul, *Aspetti materiali e sociali della produzione libraria italo-greca tra Normanni e Svevi*, in *Libri e lettori nel mondo bizantino*, a cura di G. Cavallo, Laterza, Bari 1990, pp. 105-153, con particolare riguardo nelle pp.117-124, e Tavv. I-II.

Caracausi, Girolamo *Lessico greco della Sicilia e dell'Italia meridionale*, (secoli X-XIV), Lessici siciliani, 6 1990, XXXIV–635, Centro Studi filologici e Linguistici siciliani, 1990;

_____. *Dizionario Onomastico della Sicilia, Vol I, e Vol. II*, Centro Studi filologici e Linguistici siciliani, 1993; Studio onnicomprensivo ed attualmente in fieri, *L'Atlante Linguistico della Sicilia*, (a cura del) Centro Studi Filologici e Linguistici Siciliani (CLFS), Palermo.

Caracè, Carmelo, *Parlarsiciliano*, Stab. Poligrafico Fiorentino, Firenze, 1980.

Caruso, Salvatore, *'Le tre omelie inedite 'Per la Domenica delle Palme' di Filagato da Cerami,'* Istituto Siciliano di Studi Bizantini e Neoellenici, Palermo, 1974.

Castiglione, Angela, *Per una nuova toponomastica siciliana*, in "Bollettino, Centro studi Filologici e Linguistici siciliani", 25, Palermo 2014.

_____. *L'immagine dei Siciliani, nei proverbi' Blasonatori' di Giuseppe Pitré*, estratto da Lares, Quadrimestrale di Studi Demoetnoantropologici, 2017/1 ~ a. 83, Olschki, Firenze 2017.

Cavallo, Guglielmo, *Libri greci e resistenza etnica in Terra d'Otranto*, p.171 in *Libri e lettori nel mondo bizantino*, a cura di G. Cavallo, Laterza, Bari, 1990.

Coluccia, Giuseppe Luigi, Basilio Bessarione, Lo spirito greco e l'occidente, Accademia delle Arti del Disegno. Monografie, vol. 15, Olschki Edizitore, Firenze, 2009.

Fortescue, Adrian, *The uniate Eastern Churches. The byzantine rite in Italy, Sicily, Syria and Egypt*, Edited by George D. Smith Burns, Oates & Washbourne, London 1923.

Giarrizzo, Salvatore, *Dizionario etimologico siciliano*, Ed. Herbita, Palermo1989.

Gigante, Marcello, *Poeti bizantini di Terra d'Otranto nel secolo XIII*, Napoli 1979. Id., *La civiltà letteraria*, AA.VV. *I Bizantini in Italia*, Scheiwiller, Torino, 1986.

_____. *Eugenii Panormitani versus jambici*, «Istituto siciliano di Studi bizantini e neoellenici. Testi», 10, Palermo 1964.

Làudani, Maria, *Persistenze culturali greco-classiche e bizantine nell'Italia meridionale tra l'VIII ed il XIV sec.: il "pre-umanesimo degli italo-greci"*, in Porphyra n.6: "Bisanzio, narrazione di una civiltà colta", Anno 2005 dicembre numero 6, pp. 85-97, ivi ampia bibliografia.

Làudani, Maria, *"La ricerca dell'identità mediterranea agli albori dell'Umanesimo: Giovanni Aurispa – tra Oriente ed Occidente"*, In Fourth International Conference on Mediterranean Studiesthe Mediterranean as Lived and Dreamed by Insiders and Outsiders sponsored by mediterranean centre for intercultural studies Erice, Italymay 18-21, 2016, organized by Antonio C. Vitti Indiana Universit, 2016.

Lavagnini, Bruno, *Siracusa occupata dagli Arabi e l'epistola del monaco Teodosio*, in «Byzantion», 23-30, Bruxelles, 1959-1960.

_____. *Filippo-Filagato e il romanzo di Eliodoro*,«Επετηρὶς Ἑταιρείας Βυζαντινων Σπουδων», XXXIX-XL, 1972-1973.

_____. *Filippo-Filagato promotore degli studi di greco in Calabria*, «Bollettino della badia di Grottaferrata», n.s. XXVIII, 1974.

Lucà, Santo, *IL Patir di Rossano e il S. Salvatore di Messina*, in Byzantina Mediolanensia, a cura di F. Conca, Ed. Rubbettino, Soveria Mannelli, 1996.

Mercati, Giovanni, *L'eucologio di S. Maria del Patir*, in Opere minori, IV, Città del Vaticano 1937.

Mohler, Ludwig, *Kardinal Bessarion als Theologe, Humanist und Staatsmann*, I, *Darstellung*, Paderborn, Schöningh, 1923.

Pagano, Giuseppe, *Il dialetto siciliano: alcune questioni teoriche*, Appunti di Linguistica generale – A.A. 2013/2014 – Università di Catania.

Ove riferimenti sitografici: "Enciclopedia Treccani" all'"indirizzo web: http://www.treccani.it/vocabolario/lingua/ (31 Agosto 2014). All'indirizzo web: http://www.treccani.it/vocabolario/tag/dialetto/ (31 Agosto 2014).

Pellegrini, Giovan Battista, *Carta dei dialetti italiani*, Ed. Pacini, Pisa 1977.

Pertusi, Agostino, *La scoperta di Euripide nel primo Umanesimo*, in «Italia Medievale e Umanistica», III, Editrice Salerno, Roma, 1960;

_____. *Leonzio Pilato a Creta prima del 1358-59. Scuole e cultura a Creta durante il secolo XIV*, in «Κρητικά Χρονικά», Πεπραγμένα του Α' Διεθνούς Κρητολογικού Συνεδρίου, 363-381, 15-16, 1961-62, II.

_____. *Il ritorno alle fonti del teatro greco classico: Euripide nell'Umanesimo e nel Rinascimento*, in "Byzantion" vol. 33 (1963) p. 391-426, Bruxelles, 1963.

_____. *Leonzio Pilato tra Petrarca e Boccaccio*, Ed. Olschki, Venezia-Roma 1964.

_____. *Le fonti greche del «De gestis moribus et nobilitate civitatis Venetiarum» di Lorenzo de Monacis cancelliere di Creta (1388-1428)*, in «Italia Medievale e Umanistica», VII, 1965.

_____. *Leonzio Pilato e la tradizione di cultura itala-greca*, in *Byzantino-sicula*, Istituto Siciliano di Studi Bizantini e Neoellenici. Quaderni 2 Palermo 1966.

_____. *Leonzio Pilato. I rapporti dell'Umanesimo con la cultura bizantina nel '300 e nel primo '400*, in «Scritti sulla Calabria greca medievale», Ed. Rubbettino, Soveria Mannelli 1994.

_____. *Aspetti organizzativi e culturali dell'ambiente monacale greco dell'Italia meridionale*, in «Scritti sulla Calabria greca medievale», Ed. Rubbettino, Soveria Mannelli 1994.

Piccitto, Giorgio, *La classificazione delle parlate siciliane e la metafonesi in Sicilia* in «Archivio Storico della Sicilia Orientale», Serie IV, 3 (1950), pp. 5-34. Una copia si trova online sul sito:.tiscali.it/lpweb/rel_dittongazione_sic.pdf (17 Agosto 2014).

Pitrè, Giuseppe, *Proverbi siciliani, confrontati con quelli degli altri dialetti d'Italia*, 4 voll., L. Pedone-Lauriel, Palermo 1880.

_____. *Grammatica siciliana*, introduzione di Alberto Varvaro, Palermo, Sellerio Editore, 1979.

Rohlfs, Gerhard, *Supplemento ai Vocabolari Siciliani*, Verlag der Bayer. Akad. d. Wiss., München 1977.

Ronchey, Silvia, *Bessarione poeta e l'ultima corte di Bisanzio*, in G. Fiaccadori (a cura di), *Bessarione e l'Umanesimo*, catalogo della mostra, pref. di G. Pugliese Carratelli, Vivarium - Istituto Italiano per gli Studi Filosofici - Biblioteca Nazionale Marciana, Napoli, 1994.

Ead., *L'enigma di Piero. L'ultimo bizantino e la crociata fantasma nella rivelazione di un grande quadro*, Milano, Rizzoli, 2006;

Ead. , *Volti di Bessarione*, in *Vie per Bisanzio. VII Congresso Nazionale dell'Associazione di Studi Bizantini, Venezia 25-28 novembre 2009*, a cura di A. Rigo, A. Babuin e M. Trizio, Edizioni di Pagina, Bari 2013.

Rossi-Taibbi, Giuseppe, *Filagato da Cerami, Omelie per i vangeli domenicali e lefeste di tutto l'anno* I *Omelie per le feste fisse* (Palermo 1969), edited 35 sermons, Istituto Siciliano di Studi Bizantini e Neoellenici, Palermo, 1969.

Ruffino, Giovanni, *Profili linguistici delle regioni - Sicilia* (a cura di Sobrero A. Alberto), Editori Laterza, Firenze, 2001.

Scaduto, Mario, *Il monachesimo basiliano nella Sicilia medievale. Rinascita e decadenza, sec. XI –XIV*, Edizioni di Storia e Letteratura, Roma 1947.

Vocabolario Siciliano fondato da Giorgio Piccitto, co-diretto da Giovanni Tropea, diretto da Salvatore C. Trovato, Edizioni del "Centro di Studi Filologici e Linguistici Siciliani" Catania-Palermo 1977-2002.

Mastrodascio nella tradizione figurativa mediterranea e occidentale

Michael Lettieri

University of Toronto Mississauga

Il filosofo romantico Wilhem von Humboldt, gettando le basi teoriche per la nascita delle moderne nazioni e con esse per l'identità di un popolo che si riconosce in lingue e territori, mette in luce come la ricerca di una lingua primigenia sia un sillogismo irrisolvibile e, anche laddove portasse alla reale identificazione di un idioma primo, peccherebbe della contraddizione in termini per cui una lingua, anche la più antica, parrebbe comunque figlia di una *forma formans* endogena, non risolvibile.

Ne *La Diversità delle lingue* Humboldt definisce un modello di intervento filosofico-linguistico che, pur precludendo le strade della speculazione verso il primo *ante litteram*, è maestro di metodo, non negando l'essenza delle lingue, delle culture e delle identità sul piano del dinamismo e del continuo cambiamento che riflettono il paradigma aritotelico di *enérgeia*. L'*enérgeia* è quindi il motore che tutto muove e da cui le lingue come forme di vita prendono sostanza (Coseriu). Ed ancora ogni lingua, nella concezione di movimento che le è propria sin dalla tradizione classica, diviene il presupposto attraverso cui l'uomo indaga il bene e il bello, costruisce la sua identità performativa attraverso le categorie teleologiche di giusto e buono, di fine e giustizia, attraverso cioè quei cardini dell'etica che saranno centrali nella definizione dello stato di diritto entro la concezione occidentale della società.

Pensare oggi la città in quanto simbolo della convivenza civile, significa ancorare il vivere comune a quei presupposti etici che contraddistinguono il Mediterraneo, e con esso l'Occidente almeno da Aritotele, passando per i fondamentali della nostra letteratura e dell'arte figurativa che approda, simbolicamente, nella allegoria di città (che è anche Stato e nazione) con cui Ambrogio Lorenzetti ha interpretato la civiltà nel 1300. Nel Palazzo Pubblico di Siena, Lorenzetti elabora l'allegoria del Buon Governo, a cui dà identità attraverso le caratteristiche formali del vivere (con le componenti divine — Sapienza divina e Virtù teologali), le Istituzioni cittadine (la Giustizia, il Comune, le Virtù non teologali) e assieme ai fruitori di queste Istituzioni (i costruttori, l'esercito e i cittadini). L'affresco riesce a esprimere anche la percezione della giustizia nella Siena medievale, una giustizia che non è solo giudizio dei giusti verso i colpevoli, ma anche regolatrice di rapporti commerciali. È inoltre una giustizia che, pur ispirata da Dio, non condanna a morte o intende soggiogare le popolazioni vicine, ma è una giustizia che regola i rapporti civili e quindi di una società. Ai fondamenti della civiltà, Lorenzetti associa i loro effetti allegorici nella città e nella campagna, in contrapposizione a ciò che buon governo può non essere, ovvero a quell'arbitrio insito nella creatività umana, sin da Michelangelo, con cui proprio all'uomo (e non a Dio) si affidano i destini del bene e del male etico e civile.

Richiamare in questo scritto i fondamenti della cultura mediterranea occidentale, non è un mero esercizio intellettuale. Significa considerare come nel passato risieda il presupposto per il contemporaneo e il futuro, ovvero come per capire il presente e il futuro sia necessario andare nel passato e trovare in questo i modelli e i quadri concettuali per intendere l'oggi e il domani. Ciò può avvenire in tutti i campi, da quello filosofico-linguistico a quello letterario, dal piano semiotico al piano figurativo.

Il senso delle mie riflessioni, riportato entro i perimetri dell'arte e della scultura, trova una importante sponda in Silvia Pegoraro quando mette in luce come la cultura mediterranea greca, romana ed etrusca — che si estende fino ad Agostino di Duccio, Donatello, Luca della Robbia — rappresenti l'archètipo di quel filone figurativo classico-accademico che ha contraddistinto l'arte del Novecento, quando la stessa arte novecentesca si professava innovatrice e rivoluzionaria.

La cultura mediterranea è, *in nuce*, l'*enérgeia* humboldtiana, ovvero il presupposto formale con cui le arti di ieri e di oggi devono fare i conti, nel costante dialogo tra l'essenza e la sua interpretazione particolare.

In linea con quanto proposto da Pegoraro, nel XX secolo la rivoluzione artistica non prende le forme dell'astrattismo, ma rappresenta l'adesione ad un canone di classicismo occidentale, e in questo senso mediterraneo, che ha fatto delle arti figurative del secolo passato le più rivoluzionarie, entro uno schema di restaurazione. Dal francese Aristide Maillol, fino a Henri Matisse e Jacob Epstein, al di là e al di qua del Mediterraneo, l'arte interpreta quel radicamento nella cultura primigenia mediterranea e occidentale che Maurizio Calvesi (cit. in Pegoraro, 5) richiama nella storia artistica italiana con l'epigrafe

126

"linea italiana" nelle arti plastiche, etichetta spesso usata per definire un fenomeno che si è imposto autorevolmente nel mondo.

All'interno della "linea italiana", che più in ampio è una linea mediterranea, si trovano le radici delle forme primigenie e si individuano artisti dell'oggi che nascono intellettualmente nel passato: tra questi spicca Silvio Mastrodascio come uno degli interpreti più brillanti e più innovatori che opera nel mondo attraverso quel principio sopra richiamato della rivoluzione nella restaurazione.

La figura di Silvio Mastrodascio[1] si inserisce a pieno titolo nella illustre tradizione figurativa europea, in cui trovano spazio le forti radici che lo legano alla sua terra d'origine, l'Abruzzo, forse ulteriormente irrobustite proprio dalla sua emigrazione in una terra lontana quale il Canada.

Mastrodascio scultore fa avvertire in tutta la sua opera la contraddizione tra la solidità strutturale delle forme e l'inquieta mobilità delle loro superfici, resa dall'immediatezza del modellato e dalle vibrazioni delle luci-colore. Il suo atteggiamento nei confronti della tradizione, sia quella artistica europea, sia quella archeologico-antropologica della cultura abruzzese, e poi ancora gli influssi internazionali canadesi, hanno dato al suo modello espressivo totale libertà di estro, e allo stesso tempo la possibilità di immedesimazione, per così dire genetica, dentro uno schema da costruire che guarda ai fondamenti archetipici del passato. Tale atteggiamento permette a Mastrodascio di affrontare la modernità senza impacci: l'artista è consapevole di avere forti radici, le quali però non lo àncorano ad un passato immobile, ma gli danno un giusto impulso per raccontare il suo tempo e il suo vissuto. Ambiguità e ubiquità, per esempio, categorie essenziali tipiche della nostra cultura, sono fortemente presenti nel lavoro del Mastrodascio, "tanto che le sue opere sono 'ubique', perché abitano luoghi di frontiera sospesi tra il presente e il futuro, e sono 'ambigue', perché portano con sé un enigma: sono in noi e oltre di

---

[1] Il contributo va letto in linea di continuità con una seconda riflessione sulla figura di Silvio Mastrodascio di prossima pubblicazione. I due contributi, pur prevedendo alcune sovrapposizioni, sono da considerare complementari, in quanto evidenziano finalità diverse che coinvolgono la stessa fugura artistica. Se il contributo di Lettieri (in stampa) — a cui rimandiamo — si profila come il tentativo di porre in essere il Mastrodascio entro un filone di contemporaneità che ne rilevi i ruoli in Italia e in Nord America (al di là delle diffuse attestazioni, ma entro un movimento che non ha restituito sino ad oggi pieno ruolo all'artista), questo mette in luce la sua valenza etica di artista a tutto tondo, capace di esaltare con le proprie arti la cultura mediterranea aggiornandola, reinterpretandola, dandole un nuovo impulso all'interno del paradigma artistico e culturale contemporaneo.

noi, sono molto antiche e nello stesso tempo moderne" (Pegoraro, 7). Il Mastrodascio sa muoversi con mano leggera, conosce le insidie dell'accademia, sa andare oltre la citazione e si rende conto che la cultura, se usata pesantemente, può offuscare la freschezza della creazione poetica.

Mastrodascio non è collocabile in un contesto artistico, né vuole esserlo. Tuttavia da oltre quarant'anni le sue opere contribuiscono ad accrescere le grandi gallerie e biblioteche di Storia dell'Arte con mostre ed eventi da Toronto a Montréal, da Winnipeg a New York, da Spoleto a Sassoferrato, da Milano a Roma, da Monaco di Baviera a Barbizon (Francia) fino a Città del Messico.

Il contributo si è aperto con l'idea (che è una convinzione teoretica forte) secondo cui la scienza ha una valenza circolare e quindi in questo senso sono da leggere i costanti riferimenti alle arti diverse rispetto a quelle figurative per le quali si propongono riflessioni e accostamenti. Sotto questo motore sono da considerare poi i legami con la filosofia, le lingue, la semiotica, e quindi anche con la letteratura migratoria che elabora i paradigmi di un presupposto interpretativo in cui pare rientrare la figura del Mastrodascio.

Quando Massimo Vedovelli, riprendendo i concetti elaborati da Tullio De Mauro (1980) e Ludwig Wittgenstein sullo spazio linguistico non come repertorio (Berruto), ma come capacità di movimento semiotico tra forme verbali e non verbali, elabora il paradigma dello spazio linguistico italiano globale, riflette sulla necessità di individuare una convergenza nel movimento delle lingue in contatto (e quindi tra le culture e le identità) che intervengono nei processi migratori. Per il caso italiano i movimenti non hanno i caratteri della casualità, ma rispondono a dinamiche ben precise che fanno il paio con la nostra storia politica. Entro il riferimento allo spazio linguistico italiano globale, si richiamano le ipotesi del parallelismo, della discontinuità e dello slittamento che solo esteriormente sono da considerare con una mera valenza storica, ma più intimamente rappresentano momenti semiotici della storia linguistica italiana in cui gli usi, i legami, le interazioni tra lingue (e dialetti) hanno esiti diversi (tra loro) e diversi da quelli che il contatto delle lingue, negli stessi momenti, ha prodotto in Italia.

Ne consegue che l'ipotesi del parallelismo rappresenta per l'emigrazione italiana il momento in cui la lingua comune (un modulo da creare in patria e all'estero) diviene il legame tra esperienze culturali diverse (da quelle più marcatamente locali, sino a quelle dialettali sovraregionali) che trovano un comune denominatore, almeno pragmantico e comunicativo, nell'uso linguistico unitario. Se questa prima ipotesi prende valore dal confronto con la storia linguistica italiana (De Mauro [1963] 2019), l'ipotesi della discontinuità nasce e prende forma nei Paesi di emigrazione, quando le vicende linguistiche all'estero, per le generazioni di emigrati successive al primo grande flusso, non seguono più il modello 'della patria', ma si rifanno a costanti in cui la forza del nuovo diviene più pressante e acquista autonomia nel caratterizzare usi non più solo italiani o dialettali. Ne consegue, quindi, una discontinuità e una difformità tra le vicende linguistiche in patria e nel mondo globale che introducono il senso dello 'slittamento' dell'italiano fuori dallo spazio linguistico delle terze e quarte generazioni di italodiscendenti che caratterizza proprio il momento della terza ipotesi. È forse questa l'ipotesi più ardua con cui confrontarsi oggi, quella con cui avere a che fare non solo perché riflette l'attualità dell'italiano all'estero e della sua politica linguistica (Casini e Bancheri), ma perché è quella che consente al libero arbitrio individuale di ritrovare e riscoprire una lingua (uno spazio linguistico), ove le condizioni semiotiche da un lato lo consentano e dall'altro diano gli strumenti di giudizio, forma e valore perché questa scelta sia fatta e lo spazio linguistico sia (volontariamente) recuperato.

Una volontà, appunto. Una forte determinazione di portare avanti istanze che potrebbero non essere portate avanti, ma che se lo sono, lo sono con convizione, determinazione, forza propulsiva e propositiva.

Nello slittamento, che è anche (e soprattutto per i nostri fini) recupero convinto verso il futuro, si situa il tentativo del Mastrodascio emigrato di tenere insieme istanze diverse, di recuperare con la sua arte la propria valenza primigenia e non renderla uguale al passato, perché il vecchio sovrasti il nuovo ma perché, per scelta, il vecchio sia la base per il nuovo. L'arte del Mastrodascio emigrato non è quindi sintesi di diversità culturale e ambientale. Silvio Mastrodascio sceglie di mettere la linea italiana e mediterranea al centro del nuovo mondo Atlantico perché ne è convinto e perché intende questa convinzione come la base per l'arte occidentale, e così recupera i sentimenti intimi della cultura italiana, li reinterpreta, li adatta al nuovo mondo con convinzione, ben consapevole della portata culturale che la sua azione voleva produrre, e allo stesso tempo ben consapevole di quanto stesse facendo per richiamare l'unitarietà del Mediterraneo in America. Che poi tale operazione di valore abbia avuto attestazioni non diffuse, non significa che non sia riuscita e non sia stata fatta. Significa semmai che non sono state colte le sfumature di un artista che essendo forma, sono sostanza, ovvero sono l'essenza vera dell'arte.

Come accennato, nonostante la sua intensa e apprezzata attività artistica compresa ed attestata entro un circolo di nicchia, gli studiosi di cultura italiana, italo-americana e italo-canadese in particolare, non hanno attribuito a Silvio Mastrodascio quel riconoscimento universale che ne avrebbe determinato, anche agli occhi del grande pubblico, la fortuna negli studi artistici mediterranei contemporanei.

Di Mastrodascio si sono occupati nomi importanti della cultura contemporanea da Giuseppe Rosato a Thomas Martone e Leo Strozzieri, da Silvia Pegoraro fino a Maurizio Calvesi e Paola Di Felice. Ad essi si aggiungono le riflessioni che in Nord America e in Italia hanno visto la convergenza di studiosi non di arti figurative quali Marcel Danesi, Frank Nuessel, Norma Bouchard e Dacia Maraini (Lettieri, in stampa)[2]. In questa sede vogliamo pertanto ricordare i perimetri intellettuali di Mastrodascio, utili a comprendere la sua capacità di essere ponte tra Mediterraneo e Atlantico.

Nato il 2 marzo del 1943 a Cerqueto, piccolo paese dell'Abruzzo, Silvio Mastrodascio, ha un'infanzia "non facile, come quella di molti suoi coetanei" (AA.VV.). A metà degli anni Sessanta si diploma alla Scuola Superiore di Teramo e nello stesso anno si reca a Roma dove frequenta la Facoltà di Scienze Statistiche per poi trasferirsi a Montréal, in Canada[3]. In Canada da Montréal

---

[2] Anche i giornali e la televisione si sono occupati più volte del lavoro di Mastrodascio. Nell'ambito di carta stampata, vanno citati, ad esempio, *Oggi 7 Magazine* (31.10.1999), *Corriere Canadese* (15.07.2000, 24.06.2001, 19.01.2002, 9.06.2003), *Corriere della Sera* (30.04.2003), *Avvenire* (8.05.2003), *La Stampa* (17.05.2003), *Messaggero Veneto* (6.06.2003, 2.07.2003, 3.07.2003, 9.07.2003, 14.07.2003), *Il Friuli* (13.06.2003), *La Voce Isontina* (14.06.2003), *Il Gazzettino* (2.07.2003, 16.07.2003), *La Vita Cattolica* (5.07.2003), *La Città. Il quotidiano di Teramo e Provincia* (12.11.2010), *Il Centro. Quotidiano dell'Abruzzo* (14.11.2010), *Tandem. The New Mainstream Lifestyle Weekend Paper* (21.11.2010), etc. Si considerino inoltre i filmati/documentari realizzati su Mastrodascio, a cura di Cristiano De Florentis e andati in onda sui canali RAI — Radiotelevisione Italiana Spa (6.04.2014 e 15.4.2014).

[3] Secondo quanto scrive Thomas Martone, storico dell'arte della University of Toronto e studioso, tra gli altri, di Piero della Francesca, Mastrodascio "as a youth [...] traveled extensively. While studying at the University of Rome he lived in the Eternal City where he was literally surrounded by the countless examples of sculpture from all periods in the history of art, particularly of classical antiquity. As an independent young man he went off to explore the world of art in Europe where he came into contact with a yet wider variety of both traditional and contemporary works of art. His thirst for art remaining still unslaked he traveled throughout North and South America finally settling in [Montréal], Canada in 1966". L'opera, in cui appare il saggio di Martone, è proposta senza l'indicazione delle pagine. Si tenga presente ciò per le citazioni di Martone nel prosieguo del contributo.

raggiunge Toronto dove inizia un'importante attività professionale e manageriale con la maggiore compagnia aerea italiana, Alitalia, dalla quale si pensionerà molti anni dopo, nel 2006.

Le attenzioni artistiche di Mastrodascio si concentrarono in un primo momento nel campo della pittura, per poi rivolgersi quasi interamente alla scultura, arte plastica per eccellenza. Approfondisce le tematiche della sua ricerca artistica con frequenti viaggi all'estero, a cui fa seguito un'intensa attività di rapporti con gli ambienti culturali più diversi. Suoi temi preferiti sono le figure femminili e in generale i soggetti che, nella plasmabilità delle loro forme e nell'alternanza di luci e di ombre, raggiungono un notevole valore artistico, scultoreo e pittorico.

Nel 1978, ha l'occasione di esporre le sue opere in una mostra personale, sotto il Patrocinio dell'Istituto Italiano di Cultura di Toronto. Nel 1994, si diploma all'Ontario College of Art di Toronto, una delle istituzioni d'arte canadesi più rinomate[4]; nel 1995 la Joseph D. Carrier Art Gallery di Toronto (galleria d'arte spesso definita "Toronto's mini-Guggenheim") presenta una retrospettiva dell'artista italo-canadese, allestendo opere realizzate dal 1985 al 1995.

Fin da queste sue prime apparizioni, Mastrodascio ottiene immediati riconoscimenti di pubblico e critica che gli consentono di continuare ad esprimere operosamente se stesso e la sua realtà, rielaborando emozioni e ricordi del vissuto e del presente, in mostre personali e collettive, nordamericane ed europee. Nel 2001, le sue opere sono presentate alla Chapelle Historique du Bon Pasteur (uno dei centri culturali più prestigiosi di Montréal), poi all'Istituto Italiano di Cultura di Toronto, al Festival dei Due Mondi di Spoleto e infine al Centro Culturale San Francesco di Giulianova (Teramo).

Su commissione dell'Istituto Italiano per il Commercio Estero e del Team Italia crea negli anni 2003, 2004 e 2005 il trofeo *Italy-Canada Invest Award* e sempre nel 2004 realizza, per la città di Teramo, *La reincarnazione dell'universo*, una

---

[4] Secondo Martone, all'Ontario College of Art, Mastrodascio "found the opportunity to express his deepest artistic yearnings; however, his first achievements were not in the field of sculpture, but rather in painting. But, as he progressed rapidly through his courses at the College, that love, though strong, was soon supplanted by his stronger attraction to sculpture". Tra gli altri, anche Giuseppe Rosato (8) si sofferma sugli studi di Mastrodascio effettuati presso l'Ontario College of Art: "Mastrodascio's artistic background includes studying and graduating with honours from the Ontario College of Art in Toronto. Although this diploma may be considered an important step in Mastrodascio's career, it is not however a determining factor, since it is regarded as a useful litmus test aimed mainly at verifying the skills and intuitions that the artist already possessed".

grandiosa opera sferica in bronzo patinato con dodici figure, sistemata originariamente nella centralissima Piazza Garibaldi della splendida cittadina abbruzzese.

Negli ultimi anni, Mastrodascio espone di nuovo a Toronto, con una personale presso il Columbus Centre e all'Art Toronto Fair, poi in Francia (alla Besharat Gallery and Museum), nel Québec ed ancora in Italia[5].

Le opere di Silvio Mastrodascio hanno ricevuto particolare attenzione critica, trovando, come accennato, ampi consensi in alcuni dei più autorevoli esponenti della cultura intellettuale. Uno dei primi ad occuparsi di Mastrodascio è stato Giuseppe Rosato che mette in evidenza come la sua opera sia costellata da esperienze molteplici rivolte a piani diversi della bellezza universale umana: da un lato se ne ricostruiscono le fattezze estetiche riflettendo sul canone del bello, come presupposto non particolare, ma che tende ad un grado di universalità a-spaziale e a-temporale. Dall'altro, si sottolinea la dimensione semiotica che attiene al campo del significare e della costruzione del senso: è questo un livello artistico al quale Mastrodascio pare essere arrivato che fa dell'artista una figura completa capace di elevare il suo Io dal mero piano dell'estetica a quello ancor più complesso del fondamento semiotico dell'arte. Il Mastrodascio richiama l'essenza del bello dal passato, la reinterpreta e ne associa nuova linfa con cui non racconta il bello, ma lo crea entro un principio creativo al massimo grado. Si legge in Rosato (7-9):

Mastrodascio's first encounters with colors and brushes were fruits of love, love for his small homeland, for his native Cerqueto [...] This first experience would gradually lead Mastrodascio to internalize not only the pictorial vision of his native town, but also that of the very many other subjects he encountered and came to love as he roamed about the world. However, it was difficult for Mastrodascio to forget his origins. He would first paint, and later sculpt, themes concerning a universal sense of human existence which he adopted from his acquaintance with different countries and diverse people. Yet these themes always remain intimately associated with the fundamental principles and passionate relationships rooted in his early life

---

[5] Per una disamina dettagliata delle attività artistiche ed espositive di Mastrodascio in Italia e in America si rimanda all'apparato bibliografico proposto e a Lettieri (in stampa) in cui sono analiticamente riproposte le tappe principali di un percorso espositivo tra i due mondi.

experiences. Mastrodascio himself likes to reiterate that whenever he returns to Toronto from his travels [...] and begins working again with his tools, he finds himself spontaneously representing what is suggested not by the "landscape" of the large metropolis surrounding him, but by the memory and vision of his land and of his childhood. [...] Thus Mastrodascio's work is always motivated by a basic emotional impulse. His story becomes universal, appreciated both for its formal characters as well as for depicting a mature and autonomous artistic world. [...] The sculptures produced in the last few years also carry signs of love. This time, however, they no longer concern the various aspects of nature or the memories of his native homeland. Rather they begin to deal with man and his condition. [...] Mastrodascio creates faces and gestures caught in their everydayness and in their ordinary attitudes. Mastrodascio's sculptures are mostly images of women, gracefully represented, aware of interpreting a role of little importance, but nonetheless belonging to an immense existential mechanism. At first sight what strikes us is the "humanity" of these figure.

Un analogo segno di attenzione è l'omaggio che il canadese Thomas Martone e l'italiano Leo Strozzieri tributano all'artista nel catalogo pubblicato nel 1999 in cui lo studioso canadese ne mette in risalto la produzione artistica soffermandosi sul suo stile e delinando un cerchio potenzialmente infinito di autorevoli influenze intellettuali e artistiche tra cui rientrano i canoni di Auguste Rodin, Edgar Degas, Botticelli, Donatello, Edward Hopper, Henry Moore, Da Vinci, Michelangelo, Tiziano, persino Giò Pomodoro. "Today", chiosa Martone,

the word 'art' like the word 'love' has been diluted to the point where whatever is placed on a pedestal or put into a frame is regarded as art even if such objects are there to simply decorate or enhance a specific ambience. Mastrodascio's works cannot be slotted into that watered-down category. Far from being just *art* his total oeuvre falls under the category of *Fine Art*.

L'inquadramento che Strozzieri[6] propone sulla poetica artistica di Mastrodascio (le cui opere definisce "di intenso vigore") riflette un quesito fondante sul rapporto tra arte e uomo, tra bellezza estetica e valore culturale, tra creatività e universalità dell'arte. Strozzieri si interroga sulla possibilità che l'opera di Mastrodascio sia "ricerca verista, oppure, [se] al di là dell'aspetto fisionomico delle figure, *esista* un enunciato universale sicché l'opera *superi* l'aspetto universale" (corsivo mio). La risposta, secondo il critico, "è senz'altro evidente, in quanto Mastrodascio riesce ad evidenziare nel volto dei personaggi raffigurati una penetrazione psicologica, che va ben oltre la superficie". Dell'opera di Mastrodascio, Strozzieri pone efficacemente in luce il "cinetismo luministico, mirato ad introdurre una dialettica tra la fissità enigmatica e profonda dello sguardo ed il movimento [...] del corpo" ed ancora la "completa essenza di carnalità dei corpi, come se fossero stati sottoposti ad una forza spiritualizzante", il "tono parlato delle opere e quindi del rifiuto dell'artista a farsi coinvolgere in quella che potremo chiamare 'cultura metropolitana'", e il "bagaglio indubbiamente classico" della "struttura anatomica della [sua] scultura". Eppure, sostiene ancora Strozzieri "dentro questo schema [...] affiora un impulso segnico, materico, come se il bronzo o la terracotta venissero solcati con intenzionalista misteriosa e quasi graffiati, al fine di scoprire in profondità i sentimenti. È questa la coscienza della contemporaneità ed ancora una volta assistiamo alla sintesi memoria-presente, intendendo per memoria tutta la tradizione plastica rinascimentale e greco-romana, mentre le modulazioni segniche e gestuali delle superfici vanno lette come specifiche della nostra epoca".

Il bagaglio classico del Mastrodascio su cui insiste Strozzieri, e che noi abbiamo richiamato in introduzione, è sostenuto anche da Enzo Fabiani che mette in luce la maestria tecnica e decorativo-narrativa di giusto effetto che nasce attraverso il medesimo processo dello slittamento che superando il passato lo recupera attraverso i paesaggi delle città canadesi. Per Fabiani, l'arte figurativa di Mastrodascio ha molte delle qualità che la rendono degna di essere e di restare presente e culturalmente attiva nel nostro tempo, tanto da creare un ponte semiotico di senso tra sponde diverse dell'Atlantico.

---

[6] Quanto proposto da Strozzieri è presente senza l'indicazione di pagina e entro un contributo autonomo, nel catalogo in cui viene pubblicato anche il saggio di Martone (cit.). In assenza di ulteriori indicazioni bibliografiche, si richiamano i riferimenti all'intero catalogo.

Se, inoltre, le opere in terracotta paiono riflettere quella plasticità e malleabilità che sono caratteri della materia, nelle opere in bronzo l'artista raggiunge una armonia tra forma e significato che è tale perché riesce a sfruttare le caratterisctiche intrinseche dell'oggetto (informe che prende forma dall'artista) per esaltarlo al massimo grado (si vedano in Appendice Figura 1, Figura 2, Figura 3).

Maurizio Calvesi, maestro di intere generazioni di storici dell'arte e professori universitari, dedica a Mastrodascio la presentazione al volume *Mastrodascio. Monografia*. Del Mastrodascio, Calvesi mette in rilievo la forte appartenenza alla storia artistica italiana ed europea (strettamente legata alla figurazione del "corpo umano, *attraverso* immagini e figure che attingono alle radici della tradizione"). Calvesi propone un Mastrodascio uomo/artista attento a quel mondo povero e contadino che è inteso come umanità pura e incontaminata. Un 'verismo' che Mastrodascio traduce nel tocco sensibile trattando il bronzo come fosse creta e trasformando la superficie metallica in una materia arrendevole, su cui la luce si infrange e crea vibrazioni dagli effetti dinamici. Negli anni più recenti, sostiene ancora Calvesi, Mastrodascio ha saputo attraversare "indenne le varie fasi della contemporaneità, non prestando attenzione ai ritmi convulsi delle mode ma procedendo nel cammino che si è prefisso senza lasciarsi distrarre". Sembra piuttosto trovare una qualche sintonia o parallelismo con le correnti della post-avanguardia [...]". In conclusione Mastrodascio "ci stupisce [...] mostrandoci un aspetto più *à la page*, di sapiente modernità".

L'altezza intellettuale di un artista si misura non solo con la critica del suo campo, ma anche con l'apprezzamento e la riflessione in campi scientifici complementari a cui l'arte figurativa può rivolgersi e contestualmente trarre beneficio.

Maraini pone in evidenza la concezione di una arte come di un racconto, ovvero dell'opera di Mastrodascio come di una tela argomentativa che "porta nella retina la memoria delle magnifiche sculture di Picasso, di Degas, di Sironi, [e] si avventura sulla strada delle invenzioni, con piede leggero e pensiero fiducioso". "Le sue statue", continua Maraini, "sono veri e propri racconti e [...] mormorano di cose segrete, soprattutto attraverso la variazione dei cappelli, in un lavoro a due colori, da scanzonato narratore". "Un discorso in particolare" meritano poi "quei ritratti di madre con figlio, che rientrano, ma solo di sbieco, nella grande tradizione dei racconti di maternità storica".

Sul medesimo profilo di stima e condivisione, oltre che consonanza intellettuale, si richiamano le parole di Norma Bouchard, che esalta la figura dell'artista attraverso un tema a lei caro come il ruolo della femminilità e della donna a cui Mastrodascio dona candore e complessità. Bouchard mette in luce come l'opera di Mastrodascio, nel piano della dimensione di genere, ovvero di valorizzazione ed esaltazione della pluriplanarietà della figura femminile, "offers an extraordinary tribute to the multifaceted female universe"[7].

Venendo alla stringente contemporaneità, e avviando questa riflessione alla sua sintesi conclusiva, Marcel Danesi e Frank Nuessel, il cui profilo di studiosi è solo marginalmente di ambito estetico e figurativo e più specificatamente di pertinenza linguistica e semiotica, affrontano il valore del Mastrodascio attraverso una visione universale del sapere che trascende la iper-specializzazione della conoscenza così come siamo abituati oggi a vedere la ricerca scientifica in America e in Europa. In una parola, l'universalità dell'arte è tale perché fa aggio di esperienze e prospettive particolari di cui si nutre, ma da cui non si distacca, e che al contrario richiama l'unitarietà del carro nel mito di Platone.

Le magnifiche sculture del Mastrodascio, ricorda Danesi, se a primo impatto rendono un profondo omaggio al mondo antico, ad uno sguardo più attento definiscono le sfumature moderne che Mastrodascio apporta alla sua opera. È arte pubblica che gli antichi e gli umanisti immaginavano per tutti, non solo per gli addetti ai lavori. Molte tendenze artistiche moderne si occupano di mondi simbolici e di esperimenti tra forma e significato, ma hanno tagliato i legami con il passato, laddove invece l'arte del Mastrodascio li ricollega brillantemente. Come le antiche sculture di eroi e di corpi simmetrici in varie posture, l'arte di Mastrodascio non ha bisogno di spiegazioni critiche; ribadisce l'antico linguaggio visivo della piazza e degli antichi disegni rupestri. La vera arte trascende il sociale, il presente e il puramente simbolico e, come gli antichi sapevano, appartiene alla sfera pubblica.

Nello stesso catalogo, Frank Nuessel si rifà a Giambattista Vico, il quale, da precursore della semiotica, sosteneva come la conoscenza si acquisisca attraverso i sensi, pertinentizzabili attraverso categorie "universali" che non

---

[7] Da segnalare, nello stesso volume, l'intervento di Paola Di Felice, la quale si sofferma con competenza sul "gusto delicato" del Mastrodascio, "di scolpire esili fanciulle in movimento", e sulla "sua esperta capacità nel trattare le pelli luminose dei bronzi, nel modellare le materiche terrecotte con la levità di materiali preziosi, nel sapiente accostamento del bronzo lucidato a specchio al travertino rosato, in un 'elegante incrocio di colori e di materie'".

guardano al tempo, ma guardano alla essenza. Così Mastrodascio, come il filosofo e storico napoletano, è stato immerso, fin dall'infanzia, negli onnipresenti oggetti culturali classici che permeano l'intero paesaggio peninsulare e insulare italiano sin dalle sue antiche origini romane.

Mastrodascio è riuscito in una impresa non da poco: mettere insieme abilità artistica, capacità di visione semiotica, sensibilità personale, affinità con i mondi che lo hanno accolto e di cui ha interpretato le istanze più profonde e recondite. Tutto ciò fa di Mastrodascio un artista unitario, un artista che ha saputo costruire quella città di memoria wittgensteniana fatta di case vecchie e nuove, di strade e stradine, di vie e viuzze, di piazze a cui si può giungere venendo da più parti. Rimanendo nel solco della metafora di Ludwig Wittgenstein, Mastrodascio ha percorso le strade e le stradine della città, venendo da più parti, quelle parti che sono l'accesso contemporaneo alla eterogeneità ed eclett-icità. Mastrodascio ci è riuscito, è riuscito a raggiungere il successo (anche se esso non è arrivato dall'oggi al domani). Lo ha fatto senza il grande pubblico, senza l'evento mediatico, senza che studenti e professori si occupassero di lui in quella veste nota, e talvolta abusata, che la fama contemporanea può dare. Ci è riuscito passando dalle stradine tortuose e irte della città di Wittgenstein; noi auspichiamo (non per noi, né per il Mastrodascio in sé, ma per l'arte nella sua essenza) che attraverso altre strade, forse dritte e regolari, meno impervie rispetto a quelle da lui percorse, la fortuna che merita possa arrivare per (e da) molti di noi.

Mastrodascio è un rivoluzionario, ha fatto una rivoluzione culturale dando senso artistico al legame pan-mediterraneo, ma che nasce nel Mediterraneo. È un anticonformista del Novecento, pertanto, un anticonformista sottile che ben ha compreso la verità dell'arte, la sua *enérgeia*, interparetandola tra Mediterraneo e Canada.

APPENDICE

Figura 1

Figura 2

Figura 3

OPERE CITATE

AA.VV. *'Omaggio al maestro Silvio Mastrodascio'*. *L'Immaginario 4. Poesia e arti visive: Segni e sogni d'amore*. Associazione Culturale 'L'incontro degli Artisti'. Arte della Stampa, San Giovanni Teatino (CH), 2019: senza n. pagine.

Berruto, Gaetano. *Sociolinguistica dell'italiano contemporaneo*. Roma: Carocci, 2012.

Bouchard, Norma. "Silvio Mastrodascio". *Silvio Mastrodascio. Il soffio vitale della materia. Breathing Life into Matter*. Giuseppe Bacci (a cura di). Controguerra (Teramo): Edizioni Centro Staurós, 2015: 17-18 (versione italiana), 19-20 (versione inglese).

Calvesi, Maurizio. "Silvio Mastrodascio". *Mastrodascio. Monografia*. Testo critico di Maurizio Calvesi. Apparati bio-bibliografici di Maria Cristina Ricciardi. Colonnella (Teramo): Grafiche Martintype, 2010: 5-7 (versione italiana), 8-10 (versione inglese), 11-13 (versione francese).

Casini, Simone e Salvatore Bancheri. "Stanno tutti bene. Una ricognizione sugli studi di italianistica in Nord America". Carla Bagna e Laura Ricci (a cura di). *Il mondo dell'italiano, l'italiano nel mondo*. Pisa: Pacini Editore, 2019: 213-239.

Coseriu, Eugenio. *Teoria del linguaggio e linguistica generale*. Roma-Bari: Laterza, 1971.

Danesi, Marcel. "Recovering Art for the Contemporary World: The Work of Silvio Mastrodascio". *Silvio Mastrodascio. L'eleganza della materia. Elegance of Matter*. Giuseppe Bacci (a cura di). Controguerra (Teramo): Edizioni Centro Staurós, 2017: 19-20 (versione italiana), 21-22 (versione inglese).

De Florentis, Cristiano. *La storia di Silvio Mastrodascio*. Toronto: "Community" RAI World, 6 marzo 2014. https://vimeo.com/92521166

De Florentis, Cristiano. *Silvio Mastrodascio*. Toronto: RAI–Radiotelevisione Italiana Spa, 15 aprile 2014. https://www.raisport.rai.it/dl/raiSport/media/Silvio-Mastrodascio-%7C-Toronto-8a1b4fe4-c4df-41e1-b188-c3cb840a6eef.html

De Mauro, Tullio. *Guida all'uso delle parole*. Roma: Editori Riuniti, 1980.

De Mauro, Tullio. *Storia linguistica dell'Italia unita*. Roma-Bari: Laterza, 2019[5] [1963].

Di Felice, Paola. "L'arte di Silvio Mastrodascio tra ascetismo e dissolvenza materica". *Silvio Mastrodascio. Il soffio vitale della materia. Breathing Life into Matter*. Giuseppe Bacci (a cura di). Controguerra (Teramo): Edizioni Centro Staurós, 2015: 21-23 (versione italiana), 24-26 (versione inglese).

Fabiani, Enzo. "A proposito di Mastrodascio". *Mastrodascio*. Teramo: Edilgrafital S.p.A., 2003: 3-6 (versione italiana), 7-10 (versione inglese, "About Mastrodascio"), 11-14 (versione tedesca, "Über Mastrodascio").

Humboldt, Wilhelm von. *La diversità delle lingue*. Traduzione e Introduzione a cura di Donatella di Cesare. Roma-Bari: Laterza, 1991 [1836].

Lettieri, Michael. "Un artista tra due mondi: uno sguardo critico su Silvio Mastroda-scio". Daniela D'Eugenio, Alberto Gelmi e Dario Marcucci (a cura di). *Italy, Italia, Italie. Studi in onore di Hermann Haller*. Milano: Mimesis Edizioni, in stampa.

Maraini, Dacia. "Mastrodascio, lo scultore dei cappelli misteriosi". *Silvio Mastrodascio. Il soffio vitale della materia. Breathing Life into Matter*. Giuseppe Bacci (a cura di). Controguerra (Teramo): Edizioni Centro Staurós, 2015: 13-14 (versione italiana), 15-16 (versione inglese).

Martone, Thomas. *Silvio Mastrodascio*. Teramo: Stampa Deltagrafica, 1999: senza n. pagine [testo originale in inglese, traduzione inglese-italiano di Giovanni D'Agostino e Cristina Sansalone].

Nuessel, Frank. "Silvio Mastrodascio". *Silvio Mastrodascio. L'eleganza della materia. Elegance of Matter*. Giuseppe Bacci (a cura di). Controguerra (Teramo): Edizioni Centro Staurós, 2017: 23-24 (versione italiana), 25-26 (versione inglese).

Pegoraro, Silvia. "Silvio Mastrodascio: i colori della scultura". *Mastrodascio. Mostra antologica 1978-2005*. Testo critico di Silvia Pegoraro. Apparati bio-bibliografici di Maria Cristina Ricciardi. Teramo: Edigrafital s.r.l, 2005: 5-12 (versione italiana), 13-20 (versione inglese), 21-29 (versione francese).

Rosato, Giuseppe. "Silvio Mastrodascio". *Silvio Mastrodascio. Retrospective 1985-1995*. Catalogo della mostra tenuta presso la Joseph D. Art Carrier Art Gallery del Columbus Centre, Toronto, sotto gli auspici dell'Istituto Italiano di Cultura Toronto. Teramo: Stampa Deltagrafica, 1995: 7-9.

Strozzieri, Leo. *Silvio Mastrodascio*. Teramo: Stampa Deltagrafica, 1999: senza n. pagine [testo originale in italino, traduzione italiano-inglese di Giovanni D'Agostino e Cristina Sansalone].

Vedovelli, Massimo (a cura di). *Storia linguistica dell'emigrazione italiana nel mondo*. Roma: Carocci, 2011.

Wittgenstein, Ludwig. *Ricerche filosofiche*. Torino: Einaudi, 1953.

LE ROTTE DELL'UNICO DIO
Pensare la spiritualità e il sacro nel Mediterraneo, da San Francesco a Pier Paolo Pasolini

Mauro Mangano

I mari e le terre del Mediterraneo sono stati solcati e percorsi, e lo sono ancora, da donne, uomini, merci, lingue, miti. Una tela fittissima di percorsi, intrecci ormai inestricabili, che unisce terre di tre continenti e gli assegna un'identità multiforme e leggibile. Alcune trame di questa tela hanno il colore e la consistenza della fede, hanno addirittura la cifra di Dio. Ma molto spesso, e ancora in tempi recenti, il fatto che il bacino del Mediterraneo sia la culla, come si usa dire, di tre grandi religioni monoteistiche, viene visto come un motivo di divisione piuttosto che di unione, e sembra che la loro esistenza non contribuisca a costruire un'identità mediterranea quanto a segnare differenze al suo interno.

La cronaca, addirittura, presenta episodi in cui atti di estrema violenza sembrano scaturire da convinzioni religiose, e si sente associare il concetto di "integralismo religioso" al compimento di assassini e stragi. L'uso dei concetti di religiosità e religione come sinonimi di fede purtroppo viziano le nostre valutazioni e rendono più difficile una comprensione reale dei fatti e della storia. Quando scopriamo che gli autori di azioni terroristiche sanguinose sono giovani nati e cresciuti in paesi europei, che sovrappongono l'adesione ad un'appartenenza religiosa con la critica sociale e politica di una società che ritengono ingiusta e corrotta, notiamo come l'uso di queste categorie non basti a giustificare e rendere comprensibili le loro azioni e le loro motivazioni. Io credo che un tassello mancante, nei discorsi contemporanei su questi argomenti, sia un'analisi aggiornata del concetto di Sacro, e che la manifestazione della violenza associata ad un movente religioso, che appare periodicamente nella storia del Mediterraneo, non coincida con il radicalizzarsi della fede e dell'identità dei credenti, ma con la desacralizzazione delle società.

Il Dio dell'Ebraismo, del Cristianesimo e dell'Islam ha solcato il mare Mediterraneo, percorrendolo in ogni direzione, e sulle rotte di questo Dio si costruisce un legame profondissimo fra le culture mediterranee, più unite che divise dalla spiritualità, se solo si riesce a vedere quanto il sacro le abbia nutrite. E c'è un episodio, di cui è ricorso da poco l'ottocentesimo anniversario, che può mostrarci il valore e il senso del dialogo religioso sulle sponde mediterranee, e accompagnarci ad una riflessione sul valore del sacro e sugli effetti della sua scomparsa nella società contemporanea. L'episodio è quello dell'incontro tra il sultano Malik Al Kamil e San Francesco d'Assisi, accaduto a Damietta nel 1219.

In quell'anno San Francesco può riprendere il sogno che aveva accarezzato sedici anni prima, quando era partito per la Terrasanta, durante la quarta crociata, senza arrivare mai a destinazione. Allora Francesco si era fermato a Spoleto, a causa del peggioramento del suo stato di salute, e durante la malattia aveva avvertito la spinta a modificare la sua vita, era iniziato quel percorso di ricerca interiore e consapevolezza che lo aveva portato a lasciare la casa dei genitori, rinunciare a tutti i beni, adottare uno stile di vita che diventerà una proposta radicale e rivoluzionaria capace di cambiare per sempre il volto del cristianesimo e della società occidentale. Aveva intrapreso altri viaggi missionari, in Marocco e in Spagna, ma sempre ostacolati dalle condizioni di salute o da qualche imprevisto che ne aveva reso impossibile il pieno compimento.

In compagnia di uno dei suoi frati, Fratello Illuminato, salpa dal porto di Ancona, nel giugno del 1219, per approdare vicino Damietta, appunto, in Egitto, dove l'esercito Cristiano e quello Musulmano si stavano fronteggiando. Le notizie del viaggio di Francesco riportate dalle fonti dell'epoca sono frammentarie e non sempre concordanti. Come accade per molti episodi della vita di San Francesco, prevale l'esigenza delle fonti di imporre un punto di vista, di tratteggiare un santo che corrisponda ad un progetto propagandistico o ideologico, e alla fine la potente macchina comunicativa delle immagini prevale su tutto e nella nostra mente campeggia la scena di un Francesco davanti ad un uomo vestito in sontuosi abiti orientali, accanto un fuoco ardente, al di là delle fiamme degli uomini, anch'essi in vesti orientali, visibilmente impauriti dalle fiamme, al punto che sembrano volere uscire dalla scena dell'affresco, di fatto escono dalla scena della storia.

È l'affresco della Basilica Superiore di Assisi, del ciclo attribuito a Giotto, l'undicesima di ventiquattro scene che rappresentano le fasi salienti della vita di Francesco. E Giotto, o chi sotto la sua sovrintendenza, lo riprende dalla Legenda Maior di San Bonaventura, biografia di Francesco scritta con l'obiettivo di accreditare l'immagine di un santo pienamente in linea con i dettami della chiesa del suo tempo, e soprattutto con l'ordine francescano, così come si era trasformato sotto la guida dello stesso Bonaventura. Operazione condotta non ingenuamente, se è vero che nel frattempo Bonaventura ordina la distruzione delle altre biografie di Francesco, in modo che la sua versione, fatta di miracoli grandiosi, di una spiritualità altissima, ma lontana dal dramma e dalla contraddizione che Francesco rappresentò e visse, fosse l'unica circolante. E la costruzione della Basilica ad Assisi, con il ciclo degli affreschi, equivaleva in un certo senso a farne la versione cinematografica, quella che Bonaventura sapeva bene sarebbe rimasta per sempre impressa nelle menti dei contemporanei e dei posteri. Ma Francesco, a Damietta, davanti ai carboni ardenti, non ci fu mai, nessuna ordalia fu proposta al Sultano per dimostrare quale fosse il vero Dio, come dimostra il fatto che nessuna delle fonti più fedeli ai fatti accaduti fa menzione dell'episodio. Ma allora cosa accadde davvero in quel settembre del 1219? perché Francesco andò in Terrasanta? E soprattutto, cosa c'entra con il Mediterraneo del 2021?

Francesco arriva in Terrasanta a pochi giorni da una sanguinosissima battaglia. E subito tutti quelli che lo incontrano capiscono che è lì perché vorrebbe convertire gli uomini, fargli sentire la voce di Dio, solo che il Dio che parla a Francesco non invoca le armi, non promette vittorie in battaglia, non ama il sangue, non scrive il suo nome sulle lame delle spade. Sono giorni, anche, di una pace possibile, di un accordo proposto dal sultano, un accordo onorevole, anche secondo il giudizio di alcuni autorevoli capi Cristiani. È molto probabile che sia questa la parola del Dio di Francesco, Pace, pronunciata ai Cristiani, prima, appena arrivato ai loro accampamenti, e inascoltata. Giacomo da Vitry, vescovo di San Giovanni d'Acri, è un testimone importante dei fatti. È un personaggio molto influente presso la curia romana, come dimostra la sua nomina a vescovo in una città chiave della Terrasanta. Ha conosciuto il movimento francescano in Italia, ed ha espresso la sua grande ammirazione per il frate di Assisi e i suoi seguaci, considerando la loro diffusione una buona notizia per la Chiesa intera, della quale vedeva e deplorava i gravissimi difetti. Adesso è da qualche anno in Terrasanta e sta impiegando tutte le sue energie per riportare moralità e fede nella sua diocesi, convinto che così sarà possibile sconfiggere gli infedeli, riconquistare Gerusalemme e perfino conquistare la Mecca. Perciò Giacomo da Vitry è la fonte più attendibile. Ed occorre leggere con attenzione le sue parole quanto i suoi silenzi. Nelle prime lettere in cui parla della spedizione di Francesco, scritte durante i giorni della presa di Damietta, quando era certo che tra poco tutto l'Egitto e i paesi orientali sarebbero caduti in mano alle truppe Cristiane, accenna appena alla visita del Santo, ne parla solo scrivendo ad alcuni amici e tace quando scrive al Papa. Alcuni anni dopo, quando scriverà una storia più estesa dei fatti, ed ha già assistito al fallimento dei suoi sogni di conquista, ne parlerà assai più ampiamente e sottolineerà l'azione di Francesco presso il Sultano, l'esito pacifico dell'incontro, la magnanimità di Al Kamil e il rispetto reciproco.

Se usiamo lo sguardo di Francesco per leggere la storia, vediamo subito la contraddizione in atto. Nel luogo dello scontro tra gli eserciti che sulle proprie insegne hanno collocato i simboli delle religioni, nulla è Sacro. Eppure il Sacro è il segno proprio dell'attualizzazione di una trascendenza, da essa solo può discendere. Sacro è l'intangibile, il separato, dalla contingenza, dal tocco del quotidiano, dall'uso ordinario. Sacro è lo spazio che l'uomo intuisce di dovere rispettare perché ci sia aria al suo respiro interiore. Perciò Sacro non è necessariamente religioso, e può esistere in ogni comunità umana, ovunque laddove l'uomo riconosce di dovere preservare uno spazio a ciò che lo supera. Sacra, ad esempio, può essere la vita umana, in ogni sua manifestazione, Sacra la natura, per molte società dalla spiritualità profondissima legata al creato, Sacri gli strumenti del lavoro, o della conoscenza, Sacri i loro custodi. La rivoluzione di Francesco era già iniziata stravolgendo il senso del Sacro, per le strade di Assisi, dove ha scelto di abbracciare il lebbroso (spezzando l'intangibilità attribuita alla malattia) e proteggere il lupo e ogni essere vivente, ricollocando il divino nel povero. Così il suo sguardo vede bene, appena approda sulle coste Egizie, che lì nulla è sacro. Perfino Giacomo da Vitry era rimasto scandalizzato dall'immoralità dei comportamenti dei cristiani in Terrasanta. Ma Francesco vede anche la carneficina del 29 agosto, i corpi straziati sul campo di battaglia, il sangue ingiustificabile.

Contro il parere di tutti, Francesco decide di andare a parlare al Sultano. Giunto da Malik Al Kamil, è accolto con grande ospitalità, trascorre diversi giorni da lui. Parlano, di Dio, certamente, a lungo, e i saggi che erano alla corte del Sultano sono coinvolti nelle conversazioni, come testimonia in modo esplicito una fonte araba, che a proposito del grande mistico Fakhr al-Din al-Fārisi, dice "fu consultato dal sultano per l'affare del famoso monaco". Nessuno sa cosa si dissero, ma le fonti attendibili, primo fra tutti Giacomo di Vitry, raccontano della cortesia con cui il Sultano trattò Francesco, del rapporto di rispetto che si creò tra di loro, culminato nella proposta del Sultano al santo di restare alla sua corte.

Francesco, dunque, va in Terrasanta per convertire, convertire alla pace Cristiani e Musulmani. Ma non ci riesce. E ancora una volta, nella sua vita, qualcosa lo trasforma, agisce in lui. Sul tema della conversione degli infedeli Francesco fu molto chiaro. San Bonaventura dovrà farsene una ragione, ma Francesco ammonisce i propri frati che mai propongano la propria fede con aggressività o protervia, che mai compiano atti provocatori, magari volti a conseguire una reazione violenta o perfino il martirio, piuttosto vivano, quando si trovano tra persone di altre religioni, testimoniando la fede in Dio, con semplicità. Con questo spirito, evidentemente, Francesco incontra il Sultano e osserva delle cose che non lo lasciano indifferente. Come la pratica della preghiera islamica. Il canto del muhezzin che cinque volte al giorno chiama alla preghiera tutta la comunità dei fedeli. Francesco non può non notare che sarebbe molto bello se anche i Cristiani facessero la stessa cosa, e nelle città risuonasse, coraggiosamente, il nome di Dio durante la giornata. Lo chiederà, esplicitamente ai "reggitori di ogni parte del mondo": *"E vogliate offrire al Signore tanto onore in mezzo al popolo a voi affidato, che ogni sera si annunci, mediante un banditore o qualche altro segno, che all'onnipotente Signore Iddio siano rese lodi e grazie a tutto il popolo."*

I mistici più importanti del mondo islamico sono già, al tempo di Francesco, gli appartenenti al movimento dei Sufi, il cui nome significa, letteralmente, lana, dal materiale con cui è fatto il loro vestito, in pratica un saio con il cappuccio. E alla corte di Al Kamil erano presenti, di certo, seguaci di Abu alFath alWâsiti, un altro mistico vissuto pochi decenni prima, che aveva scritto una "lode a Dio", mettendo insieme versetti del Corano.

> *E il sole, la luna, le stelle sono sottomessi al Suo comando. La Creazione e il comando appartengono solo a Lui. Sia lode a Dio, il Signore dei mondi. Invocate il Signore con umiltà e raccoglimento*
> **Laudato si' mi signore per sora luna e le stelle...**
> *Gloria a Dio che fa scendere dal cielo un'acqua pura, preziosa, ed umile per far rivivere con essa una contrada morta e dar da bere ai molti animali e agli esseri umani che ha creato*
> **Laudato si', mi' Signore, per sor'acqua, la quale è multo utile et humile et pretiosa et casta.**

Le parole del Corano e quelle del Cantico delle Creature di Francesco si intrecciano in modo naturale, e sembrano parlare di uno stesso Dio. Questa profonda consonanza mi sembra un tratto molto significativo dell'episodio dell'incontro tra Francesco ed Al Kamil. Alla cui corte doveva echeggiare il saluto *as-salām 'alaykum*, la pace sia su di voi, incredibilmente simile a quel *pax vobiscum e pax et bonum* che ancora oggi è il saluto dei francescani e campeggia sulla porta dei conventi e delle chiese dei seguaci di Francesco.

È possibile seguire l'affinità tra la spiritualità islamica e quella francescana non solo sul tema del creato, della possibilità di leggere nella sua
totalità l'impronta del divino, e tutto ciò secoli prima che Spinoza parlasse di
Deus sive Natura, ma anche sul tema della povertà. La radicalità dell'opzione
francescana per la povertà ha un valore teologico, antropologico, politico.
Ancora una volta le biografie del santo trasformano questa scelta in un atto
soggettivo, solidaristico, e lo spogliano, è il caso di dire, della sua forza di
contraddizione, di proposta sociale e teologica. La stessa forza che il
pensiero del grande mistico Rumi esprimeva, pochi anni dopo, nel mondo
islamico. *"La povertà non c'è per il gusto della privazione- no, essa c'è perché nulla
esiste all'infuori di Dio", scrive* Rumi, nato nel 1207, vissuto quindi nei decenni
immediatamente successivi alla vita di San Francesco. Le fonti concordano
nel testimoniare l'ammirazione del Sultano per Francesco, al punto da
proporgli di rimanere alla sua corte. L'offerta non può essere accolta, la vita
di Francesco deve svolgersi altrove, anzi deve tornare in fretta in Italia, da
dove gli arrivano già le notizie di un ordine in cui sorgono divisioni e
conflitti. Angelo Clareno sottolinea proprio che la lunga permanenza di
Francesco in Terrasanta favorisce le tensioni interne all'ordine francescano,
del quale ormai lo stesso fondatore ha perso la guida sicura e cominciano a
prendere il sopravvento le tendenze che spingono per una "normalizzazione" dei francescani nel vasto mondo del monachesimo occidentale. In
ogni caso, Francesco riparte da Damietta, ma i giorni dell'incontro assumono il valore simbolico di una comunione più profonda. E lasciano, senza
dubbio, in Francesco, pensieri nuovi. Una traccia si trova nella Regola non
Bollata. È la prima Regola scritta da Francesco, quella che testimonia in
modo più fedele le sue convinzioni. Una parte dei suoi frati e altri esponenti
della curia che avevano a cuore Francesco e il suo movimento, lo inducono
a fare delle modifiche, per fare in modo che, a loro avviso, la Regola diventi
più realistica, osservabile. Ma in quella prima redazione, quando parla della
possibilità che i frati vadano a predicare in terre ostili, sottolinea che lo
facciano solo se il loro superiore li ritiene adeguati e, soprattutto, che
possono farlo in due modi: predicando apertamente la loro fede e i suoi
principi, oppure astenendosi dal farlo, se questo può provocare conflitto e
tensione (*"Un modo è che non facciano liti o dispute, ma siano soggetti ad ogni creatura
umana per amore di Dio a e confessino di essere cristiani"*) . Siamo dunque in piena
epoca di Crociate, nel 1220 sono stati uccisi, a Marrakech, 5 frati francesca-

ni, i primi martiri dell'ordine, e Francesco scrive nella sua Regola che i frati *"non facciano liti o dispute"*.

Come si vede, l'affinità tra francescanesimo e sufismo islamico va ben oltre gli aspetti esteriori riguardanti l'abbigliamento dei monaci, il loro stile di vita, i versi di alcuni componimenti poetici, e riguarda la visione stessa di Dio e l'espressione del divino nella vita dell'uomo. Ma l'episodio dell'incontro tra San Francesco ed il sultano Al Kamil non è significativo per questo, o non solo per questo. Certo, ci consente di mostrare la fitta trama che unisce le religioni del Mediterraneo,

L'aspetto più importante che l'episodio mette in luce è, a mio avviso, un altro, cioè la possibilità, anzi la naturalezza, del dialogo tra fedeli del Dio Unico. E come la manifestazione della violenza non emerga da un radicalizzarsi delle fedi, ma dall'assenza di quel Sacro, di cui parlavamo all'inizio. La costituzione dello spazio del Sacro è uno dei segni più profondi della cultura Mediterranea, nelle forme che ha assunto sulle varie sponde che il mare bagna. A partire dalla grande, pressochè inestricabile, riflessione biblica sulla vittima, che parte dal "nessuno tocchi Caino" che trasforma il colpevole in Sacro, e poi si sviluppa nella selva di prescrizioni, divieti e procedure, che servono soprattutto a segnare nell'ordinarietà dell'esistenza umana una presenza superiore, imbrigliando nella ritualità l'aggressività dell'uomo, operando uno spostamento della violenza nello spazio del simbolico, senza ignorarla, senza fingere di sopprimerla. Così come accade nel tragico, in Grecia, dove la violenza viene esorcizzata dalla messa in scena, e viene esplorata proprio con la categoria del separato e dell'indicibile. È Sacro il corpo di Polinice, la furia di Medea, Edipo. D'altra parte, i riti Eleusini erano in realtà il più specifico tratto identitario della cultura ateniese, l'elemento capace di distinguere gli inclusi dagli esclusi, un'identità quindi basata sul Mistero, sul tacito riconoscimento di qualcosa indicibile.

Se c'è una linea di frattura che attraversa le civiltà del Mediterraneo, è dunque la linea di demarcazione tra Sacro e Dissacrato, o meglio Desacralizzato. Su questa linea corre la possibilità dell'esplosione della violenza cieca, l'annullamento della dignità dell'altro, l'impossibilità del dialogo, l'innalzamento del limite. Perciò, credo, le società occidentali che vivono affacciate sul Mediterraneo, e molte di quelle che ne sono lambite sulle sue sponde meridionali oggi conoscono una violenza che le sconcerta, una violenza già spiazzante per il fatto di essere dicibile, rappresentabile. La violenza degli attentati, delle decapitazioni, la violenza dei femminicidi, delle morti in mare dei migranti, la violenza dai mille volti che entra nell'ordinario, sconfina dallo spazio separato del sacro, pervade infine i discorsi, pubblici e privati, le immagini, corrode le comunità.

Un dispositivo rappresentato, esplorato, rifigurato nel discorso critico e artistico di Pier Paolo Pasolini. Nelle sue opere, infatti, troviamo una sintesi straordinaria del legame tra desacralizzazione e violenza, ma anche delle manifestazioni del sacro nella cultura mediterranea, È noto come per Pasolini l'affermazione del capitalismo e dell'ideologia borghese fosse una delle cause della cancellazione dello spazio del sacro dalla società moderna. Ma la sua riflessione è più articolata e complessa, e si comprende la centralità del tema che abbiamo delineato anche scorrendo i titoli dei suoi film, da Edipo Re al Vangelo Secondo Matteo, da Medea a Salò. La riflessione di Pasolini non si ferma alla constatazione della scomparsa del sacro nella società del suo tempo, perché in Pasolini riflessione e azione sono indissolubili, e con la stessa chiarezza con cui vede che è abbattuto il confine dell'indicibile, soppresso lo spazio del mistero e del trascendente, riconosce che la loro esistenza sono un bisogno dell'uomo. A volte Pasolini sembra indulgere ad una visione arcadica della società, che colloca in un passato felice o in una società rurale la sfera della sincerità dei rapporti umani, della spontaneità, della possibilità per l'individuo di mantenere un'integrità composta della propria dimensione psicologica, spirituale, sociale, prima della frammentazione capitalistica. Ma la ricerca di Pasolini va oltre la semplice constatazione, scava nel bisogno dell'uomo, cerca la via per una ricomposizione dell'umano. E questa via ripercorre a ritroso i passi della cultura mediterranea, non per regredire, ma per riassumere. Allo stesso modo in cui il percorso poetico di Pasolini tende alla ricomposizione di Trasumanar e Organizzare. L'ascesa spirituale, la libertà vitale, si esprime, direi necessariamente, nell'organizzazione, e contemporaneamente ne può essere fagocitata ed annullata. Nel punto di passaggio tra il bisogno di forma e la potenza dello spirito si trova, per Pasolini, la risposta alla domanda inesauribile dell'uomo, il desiderio di una fede che non diventi religione, di un Sacro che non si costituisca in Chiesa. Perciò San Paolo fu, per tutta la vita, una figura che lo accompagnò, come un alter ego, in quanto riassumeva la potenza interiore della fede e l'azione organizzatrice della Chiesa. Proprio il progetto del film su San Paolo, che non realizzò mai ma di cui resta il copione, illuminante, è intrapreso dal regista nel 1968, pochi anni dopo Il Vangelo secondo Matteo, poi abbandonato e ripreso l'anno prima di Salò. Questi due film sono come i due estremi del ragionamento pasoliniano su Sacro e violenza. La potente irruzione del divino nell'umano e la sua totale scomparsa. E con questa, il dominio assoluto della violenza, immotivata e straniante. Il frutto della desacralizzazione.

Il desiderio di andare oltre l'umano si realizza nell'entusiasmo di ritrovare l'oltre nell'umano. I primi piani, gli sguardi, i silenzi, del Vangelo secondo Matteo sono l'alfabeto di un umano che riconosce il Sacro, che può scrivere sulla sabbia delle strade delle antiche città mediterranee la storia dell'uomo, gli scorci dei corpi, le catene, gli interni dei palazzi, sono la grammatica della violenza. In mezzo, c'è una possibilità, l'incontro di due uomini, attorno a loro uno spazio e un tempo fatto di sangue, tra di loro un Dio Unico, forse anche un Unico Dio, un incontro così misterioso da restare, dopo 800 anni, indicibile.

POSTSCRIPT

Il 4 febbraio 2019, ad Abu Dhabi, Papa Francesco e il Grande Imam di Al-Azhar, Ahmad Al-Tayyeb, hanno sottoscritto un documento comune:

In nome dell'innocente anima umana che Dio ha proibito di uccidere, affermando che chiunque uccide una persona è come se avesse ucciso tutta l'umanità e chiunque ne salva una è come se avesse salvato l'umanità intera.

In nome dei poveri, dei miseri, dei bisognosi e degli emarginati che Dio ha comandato di soccorrere come un dovere richiesto a tutti gli uomini e in particolar modo a ogni uomo facoltoso e benestante.

In nome degli orfani, delle vedove, dei rifugiati e degli esiliati dalle loro dimore e dai loro paesi; di tutte le vittime delle guerre, delle persecuzioni e delle ingiustizie; dei deboli, di quanti vivono nella paura, dei prigionieri di guerra e dei torturati in qualsiasi parte del mondo, senza distinzione alcuna.

In nome dei popoli che hanno perso la sicurezza, la pace e la comune convivenza, divenendo vittime delle distruzioni, delle rovine e delle guerre.

In nome della fratellanza umana che abbraccia tutti gli uomini, li unisce e li rende uguali. [...]

Noi – credenti in Dio, nell'incontro finale con Lui e nel Suo Giudizio –, partendo dalla nostra responsabilità religiosa e morale, e attraverso questo Documento, chiediamo a noi stessi e ai Leader del mondo, agli artefici della politica internazionale e dell'economia mondiale, di impegnarsi seriamente per diffondere la cultura della tolleranza, della convivenza e della pace; di intervenire, quanto prima possibile, per fermare lo spargimento di sangue innocente, e di porre fine alle guerre, ai conflitti, al degrado ambientale e al declino culturale e morale che il mondo attualmente vive. [...]

In conclusione, auspichiamo che:

questa Dichiarazione sia un invito alla riconciliazione e alla fratellanza tra tutti i credenti, anzi tra i credenti e i non credenti, e tra tutte le persone di buona volontà;

sia un appello a ogni coscienza viva che ripudia la violenza aberrante e l'estremismo cieco; appello a chi ama i valori di tolleranza e di fratellanza, promossi e incoraggiati dalle religioni;

sia una testimonianza della grandezza della fede in Dio che unisce i cuori divisi ed eleva l'animo umano;

sia un simbolo dell'abbraccio tra Oriente e Occidente, tra Nord e Sud e tra tutti coloro che credono che Dio ci abbia creati per conoscerci, per cooperare tra di noi e per vivere come fratelli che si amano.

Questo è ciò che speriamo e cerchiamo di realizzare, al fine di raggiungere una pace universale di cui godano tutti gli uomini in questa vita.

IL MERIDIONE A MARGINE
Uno studio su Rocco Carbone

Anna Maria Milone

Sarà necessario spendere qualche parola su Rocco Carbone, sulla sua attività di scrittura e sulla sua vicenda personale, conclusasi troppo presto in un incidente in moto nel 2008 a Roma. Originario di Cosoleto, un piccolo centro in provincia di Reggio Calabria, Carbone studia a Roma alla Sapienza e poi, per il dottorato di ricerca, a Parigi, animato dalla passione per la linguistica: sono suoi degli studi di rilievo su Pascoli, *La natura dell'antico: studi pascoliani* del 1991; successivamente la sua scrittura si orienta verso il romanzo e nel 1993 esce *Agosto* per una piccola casa editrice, Theoria, poi, per Feltrinelli arrivano *Il comando* e *L'assedio*, per Mondadori *Libera i miei nemici* e il postumo *Per il tuo bene*, nel 2018 Castelvecchi ristampa *L'apparizione*. La sua scrittura si declina anche con i racconti pubblicati su Nuovi Argomenti e le collaborazioni con L'Unità, con il Messaggero, i saggi su Bembo contenuti nella Letteratura italiana uscita a fascicoli sul Corriere della Sera nel 1990 a cura di Enzo Siciliano, insomma la sua penna è un esempio di letteratura italiana contemporanea intensa e sincera che apre un mondo di vetro silenzioso dove il lettore si rinfranca, forse e anche perché i romanzi oggi sono nascosti nei fuori catalogo e sono diventati dei luoghi poco visitati, piccoli anfratti preziosi, da riscoprire.

Mi chiedo se la vita di uno scrittore conta forse per il segno che riesce a lasciare tra i suoi amici che sono anche una parte dei suoi lettori. Deve essere così, perché Rocco Carbone, che torna nella mia vita con cadenze regolari per delle casualità, ha lasciato un grande vuoto nei suoi amici, le persone che in seguito anche io ho conosciuto, che accolgono la notizia dei miei studi con grande affetto: questo calore dà un senso all'attività per la quale Carbone ha speso molta della sua vita.

Il romanzo di cui voglio trattare in questo contributo, *Il padre americano*, è uscito postumo nel 2011 a cura di una delle persone amiche di Carbone, la scrittrice Romana Petri. La storia inizia con il funerale del padre del protagonista, Antonio Tuccio, universitario di mezza età. Antonio decide di partire il giorno stesso per un viaggio negli Stati Uniti con la sua giovanissima fidanzata Mirta. Antonio è incagliato in questa relazione fallimentare che riesce a risolvere, non appena ne ha consapevolezza, rimandando Mirta in Italia e continuando il viaggio da solo, per obbedire ad un'urgenza di chiarire un luogo oscuro della sua vita, una storia familiare negata volutamente.

È un romanzo dove il nodo si scioglie nelle ultime pagine, dopo che il lettore ha spiccato salti tra passato e presente, al sud Italia, a Roma e in America, tutto in un contrappunto di stile narrativo abile, dove lo stacco temporale e di luogo si avverte senza traumi, grazie alla voce familiare del narratore, unico punto di irriducibile sicurezza. Il narratore ci ha portati a spasso per talmente tante vie, che spesso ci siamo chiesti quale fosse la meta reale. Che ci sia qualcosa di irrisolto, un'àncora che tira a fondo il protagonista lo si intuisce, tra le pieghe di un discorso nitido, lineare, che lascia un cono d'ombra profondo come il Sud e lontano come il passato che si perde nei silenzi e nelle distanze dell'emigrazione. Vecchie storie meridionali di matrimoni riparatorii di figli non riconosciuti che ripetono la stessa sorte nonostante il cambio radicale di luogo e di tempi, negli Stati Uniti, trent'anni anni dopo.

C'è una colpa che si sente di dover espiare, la colpa di essere calabresi come lo erano i centurioni che crocifissero Gesù Cristo. Colpe ataviche e profonde, del tutto irrazionali, così come indelebili, il peccato di dissimulare l'appartenenza, o l'appartenenza stessa, l'essere o il costrutto dell'identità: in questa colpa sta il mistero del Sud che il narratore, ma anche l'autore, si porta dentro. Nella storia, quando Antonio arriva a Roma, la sua stanza *ha un arredo ospedaliero*: la percezione degli oggetti rimanda la sua sensazione, quella di essere un degente, e cerca con lo sguardo il mare tra le vie romane, il paesaggio noto, affinché possa curarsi, affinché possa confortarsi e curarsi, come quando, a Los Angeles, sale sulla terrazza del museo per riuscire a fare il respiro lungo perché da lì si vede il mare. La malattia è una costante nell'opera di Carbone: c'è un personaggio eletto, che si relaziona di solito in modo stretto con il protagonista, che si confronta con la perdita della memoria; nell'opera di Carbone, l'uomo e la percezione di se stesso sembrano sbiadire al punto che lo scrittore sembra esserne ossessionato. Il protagonista fronteggia questa situazione e porta l'amico o il padre dal medico, ovvero cerca un metodo scientifico per risolvere questo problema che è palesemente senza soluzione. Con la rigorosa disciplina della scrittura Carbone cura se stesso attraverso il romanzo e il personaggio. Scrivere sembra una medicina necessaria quanto più è rigorosa, dettagliata, lineare, un'arma che Carbone conosce bene, se ne serve fino all'estremo risultato, raggiunto ne *L'apparizione* in cui si esprime con una scrittura dai dettagli maniacali. Carbone costruisce una pagina in cui tutto è illuminato, in cui solo negli interstizi del non detto può rimanere celato un significato radicale. Affidarsi al medico per Carbone vuol dire affidarsi al nitore della scrittura.

Il presente studio tende ad evidenziare come Rocco Carbone non sia uno scrittore che appartiene alla letteratura meridionale, eppure come in questo romanzo esista una cornice che riconosco da meridionale, una cornice paesaggistica che Carbone conosce bene e che forse ricerca in tutti i luoghi in cui è stato. Ciò che colpisce di questo romanzo è il fatto che Carbone scelga di menzionare degli elementi insoliti anche per la letteratura meridionale canonica, e anche per quella di emigrazione, perché in realtà obbedisce ad un'urgenza narrativa, in cui tutto viene collocato in una sequenza necessaria alla risoluzione del conflitto. Partendo dal paesaggio, sento di percorrere un sentiero sicuro, condiviso nelle origini con lo scrittore, a Reggio Calabria, tra agavi, torrenti, uliveti, il territorio uniforme che si apre a perdita d'occhio senza incontrare nessuno: tutto costituisce una cornice che rappacifica, che mette tutto in asse, elementi benefici che ritornano nella Calabria ionica così come negli Stati Uniti, elementi benefici che curano e consolano. Elementi che raccolgono le confidenze delle voci rotte dall'emozione davanti al mare e da cui si aspetta di ricevere assoluzione e pace. Al di là del paesaggio che racchiude tutto, Carbone sceglie coraggiosamente di raccontare due episodi che sono legati al meridione anche se controversi, accanto ad un episodio invece tradizionale. I due passaggi insoliti sono il racconto di un sequestro di persona e il rituale religioso della festa della Madonna di Polsi.

L'episodio del sequestro, oltre ad essere avulso da tutta la storia, fino a sembrare gratuito, è un pretesto, si capirà nelle pagine successive, per far esprimere il padre in merito alla terra di origine, per connotare questa figura in modo netto ed opposto a quanto ci si aspetta di trovare in quel contesto, un piccolo grande rivoluzionario, uomo di legge. Nel suo discorso è espressa la sofferenza di qualcosa che sfugge, che non si può cambiare, che non risponde alla bontà d'animo che sentono di avere i protagonisti. Le riflessioni del padre del narratore sono la storia di un amore malato per la Calabria, dove ci sono persone che fanno un uso criminoso della natura impervia, sfruttata per nascondere gli ostaggi, è una storia dove il legame famigliare viene edulcorato in solidarietà criminali, dove il confine tra persone e merci è davvero sottile. Quel dialogo diventa un manifesto di appartenenza, di giustizia e di bellezza che sta nello sguardo di chi vive in modo appassionato una terra così tormentata.

La religione, un altro aspetto caratterizzante della letteratura meridionale, fa capolino come un cameo con menzioni singolari. Nel romanzo si passa dal rinnegarla davanti ai testimoni di Geova insinuatisi in casa, al ricordo della devozione della madre che viene riscoperta dal padre una volta vedovo, all'invocazione salvifica di San Rocco in processione: il ricordo di quando era bambino, dell'unico pellegrinaggio che il narratore ha fatto, è questo pensiero che lo consola mentre si avvia insieme ad un gruppo di persone in cerca di flussi di luce benefica sul luogo del chakra, ovvero una collina in un punto anonimo degli Stati Uniti. Tutto sembra esageratamente ridicolo, anche se Antonio cerca di farne un punto di solenne importanza, associandolo alla ritualità meridionale e religiosa che lo rinsalda alla stagione dell'infanzia, al sacro unico che riconosce come essenziale. Ma la religione per il Sud è soprattutto un momento sociale, un segno di riconoscimento di appartenenza, a volte spinto agli estremi. Sempre con un atto di coraggio, Carbone racconta della festa della Madonna di Polsi, un momento di grande commozione corale; il santuario si trova in un posto recondito della montagna calabrese, la strada si interrompe ad un certo punto, ma centinaia di persone non mancano di coprire le distanze a piedi in occasione della festa i primi di settembre. Questo luogo controverso, legato alla malavita e alla devozione, nel romanzo, scritto prima dell'indagine che vede accertarne le connivenze, si risolve nella figura del padre, uomo di giustizia che partecipa alla festa religiosa: per lui non esiste alcuna commistione, la chiarezza della sua posizione, sul modo di vivere questa terra è enunciata in modo anche commovente in più passaggi. L'amore per la legalità coincide con l'amore per la terra, con l'amore filiale, con il discernimento, con l'esporsi in modo univoco. L'antropologia, da cui è difficile esimersi in questo campo, in particolare con i contributi di Corrado Alvaro e Vito Teti, ha raccontato intensamente la festa di Polsi, con un raffronto interessante tra il passato e quello che è diventato un rituale pieno di contraddizioni. Carbone seppur brevemente traccia una linea netta di ciò che è la festa di Polsi nel sentire dei calabresi, quel sentire che stenta a concretizzarsi in parola esatta. Senza dare giudizi di valore, si registra l'amara consapevolezza di vivere in una società in cui una porzione malata è sfuggita alla logica. Questi episodi sono dei passaggi che ribadiscono l'amore per la terra, il recupero della bellezza e della purezza di un sentimento che a contatto con il lato guasto ha la forza di risplendere più fulgido di prima.

Un passaggio che invece si ritrova spesso nella letteratura che racconta l'avventura dell'emigrato è il banchetto di benvenuto, l'accoglienza che viene fatta al nuovo arrivato nella comunità di italiani già insediatasi negli Stati Uniti. Nelle dense pagine del romanzo assistiamo ad un cambio di passo: come un serpente il protagonista cambia pelle, si ritrova sul binario della storia canonica dell'emigrazione. Ellis Island, le ricerche, il bisogno di familiarità, di riconoscersi: ecco che il romanzo prende il giusto avvio, quello che avrebbe avuto dall'inizio, la ricerca di sé, la luce sulle ombre del passato.

La scena tipica è il banchetto di accoglienza della comunità di compaesani. Quello che leggiamo riporta, senza alcuna costrizione, alle pagine dell'autobiografia di Joseph Tusiani *In una casa un'altra casa trovo*, (Bompiani 2016) che è essenzialmente un testo tradizionale della letteratura di emigrazione. Il rapporto con il cibo in questi casi menzionati è rinnovato: nella letteratura antropologica si insiste sulla nostalgia che si cura con il cibo tipico del proprio paese di origine ritrovato nella nuova terra. Il cibo è un punto di discrimine tra il prima e il dopo l'emigrazione: non è sufficiente prima e si spera di trovarne in abbondanza dopo, lontano. Tusiani, e anche Carbone, rappresentano un banchetto di benvenuto, momento fondamentale dell'accoglienza, in cui si fa attenzione a sottolineare l'abbondanza e non la tradizione. Il cibo consumato dai compaesani di Tusiani, una flotta di centinaia di persone, è in realtà cibo americano a buon mercato, birra al posto del vino, panini al posto della pasta asciutta. Carbone non menziona nel dettaglio ma si limita a dire che era abbastanza buono, così come il vino. Altro elemento immancabile è il discorso di benvenuto, gli abbracci della folla di compaesani, le domande su parenti e luoghi, vivi ormai solo nella loro memoria. Un rituale di iniziazione che Carbone ripropone, e il modo indolente con cui lo fa lo sottolinea come un passaggio necessario per il completamento della sua ricerca.

Quindi due elementi insoliti e uno tradizionale, che poi è quello risolutivo: tutto deve essere raccontato per essere fermato sulla carta, salvato dalla memoria che scivola via, per diventare memoria necessaria per andare avanti con passi sicuri nel futuro. Una memoria fatta di Sud a margine, ma essenziale.

La descrizione della luce, quasi sempre che sbiadisce nei momenti importanti del romanzo, è una scelta peculiare di questo scrittore che teme quello che viene avvolto pian piano dalle tenebre, quello che rimane nell'ombra, come se temesse quel luogo oscuro dove si deve scendere a patti con le grandi verità dell'uomo e alle quali nessuno è pronto. Ma in questo caso, il crepuscolo ricorrente, questa insistenza sull'incipienza della fine, la morte e l'Alzheimer del padre, la luce autunnale descritta dall'amico scrittore come *la luce delle cose che finiscono*, la storia affievolita con Mirta, non sono più sopportabili al punto che il racconto cura la sua stessa debolezza portando la storia a volerci vedere chiaro fino in fondo, a mettere in luce tutti i coni d'ombra.

La percezione non inganna, dice Carbone, sebbene la malattia e l'ossessione sono dissimulate: quello che viene registrato, come la casualità degli incontri, è la sensazione oggettiva, cioè quella che viene dagli oggetti, di essere in un luogo di degenza dove ci si cura con la disciplina, *se questa può davvero servire a qualcosa*, si domanda il protagonista. La consolazione viene sempre dal paesaggio del Sud, in un contesto di dissidi interiori e lacerazioni irrisolte, la natura arriva a sostegno di un conforto a lungo cercato. Il Sud presente nelle opere di Carbone non è presente in altre letterature, un'atmosfera discreta mai urlata, mai troppo celebrata, che è un fiume carsico che scorre in tutti i suoi romanzi. La città di Reggio Calabria, esplicitamente menzionata o riconosciuta da chi come me ci ha vissuto, al contempo è cornice della storia e radice stessa della sua liricità non solo ne *Il padre americano* ma anche ne *L'assedio* e in *Agosto*. Reggio Calabria è un luogo dove si annientano tutti i valori e dove tutto ha un valore estremo, anche per la geografia che le appartiene, adagiata com'è in un ultimo gradino radente al mare. Reggio rimane un luogo dell'anima, un punto insondabile nella conoscenza e nel sentire di un uomo che non è mai appartenuto per davvero a questo posto e che sempre l'ha portato con se in ogni riga del suo scrivere. La luce autunnale in riva allo Stretto, il bar con i tavolini sotto al monumento ai Caduti, lo storico bar che oggi non c'è più, sono tutti momenti, più che luoghi, che Carbone riconosce come imprescindibili del suo narrare. E non per la loro particolare bellezza ma proprio per la loro impareggiabile comune originalità: sono quella luce, quel luogo, quel momento irripetibile che danno senso alla scrittura. Reggio sembra essere perfetta per quelle storie, un non-luogo dove tutto può accadere persino una vicenda straordinaria come quella de *L'assedio* dove la città viene immobilizzata da una pioggia di sabbia che dura giorni.

Concludo con questa immagine che torna nelle pagine di Rocco Carbone. L'ansa del lungomare di Reggio Calabria sembra sorridere sullo Stretto:

è un'apertura che porta l'aria necessaria alla vita ma non alla completa libertà. Carbone sente il binario di una visione costretta seppur di ampio respiro: non si libera mai della sponda di fronte, ha paura di qualcosa che non vede, quindi che non può descrivere e non può conoscere, qualcosa che sta oltre l'orizzonte, un Sud sognato prima di essere vissuto.

OPERE CITATE

Carbone Rocco. *La natura dell'antico: studi pascoliani*. La nuova Italia: Firenze, 1991.

Carbone Rocco. *Agosto*. Theoria: Roma-Napoli, 1993.

Carbone Rocco. *Il comando*. Feltrinelli: Milano, 1996.

Carbone Rocco. *L'assedio*. Feltrinelli: Milano, 1998.

Carbone Rocco. *L'apparizione*. Mondadori: Milano, 2002; Castelvecchi: Roma, 2018.

Carbone Rocco. *Libera i miei nemici*. Mondadori: Milano, 2005.

Carbone Rocco. *Per il tuo bene*. Mondadori: Milano, 2009.

Carbone Rocco. *Il padre americano*. Cavallo di ferro: Roma, 2011.

Colasanti Arnaldo. *Rosebud*. Quiritta, 2013.

Teti Vito. *Terra inquieta*. Rubbettino: Soveria Mannelli, 2015.

Trevi Emanuele. *Due vite*. Neri Pozza: Milano, 2020.

Tusiani Joseph. *In una casa un'altra casa trovo*. Bompiani: Milano, 2016.

GABRIELE D'ANNUNZIO E LA SUA MEDITERRANEITÀ.
La bellezza come stile di vita, natura come oggetto del ricordo.

Giovanni Minicucci

> Settembre, andiamo. È tempo di migrare.
> Ora in terra d'Abruzzi i miei pastori
> lascian gli stazzi e vanno verso il mare:
> scendono all'Adriatico selvaggio
> che verde è come i pascoli dei monti.
>
> —Gabriele D'Annunzio

Come diceva il grande poeta vate, è tempo di migrare. Scoprire nuovi posti, nuove realtà, nuovi orizzonti. Gabriele D'Annunzio era abruzzese con precisione pescarese di nascita. La sua terra natia non l'ha mai dimenticata, in molti dei suoi componimenti c'era la ricorrenza alla sua regione. Si racconta una leggenda nel quale il giorno della sua nascita, la madre avrebbe esclamato: "Figlio mio sei nato di Venerdì e di marzo, chi sa che farai nel mondo!". Era in realtà un altro giorno, giovedì e nasceva, non sulla tolda di una nave nell'Adriatico come avrebbe raccontato in seguito, ma in Corso Manthoné a Pescara. Questa via, una delle principali della città antica, tutt'ora lo ricorda con degli affreschi che rappresentano il suo volto su facciate murali. Il segno zodiacale del poeta non era quello dell'Ariete come invece avrebbe scritto nelle Laudi ma bensì dei Pesci. La mistificazione delle proprie esperienze e della propria vita erano alla base della personalità di D'Annunzio e anche di come il passato sia stato per lui luogo di rielaborazione e laboratorio creativo. È ben noto che D'Annunzio si poteva definire un uccello viaggiatore, poiché se ne andò presto dall'Abruzzo per arrivare in Toscana per poi viaggiare in tutta Italia e non solo. Conseguita la licenza liceale d'onore tornerà in Abruzzo per trascorrere le sue ferie caratterizzate da grande spensieratezza, lo vedono riunito in fraterna comunione di spiriti e di ideali con gli amici Francesco Paolo Michetti, Paolo Tosti e Costantino Barbella. Compirà un viaggio, fondamentale, con alcuni di loro alla scoperta di un Abruzzo ignoto: in treno fino a Sulmona, a cavallo nella valle del Gizio fino a Pettorano, poi, in carrozza verso la vallata del sagittario fino a Scanno. Al ritorno soste a Popoli, San Clemente a Casauria, Tocco. Visiterà anche L'Aquila in un altro mese dell'anno.

Scrive alla fine di Settembre ad Enrico Nencioni, narrando delle sue gite in montagna e delle nuotate nell'Adriatico: "ho portato via una messe d'ispirazioni nuove, i muscoli rinvigoriti e lo spirito franco".[1]

Quindi, dell'Abruzzo emergono più che altro elementi del paesaggio: il mare e il fiume. Per quanto riguarda gli usi e i costumi, l'unica notazione nelle lettere è relativa al fastidio per il fracasso delle feste popolari. L'autore svilupperà un interesse non peregrino per la terra natia grazie al circolo michettiano e la lettura di Verga aumentando anche un'attenzione crescente per la sua regione ed il suo popolo, che, come vedremo, si sarebbe esteso dal descrittivismo veristico impressionista delle prime raccolte al simbolismo tragico delle più mature opere teatrali. Attraverso alcune delle opere più famose, si svilupperà un'analisi letteraria del poeta vate facendo sempre riferimento alla sua terra natia, da sempre amata. Si prenderà in considerazione anche il concetto di bellezza e come d'Annunzio lo inculca nelle sue composizioni adattandolo come stile di vita.

Un componimento molto importante è "La pioggia nel pineto", una lirica composta fra luglio e agosto 1902 dal poeta nella celebre Villa La Versiliana, dove abitava immerso nel verde della pineta a Marina di Pietrasanta in Versilia. I temi centrali sono l'amore del poeta per Eleonora Duse, la bellissima attrice con cui il poeta ebbe una relazione. "La pioggia nel pineto" racconta di una passeggiata in campagna insieme al suo amore, la pioggia improvvisa li costringe a ripararsi sotto una pineta e regalando loro un'atmosfera intima e suggestiva. La pineta al quale il poeta prese ispirazione potrebbe essere stata quella del lungomare di Pescara di cui a quel tempo ne era folta.

Il poeta si immerge nel paesaggio e nelle suggestioni che il temporale e la pineta gli regalano assaporando i rumori della natura e del picchiettare dell'acqua.

La metamorfosi è un elemento fondamentale. Nella lirica si intrecciano i temi di quest'ultima ovvero l'uomo e la donna si fondono gradualmente con lo spirito stesso del bosco e della musicalità, grazie alla forza evocatrice della parola poetica. La prima trasfigurazione è già nel nome Ermione, con cui il poeta chiama la donna amata, che innesta un rimando al mito da cui poi mutua il repertorio figurativo della metamorfosi. È un invito che il poeta fa ad Ermione chiedendo di tacere e solo udire le varie modulazioni che le gocce

---

[1] Per il carteggio tra d'Annunzio e il professore Enrico Nencioni si veda Forcella, Fatini, e Brettoni.

di pioggia producono sulle piante del bosco, cui si unisce il verso della cicala e della rana. I suoni producono una sinfonia che conduce gradualmente in una dimensione di sogno, entro la quale avvengono i riti metamorfici: entrambi si fondono nella rigogliosa vita vegetale, che avviluppa i loro corpi (il cuore è come una pesca, gli occhi sono come sorgenti, i denti sono mandorle acerbe) e il loro essere (i pensieri, l'anima). La lirica si chiude con la ripresa del tema della pioggia, quasi a prolungare quello stato di estasi cui il poeta e la compagna sono pervenuti.

Le gocce, cadendo leggere sui rami e sulle foglie, creano una musica magica e orchestrale, destando odori e vita segreta nel bosco. I due amanti si inoltrano sempre più nel fitto della vegetazione e, così circondati, coinvolti e immersi da una sinfonia di suoni, profumi e sensazioni sprigionati dalla pioggia, si sentono parte viva della natura che li circonda, fino ad immedesimarsi con essa stessa e a trasformarsi in creature vegetali.

Questa trasformazione inizia nella seconda strofa, ai versi 52-61, dove il poeta paragona il volto di Ermione a una foglia e i suoi capelli a una ginestra e si compie nell'ultima strofa, a partire dal verso 97, dove D'Annunzio definisce Ermione non bianca ma quasi verde, come una pianta, e ne paragona i vari elementi del corpo ad altrettanti elementi naturali: il cuore alla pesca, gli occhi alle pozzanghere d'acqua, i denti alle mandorle.

Questa meravigliosa trasformazione, questa immersione totale del poeta e di Ermione nel paesaggio naturale che li circonda è la "*favola bella*". Molti studiosi letterati hanno considerato tale questa storia perché si tratta di un'illusione momentanea, ma bella perché questo senso di comunione perfetta con la natura è fonte di serenità e di gioia. I temi principali della poesia, come già enunciato precedentemente, sono tre:

la pioggia
la trasformazione o metamorfosi
l'amore

Analizzando più nel dettaglio si nota come ad ogni fine strofa vi è il nome della donna, Ermione, riferimento classico come quasi per rendere immortale la sua donna. Ermione, che nella realtà era l'attrice Eleonora Duse è un nome tratto dalla mitologia greca e corrisponde alla figlia di Elena, moglie di

Menelao e causa della guerra di Troia. La poesia si conclude riprendendo i versi che chiudevano la prima strofa:

> che ieri
> t'illuse, che oggi m'illude,
> o Ermione.

Come è stato già enunciato in precedenza, D'Annunzio aveva questo rapporto molto stretto con la natura, e la venerava in modo quasi fiabesco. In un altro suo componimento del 1882 *Canto novo*, il poeta intende immergersi ancora di più nel paesaggio naturale della sua regione, il caro Abruzzo.

Il più giovane del cenacolo michettiano era De Cecco nonché socialista ed è il primo ad essere informato sull'uscita di Canto Novo "con scariche di socialismo feroce" (Di Tizio, 57) scrive. Si può intravedere in questa che è altrimenti considerata una irrilevante parentesi dell'impegno politico dannunziano, la prima e ancora acerba spinta verso il popolo e una verità di popolo. *Canto novo* riunisce testi già pubblicati separatamente, arricchiti da illustrazioni dell'amico pittore Michetti[2]. Vi fu anche la seconda edizione del 1896 ridotta successivamente a soli 23 testi e ogni argomento politico o sociale ne sarebbe stato tagliato fuori così da farne risultare un "poema lirico panteistico" dove D'Annunzio fonda un nuovo paganesimo.

In una lettera a Nencioni dell'84 esprime più apertamente la volontà di scrivere un romanzo storico:

> voglio fare un romanzo, dirò così, omerico, epico, in cui molti personaggi operino e masse di popolo si muovano; un romanzo con moltissimi fatti e pochissima analisi, un romanzo a fondo storico. L'azione si svolgerà a Pescara tra il '50 e il '75. Ho qui una meravigliosa miniera di documenti, ci entreranno i Borboni, li uomini di Sapri, i cospiratori politici; ci entrerà tutta la vita religiosa, privata e pubblica piena di pettegolezzi, di congiure di odii, intricatissima, tumultuaria, tutta la vita di una città piazza forte dove il militarismo e il clericalesimo imperavano sovrani. Che scene![3]

---

[2] Francesco Paolo Michetti è stato un pittore e fotografo italiano.
[3] Cfr. nota 1

"L'azione si svolgerà a Pescara". Le intenzioni del vate sono ben chiare, analizzare la storia della sua città natale, con le molteplici conquiste dei Borboni.

L'Abruzzo era maggiormente terra di contadini e pastori, e non a caso, Gabriele D'Annunzio attraverso la poesia "Settembre", descrive quella chiamata, *"la via del tratturo"*, che partiva dalle montagne abruzzesi fino a sfociare nel mar Adriatico in prossimità del confine Molise-Puglia. È anche fondamentale ricordare che a quel tempo il Molise era ancora incluso nella regione abruzzese e solo nel 1963 si è diviso diventando regione autonoma a tutti gli effetti.

SETTEMBRE, andiamo. E' tempo di migrare.
Ora in terra d'Abruzzi i miei pastori
lascian gli stazzi e vanno verso il mare:
scendono all'Adriatico selvaggio[4]
che verde è come i pascoli dei monti.

Han bevuto profondamente ai fonti
alpestri, che sapor d'acqua natìa
rimanga ne' cuori esuli a conforto,
che lungo illuda la lor sete in via.
Rinnovato hanno verga d'avellano.

E vanno pel tratturo antico al piano,
quasi per un erbal fiume silente,
su le vestigia degli antichi padri.
O voce di colui che primamente
conosce il tremolar della marina![5]

Ora lungh'esso il litoral cammina
la greggia. Senza mutamento è l'aria.[6]
il sole imbionda sì la viva lana
che quasi dalla sabbia non divaria.
Isciacquìo, calpestìo, dolci romori.

---

[4] Citazione da Carducci, "Selvaggio mare" in *Odi barbare, Per la morte di Napoleone Eugenio.*
[5] Citazione dantesca (Purg I, 117).
[6] "Un'aura dolce senza mutamento" Altra citazione dantesca (Purg XXVIII, 7).

Ah perché non son io co' miei pastori?[7]

Ci sono molteplici connessioni e analogie con altri testi come la stessa identica descrizione del gregge, che scende al mare come un fiume, riscontrabile anche anche in Laude dell'illaudato, nel Fuoco e nel coevo Elettra (Per i marinai d'Italia morti in Cina, Notte di Caprera). Si tratta quasi di un modulo descrittivo, che come è possibile notare, cambiando di significato, sarà per i lettori indizio di decodificazione della mutata concezione poetica dannunziana del suo Abruzzo.

Con la fine della grande estate ardente il vitalismo panico si stempera in note più sommesse e malinconiche. Terminerà di esserci l'esaltazione sensuale tanto aspirata e si attraverserà un periodo in cui D'Annunzio si rifugerà in sé stesso e si lascia andare al sogno e alla memoria. "L'arrivo dell'autunno suscita in lui, che si trova ancora in Versilia, la fantasia di mutare paese, di essere altrove, e risveglia il ricordo della sua terra, da cui si sente come esule ed a cui guarda con nostalgia, rimpianto, desiderio" (Melosi 7). Ai suoi occhi il paese natale, Pescara, rappresenta un mondo semplice, vigoroso, austero, depositario di valori antichi che si esprimono in gesti rituali sempre identici nei secoli. Infatti, in un articolo sulla "Tribuna illustrata" del 1893 definiva i pastori abruzzesi "solenni e grandiosi come patriarchi".

Il cammino dei pastori è formato da tappe analizzate attentamente dal poeta vate che ne crea un componimento. L'arte non è solo poesia, ma si collega quasi in modo perfetto con la pittura. Tutto questo dá luogo ad una serie di quadri nitidi nell'immaginazione e nella memoria come il bere alle fonti alpestri, il lasciare gli stazzi, la discesa per il tratturo erboso, il grido del primo che intravede il mare, le greggi che inondano la spiaggia.

Le notazioni visive sono molto importanti, ricche di colori come, ad esempio, il verde dei pascoli e del tratturo, il sole che colora di biondo la lana delle pecore. Vi sono anche impressioni uditive come il silenzio dei tratturi, lo sciacquio e il calpestio delle greggi. La sobrietà descrittiva fa parte del disegno nei quadri possedendo un lessico al quanto semplice. "Ma dietro alla semplicità del dettato sono riconoscibili i consueti rimandi analogici, che suggeriscono segrete identificazioni tra oggetti lontani (il mare verde come i pascoli montani, il

---

[7] Gabriele D'Annunzio. *Versi d'amore e di gloria.*

tratturo erboso che è come un fiume che scende al mare, la lana delle pecore che non differisce dalla sabbia)" (Melosi 9). Le reminiscenze letterarie dantesche vi si trovano all'interno che non segnano uno stacco dal tono generale.

Non è un caso che la prima delle Terre lontane sia proprio dedicata ai pastori del suo Abruzzo, terra appunto lontana, perché sospesa nel tempo e trasvalutata. Per la prima volta l'autore manifesta in una lirica la volontà di comporre una tragedia pastorale, il desiderio di fare ritorno fra i suoi pastori.

Successivamente, nell'Agosto 1903, il poeta pescarese, cominciò la stesura di un'altra opera che sarà riconosciuta come una delle più importanti: "La figlia di Iorio".

Precede l'opera un'indicazione che la colloca in un passato indeterminato o meglio in una dimensione temporale indefiniti e perciò quasi universale ed archetipica: "Ora è molt'anni."

Lo stesso D'Annunzio scrive in una lettera al pittore Michetti, amico e corealizzatore della trama:

> Tutto è nuovo in questa tragedia e tutto e semplice. Tutto è violento e tutto è pacato nello stesso tempo. L'uomo primitivo, nella natura immutabile, parla il linguaggio delle passioni elementari... E qualcosa di omerico si diffonde su certe scene di dolore. Per rappresentare una tale tragedia son necessari attori vergini, pieni di vita raccolta. Perché qui tutto è canto e mimica... Bisogna assolutamente rifiutare ogni falsità teatrale. (cit. in Ciani, 43)

Il giorno di San Giovanni è l'ambientazione della storia, ovviamente in Abruzzo. La famiglia di Lazaro di Iorio sta preparando le nozze del figlio Aligi; l'atmosfera è gaia grazie ai canti e ai dialoghi allusivi ed effervescenti delle tre sorelle. Aligi pare comunque turbato da strane sensazioni e da presagi e si esprime in un linguaggio onirico. Mentre la cerimonia nuziale sta procedendo con un frammisto di riti rurali, ancestrali, pagani precristiani, irrompe nella casa Mila per cercarvi rifugio; lei è una donna dalla cattiva fama, figlia di un mago Iorio di Codro e maga ella stessa, ma è costretta a fuggire per evitare le molestie di un gruppo di mietitori ubriachi. Essi sono autorizzati da una consuetudine contadina a fare la cosiddetta "incanata": offendere e assalire lo straniero di passaggio nei campi, tanto più se donna. Quando Aligi, incitato dalle donne presenti al matrimonio, sta per colpirla, viene fermato dalla visione dell'angelo custode e dai pianti delle sorelle. Aligi riesce persino a convincere i mietitori a rinunciare alla loro preda. Mila e Aligi finiscono per convivere assieme in una caverna pastorale in montagna; la loro unione non è peccaminosa e anzi sperano ardentemente di recarsi a Roma per ottenere la dispensa papale e poi sposarsi felici e contenti. Ma la situazione precipita rapidamente: Ornella, una sorella di Aligi, addolora profondamente Mila con il racconto sullo stato di disperazione in cui è caduta la sua famiglia, dopo la partenza di Aligi. Mila decide allora di fuggire, ma viene fermata da Lazaro che cerca di sedurla con la forza; Aligi interviene a difendere la donna e nasce così una colluttazione tra padre e figlio che terminerà con la morte del padre. Aligi evita la condanna solo per la falsa confessione di Mila, che si addebita ogni colpa, autoproclamandosi strega. Verrà condotta alla catasta per morire sulle fiamme.

Come in ogni produzione letteraria compaiono le critiche, sia quelle contemporanee alla realizzazione dell'opera sia quelle successive, che sono state, generalmente, positive. Il Paratore commenta: "È l'unica opera del poeta, che pur concedendo il debito posto al furore dei sensi, si solleva in un clima in cui i palpiti dell'umana passionalità vibrano di una risonanza universale". Afferma, Umberto Artioli: "Nei paesaggi - stati d'animo, negli oggetti - emblemi, nei personaggi che solidarizzano o si contrappongono come frammenti di un'unica individualità scissa in sé stessa ed affiorante sulla scena in una pletora di sembianti diversi, circola quel che gli espressionisti definiranno *Ich - Drama*: un'opzione drammaturgica a fondamento allegorico in cui l'eredità romantica, prende quota su un impianto di sapore medievale".

Vi fu anche una rielaborazione parodica fatta da Eduardo Scarpetta a Napoli nel Dicembre 1904 con il titolo: *Il figlio di Iorio*. Scarpetta si trovò nei guai per averla messa in scena senza possedere di autorizzazione e venne querelato dalla Società Italiana degli Autori ed Editori per causa plagio e contraffazione. Croce ne prende le parti, asserendo che è nello stesso spirito della tragedia la rivisitazione napoletana fatta dallo Scarpetta.

Analizzando ancora meglio l'opera si riesce a comprendere quale sia la lettura che il poeta vate vuole dare alla sua tragedia con la presenza dell'Abruzzo. La scelta precisa dei versi già rimanda a un'idea di tragedia ripresa dalla tradizione greca antica, della quale d'altra parte D'Annunzio non fa mistero. È molto importante anche la sua passione, sogno che i resti del teatro romano di Nettuno potessero fare da scena ai suoi drammi. Anche il coro la conferma di tutto ciò poiché composto dalle sorelle di Aligi, dalle parenti, poi dai mietitori e più avanti ancora dalle parenti e dalla turba.

Un altro studio permette di analizzare la metrica dell'opera che di certo è varia. Il poeta abruzzese preferisce utilizzare l'endecasillabo dattilico per la pacatezza del mondo dei pastori, e l'utilizzo dei versi brevi permette un certo privilegio per l'ottonario e il novenario melodrammatico, riferito alla violenza del mondo agricolo. Nel dare indicazioni sulla traduzione francese ad Herelle, D'Annunzio spiega come l'assonanza debba preferirsi alla rima. L'assonanza acquisisce più valore musicale maggiore rispetto a quello della rima perché inconscio e soprattutto connesso all'oralità e all'udito invece che alla vista.

Con queste frasi riportate, D'Annunzio chiarisce qual è l'andamento della metrica e la funzione del ritmo:

> I miei novenari, nel testo, ora acquistano un piede ora ne perdono uno: diventano decasillabi e ottonari e l'accento si sposta specialmente nel primo emistichio — di continuo. Nessuna regolarità. (Parenti 165)

Vi è un recupero di uno stile giullaresco risalente al Medioevo, quindi lo stile metrico di grandi opere. Infatti, abbiamo due processi, il primo ovvero una sorta di viaggio nella riscoperta di poesia religiosa e profana nel secondo avviene attraverso *le Laudi*.

La dott.ssa Melosi in uno studio letterario (Melosi 13) su D'Annunzio afferma che anche il Gibillini pone l'accento su questa stretta correlazione anche il Gibellini, che nota come il *Ditirambo IV Il volo di Icaro*, una volta ricondotto alla sua vera data (volutamente depistata dal poeta) - ottobre 1903 e non agosto 1902 - riassorba «nell'estrema esperienza alcionia i brividi mitopsicanalitici saggiati nella tragedia abruzzese». La vicenda di Icaro, a lungo pensata, può dunque pienamente narrarsi dopo una doppia fondamentale esperienza: la rivisitazione (anche nietzscheana) della Grecia in *Laus vitae*, conchiusa nel maggio 1903, e la regressione dei conflitti elementari e metastorici della *Figlia di Iorio*, in terra d'Abruzzi «or è molt'anni» (18/07-29/08 1903), spartiacque per una materia difficile e bruciante, ma anche di una misura ritmica e metrica nuova e antica:

> "La mia volontà di dire rompeva il metro, superava il numero. Ogni grande strofa del ditirambo m'incominciava «Icaro disse», mi si rifaceva «Icaro disse»." (Gibellini, 131-132)

Afferma il Gibillini: "La misura 'poematica' del più esteso componimento di Alcyone poteva compirsi con singolare libertà metrica dopo la liberatoria esperienza della strofa lunga di *Laus vitae* e lo sperimentalismo ritmico della *Figlia*; recuperando attraverso il maturato tirocinio dell'assonanza, gli accenti di un'epica metacronica: Ovidio, ma anche, per la tecnica delle lasse similari (ço dist Rolland – Icaro disse) quella Chanson de Roland con cui da poco si era cimentato anche Pascoli. Con la caduta partecipe di Icaro, sarebbe caduto anche l'universo metrico della sezione più schiettamente mitico-metamorfica di *Alcyone* e dopo il *Ditirambo*, anche metricamente il sogno di *Alcyone* tenderà a ridefinirsi in metri tendenzialmente chiusi". Un elogio che proviene dalla rappresentazione mitico-giullaresca che è *La figlia di Iorio*.

Trattando invece di un altro aspetto ovvero la lingua nella tragedia *La figlia di Iorio* é chiaro che si parla di una lingua non reale: come se fosse un esperimento eseguito in laboratorio, giustificato dall'«ora è molt'anni» dell'incipit. Il poeta decide di non introdurre il dialetto perché il suo scopo è una sorta di recupero e rinnovo della lingua italiana dal punto di vista letterario.

Vi sono molte inversioni arcaizzanti che però si contrappongono anche ad una base popolare della tragedia. Vi è un uso ricorrente di lessemi del folklore ma anche religiosi e popolari.

É possibile constatare che il poeta vate sposta l'uso del dettato verso un idea mitica e allo stesso tempo arcaica. D'Annunzio riportò moltissime correzioni ove si può vedere una maggiore uso elevato della letteratura ma anche ad un maggior uso dell'espressione e determinazione. "Dialettalità e arcaismo risultano le facce sovente inestricabili di un unico paleolinguaggio."

I fattori popolari sono ben inseriti all'interno della tragedia e non solo si intravedono tradizioni folkloriche create in modo indiretto ma vi è l'uso di veri proverbi e preghiere intrecciate all'interno del componimento. Ma "Il D'Annunzio non interrogò il popolo direttamente: intermediario fra questo e il poeta fu Antonio De Nino il quale ridestava con le narrazioni e i suggerimenti, a volta a volta, il fuoco sacro della terra natia" (Giannangeli 121). L'Abruzzo, la sua terra, la sua casa diventa mezzo di dedica sin da subito e si estende ad un sistema sovratemporale e ad una stirpe tragica, cristiana e precristiana:

Alla terra d'Abruzzi
Alla mia madre alle mie sorelle

Al mio fratello esule al mio padre sepolto

A tutti i miei morti a tutta la mia gente

Fra la montagna e il mare

Questo canto

Dell'antico sangue consacro

Proietta una sorta di nuova identità della sua regione natia dopo averla già descritta in alcune delle sue raccolte poetiche e nei romanzi precedenti. "Grazie alla presa di coscienza di una sostanziale immutabilità dell'animo e dell'istinto umano ma anche della comunanza storica delle sue origini, applica alla terra natìa la sapienza millenaria della cultura occidentale" (Giannangeli, 121).

In conclusione, D'Annunzio può essere definito come il poeta vate innamorato della sua terra e del Mediterraneo, nonostante abbandonati molteplici volte, ne nutre un bel ricordo, idem la città di Pescara nei suoi confronti.

OPERE CITATE

Brettoni, A. (a cura di). "Nove lettere inedite di G. d'Annunzio a E. Nencioni (1889-95)", *Studi e problemi di critica testuale* 21 (1980): 195-207.

Ciani, Ivanos. "Sulla genesi della figlia di Iorio" in *La Figlia di Iorio: atti del VII Convegno Internazionale di Studi Dannunziani*, a cura di E. Tiboni.

D'Annunzio, Gabriele. *Versi d'amore e di gloria.* Mondadori, Milano, 1995.

Di Tizio, Franco. "Lettere di d'Annunzio a Paolo De Cecco", *Quaderni del vittoriale* (1983): 57-75.

Fatini, Giuseppe. (a cura di). "D'Annunzio e Nencioni (tredici lettere inedite)", *Quaderni dannunziani* XVIII-XIX (1960): 645-704.

Forcella, R. (a cura di) "Lettere ad Enrico Nencioni (1880-1896)", *Nuova Antologia* XVII (1939): 3-30.

Giannangeli, Ottaviano. "*La figlia di Iorio* e il canto popolare" in in *La Figlia di Iorio: atti del VII Convegno Internazionale di Studi Dannunziani*, a cura di E. Tiboni.

Gibellini, Pietro. *Logos e Mythos: studi su Gabriele d'Annunzio*, L. S. Olschki, Firenze, 1985.

Melosi, Laura. *D'Annunzio and Abruzzo.* Università degli Studi di Macerata, 2015.

Parenti, Giovanni. "La traduzione francese della *Figlia di Iorio*", in in *La Figlia di Iorio: atti del VII Convegno Internazionale di Studi Dannunziani*, a cura di E. Tiboni.

Tiboni, Edoardo. (a cura di). *La Figlia di Iorio: atti del VII Convegno Internazionale di Studi Dannunziani: Pescara, 24-26 ottobre 1985.* Pesacara: Giuseppe Fabiani, 1986.

L'Elba napoleonica, crocevia del Mediterraneo

Gabriele Paolini
Università di Firenze

La presenza di Napoleone all'isola d'Elba, tra il maggio 1814 e il febbraio 1815, costituisce certamente il momento più celebre nella storia dell'isola tirrenica, che in virtù del suo nuovo dominatore si trovò proiettata al centro dell'interesse dell'opinione pubblica europea (Goldlewski 1961; Branda 2014). Anche in anni ben più recenti, quelli del secondo Novecento e del turismo di massa, il soggiorno dell'imperatore ha rappresentato e rappresenta un tratto identitario indissolubile e un fortissimo elemento di richiamo e di visibilità.

Meno noto è tuttavia il fatto che l'isola d'Elba abbia cominciato a vivere una storia nuova ed unitaria già alcuni anni prima dell'arrivo di Napoleone, ma comunque per le sue scelte, a seguito dei grandi cambiamenti innescati proprio dalla discesa delle armate francesi in Italia, a partire dal 1796. Fino ad allora, nonostante una superficie di soli 223 chilometri quadrati e una popolazione di circa 12.000 abitanti (di cui un quarto concentrato a Portoferraio), l'isola si trovava soggetta a tre dominazioni diverse.

Originariamente sottoposta alla Repubblica marinara di Pisa, dal 1399 l'Elba era passata nel dominio della famiglia Appiani, signori di Piombino (Lambardi 1791: 23-31), che però non disponevano di una flotta per assicurare le comunicazioni e la difesa né di truppe sufficienti a presidiare l'estesissimo sviluppo delle coste (ben 147 chilometri). L'isola divenne oggetto degli appetiti delle principali Potenze del tempo, italiane ed europee, così come delle incursioni dei corsari saraceni: memorabili e tragiche quelle del 1534 e del 1544 guidate da Khayr al-Dīn, meglio noto in Occidente come *il Barbarossa*.

Costretti a trovare rifugio all'estero a causa della conquista di Piombino ad opera di Cesare Borgia (1501), gli Appiani sollecitarono dal 1505 la protezione del Sacro Romano Impero, ottenendo l'attribuzione di feudo imperiale ai loro domini e poi (dal 1594) anche il titolo di principi (Ninci 1815: 69-72). Non per questo migliorò la capacità difensiva dell'Elba, sfruttata dagli Appiani soprattutto per le sue miniere di ferro, attive nella parte orientale fin dall'epoca etrusca e sempre celebrate (Lambardi 1791: 5-13).

Nel 1548 il duca di Firenze Cosimo I de' Medici, insistendo sull'importanza dell'isola nella lotta contro le flotte ottomane, riuscì ad ottenere da Carlo V, re di Spagna e imperatore del Sacro Romano Impero, la concessione dell'antico sito di Ferraia (punto strategico, già distrutto dalle incursioni saracene), con l'impegno di fortificarla pesantemente (Lambardi 1791: 105-115). All'opera posero subito mano i più valenti architetti militari medicei, sfruttando la conformazione del luogo e realizzando in pochissimi anni un grande dispositivo difensivo, con possenti mura e bastioni, basato su tre fortezze: la prima chiamata Falcone "dalla maggiore eminenza della collina su cui è posta", la seconda Stella "a motivo de' raggi formati dalle sue mura", la terza Linguella perché occupava "con una torre ottangolare la lingua di terra all'imboccatura della darsena" (Ninci 1815: 85-86).

Per meglio difendersi anche da terra, questo complesso militare fu separato dal resto dell'isola mediante il taglio di un istmo, rimanendo collegato solo da un ponte levatoio sul canale artificialmente ricavatone. All'interno, così formidabilmente difeso, trovarono sviluppo il porto e il borgo, con il nome di Cosmopolis (in seguito Portoferraio): la città di Cosimo, appunto, nome aulico, fortemente connotato e propagandisticamente diffuso a gloria della potenza medicea (Battaglini 1978). Per quasi tre secoli fu uno degli approdi più sicuri del Mediterraneo, una speciale fortezza protesa sul mare, dimostratasi inespugnabile già nel 1553, quando il resto dell'isola venne messo a ferro e fuoco dagli uomini di Dragut, ammiraglio e corsaro degli ottomani, all'epoca alleati con i francesi. Dal 1557 la sovranità medicea su Portoferraio e il territorio circostante fu pienamente e formalmente riconosciuta (Ninci 1815: 91-94, 100).

Nel 1603, alla morte senza eredi di Jacopo VII Appiani, si aprì una lunga fase per l'assegnazione del feudo imperiale piombinese ad una nuova dinastia o a un ramo collaterale di quella precedente. La Spagna ne approfittò subito per occupare la rada di Longone, istallandovi una guarnigione e costruendo in soli due anni sulle sue colline un'imponente fortezza (Lambardi 1791: 45-46). Tale territorio, chiamato Porto Longone (l'attuale denominazione, Porto Azzurro, risale solo al 1947), venne unito allo Stato dei Presidi, il particolare possedimento già creato dalla corona iberica per il controllo della fascia costiera a sud della Toscana, comprendente anche Orbetello, Porto Ercole e Porto Santo Stefano (successivamente tutti questi territori sarebbero passati al regno di Napoli).

Da allora, per due secoli, l'Elba risultò dunque ancora più divisa e sottoposta a tre diverse sovranità: quella toscano-medicea (poi austro-lorenese dal 1737) per Portoferraio e il relativo entroterra; quella spagnola (poi napoletana, con la separazione delle corone di Spagna e di Napoli decisa da Carlo III nel 1759) su Porto Longone; quella dei nuovi principi di Piombino, i Ludovisi, poi i Boncompagni, sul resto dell'isola.

Le divisioni politiche erano ulteriormente accentuate e aggravate dalla complessa morfologia del territorio, dalle difficili comunicazioni e dalle diverse forme di sussistenza cui si dedicavano gli abitanti. Se Portoferraio e Porto Longone sembravano accomunate dalla presenza dei forti e dello scalo marittimo, la prima s'impose decisamente per prosperità e stabilità, mentre la seconda subì nel corso del Seicento devastanti assedi nell'ambito delle guerre tra Francia e Spagna (Lambardi 1791: 159-165) e anche in seguito non si sviluppò più di tanto. La stessa parte rimasta sotto i principi di Piombino risentiva di notevoli disparità. La zona occidentale, la più vasta ma spopolata, comprendeva piccoli centri di pescatori, con attracchi molto difficili o impossibili per i navigli più grandi, mentre all'interno l'economia si reggeva sui pascoli e su quella stentata agricoltura tipica delle zone collinari e montuose. Nella parte orientale l'attività era incentrata sulle miniere di ferro e proprio per questo gli Appiani e i Boncompagni-Ludovisi avevano posto qui, nel paese di Rio, la sede dei loro governi. Infine, l'estrema propaggine meridionale, con unico centro Capoliveri (nell'interno), era quasi separata sia dalla parte occidentale che da quella orientale per la presenza dei contigui territori di Portoferraio e di Porto Longone.

La quiete che per oltre un cinquantennio, dopo la pace di Vienna (1738), si era mantenuta sull'isola venne turbata dalle ricadute internazionali della Rivoluzione Francese. Nel giugno 1796 Napoleone Bonaparte, da poco in Italia alla guida degli eserciti repubblicani, nonostante la proclamata neutralità del granducato di Toscana, procedeva all'occupazione del porto di Livorno, ufficialmente per prevenire una misura analoga da parte del nemico inglese. La flotta britannica, guidata dal commodoro Horace Nelson, reagì facendo lo stesso con Portoferraio in luglio, garantendo il rispetto della sovranità toscana ma chiarendo che ci si sarebbe serviti della piazzaforte per tutto il periodo della guerra con la Francia, allora retta dal Direttorio. In quell'occasione Nelson definì Portoferraio "il porto più sicuro del mondo" (Bradford 1981: 124). Questa duplice presa di possesso, assai umiliante per l'indipendenza del granducato (privo di un vero e proprio esercito e quindi incapace di difendersi), cessò simultaneamente — a seguito di accordi internazionali — nell'aprile 1797.

La ritrovata tranquillità durò soltanto due anni e venne definitivamente turbata nel marzo 1799, quando tutta la Toscana fu invasa dalle forze francesi e il granduca Ferdinando III d'Asburgo-Lorena si trovò costretto a cercare rifugio a Vienna presso l'imperatore d'Austria, suo fratello maggiore (Turi 1969).

La guarnigione di Portoferraio, benché non volesse arrendersi, fu spinta dalla cittadinanza a partire ai primi di aprile. Un migliaio di francesi sbarcò in rada e, attraverso l'interno, marciò su Porto Longone (Mellini Ponçe de Lèon 1890), poiché il Direttorio si trovava in guerra anche con il regno di Napoli, poco curandosi del principato di Piombino, che peraltro proprio dalla monarchia partenopea dipendeva in ultima istanza, avendo quella dinastia ricevuto i diritti d'investitura che erano stati all'inizio del Sacro Romano Impero e poi della Spagna. Un primo assalto rimase infruttuoso, in virtù dell'apporto di oltre 400 galeotti appositamente liberati per combattere; successivamente furono gli abitanti di Capoliveri a infliggere dure perdite agli invasori, verso i quali si appuntava un odio feroce per i temuti saccheggi e per l'anticlericalismo che li connotava. Lo stesso accadde nella parte di ponente, in specie nei paesi di Sant'Ilario, San Piero e Marciana (Ninci 1815: 168-174).

"Incominciò a questo punto una guerra insidiosa e piena di rappresaglie atrocissime, che seminarono la desolazione e la morte su tutta l'isola. Fatta dagli Elbani causa comune coi Napolitani, diedero replicate battiture ai Francesi, ridotti pertanto ad esser quasi assaliti in Portoferraio" (Zobi 1851: 348). Nei domini del principe di Piombino, a causa delle scorrerie barbaresche, era consuetudine secolare la presenza di *bande* in ogni comunità, formate in media da 90 uomini, comprendenti a turno tutti gli uomini validi dai 16 ai 60 anni (De Rossi 1910: 179). La conoscenza perfetta del terreno e la capacità di sfruttarne le asprezze a proprio vantaggio, alimentava questa forma di vera e propria guerriglia. Lo scontro assumeva carattere anche campanilistico, quale reazione degli abitanti del povero e arretrato ponente verso i più agiati portoferraiesi, che avevano accettato l'occupazione dei nemici della Fede senza combattere.

Porto Longone, intanto, resisteva a tutti gli assalti, grazie anche ai rifornimenti assicurati dalle navi britanniche, mentre in Italia i francesi registravano pesanti e ben più decisive sconfitte ad opera delle forze austro-russe della Seconda Coalizione. In Toscana, da Siena e Arezzo, dilagava vittoriosa l'insurrezione detta dei *Viva Maria*, con riferimento alla connotazione fortemente religiosa e clericale di quel movimento legittimista, che riuscì in breve tempo a scacciare gli occupanti d'Oltralpe (Turi 1969).

Il 19 luglio i francesi abbandonavano Portoferraio e vi facevano ingresso le truppe napoletane, provenienti da Longone, insieme ad alcuni rappresentanti di Ferdinando III. Un articolo della capitolazione prevedeva espressamente le più ampie garanzie per gli abitanti che avessero collaborato con i francesi. Tuttavia, dieci giorni dopo, si permise che una folla rabbiosa esercitasse numerose e sanguinose vendette contro costoro ed anche verso persone del tutto estranee alla politica e imputate di *giacobinismo* solo per interessi personali (Ninci 1815: 179-184).

Pochi mesi dopo la situazione italiana ed internazionale mutava di nuovo, a seguito dell'improvviso ritorno di Bonaparte dalla spedizione in Egitto e del colpo di stato, detto del 18 brumaio (9 novembre 1799), con cui pose fine al regime del Direttorio e istituì il Consolato, riservando a sé la carica di Primo Console. Ripresa la guerra contro l'impero d'Austria e la Gran Bretagna, Napoleone otteneva una schiacciante vittoria sulle truppe asburgiche nella battaglia di Marengo (14 giugno 1800), grazie alla quale tornò padrone dell'Italia settentrionale. La Reggenza che governava la Toscana in nome di Ferdinando III (rimasto sempre prudentemente in Austria), nonostante la mobilitazione popolare legittimista in molti luoghi, poté fare ben poco per difendere lo Stato: Firenze fu occupata il 15 ottobre 1800, Livorno il 18, mentre Arezzo pagò duramente, con esecuzioni sommarie e saccheggi, la resistenza opposta per alcuni giorni.

Negli stessi giorni il governatore di Portoferraio, colonnello Carlo De Fisson, in carica da settembre, respingeva l'ingiunzione ad arrendersi, bruscamente impostagli dal comando francese a Livorno. "La piazza che mi è affidata — rispose il 28 ottobre — non può inalberare altra bandiera che quella del suo sovrano. Essa sventola su queste mura e non si abbasserà senza ordini chiari e precisi del granduca Ferdinando III di Toscana. Non temo affatto le minacce, poiché, quando voi anche perveniste ad effettuarle, tutto il trionfo consisterebbe nell'aver saputo privare un vecchio soldato di una vita che è presso alla fine; mentre io avrò avuta la gloria di sacrificarla pel mio principe e pel mio onore" (De Rossi 1910: 184).

Discendente da una famiglia lorenese giunta in Toscana con l'insediamento della dinastia asburgica nel 1737 (perciò in alcuni testi è indicato con la grafia francese, Charles de Fixon), aveva combattuto durante la guerra dei Sette Anni (1756-1763) e si considerava un fedelissimo di Ferdinando III. Prese dunque accordi con il governatore napoletano di Porto Longone, Marcello De Gregori, per coordinare una difesa comune dell'isola (Cignoni 2003: 23-25). Questa vigilante ed attiva concordia durò sino alla fine di febbraio del 1801, quando cominciarono a giungere all'Elba le prime notizie sui contenuti del trattato di pace firmato a Lunéville, il 9 di quel mese, tra la Francia e l'impero asburgico.

L'articolo V prevedeva che Ferdinando III rinunciasse, per sé e per i suoi successori, alla Toscana e a quella parte dell'isola d'Elba che ne dipendeva (ovvero Portoferraio e il suo entroterra) a vantaggio di Ludovico di Borbone, duca di Parma (Zobi 1851 Appendice di Documenti: 217-221). Il riferimento a quest'ultimo, discendente da un ramo collaterale della dinastia dei Borbone di Spagna, andava ricercato nella vicinanza politica e militare prodottasi a quel tempo tra il governo di Parigi e quello di Madrid, in questo caso chiamato in causa per semplificare la carta geopolitica dell'Italia centro-settentrionale. In tal modo i territori delle attuali province di Parma e Piacenza potevano passare alla Francia (che già controllava il Piemonte) e il loro signore trovava un compenso in Toscana, per giunta con il titolo di re.

La questione fu ulteriormente precisata dal trattato di Aranjuez (21 marzo 1801), tra i rappresentanti francesi e quelli iberici. L'articolo IV disponeva: "Cette partie de l'isle d'Elbe, qui appartient à la Toscane et en dépend, restera dans la possession de la République française, et le premier Consul donnera en indemnité au Roi de Toscane le Pays de Piombino, qui appartient au Roi de Naples" (Zobi 1851 Appendice di Documenti: 221-223). Infine, il trattato di Firenze, del successivo 27 marzo, sistemava le relazioni tra la Francia e il regno di Napoli, prevedendo fra l'altro (articolo IV) che quest'ultimo rinunciasse "primieramente a Porto Longone nell'isola dell'Elba, e a tutto ciò che poteva appartenerle in quell'isola; secondariamente agli Stati dei Presidi della Toscana, cedendoli tutti assieme al principato di Piombino, al Governo francese, che ne potrà disporre a suo piacimento" (Zobi 1851 Appendice di Documenti: 224-226).

Fra i principali risultati di questo vorticoso susseguirsi di negoziazioni ed articoli vi era quello riguardante l'isola d'Elba, destinata a passare interamente sotto la Francia. Da parte napoletana — e giocoforza anche per quanto riguardava il riluttante principe di Piombino, Antonio II Boncompagni Ludovisi, invero quasi sempre vissuto fra Napoli e Roma — non ci fu ritardo all'esecuzione dei trattati. La parte di ponente, Porto Longone e Rio vennero presto occupate dalle truppe di Napoleone, provenienti da Piombino e dalla Corsica (Cignoni 2003: 33), nonostante un iniziale e deciso movimento contrario delle popolazioni. A distoglierle fu De Gregori, insistendo sull'adesione convinta e leale del monarca napoletano ai trattati.

Ben diversamente andarono le cose a Portoferraio. Il governatore De Fisson, con un messaggio inviato a Firenze il 13 aprile 1801, si rifiutò di consegnare la grande piazzaforte sostenendo che nel trattato di Lunéville non figurava l'adesione diretta ed esplicita del granduca Ferdinando (Zobi 1851 Appendice di Documenti: 226-227). A motivare il vecchio ufficiale nella scelta di resistere, oltre ai suoi doveri di "suddito fedele e d'ufficiale d'onore", furono la piccola ma determinata truppa a disposizione (meno di 600 uomini), le poderose mura, i 90 cannoni della piazzaforte e l'appoggio disciplinato della popolazione. Infine, contava sull'aiuto determinante della Gran Bretagna, l'ultima nazione rimasta in guerra con la Francia, che faceva sperare in una futura ripresa generale delle ostilità.

Ai primi di maggio sette vascelli, due fregate e un brigantino battenti bandiera francese si profilarono minacciose all'orizzonte, intimando la resa a De Fisson, che invece così rispose al comandante di quelle unità. "Non dubito punto che ella mi attacchi con forze formidabili: ma urteranno nella nostra fermezza e nelle batterie che guarniscono i miei rampari. Lo zelo degli ufficiali, l'ardore della guarnigione, la rassegnazione degli abitanti, proveranno la nostra fedeltà al sovrano. Può ella senza arrossire trattare da ribelli tali sudditi fedeli? Aborro l'effusione del sangue, ma lo farò prodigare, se il mio dovere l'impone" (De Rossi 1910: 194-195).

Le navi francesi aprirono il fuoco il 5 maggio, ma inutilmente. Il 10 cominciavano le ostilità anche da parte di terra, con l'arrivo nelle campagne di Portoferraio di oltre 3.000 soldati francesi, precedentemente sbarcati altrove e provvisti di molte batterie d'assedio. Iniziò così un bombardamento rilevante, ma comunque incapace di danneggiare seriamente le mura e le difese dell'antica Cosmopoli; i suoi cannoni e il sistema di trincee e bastioni consentivano di respingere per tempo e con sanguinose perdite i più furiosi assalti.

Il 21 maggio una seconda richiesta di resa, portata da due ufficiali che De Fisson riuscì a salvare a stento dai furori della folla, fu ugualmente respinta. La flotta francese attaccante era quella incaricata di trasportare in Egitto 7.000 uomini, indispensabili per evitare che il contingente lasciatovi da Napoleone sul finire del 1799 si arrendesse. I danni inflitti dalle artiglierie di Portoferraio resero inevitabile il ritorno a Tolone e non fu possibile più recare quei soccorsi, perché il porto francese venne bloccato dai vascelli inglesi. Nel frattempo, l'esercito in Oriente si arrese; non è quindi improprio considerare come decisivo, sia pure per via indiretta, il ruolo di Portoferraio nella sua capitolazione (De Rossi 1910: 195-201).

Il 4 giugno ci fu una nuova richiesta di resa, cui De Fisson rispose sdegnato. Riprese allora un vivissimo fuoco e ben 3.000 francesi dettero assalto ai posti avanzati del nemico, da cui però vennero respinti, grazie alle artiglierie della piazza e al loro fuoco ravvicinato, "con strage, senza poter passare il fosso di que' posti" (Ninci 1815: 201). I comandanti d'Oltralpe abbandonarono poi una simile strategia di attacco frontale, rimettendosi al blocco e allo scorrere del tempo, certo più lungo ma meno sanguinoso.

Il numero esorbitante degli attaccanti — sempre alcune migliaia — poco poteva di fronte alla determinazione degli assediati e alla munitissima posizione, che si riusciva a colpire con estrema difficoltà, sia da terra che dal mare; la presenza di molte casematte consentiva agevolmente il rifugio anche alla popolazione civile. Quest'ultima, nonostante lamentasse morti e feriti, si mostrò fiduciosa e collaborativa. Vedette appositamente collocate annunciavano l'arrivo dei proiettili; non appena cadevano nelle vie o nelle piazze, i ragazzi ed i passanti più vicini correvano a soffocarne la miccia con appositi corbelli pieni di sabbia, che per ordine del governatore si tenevano pronti su tutti gli usci delle case (De Rossi 1910: 209).

Nel frattempo, alcune fregate inglesi riuscirono a consegnare agli assediati barili di polvere da sparo e denari (Cignoni 2003: 41). Ai generi alimentari, per i soldati e la popolazione, provvedevano i magazzini e alcuni rifornimenti via mare, grazie alle prede effettuate dalla marineria di Portoferraio a danno delle rotte commerciali francesi fra Livorno e Tolone.

Ci si può chiedere come mai da Vienna e da Ferdinando III non giungesse — né allora né in seguito — l'ordine di consegnare la piazza, del resto implicito nel trattato di Lunéville, siglato dal governo viennese e quindi dallo stesso fratello di Ferdinando, l'imperatore Francesco I. Quest'ultimo per di più, in un articolo del trattato, s'impegnava ad attribuire all'ormai ex granduca un indennizzo territoriale nei propri possedimenti in Germania. Probabilmente la resistenza, accanita ed intrepida, lusingava la dinastia asburgica, che in cuor suo pensava a Portoferraio come ad un pegno utile in eventuali negoziati futuri, se le ostilità fossero riprese.

La mattina del 30 luglio la flotta dell'ammiraglio John Warren, composta da 7 vascelli inglesi, uno turco, due fregate ed un brigantino, compariva al largo di Portoferraio, accolta con ben comprensibile giubilo dagli assediati e altrettanto timore dagli attaccanti che fecero subito allontanare le proprie navi. Vi si trattenne però solo il tempo sufficiente per sbarcare rifornimenti, denari e circa 200 soldati di rinforzo (De Rossi 1910: 208-209; Cignoni 2003: 49).

In agosto De Fisson respinse nobilmente l'invito ad arrendersi, giunto anche dal nuovo governo borbonico di Ludovico I, che in un messaggio, fatto recapitare da un ufficiale fiorentino in passato di stanza a Portoferraio e perciò ritenuto credibile, insisteva sul giuramento al nuovo sovrano già prestato dai principali funzionari civili e militari della Toscana. "Fa invero molta amarezza — scrisse il colonnello nella sua risposta — che cotesti capi di Dipartimenti, senza essere sciolti dal primo, abbiano emesso il secondo giuramento direttamente contrario a' giuridici omaggi di fedeltà tributati in avanti al legittimo sovrano della Toscana. Se eglino sono spergiuri, il mio nome certamente non si vedrà registrato in quel ruolo di sudditi ribelli. Purché la mia condotta sia tenuta a sindacato da quel principe, che mi ha onorato del comando di questa piazza, volentieri accetto di essere responsabile delle conseguenze della guerra che si fa in Portoferraio" (Ninci 1815: 206-207).

Da agosto ad ottobre si susseguirono ancora cannoneggiamenti, assalti e sortite. Nella notte fra il 13 e il 14 settembre gli assediati ebbero l'aiuto di oltre 500 soldati britannici appositamente sbarcati dalla flotta di Warren, giunta di nuovo all'Elba. Il tentativo di rompere l'assedio fu vano, ma si concluse con la cattura e il trasporto entro le mura di vari pezzi d'artiglieria, molte munizioni e grandi quantitativi di farina e carne salata (De Rossi 1910: 212-214; Cignoni 2003: 56-58).

Il 12 ottobre giunse la notizia dell'avvio di trattative di pace tra la Gran Bretagna e la Francia; fu così possibile stipulare un armistizio (Cignoni 2003: 60-61). I negoziati — conclusi con la pace di Amiens (25 marzo 1802) — si rivelarono molto lunghi e difficili per l'intransigenza delle parti. Fra i punti più controversi c'era proprio il destino di Portoferraio. Gli inglesi non volevano assolutamente che la strategica e inespugnabile piazzaforte passasse alla Francia; chiesero più volte che venisse attribuita al regno di Napoli o a quello d'Etruria, ma la controparte fu irremovibile (Ninci 1815: 213).

Il trattato venne ratificato a metà aprile e nelle settimane seguenti si dette esecuzione alle sue numerose clausole. L'8 giugno le truppe e le unità inglesi ancora presenti a Portoferraio ebbero l'ordine di partire. Pure De Fisson e i suoi uomini s'imbarcarono su quei vascelli, senza siglare alcuna capitolazione (Cignoni 2003: 62-63). Un ufficiale britannico, il colonnello Montresor, si prestò da mediatore perché i difensori lorenesi potessero riprendere servizio sotto le bandiere del regno d'Etruria. Peraltro, l'articolo XIII del trattato di Amiens prevedeva che nessun abitante dei paesi restituiti o ceduti potesse "essere perseguitato, né inquietato o turbato nella sua persona, o nella sua proprietà sotto alcun pretesto a cagione della sua condotta o politica opinione o del suo attaccamento a qualcuna delle parti contraenti" (Zobi 1851 Appendice di Documenti: 241).

La sera dell'11 giugno i francesi entravano in città, accolti da un consiglio municipale completamente rinnovato. Il 14 luglio, per l'anniversario della presa della Bastiglia, da tutti i paesi elbani giunsero a Portoferraio le deputazioni per il giuramento di obbedienza alle nuove autorità. Il 27 agosto un decreto di Napoleone riuniva ufficialmente l'isola alla Repubblica Francese, dotandola di un proprio rappresentante appositamente aggiunto al Corpo Legislativo (passato da 300 a 301 membri). Per la prima volta da tempo immemorabile, tutta l'Elba si trovava così sottoposta alla stessa sovranità, per di più quella di una nazione grande e potente.

Il 1° settembre una deputazione composta dall'arciprete Michele Pandolfini Barbieri, da Vincenzo Mantini (*maire*, cioé sindaco di Portoferraio) e dall'impresario Pellegrino Senno omaggiava il Primo Console a Parigi ringraziandolo per "il singolar beneficio reso al lor paese riunendolo al territorio della Francia" e impegnandosi, a nome di tutti i concittadini, a provarne la riconoscenza "mediante una rispettosa obbedienza alle vostre leggi, e per mezzo di voti continui al cielo per la lunga conservazione della vostra esistenza" (Ninci 1815 : 216-218).

Al di là delle frasi di circostanza Napoleone, sorprendentemente, non soltanto volle ignorare l'accanita resistenza di Portoferraio ma concesse ai nuovi domini l'esenzione da ogni dazio doganale, un privilegio impensabile per gli altri territori governati da Parigi. Del resto, prima ancora della resa, aveva destinato all'Elba personaggi importanti. Il generale Giambattista Rusca, piemontese passato al servizio della Francia sin dai primi anni della rivoluzione, soldato fattosi da sé, un po' come Napoleone, andò a comandare la guarnigione isolana e vi rimase sino al 1805. Pierre-Joseph Briot, politico di spicco, con un passato giacobino (e massonico) alle spalle, già deputato al Consiglio dei Cinquecento, competentissimo amministratore, ebbe il titolo di commissario straordinario (Mastroberti 1998). Nel luglio 1802 arrivò infine Claude Hugues Lelièvre, autorevole membro del *Conseil des Mines*, per occuparsi della principale ricchezza elbana. Dunque, rappresentanti militari, politico-amministrativi e tecnici, a dimostrazione eloquente dell'approccio globale e unitario nella gestione di governo, una novità tanto rilevante quanto necessaria per un territorio da sempre sottoposto ad una penalizzante, complessa e farraginosa tripartizione.

In tal senso non rappresentavano solo una forma di *captatio benevolentiae* le parole contenute in una delle prime circolari di Briot ai *maires*. "Le General Consul Napoléon Bonaparte a des droits particuliers à votre amour et à votre reconnaissance; sans cesse cette isle a été présente à sa pensée, il s'est occupé d'une manière spéciale de son sort, les plus grands intérêts de l'Europe et de la France ne l'en ont jamais distrait, et c'est par lui que les traités authentiqués ont donné à l'Isle d'Elbe une existence plus importante en Europe et que la réunion des diverses parties de ce pays entre elles et à la France est devenue le fondement de la paix et d'une prospérité, que l'ancien ordre de choses ne vous permettait pas d'espérer" (Battaglini 2017: 173-174).

A Bonaparte premeva certo la valenza strategica di Portoferraio, una piazzaforte che né gli inglesi né altri dovevano controllare, andando invece a costituire con la Corsica il fronte avanzato nel Mediterraneo della Francia stessa. Tuttavia, la componente militare era inscindibile da quella politica, amministrativa, economica. L'isola andava integrata preservandone certe specificità (di qui l'esenzione doganale), stimolandone la popolazione e valorizzandone le potenzialità nei settori che più facevano sperare: la marineria e l'attività estrattiva.

Queste ed altre misure in seguito adottate fecero sì che presto sull'Elba non gravasse più, come pesante eredità, la lunga scia di sangue e di lotte del triennio 1799-1801. Peraltro, dalla ripresa delle guerre di coalizione contro la Francia napoleonica, l'isola fu soltanto lambita e poté quindi godere di un lungo periodo di prosperità e tranquillità.

Il 12 gennaio 1803 un *arrêté* consolare (ovvero un'ordinanza) fissava il nuovo assetto amministrativo, fondamentalmente ricalcato sul coevo modello napoleonico dei dipartimenti. Veniva istituzionalizzata la figura del commissario generale, rappresentante civile del governo parigino, con compiti e poteri analoghi a quelli del prefetto. Era affiancato da un consiglio di cinque membri, nominati dal Primo Console attingendo ad una lista doppia presentata dal collegio elettorale elbano (ristrettissimo e rigidamente censitario) e aveva competenze nella fissazione delle imposte dirette, ovvero quelle fondiarie; le indirette, di esclusiva competenza centrale, erano la tassa di registro, di bollo e quella sulle ipoteche. Il collegio elettorale esprimeva tre cittadini, fra i quali il Primo Console sceglieva il deputato per il Corpo Legislativo a Parigi. Venivano create *mairies* (municipi) a Portoferraio, Porto Longone, Marciana, Campo, Rio, Capoliveri (più quella dell'isola di Capraia, considerata dipendenza elbana). Ciascuna *mairie* doveva avere una scuola in cui si insegnava il francese, una parrocchia e un curato. A livello di circoscrizione vescovile, l'isola passò dall'antica diocesi di Massa Marittima (malvista da Napoleone perché in altro Stato) alle dipendenze di quella di Ajaccio (Ninci 1815: 218-219).

Il 20 novembre 1803, portato a termine il nuovo assetto, Briot fu sostituito da un nuovo commissario generale, il còrso Jean-Baptiste Galeazzini. Fu lui ad annunciare ai *citoyens Elbois*, nel maggio 1804, la trasformazione della Repubblica in Impero e l'ascesa al trono di Napoleone, curando la scelta della rappresentanza che si sarebbe recata poi a Parigi per assistere alla cerimonia d'incoronazione. In novembre si occupò dell'installazione di un tribunale civile, criminale e di commercio, per razionalizzare e snellire tempi e procedure (Ninci 1815: 221-222).

A Portoferraio venne poi stabilita una Direzione del Genio, con il compito di ammodernare, gestire e rendere più efficienti tutte le fortificazioni dell'isola; ne furono condotti sistematici rilievi planimetrici, arrivati sino a noi e ancora oggi una fondamentale fonte di informazioni storico-cartografiche (Fara 2006: 193-199). Si ampliarono le strade esistenti e se ne costruirono di nuove, curando soprattutto le relazioni con Portoferraio, ormai divenuta l'indiscutibile capoluogo. Non furono trascurati neppure i ponti sui piccoli ma impetuosi torrenti elbani, restaurandone i più malconci o costruendone di nuovi. Dal 1810 al 1814 il comando di tutte le forze militari *in loco* fu nelle mani del generale Jean-Baptiste Dalesme, già deputato al Corpo Legislativo e barone dell'Impero, un'altra figura d'indubbio rilievo, a conferma delle persistenti attenzioni napoleoniche per l'isola.

In ambito associativo, va ricordato che lo stesso Briot propiziò la nascita di una loggia massonica, chiamata *Amis de l'Honneur français*, punto di incontro per i funzionari francesi e i nuovi borghesi emergenti elbani: tra gli affiliati, Galeazzini e l'allora colonnello Joseph Léopold Hugo (poi generale), padre di Victor (Battaglini 2017: 176).

In questi anni fu scritto e pubblicato il primo volume a carattere unitario sull'Elba, frutto delle appassionate ma competenti osservazioni di un agronomo e scienziato, dal passato di valoroso combattente, instancabile viaggiatore nell'Italia del tempo: Arsenne Thiébaut de Berneaud, che nel 1808 dette alle stampe a Parigi il suo *Voyage à l'isle d'Elbe*, tradotto l'anno dopo anche in tedesco. Conformazione delle coste e dei rilievi interni, geologia, idrografia, botanica, miniere, agricoltura e commerci, pesca e attività estrattiva, popolazioni e costumi, storia e centri urbani, venivano passati in diligente e sistematica rassegna dall'autore. Conoscere per governare, è il caso di dire.

Alla luce di quanto esposto, si comprende meglio come la febbrile attività e le tante idee e realizzazioni avvenute durante i pochi mesi della presenza di Napoleone all'Elba costituiscano anche "il frutto maturo dell'investimento multiforme per lo sviluppo dell'isola fino dagli anni del Consolato" (Battaglini 2017: 178), vero punto di svolta tra feudalità e modernità, fra tripartizione e unità.

OPERE CITATE

Battaglini, Giuseppe Massimo. *Cosmopolis. Portoferraio medicea. Storia urbana 1548-1737*. Roma: Multigrafica, 1978.

Battaglini, Giuseppe Massimo. "Il quindicennio di governo napoleonico all'Elba", in Gabriele Paolini (a cura di), *Napoleone dall'Elba all'Europa*. Firenze: Edizioni dell'Assemblea, 2017, 169-179.

Bradford, Ernle. *Horatio Nelson: l'uomo e l'eroe*. Milano: Mursia, 1981.

Branda, Pierre. *La guerre secrète de Napoléon. Ile d'Elbe 1814-1815*. Paris: Perrin, 2014.

Cignoni, Luigi (a cura di). *L'assedio di Portoferraio*. Pavia: Iuculano, 2003.

De Rossi, Eugenio. "La difesa di Portoferraio (maggio 1801-giugno 1802)". *Memorie storiche militari*, 1910, vol. III, 179-217.

Fara, Amelio. *Napoleone architetto nelle città della guerra in Italia*. Firenze: Olschki, 2006.

Goldlewski, Guy. *Trois cents jours d'exile. Napoléon à l'Ile d'Elbe*. Paris: Hachette, 1961.

Lambardi, Sebastiano. *Memorie antiche e moderne dell'isola dell'Elba*. Firenze: [senza editore] 1791.

Mastroberti Francesco. *Pierre-Joseph Briot. Un giacobino tra amministrazione e politica (1771-1827)*. Napoli: Jovene, 1998.

Mellini Ponçe de Lèon, Vincenzo. *I francesi all'Elba*. Livorno: Giusti, 1890.

Ninci, Giuseppe. *Storia dell'Isola d'Elba scritta da Giuseppe Ninci e dedicata alla Sacra Maestà di Napoleone il Grande Imperatore*. Portoferraio: Broglia, 1815.

Thiébaut de Berneaud, Arsenne. *Voyage à l'isle d'Elbe ; suivi d'une notice sur les autres isles de la mer Tyrrhénienne*. Paris: Colas, 1808.

Turi, Gabriele. *"Viva Maria". La reazione alle riforme leopoldine (1790-1799)*. Firenze: Olschki, 1969.

Zobi, Antonio. *Storia civile della Toscana dal MDCCXXXVII al MDCCCXLVIII*, tomo III. Firenze: Molini, 1851.

Cannoli, sciù, iris, and cassata:
Sicilian pastries in Pif's debut novel … *che Dio perdona a tutti.*

Ilaria Parini

INTRODUCTION: FOOD AND IDENTITY

When considering the material nature of food itself, it may be argued that its function is simply to satisfy a basic need and that it represents a response to the stimulus of hunger. In a few words, it serves as nourishment. Food provides energy to the human body, which is fundamental to sustain the involuntary processes essential for continuance of life, as well as to regulate the activities of the body.

However, as stressed by Dore (2019: 23), "food is much more than a simple means of subsistence," as "food and the way it is cooked develop within cultures and are shaped by people and the geographical area they inhabit." Indeed, "much research from the social sciences shows that there is more to food than its material nature and that it takes on cultural connotations." (Martinengo 2015: 9). The importance of food as an expression of cultural identity seems to be an established fact.

According to Chiaro and Rossato (2015: 237), "food is the cornerstone of life and lies at the heart of our cultural identity," an idea shared not only by cultural studies scholars and sociologists, but also by nutritionists, as it is clear that "elaboration of the cultural significance of food and eating focuses on social values, meanings and beliefs rather than on dietary requirements and nutritional values" (Murcott 1982: 203). Such issues have been extensively investigated by scholars from different disciplines, who all agree in emphasizing the paramountcy of food in relation to culture and identity (see, among many, Balirano and Guzzo 2019; Counihan, Van Esterik and Julier 2017; Douglas 2009; Goyan Kittler, Sucher and Nahikiam-Nels 2011; Martinengo 2015; McGee 2004; Montanari 2007; Murcott 1982). Food, indeed, is culture when we produce it, when we prepare it, and when we consume it (Montanari 2007: XI-XII).

No doubt, the importance of food is particularly evident in some cultures, and Italy is unquestionably one of them. Surely, food is and has always been an emblem of Italian culture. As Hooper (2015: 94) notes, "this is partly because of the identification between cuisine and family." And family is, for

Italians, a crucial value, as stressed by the scholar, "the strength of the Italian family and its importance in Italian life would seem to be beyond question" (ibid. 169). Therefore, the connection between family and food makes the latter even more precious for them.

Italian cuisine is indeed well known and appreciated worldwide. Moreover, it is extremely varied, as every region has its own typical dishes, its own specialities, made with its own locally grown ingredients, according to its own techniques of preparation. Such peculiarities sometimes are noticeable not only at the level of regions, but also of provinces and cities. This is the reason why it is not really possible to talk about one general "Italian cuisine."

DESSERT AND IDENTITY

The cultural importance of food is even more evident if we consider the specific case of dessert. As Krondl (2011: 3) claims, "dessert is a purely cultural phenomenon." As a matter of fact, "from a biological standpoint, dessert is frivolous, unnecessary, and even harmful in excess" (ibid.). In order to further stress the value of dessert from a cultural perspective, the scholar compares it to painting and sculpture, claiming that whatever drives us to make and consume sweets triggers the same desires that led us to build Notre Dame and the Taj Mahal and that brought us Chanel and Tiffany's, as well as Mickey Mouse and plastic pink flamingos (ibid.).

The strong cultural essence of dessert is also highlighted by Farina (2009: 15), who notes how dessert is rich with symbolic meanings, as it has never been linked to its natural function of nourishment, but, rather, is connected to the more complex and profound universe of human nature. According to the scholar, it is of extraordinary interest to observe how, starting from any dessert (even the poorer and simpler ones), it is possible to make fascinating connections with history, mythology, religion and even astronomy.

As previously mentioned, Italy is especially renowned all over the world for its cuisine, and this includes its pastry tradition. Krondl (2011: 12), in fact, includes Italy in his group of so-called "dessert superpowers," nations that for historical or cultural reasons "are just more into dessert than others." Although the scholar focuses especially on the Venetian tradition, sweets and pastries from other areas of Italy are equally rich, varied and acclaimed worldwide. Sicilian pastry lore, in particular, is extremely diverse, prolific and creative.

SICILIAN DESSERT

The history of Sicilian dessert reflects the history of Sicily itself. As stressed by Farina (2009:15), in Sicily, there seems to be a very deep connection between dessert preparation and ritual function. Sicily, in fact, is a "mythical" island, whose history is rich in imbricated roots that produced peculiar eras and distinctive identities. The abundance of traditions and celebrations of ceremonies have been playing the fundamental role of cementing and keeping united a population characterized by the cumbersome co-presence of numerous peoples. The Sicani, the Sicels, the Phoenicians, the Greeks, the Romans, the Byzantines, the Arabs, the Normans, the Germanic peoples, the French, the Spaniards: all of them have left "something" in the deepest spirit of Sicilian population. Sicily is the largest island of the Mediterranean, it is a neuralgic point that acts as the boundary between the West and the East, the bridge that connects the Latin and the Greek worlds, and consequently it was conquered by all the great powers that wanted to expand their supremacy over the Mediterranean.

Sicily belonged to so many different civilizations, yet it was never really part of any of them. According to Buttitta (1981, quoted in Farina 2009: 15), in fact, Sicilian identity is extremely complex and heterogeneous. Whereas in other countries cultural movements are regulated by the natural flows of birth, development, and decline, and they follow one another renovating every single activity homogeneously, in Sicily everything settles and stays. The new does not expunge the old, tradition and innovation co-exist, past and present move forward side by side.

Such a complex, troubled, and tortuous identity has managed to keep united mostly due to its strong sense of the sacred (ibid.). Every time Sicily was conquered, it succeeded in maintaining its identity, even when forced to change everything; it suffered countless dominations, and managed to safeguard its own character, thanks to the manifestation and the preservation of its own spirituality. Spirituality, in turn, feeds on rituals, which are kept alive by celebrating them. And their celebration often involves eating special desserts, which take on a symbolic meaning.

The most ancient rituals were dedicated to the great Mother Goddess by the first populations that inhabited the island during the Iron Age. The Sicels used to be called "the people of the bees" and, apparently, they used to mix wheat with milk and honey, creating what may be considered as the first dessert of Sicilian origin: the *cuccìa*.

Later on, around 750 BC, the Greeks conquered the island, and established many significant colonies. The five centuries of the prestigious Hellenic civilization have left remarkable traces in the kaleidoscopic Sicilian identity, especially in connection with their important mythological tradition. Some of these traces are inscribed in their food and dessert. The Greeks brought to Sicily almond trees, olives, and grape vines, as well as their new techniques to farm the land, which were also related to the celebration of their gods. The *Thesmophoria*, in particular, was an ancient Greek religious festival, held in spring to honour the goddess Demeter and her daughter Persephone. During this event, people used to offer the two goddesses some flat bread made of sesame and honey, called *mylloi*, which represented female genitalia (Uccello 1976, quoted in Farina 2009: 16).

Thanks to the introduction of new crops during the Greek colonization, the landscape of the island deeply changed. Sicily also became an important cultural centre. Various testimonies of the period attest to the achievements obtained in Sicily within the field of gastronomy. Around 380 BC, Labducus started the first school for professional cooks in Syracuse (see Taylor Simeti 1999: 10). Some time in the mid-4th century BC, Archestratus from Gela (known as "the Daedalus of tasty dishes") wrote a humorous didactic poem entitled *Hedypàtheia* ("life of luxury"), written in hexameters but known only from quotations,[1] where he advised his readers on where to find the best food in the Mediterranean world. Plato talks about the customs and traditions at the table of the people living in Syracuse in his Socratic dialogue *The Republic*, written around 375 BC. Alciphron, in his fictional letters (written presumably in the first century AD), refers to a cake that takes the name of Gelon the Siceliot, decorated with pistachios, dates and walnuts (Farina 2009: 18).

According to Farina (ibid.: 19), during the Roman domination, Sicily was not duly valued. The new conquerors disrespected the island, exploiting it and forcing the population to sow and harvest wheat for Rome. However, during those centuries the celebration of some ceremonies represented a precious occasion to safeguard the population's identity and to unleash their

---

[1] 62 fragments from Archestratus's poem survive via quotation in the *Deipnosophistae* (literally, "The Dinner Sophists/Philosophers/Experts"), an early 3rd-century AD Greek work by the Greco-Egyptian author Athenaeus of Naucratis.

anger and frustration against the rulers' tyranny. Carnival and Easter were lived with a particular emotional involvement. The scholar claims that the *cannolo* and the *cassata* (the most emblematic desserts of Sicilian tradition) have their origin in the celebration of these two events during the Roman era. *Cannolo*, in fact, is a word with a Latin origin — *canneolus* — which refers to the tool used to roll the dough, which is then fried and filled with ricotta, whereas *cassata* comes from Latin *caseatus* (lit. "filled with cheese," — from *caseus* — cheese).[2]

After the fall of the Roman Empire and the short period of the Barbarian Invasions, in the mid-sixth century AD Sicily was conquered by the Byzantines, who dominated the island for three centuries. Sicily was such a strategic geographic position that Constans II even made Syracuse the capital city of his empire. During this period, the island was culturally and religiously very active. Numerous monasteries were founded, and four of the popes elected between the end of the 7th and the beginning of the 8th century came from Sicily. The preparation of dessert increasingly reflected the reinforcement of the symbols of the new Christian religion.

Muslims started their fierce, long, and troubled occupation of Sicily in 827. Farina (2009: 23) maintains that the Arab domination in Sicily has been excessively mythicized, including the widespread idea that most of the Sicilian pastry tradition originates from their two and a half century-occupation. The scholar, in fact, claims that the profound Greco-Roman legacy and the strong Sicilians' Christian feeling did not fit the new conquerors' culture and religion. Sicilians had by that time reached a point of no return in the development of their identity, which made it impossible to integrate with Allah's particular "chauvinist monotheism" (ibid.). For centuries, the cult of the Goddess Mother had profoundly nurtured Sicilians' spirituality, and people had lived with strong pantheist and polytheist feelings. This attitude had met with favour the new Christian religion: the veneration of the Madonna, of the saints and the mystery of the Holy Trinity granted a sense of continuity with their previous sense of faith. Conversion to the Muslim religion would have been a "spiritual schizophrenic catastrophe," it would have radically changed everything, and it would have meant the end for Sicilian identity. However, this

---

[2] It ought to be noted, however, that other scholars do not agree on this topic. Elmo (2014: 12: 40), for example, states that both *cannolo* and *cassata* have an Arabic origin, a belief which is rather widespread also among common people.

did not happen because Sicilians resisted the change, even within the field of dessert. Foods connected to religious rituals could not be accepted by the population, who held opposite beliefs. Moreover, it ought to be noted that the Arabs that conquered Sicily were not from Baghdad or Damascus, they were Berbers from the area that is now contemporary Tunisia, whose level of civilization was decidedly inferior to that of the Sicilian population. In sum, Sicily was militarily won by the Arabs, but culturally it conquered its rulers. The Muslims were "Sicilianized," thus further amplifying the intercultural identity that had always characterized the island. The Arabs introduced new crops such as cotton, hemp, as well as sugar cane and mulberry. However, it was only at the time of Frederik II that sugar started to be important within Sicilian economy and gastronomy (ibid.: 24).

The Normans invaded Sicily in 1061, after 250 years of Arab control. After that, the Suebi domination started with the wedding of Henry VI, son of Frederick Barbarossa, with Constance d'Altavilla, heiress to the Norman kings of Sicily. During the reign of their son, Frederick II, Sicily reached unprecedented peaks within the political, juridical, artistic, and literary fields.

Later on, Sicily became the object of the expansionist ambitions of the French, and the Angevins established their government over the Kingdom of Sicily. In 1282, a revolt against Angevin rule, known as the Sicilian Vespers, threw off Charles of Anjou's rule of the island, demonstrating the Sicilians' determination in asserting their national identity.

But it is during the time of the Spanish domination that Sicilian cooking tradition, and especially its pastry tradition, reached its highest point of expression and development. The use of chocolate and sugar complemented and improved centuries-old recipes. During this period, the production of dessert thrived, especially in convents. Cloistered nuns in monasteries invented a wide variety of pastries and confectionery to be eaten on the occasion of religious festivities, particularly Easter and the Holy Week, and to celebrate All Souls' Day.

Between the end of the 19th and the beginning of the 20th century, Sicilian pastry underwent a real revolution. Renowned Swiss pastry chefs came to the island and brought butter, cream and new preparation techniques, which were first learnt and then "personalized" by Sicilians.

Finally, it should also be noted that many Sicilian desserts originate within the environment of the peasant family. Indeed, in the farms in the countryside, women used to prepare special pastries to celebrate events such as the wedding of a member of the family or the birth of a male child, or to be eaten on Sunday, the day of worship and rest.

It is clear, then, that Sicilian pastry tradition and production is extremely rich. It is also exceptionally varied. Every province in Sicily has its own peculiar traditions, often related to unique, popular, religious, and family festivities.

SICILIAN PASTRIES IN LITERATURE

Considering the importance of food and dessert in cultural identity, it is not surprising that Sicilian writers have often referred to their culinary traditions in their novels, including pastries. In the well-known ballroom scene in *Il Gattopardo (The Leopard)*,[3] Don Fabrizio, Prince of Salina, leaves the dance floor and wanders over to the dessert table. As he surveys the lavish display of sweets, among the French babas, beignets Dauphine, profiteroles, and parfaits, and the Piedmontese Mont Blancs, his eyes fall on a *trionfo di gola*, a rich cake covered with candied fruit and sprinkled with pistachios. He also refers to the *paste delle vergini*, pastries made of sponge cake, ricotta, and almond paste, which are described by the writer as *impudiche (indecent, obscene)*, as they are shaped like breasts (their shape is actually intended to honour Saint Agatha, a Catholic martyr who was tortured by having her breasts cut off with pincers).[4]

Trionfo di gola is also quoted by Fulco di Verdura in his novel *Estati felici: un'infanzia in Sicilia (A Sicilian Childhood: The Happy Summer Days)*, published in 1976, where he tells how his family used to serve special desserts during the festivities, and he specifically refers to this cake, claiming that such a speciality does not need to be described as its name already says it all (it literally means *triumph of gluttony*).

In more recent times, this special cake was also quoted by Dacia Maraini in her novel *Bagheria* (1993). The writer describes it as "una montagnola verde fatta di gelatina di pistacchio, mescolata alle arance candite, alla ricotta dolce, all'uvetta e ai pezzi di cioccolata."[5] Maraini claims that her mother used to say about it:

---

[3] Tomasi di Lampedusa's novel published in 1958 and set in 1860s Sicily.
[4] these pastries are also known as *minne di Sant'Agata*, which, in Sicilian, means *breasts of Saint Agatha*.
[5] "A green mound made of pistachios jelly, blended with candied oranges, sweet ricotta cheese, raisins, and chocolate chips" (my translation).

Si squaglia in bocca come una nuvola spandendo profumi intensi e stupe-facenti. É come mangiarsi un paesaggio montano, con tutti i suoi boschi, i suoi fiumi, i suoi prati; un paesaggio reso leggero e friabile da una bambagia luminosa che lo contiene e lo trasforma, da gioia degli occhi a gioia della lingua. Si trattiene il respiro e ci si bea di quello straordinario pezzo di mondo zuccherino che si ha il pregio di tenere sospeso sulla lingua come il dono più prezioso degli dei...."[6]

Andrea Camilleri also refers to Sicilians pastries. In his short story *Quando i morti persero la strada di casa*,[7] the writer writes about the tradition of the Day of the Dead in Sicily. On 1st November, children used to put a wicker basket under the bed before going to sleep, which during the night would be filled with toys and sweets by the spirits of their dead relatives. The sweets mentioned in this short story are referred to by Camilleri as "the ritual ones, the dead's sweets," and, more specifically, "marzapane modellato e dipinto da sembrare frutta, 'rami di meli' fatti di farina e miele, 'mustazzola' di vino cotto e altre delizie come viscotti regina, tetù, carcagnette."[8] Moreover, "non mancava mai il 'pupo di zucchero' che in genere raffigurava un bersagliere e con la tromba in bocca o una coloratissima ballerina in un passo di danza."[9]

Sicilian pastries are also often mentioned in the series of books written by Camilleri whose protagonist is Salvo Montalbano Inspector. The character, indeed, has a peculiar relationship with food. As Campo (2009: 49) notes, "Montalbano si nutre di quantità enormi di cibo,"[10] and this means that the stories are filled with references to Sicilian dishes, including dessert (for example, *cannoli, frutta Martorana, granita*, ice-cream cake, and *mustazzoli biscuits*) (see also Dore 2019).

---

[6] "It melts in your mouth like a cloud, diffusing intense and amazing aromas. It is like eating a mountain landscape, with all its woods, rivers, meadows; a landscape which is made light and friable by a bright cottonwool that contains it and transforms it, by the joy in the eyes and the joy in the tongue. You keep your breath and enjoy that extraordinary piece of sugary world that you have the privilege to keep suspended on your tongue as if it were the most precious gift from gods..." (my translation).

[7] Published in 2001 within the collection *Racconti quotidiani*.

[8] "marzipan shaped and coloured as fruit, 'branches of apple trees' made of flour and honey, 'mustazzola' biscuits made with cooked wine, and other delicacies such as biscotti regina [biscuits covered with white frosting], tetù biscuits [biscuits covered with dark frosting], carcagnette [biscuits which are also called "dead men bones"]" (my translation and additions in square brackets).

[9] "There always was the 'sugar puppet' which usually represented a rifleman with a trumpet in his mouth or a coloured ballerina in a dancing pose" (my translation).

[10] "Montalbano eats enormous quantities of food" (my translation).

These are just a few of the many cases of novels and stories set in Sicily which refer at some point to its famous pastries. It is evident that their presence is a device which is used to add to the representation of Sicilian identity. This paper will now analyse the case of Pif's debut novel *…che Dio perdona a tutti*, whose main character is obsessed with pastries, and, consequently, presents an extremely vast number of references to them.

…CHE DIO PERDONA A TUTTI

Pif is Pierfrancesco Diliberto's pseudonym. Born in 1972, he is a Sicilian television and radio author and host, film director, actor, and writer. His films include *La mafia uccide solo d'estate* (*The Mafia Kills Only in Summer*, 2013) and *In guerra per amore* (*At War with Love*, 2016). *…che Dio perdona a tutti*, published in 2018, is his first novel. The story is narrated in the first person by Arturo, the main character, who is a 35-year-old estate agent from Palermo. He is very fond of Sicilian desserts, especially pastries filled with sheep's milk ricotta.

Pif has stated that the character is partially based on himself, and this fixation with ricotta cheese is one of his autobiographical traits (Farnese: 2018). Indeed, Arturo has a real addiction to this cheese, which is presented at the beginning of the book. Arturo says, "Mi ritroverò insieme a Mick Jagger in purgatorio. Mick morirà a cento anni dopo essersi fatto di tutte le droghe del mondo, mentre io a sessanta, per troppa ricotta nel sangue."[11]

Throughout the book, the reader is constantly reminded that the story is set in Palermo, as Pif often refers to his hometown, and he does so also in relation to its pastry tradition. As mentioned in the previous pages, in fact, Sicilian pastries show a great deal of variation depending on the province where they are made. This specific feature of pastries filled with sheep's milk ricotta is particularly characteristic of the area of Palermo, as stressed by the narrator, "A Palermo la infilano ovunque e io ne sono schiavo. Mangerei qualunque cosa, se accompagnata dalla ricotta. Più viene esaltata dal resto del dolce e più mi piace."[12] Then he starts listing in detail all the pastries he enjoys, from the *cannolo classico* (the classic cannoli with ricotta and chocolate chips), to the *cannolo scafazzato* (cannoli "smashed with a hammer," which

---

[11] "I will end up with Mick Jagger in purgatory. Mick will die at 100, after abusing all kinds of drugs, whereas I will die at 60, for having too much ricotta in my blood" (my translation).

[12] In Palermo they put it everywhere and I am a slave to it. I would eat anything, if there is ricotta in it. The more it is intensified by the rest of the dessert and the more I like it" (my translation).

allows you to eat the ricotta with the crumbled crust), from the *sciù* (which is what the cream puff is called in Palermo, a pastry which is not fried, so the taste of the ricotta "is not killed," but, on the contrary, is enhanced, as stressed by Arturo), to the *iris* (which is basically a brioche filled with ricotta and chocolate chips, which is later either fried — according to what the "purists" say — or baked — which is how Arturo likes it) and the *cartoccio* (which is a long brioche where the internal part is scooped out and filled with ricotta, and then fried or baked).

The importance of pastries in Palermo is explicitly stated by Arturo when he claims, "I dolci in questa città sono una cosa seria. Chiedere qual è la pasticceria migliore è come chiedere qual è la religione migliore, ognuno ha la propria."[13]

The fact that pastry traditions are specific to the various areas of Sicily is also remarked in other parts of the book, for example when Arturo talks about the differences between Palermo and Catania. He claims that Catania, from a culinary point of view, is not so keen on ricotta: "A Catania l'*iris* è con la crema, addirittura! La loro ossessione è il pistacchio, lo mettono ovunque."[14]

For Arturo, this passion sometimes turns out to be a problem. In fact, he cannot find anyone with whom to share and discuss this interest. As he claims, the thing that he misses the most is a "travel companion" with whom to converse in front of a pastries display in a patisserie shop window. He often tries to engage in a conversation with waiters in pastry shops, talking about any pastry (even those without ricotta, such as the *torta setteveli*, made of chocolate mousse, Bavarian cake with walnuts, and seven layers of chocolate and ladyfingers), to no avail: waiters, in fact, all seem to be annoyed by his attitude. Sometimes he tries to casually include the topic of pastries while he is chatting with his friends, asking them if they prefer the fried version of the *iris* rather than the baked one, but they never seem to be interested. He is so eager to talk about dessert with someone else that once he takes advantage of being in the toilet of the restaurant with his friend Emanuele to invite him to go and have dessert together at a new patisserie. The man, however, is surprised and asks him if he is gay. At that point he tries to reassure him that

---

[13] "Pastries in this city are a serious matter. Asking what the best pastry shop is is like asking what the best religion is, each one has their own" (my translation).

[14] "In Catania they make iris with cream! Unbelievable! They have a fixation with pistachios, they put them everywhere" (my translation).

he just wants some company to go and visit this new pastry shop, where they make the famous *trionfo di gola*, and he explicitly refers to Tomasi di Lampedusa's novel ("… il dolce citato nel *Gattopardo*. Non esiste una ricetta vera e propria, e mi chiedevo quindi se, a coprire il tutto, ci fosse solo la pasta reale o anche i pistacchi macinati…"[15]).

Moreover, he is so very fond of Sicilian desserts that he even posts pictures of them on social media, asking people to comment on them. Among them, besides the ones already mentioned above, he refers to the *sfince di san Giuseppe* (a fried soft pastry covered and filled with sweet ricotta and candied fruit, usually cherries and oranges) and the *torta Savoia* (made of several layers of sponge cake and chocolate and hazelnut cream).

References to other aspects related to Italian/Sicilian identity are also present in the book, and, again, they are connected to Arturo's obsession for dessert. On a couple of occasions, the writer mentions the fact that the average Italian man's main interest in life is women. However, in this case, the interest toward the members of the other sex does not compare to Arturo's passion for pastries and ricotta: "Non avevo altre grosse passioni oltre alla ricotta e i dolci, nulla che mi smuoveva veramente. Le donne, certo, ma mai come la ricotta."[16] Later on, he claims that a *sciù* with ricotta made him feel more emotions than a beautiful woman. He had a relationship a few years earlier, when he was in New York, with a girl called Lisa, from Kosovo. When he had to decide whether to go back to Palermo or stay in New York and commit to her, making the relationship serious, he got scared and backed off. Among the reasons that he looks back to for his decision, he mentions the fact that the idea of having a future potential child named Italo who would grow up in New York and mangle the names of Sicilian pastries (by saying, for example "Io amo la cannola"[17]) did not appeal to him.

One day, however, something totally unexpected happens. As he is contemplating the usual display of pastries in a patisserie, he notices a beautiful girl who is looking at them "with the right attention." In order to test the girl, he starts a conversation with her, commenting on the issue of the food

---

[15] "… you know, the dessert mentioned in *The Leopard*. There is no real recipe for it, and thus I was wondering whether, to cover it all, they only put almond paste or also ground pistachios…" (my translation).
[16] "I didn't have any other strong passions besides ricotta and pastries, nothing really exited me. Women, sure, but not as much as ricotta" (my translation).
[17] The Italian correct sentence would be "Io amo il cannolo."

colourant used to decorate *frutta Martorana*, pastries shaped as fruit, made of almond paste and lots of sugar: "Certo che usare questi coloranti così forti, come quello che si usa per la mela, sarà esteticamente bello, ma il gusto della mandorla mi è offeso."[18] When she replies like a real expert, he is left speechless and realizes that she is the woman of his life.

When he finds out that Flora is the owner of a new patisserie in Palermo (where they make almond paste without colourants!), besides being the daughter of the owner of several pastry shops of the city, he falls head over heels with her. Not only is he totally smitten by her, but he is also thrilled by the idea of what it would be like to become her lifetime partner. He compares his potential future life to that of Philip of Edinburgh, Queen Elizabeth's husband, who has an endless series of noble titles (His Royal Highness, Prince Philip, The Duke of Edinburgh, Earl of Marioneth, Baron Greenwich, etc) but in practice he is basically the Queen's husband, with few duties, but lots of privileges, which for him would be the possibility of going behind the counter and eating all the pastries that he wanted, whenever he wanted.

When they start dating, he seems to be the happiest man in the world. He often spends time in her pastry shop, eating a *sciù* while looking at her as she is working. He also has the possibility of contemplating all kinds of pastries, and to discuss their origins, for example the *minne di vergine*. These pastries are actually similar to those mentioned by Tomasi di Lampedusa in *Il Gattopardo*, which, as previously mentioned, are devoted to Saint Agatha and are meant to represent her breasts. Arturo, instead, refers to the pastries originally made in the province of Agrigento. He recounts the legend according to which, in the 18th century, a nun, sister Virginia Casale di Rocca Menna, in Sambuca, prepared a new dessert for the wedding of a marquis and, while observing the landscape in front of her, she created the *minne delle vergini*, whose shape, indeed, evokes a woman's breasts.

It is also worth mentioning the fact that pastries are indeed an extremely strong passion for Arturo, but they also act as some form of comfort food. In fact, whenever he is stressed, or sad, or nervous after a discussion with Flora, he consoles himself by eating large quantities of *sciù* or *iris*, or *dita d'apostoli* (small rolls filled with ricotta and cream, and Nutella or pistachios).

---

[18] "The use of such strong food colourants, particularly the one used for apples, might be aesthetically beautiful, but it ruins the taste of almond" (my translation).

Likewise, he eats pastries (even ten of them) if he is really happy, for example when he wins a football match with his friends.

Finally, in the book there are also a few references to the famous Sicilian *cassata*. Unlike Salvatore Farina (see previous pages), and in agreement with common knowledge, Pif maintains that most Sicilian pastries come from the Arabic tradition, and that if the Arabs had not come to Sicily, we would not have *cassata*.

CONCLUSIONS

The importance of food in relation with national and cultural identity is an established fact that has been extensively studied by numerous scholars from various disciplines. The importance of dessert is even more evident, considering its complete lack of necessity from a nutritional point of view. For some cultures, pastries and cakes have a particularly flourishing tradition. Sicilian culture is definitely one of them, as its dessert tradition is rich in connections with the history of the island itself, which has been conquered by many different populations over the centuries.

Considering the significant role that dessert has always played in the lives of the people that inhabited Sicily in the past and that it continues to play for its contemporary inhabitants, it is no surprise that novels that are set in Sicily often refer to its pastries. This paper has presented Pif's debut novel ... *che Dio perdona a tutti* (2018) as a case in point. The book, indeed, includes an extremely high number of references to Sicilian pastries, as its main character is obsessed with them. Although the novel obviously does not simply talk about pastries, but revolves around a plot that includes a sequence of events (which have not been revealed in this essay), it is a fact that the continual references to pastries contribute to a great extent to the characterization of the protagonist, as they are an essential device used to celebrate and confirm his identity as a Sicilian, and specifically as a Sicilian from Palermo.

WORKS CITED

Balirano, Giuseppe and Guzzo, Siria (eds). *Food Across Cultures. Linguistic Insights in Transcultural Tastes.* Cham: Palgrave Macmillan, 2019.

Camilleri, Andrea. *Racconti quotidiani.* Pistoia: Libreria dell'Orso, 2001.

Campo, Stefania. *I segreti della tavola di Montablano. Le ricette di Andrea Camilleri.* Torino: Il leone verde, 2009.

Coria, Giuseppe. *Profumi di Sicilia — Il libro della cucina siciliana.* Prefazione di Antonino Buttitta. Palermo: Vito Cavalloto Editore, 1981.

Chiaro, Delia and Rossato, Linda. "Introduction. Food and translation, translation and food." *The Translator* 21 (3) (2015): 237-243.

Counihan, Carole, Van Esterik, Penny and Julier, Alice (eds). *Food and Culture. A Reader.* 4th *edition.* New York: Routledge, 2017.

Dore, Margherita. "Food and Translation in *Montalbano.*" In: Balirano, Giuseppe and Guzzo, Siria (eds) *Food Across Cultures. Linguistic Insights in Transcultural Tastes.* Cham: Palgrave Macmillan, 2019. 23-42.

Douglas, Mary (ed.). *Food in the Social Order.* New York: Routledge, [1984] 2009.

Elmo, Loredana. *Storie sensuose dei dolci siciliani.* Milano: Mursia, 2014.

Farina, Salvatore. *Dolcezze di Sicilia.* Caltanissetta: Lussografica [2003] 2009.

Farnese, Lavinia. "Pif: il piacere che cambia." *Vanity Fair* 18-11-2018 https://www.vanityfair.it/people/italia/2018/11/18/pif-vita-privata-foto-gossip-politica-salvino-libro-che-dio-perdona-a-tutti-notizie-tv (accessed January 2020).

Fulco di Verdura. *A Sicilian Childhood: The Happy Summer Days.* London: Weidenfeld and Nicolson, 1976.

Goyan Kittler, Pamela, Sucher Kathryn P., Nahikiam-Nels, Marcia. *Food and Culture.* Belmont: Wadsworth Publishing Company, 2011.

Hooper, John. *The Italians.* London: Penguin, 2015.

Krondl, Michael. *Sweet Invention. A History of Dessert.* Chicago: Chicago Review Press, 2011.

Maraini, Dacia. *Bagheria.* Milano: Rizzoli, 1993.

Martinengo, Maria Cristina. "The Importance of Food in the Individualized Society." *GeoProgress Journal* 2 (2015): 9-16.

McGee, Harold. *On Food and Cooking: The Science and Lore of the Kitchen.* New York: Scribner, [1984] 2004.

Montanari, Massimo. *Il cibo come cultura.* Rome: Laterza, 2007.

Murcott, Anne. "The Cultural Significance of Food and Eating." *Proceedings of the Nutrition Society* 41.2 (1982): 203-210.

Pif. *… che Dio perdona a tutti.* Milano: Feltrinelli, 2018.

Taylor Simeti, Mary. *Sicilian Food. Recipes from Italy's Abundant Island.* London: Grub Street, 1999.

Tomasi di Lampedua, Giuseppe. *Il Gattopardo.* Milano: Feltrinelli Editore, 1958.

Uccello, Antonino. *Pani e dolci di Sicilia.* Palermo: Sellerio Editore, 1976.

I VOLTI DI ISTANBUL
Gli spazi urbani di Cambria, Baydar e Aciman

Ellen Patat

INTRODUZIONE

"Io sono Istanbul, città di tutte le città, signora di tutte le metropoli, comunità di poeti, sede d'imperatori, preferita dai sultani, perla del mondo! [...] Il mio nome è Istanbul. Sono Io! Luogo dell'estremo, dell'intera gamma delle emozioni umane vissute contemporaneamente, dalla più sublime all'elementare, dalla più alta alla più bassa. IO!" (Uzuner, 1-2).[1] La città, antropomorfizzata e animata, reclama la sua individualità conferendosi epiteti ed esaltando la sua unicità, nonché affermando con veemenza la sua esistenza. Quest'esuberanza identitaria, architettonica ed emozionale, che non è propria solo dell'opera di Uzuner, è soggetto di innumerevoli storie in svariate soluzioni formali sulla scena letteraria internazionale.[2] I paesaggi, i luoghi e gli spazi (Spunta, 50) di questa città diventano centrali nelle descrizioni, momenti di pausa nell'azione narrativa, e funzionali nella narrazione. Essi, infatti, co-

---

[1] Si riporta per completezza, l'intera sezione in originale, che la scrittrice turca Buket Uzuner (1935-) presenta nel suo *Istanbullians* (2008): "I am Istanbul, city of cities, mistress of metropolises, community of poets, seat of emperors, favorite of sultans, pearl of the world! My name is Istanbul and my subjects call themselves 'Istanbullu'. And of all the world's cities, I am without doubt the most magnificent, mysterious and terrible, a city upon whose shores Pagans, Christians, Jews and unbelievers, friend and foe alike, have found safe harbor through the ages, a place where love and betrayal, pleasure and pain, live side by side. / I, daughter of Poseidon, miracle of the Argonauts, Empress of Medieval Cities, the harbinger of a New Age, whose star shines anew in the 21st Century, am the city of prosperity and ruin, of defeat and glad tidings. Istanbul is my name. It is I! Place of extreme, the full gamut of human emotions experienced at one and the same time, from the sublime to the basest, the loftiest to the lowest. I! My name is Istanbul, eternal archangel and goddess of cities. They come and go, leaving their mark on my soul; I have seen them rise and fall, be born and decline; I harbor their jumbled relics in my underground cisterns and vaults" (Uzuner 1-2). Ove non specificato, le traduzioni sono dell'autrice del presente saggio.
[2] È impensabile cercare di stilare una lista esaustiva degli autori che si sono occupati della metropoli turca, considerando l'eccezionalità geografica, storica e culturale rivestita dalla città. Si rimanda, ad esempio, a Ülgen, Erol, Karaörs, Metin e Öz, Emin (Eds.), *Through Foreign Eyes: Istanbul in World Literature*, (trad. ing. Ross, J.), Ankara, Ministry of Culture and Tourism, The Bank Association of Turkey, 2011. Si vuole citare solo alcuni degli autori italiani che ne hanno parlato, soprattutto nei resoconti odeporici: si pensi all'abate Giovanni Battista Casti (1724-1803) con *Relazione di un viaggio a Costantinopoli* (1788); Edmondo De Amicis (1840-1908) e il suo *Costantinopoli* (1877-78), riflessioni raccolte mentre era corrispondente da Istanbul sulle orme di *Constantinople* (1852) di Théophile Gautier; Corrado Alvaro (1895-1956), inviato in Turchia nei primi anni '30 da *La Stampa*, si racconta in *Viaggio in Turchia* (1932); Giuseppe Antonio Borghese (1882-1952) con *Autunno di Costantinopoli* (1929); più avanti sull'asse temporale, Paolo Rumiz (1947-) con *È oriente* (2003), una raccolta di impressioni dai Balcani a Istanbul.

stituiscono lo sfondo in cui gli attanti agiscono, consentendo al lettore di calarsi tanto nell'ambiente quanto nella storia, altresì permettono l'estrapolazione dei tratti socio-culturali contestuali all'evento narrativo. I luoghi, distinti dalle connotazioni individuali dell'osservatore, contribuiscono a delineare l'atmosfera e nel contempo la descrizione spaziale si riveste di una carica spesso simbolica, che rimanda a un'ideologia o un tema finalizzato a un preciso messaggio testuale. In generale, la funzione focalizzatrice di tali descrizioni consente l'evoluzione dell'interpretazione spaziale da una mera percezione soggettiva del singolo a una lettura universale dei molti.

Il presente saggio intende esplorare le rappresentazioni dello spazio urbano così come proposte da tre scrittrici — l'italiana Adele Cambria (1931-2015) e le turche Oya Baydar (1940-) e Stella Aciman (1953-) — che hanno offerto generose descrizioni dell'antica Costantinopoli. In chiave comparatistica, in linea con le teorie di critica dello spazio, l'analisi partirà dal rapporto simbiotico spazio-individuo per delineare i luoghi e i paesaggi evidenziati dalle rispettive scritture, ricercando analogie e dissonanze. Il corpus è dunque composto dagli appunti presi da Cambria durante il primo viaggio, nel 1983, e pubblicati in *Istanbul. Il doppio viaggio*,[3] e da due racconti, 'Remembering a City' e 'An Ode to My Istanbul', rispettivamente di Baydar e Aciman.[4]

La città nella sua complessità urbana, e la direttrice narrativa delle storie prese in esame, diventano il punto d'intersezione nelle opere delle tre autrici. L'ipotesi interpretativa qui proposta si sofferma sull'esplorazione della rete urbana come incontro di sguardi inquisitori che destrutturano lo spazio per ricomporlo in quadri intimistici dalla tipica soggettività autoriale in cui non necessariamente la donna viene relegata in spazi marginali o liminali. Lo scambio osmotico tra spazio e individuo delinea una chiara fenomenologia del luogo: Istanbul si configura dunque talvolta come frontiera, talvolta come ponte tra continenti e culture, nonché identità e sistemi valoriali. È la personalizzazione

---

[3] Adele Cambria (1931-2015) compie due viaggi a Istanbul, nel settembre 1983 e nel settembre 2011, riorganizzando gli appunti e i pensieri in un volume dal duplice piano narrativo arricchito da una vasta gamma di riferimenti di varia origine, dalla letteratura alla storia, dalla mitologia alla fotografia, dalla politica alla sociologia, dando vita a una prestigiosa forma di "collezionismo erudito" (Cfr. Marfè 37-46).

[4] I due racconti in turco sono tratti da ÖĞÜT, Hande (Ed.), *Kadın Öykülerinde Istanbul*, Istanbul, Sel Yayıncılık, 2008 e dalla prima traduzione, un'opera collettiva di diversi traduttori, in inglese, *Istanbul in Women's Short Stories*, pubblicata da Milet Publishing (2012), un progetto TEDA del Ministero della Cultura e del Turismo. Il racconto di Baydar è stato tradotto da İdil Aydoğan mentre quello di Aciman da Ruth Whitehouse. Per praticità espositiva, nel presente saggio verranno usati i testi in inglese.

dei luoghi che abbozza il paesaggio a portare alla luce i tratti salienti delle personalità delle tre autrici.

OSSERVAZIONI SULL'ESPLORAZIONE E LA COSTRUZIONE DELLO SPAZIO

Mutuando da e ampliando il pensiero dello studioso francese Chombart de Lauwe, secondo cui un quartiere urbano non è determinato esclusivamente da fattori geografici ed economici bensì anche dalla rappresentazione dei suoi abitanti e da quella degli abitanti di altri quartieri, si ritiene cruciale per la lettura della rete urbana proporre in primo luogo le descrizioni dello spazio di due scrittrici locali — Baydar e Aciman — rapportandoli poi all'osservazione di uno sguardo esterno, un punto di vista etico (Aime e Papotti, 136), — dell'italiana Cambria appunto — per confermare o sfatare alcuni degli aspetti riportati.

La lettura dello spazio, infatti, si configura come la traduzione di un'esperienza multi-sensoriale, talvolta iper-sensoriale, in cui "la percezione visiva, il tatto, il movimento e il pensiero si combinano per darci il nostro caratteristico senso dello spazio" (Tuan, 390). Gli stimoli sensoriali, spesso personalizzati e attagliati al singolo, danno origine a tanti luoghi quanti quelli immaginati e così "ci sono probabilmente tanti modi diversi di concepire cos'è una città tante quante sono le città stesse" (Sennett, 39). È fondamentale dunque osservare la centralità giocata sia dall'abilità soggettiva di osservazione sia dalla capacità di ricostruzione, mentale e, in un secondo momento, verbale, dell'individuo nella ridefinizione della relazione individuo-spazio. In questa cornice concettuale, s'inserisce la dialettica triplice dello spazio (*trialectics of spatiality*) — spazi percepiti, spazi concepiti, e spazi vissuti — proposta da Lefebvre, che si concentra sull'intreccio di pratiche spaziali, rappresentazioni spaziali e spazi di rappresentazione.

A queste brevi considerazioni teoriche, si somma l'osservazione dei suoni nella creazione del cosiddetto 'paesaggio sonoro', composto da *keynote sounds* (toniche), *sound signals* (segnali) e *soundmarks* (impronte sonore) (Schafer, 10-11). Questa lettura del tessuto urbano va ad arricchire la narrativa spaziale di elementi che insistono su diverse aspetti: le toniche sono suoni che non necessitano di meccanismi di consapevolezza e che possono essere sentiti di sfuggita ma non possono essere trascurati, come il rumore del traffico; i segnali, invece, sono suoni di sottofondo che sono uditi però coscientemente mentre le impronte sonore, tanto quanto i punti di riferimento, sono caratteristiche di un'area che ha qualità peculiari per la comunità, e rendono unica la sua vita acustica.

LO SGUARDO FEMMINILE SU ISTANBUL: TRE DONNE, UNA CITTÀ
Le autrici

La prima delle scrittrici turche prese in esame è la sociologa, Oya Baydar (1940-). Baydar studia in una delle rinomate scuole francesi di Istanbul, la Notre Dame de Sion, da cui rischia l'espulsione a seguito della pubblicazione di *Allah Çocukları Unuttu* (*Dio ha dimenticato i bambini*, 1960). Ritorna alla scrittura in età matura, mentre una chiara costante nella sua vita è l'attivo interesse nella politica del paese; conosciuta come scrittrice socialista, scrive per 'Yeni Ortam', 'Politika', e 'İlke', rivista quest'ultima fondata con il marito, lo scrittore e sceneggiatore Aydın Engin, e, Yusuf Ziya Bahadınlı, anch'egli scrittore ed editore. Eventi decisivi nella sua vita sono il colpo di stato militare del 1972, in cui venne arrestata a causa della sua attività socialista, e quello del 1980, dopo il quale lascia la Turchia per trasferirsi in Germania, da cui rientrerà dopo dodici anni. Attualmente collabora con il quotidiano online *T24*. Nel suo 'Ricordare una città' — in turco, 'Bir Şehir Hatırlamak' e in inglese 'Remembering a City' — Baydar si addentra nel rapporto conflittuale e doloroso tra la città e la protagonista,[5] che osserva il paesaggio dall'alto da una finestra in centro. Dai costanti tuffi nel passato, emergono i cambiamenti che hanno sfigurato la città, che potrà rinascere solo dalle sue rovine. La protagonista, che non ha più il codice per "poter aprire i cancelli" (Baydar, 342), poiché come la rete urbana anche quest'ultimo è cambiato, chiude la tenda su una città oramai sorda alle sue implorazioni, ponendo fine all'osservazione e al racconto.

La seconda, Stella Aciman, si ritiene una "scrittrice di minoranza" (Çerkezoğlu);[6] nata in una famiglia di origini ebree, l'autrice si laurea, così come Baydar, all'Università di Istanbul. Coniuga la carriera in amministrazione aziendale con una svolta più artistica nei ruoli di produttrice e regista musicale

---

[5] Il turco non distingue il genere grammaticale; la terza persona singolare, scelta come voce narrante dall'autrice, è stata tradotta in inglese in 'she', lei, alter ego della scrittrice. Banalmente, la dovuta scelta traduttiva riduce l'ampiezza della portata del racconto in quanto incasella il personaggio principale in un genere e con esso la rappresentazione immaginativa del lettore.

[6] "Mio padre proviene dalle famiglie di ebrei sefarditi fuggiti dalla Spagna e dal Portogallo a Istanbul cinquecento anni fa. Mia madre invece dalla Russia. Discende dalle famiglie che si trasferirono in Polonia durante il periodo bolscevico ed emigrarono a Istanbul negli anni '20" (Çerkezoğlu).

in alcune stazioni radio. Il primo romanzo, *Bella*, risale al 2002 e riveste una particolare importanza poiché è uno dei primi ad affrontare il tema dell'omosessualità,[7] all'epoca ancora tabù nel panorama letterario turco. Dal 2003, anno della morte della madre, vive a Cipro Nord, poiché confessa: "Mi ero stancata di Istanbul, ormai non era più la mia Istanbul" (Çerkezoğlu). Tali eventi personali sono al centro dell'intreccio di 'La mia Ode alla mia Istanbul' — An Ode to My Istanbul, che nella versione turca originale è 'Mâhur Saz Semâî'm İstanbul'um'. Nella traduzione del titolo viene a mancare la carica culturale, emozionale e nostalgica implicita nella scelta dell'autrice. Il 'saz', un liuto a manico lungo o chitarra saracena, ha un forte potere evocativo: è lo strumento cordofono principe dei *türkü*, ossia una sorta di poesia cantata o suonata sull'amore e la vita; il suo timbro dolce si presta duttilmente a diverse forme e occasioni musicali, qui proposte come 'saz semai', ovvero una forma strumentale nella musica classica ottomana, in ricordo di tempi passati. 'Mâhur[8] Saz Semâî', componimento di Refik Talat dal campo sonoro vivace e nel contempo melanconico, rievoca Istanbul, creando una tipica connessione tra musica e memoria, sul piano sia personale[9] sia collettivo. Uno dei tratti salienti di questa proposta narrativa di Aciman è proprio la centralità della musica che s'innerva sulla memoria sociale. Il racconto prende le mosse da un giardino del thè in una delle suggestive periferie di Istanbul in riva al Bosforo. La protagonista ripercorre con la memoria i fasti di una città che va sparendo, ponendosi diversi interrogativi sui cambiamenti avvenuti. Le figure femminili — l'io narrante, la madre, la città — s'intrecciano rivelando il malinconico desiderio della protagonista di un tempo e un luogo che furono. Il raccolto si risolve con l'abbandono della città e un'ode in suo onore.

Giornalista, scrittrice e attrice italiana, Adele Cambria (1931-2015), sostenitrice del movimento femminista (Trevisan, 183-197) e politicamente coinvolta, nasce a Reggio Calabria ma si trasferisce a Roma avvicinandosi al giornalismo. Ha svolto importanti collaborazioni: con Dacia Maraini, con cui ha

---

[7] Il libro racconta della vita sia familiare, dalle pressioni sociali alla lotta ai canoni tradizionali, quali il matrimonio, sia professionale di una donna che scopre l'amore saffico.

[8] Il termine *mâhur*, o *makam* turco, indica il complesso delle scale musicali turche, costituito da una serie di intervalli definiti diversi da quelli della musica occidentale perché non divisi in toni e semitoni; su questa base l'artista costruisce lo sviluppo melodico tipico della musica popolare e classica turca.

[9] In turco è presente il doppio possessivo ('m), non tradotto in inglese, che fa propria dell'autrice sia la melodia sia la città, creando un evidente nesso emozionale tra l'io e i due elementi, musicale e urbano.

fondato il Teatro La Maddalena a Roma; con Pier Paolo Pasolini, nei cui film[10] ha recitato; con la RAI, per una trasmissione sull'immagine televisiva della donna; e, infine, con svariate testate giornalistiche, da 'Il Giorno', 'La Stampa', 'L'Unita', per citarne alcune. Nel 1972 Cambria è stata processata e, successivamente, assolta per un articolo sull'omicidio Calabresi pubblicato su 'Lotta Continua', a seguito del quale si era dimessa poiché non ne condivideva i contenuti. L'autrice compie due viaggi a Istanbul, nel 1983 e nel 2011, per poi offrire l'anno dopo al pubblico italiano un pregevole resoconto di viaggio, forte della sua personalità critica e indagatrice di giornalista. A settembre del 1983, seguendo il "programma erudito, e forse lievemente snobistico (e sadico?) che ci era stato predisposto a Roma" (Cambria, 60), l'autrice annota: "Le mie nozioni sul paese erano men che vaghe. L'immagine di Bisanzio confusamente collegata all'originale del fondo oro, nei mosaici — Monreale, Ravenna — e nella pittura italiana, Cimabue, Giotto" (11). Tali premesse riflettono quella tipica tendenza del viaggiatore, costante stilistica anche cambriana, a riportare l'osservato alla dimensione conosciuta (esperienziale e culturale), ridimensionando così l'estraneità dell'Altrove e affievolendo il senso di straniamento causato dallo spaesamento a cui il soggetto viaggiante/narrante è sottoposto.

Politicamente attive o ingaggiate nella lotta per i diritti della donna in società di forte matrice patriarcale, le tre autrici hanno riversato in letteratura l'impegno del proprio tempo trasformando istanze soggettive in forme collettive. Ovviamente, le esperienze letterarie prese in esame hanno matrice diversa: due storie brevi di due autrici, intrecciate per natura alla cultura locale, che hanno vissuto la città nelle sue trasformazioni temporali e spaziali, e un resoconto di viaggio, di una viaggiatrice di professione, non certo una turista, che si approccia a una realtà Altra, nell'osservare paesaggi e luoghi diversi tramite il filtro della sua peculiare italianità. Nondimeno, uno degli aspetti significativi dei racconti è l'insistenza sul ruolo della memoria, seppur trattata in diverse declinazioni. Inoltre, è necessario evidenziare come la scrittrice italiana nel suo secondo viaggio si allinei alle considerazioni proposte dalle due autrici turche, rimarcando i profondi cambiamenti della rete urbana e della società che la modella.

---

[10] In *Accattone* (1961), *Comizi d'amore* (1965), e *Teorema* (1968).

La o le città?

Vivere una città, come si è menzionato in precedenza, è un'esperienza che coinvolge tutti i sensi e Baydar racchiude in poche righe, come *incipit* del suo racconto, proprio quest'approccio, indugiando sulla sovrapposizione di piani sensoriali e temporali. Si reitera in sequenze dal periodare breve, e quindi dal ritmo veloce, la teoria delle città multiple, ovvero della moltiplicazione di interpretazioni e trasposizioni del tessuto urbano basate sulla percezione dell'osservatore:

> Each city has its own unique color; its own scent, sound and sorrow. The seasons look different on each of them. Each carries autumn leaves, flowers of spring, the sun, snow, rain, joy and sorrow differently. Cities often change habits. They are different in the moment, different in memories, in victory and in defeat, at every age and every love.
> [...] As for Istanbul, stretching all the way back to the times of the Byzantine era, Istanbul has always been the color of redbuds.[11] (Baydar, 337)

L'associazione tra sensi e dolore è l'aspetto centrale del racconto. Si ha quasi la sensazione che le città siano qui trasposizione di una figura femminile eccentrica, mutevole. Harte (2012) sostiene come Istanbul sia quasi sempre dipinta in queste storie (dell'intera raccolta) come un amante, un uomo spesso irriconoscente e crudele; tesi supportata anche da Demirel Aydemir (2015) con l'analisi di alcuni racconti. Si ritiene al contrario che, nel caso di Baydar, la città, amata "like an old friend" (Baydar, 340), possa essere inserita nella classica dicotomia amica/nemica, riflesso degli intimi sentimenti contrastanti della protagonista. Parimenti, nel racconto di Aciman, il dialogo tra l'io narrante e Istanbul potrebbe venir considerato nella stessa luce: "I'm thinking about the happy days we lived through together, you and me" (Aciman, 313); giorni in cui le protagoniste condividevano risate, gite in bicicletta, iscrivevano le proprie iniziali — "I and S" (Aciman, 314) — sugli abeti.

---

[11] Simbolo botanico e cromatico di Istanbul, in Baydar si opta per 'redbuds', i frutti che formano una vibrante nuvola viola, mentre in Aciman per 'Judas tree', albero di Giuda o anche albero dell'amore (*Cercis siliquastrum*). Questa specie arborea si carica di significati culturali, storici e religiosi. Nonostante l'infausto richiamo biblico, la fioritura di questi alberi rappresentano il risveglio stagionale della città a cui viene associato appunto il caratteristico colore viola — ripreso da innumerevoli autori turchi, si pensi, ad esempio, alle poesie di Edip Cansever, Attila İlhan, o Turgut Uyar (Cfr. Koçak e Gürçay).

La singolarità descrittiva di Baydar sembra trovare riscontro nel resoconto cambriano. In principio, Cambria sembra infatti posizionarsi sulla
stessa linea visiva:

> Le cupole galleggiano leggere, ampie, d'un grigio inaspettato che sfuma nel
> celeste, costellando il profilo della città come una flotta di astronavi planate
> sul Bosforo da milioni di anni, e sono le cupole delle cinquecento moschee
> di Istanbul: più una, la madre, quella di Hagiya Sofya. (Cambria, 3)

Amplificando spazi e magnitudine, Cambria offusca i limiti spaziali do-
nando fluidità e leggerezza alle forme geometriche e architettoniche. Così
come Baydar, nell'osservare lo spazio, anche la scrittrice italiana inserisce dimensione cronologica, soffermandosi sull'accumulo delle pieghe temporali.
Eppure, dopo pochi passaggi, lo scrutinio dell''outsider' si fa impietoso:

> Ma Istanbul è grigia, accigliata, se non fosse per il sorriso dilatato, emisfe-
> rico, delle sue cupole; e perfino un po' nordica (altra sorpresa), con le alte
> e strette case di legno dai bovindi vittoriani, decrepite nel centro più antico
> della città, dove sono diventate rifugio dei poveri; o miliardarie, quelle re-
> staurate, laccate di bianco con trine e merletti lignei a fare da verande e
> balconi, le yali, sulla riva europea del Bosforo. (Cambria, 26)

Cambria riprende la sua esplorazione volgendo lo sguardo alla Moschea
Blu; stavolta, scoprendo quella 'magia' evocata da tanti resoconti: "Entrare
nella moschea è come immergersi in un liquido azzurro, dentro una lampada
di Aladino gigantesca, dai mille cristalli sfaccettati" (Cambria, 32). Il racconto
oscilla così tra sfere semantiche e temporali, tra passato e presente, tra lo
splendore di tempi andati e una modernità spesso deformante.

Entrambi gli sguardi femminili — di Baydar e Cambria — si fermano sui
cosiddetti *gecekondu* (case 'decrepite') e le ville che ornano le rive del Bosforo.
La povertà delle costruzioni, fastidiosa nel racconto cambriano, è normaliz-
zata dalla narrazione di Baydar, in cui questi edifici diventano il simbolo del
mutamento della popolazione della città. Tale alterazione urbana diventa, invece, motivo di accusa nel racconto di Aciman, la cui protagonista chiede
"When did someone allow those trees to be replaced by the concrete apart-
ment blocks that so brutally broke one of the chains binding me to Boğaziçi?"

(Aciman, 311). Il distacco dalla natura per una nuova realtà cementizia provoca la perdita di un chiaro senso di appartenenza. E come per Baydar, ma in forma più decisa, anche Aciman trova una soluzione a questa situazione di disagio, la fuga: abbandonare la città sembra l'unica via per ovviare alla sofferenza, "Where I went had nothing to do with being far from or close to you. I just didn't want to acknowledge the transformation that was happening. I was so angry with you that I wanted others who loved you to move away too" (Aciman, 316).

La minuzia delle descrizioni di Baydar punta su scelte lessicali dettagliate e un ingegnoso uso degli aggettivi qualificativi che rendono vibranti e vividi i colori e gli odori; a esse si contrappone una protagonista anonima introdotta al quarto paragrafo, gerarchicamente, perciò l'attante viene inserito dopo la città stessa. In pochi scarti tra paesaggi urbani, il rapporto con la città acquisisce una natura ben più profonda: essa circonda e avvolge la presenza umana, la ferisce nel profondo — la voce narrante è al centro, nel cuore della città, e nel contempo viene pugnalata da essa al cuore; e pur essendovi immersa la protagonista 'ricorda Istanbul', producendo lo sfasamento dei piani temporali, mescolando spazi vissuti, concepiti e percepiti.

Se la protagonista sanguina ciò accade anche alla città: "She knew it was bleeding within, crying for innocence lost, fighting death; that, without even leaving a note, it has silently committed suicide" (Baydar, 340). Per certi versi, questo parallelismo io-città si protrae, anche se solo in parte; infatti la considerazione successiva, "The city is deaf and dumb; a total stranger" (Baydar, 342), sembrerebbe affievolire questo legame. Se si pensa alla condizione della protagonista stessa, 'estranea' alla sfera del presente, della città attuale di questo frangente storico, allora la relazione simbolica trova nell'ultima affermazione dell'io narrante — "I no longer hold the key to the city gates, I must leave" (Baydar, 342) — la sua giusta risoluzione. Ciò che manca è la cifra di lettura della città; le porte restano chiuse, il confine è invalicabile e non resta che accettare l'involuzione. Seppur con intenti diversi, un accenno al sangue, dovuto dalla ricorrenza del Kurban Bayram (Festa del Sacrificio), si ritrova anche negli appunti di Cambria; qui è 'sangue nuziale' a cui si collega una riflessione sulle tradizioni dei "paesi di montagna in Calabria e Sicilia, ma anche nel Lazio" (Cambria, 34), in cui il sangue virginale veniva esposto come segno della consumazione del matrimonio.

L'incredibile splendore, la *grandeur*, della rete urbana cozza, inoltre, con la profondità del dolore che la città causa al narratore autodiegetico di Baydar. Tale sofferenza assume toni più blandi, eppur sempre negativi, per Cambria, trasformandosi in delusione. In linea con la referenzialità tipica di molti resoconti di viaggio del Novecento, la scrittrice italiana introduce il suo incontro con la cupola di Santa Sofia parlando di una sua intervista a Roger Garaudy — "storico dell'arte, filosofo ma, soprattutto, intellettuale inquieto" (Cambria, 11-12): "Ma come spesso accade quando ci si prepara a degustare un'emozione straordinaria, per me il miracolo non ha avuto luogo" (Cambria, 12); "Un senso di solitudine e di nudità architettonica subentra nell'animo di chi ha immaginato l'opulenza e la gloria della Nuova Roma" (Cambria, 15). In sostanza, la dimensione storica trasforma l'angoscia partecipativa, presentata da Baydar in solitudine. Aciman, invece, si inserisce tra le due scrittrici attingendo dall'approccio storico-esplicativo di Cambria e mitigando l'abbandono di Baydar, trasformandolo in amabile nostalgia.

Il parallelismo io-città si amplia nel racconto di Baydar, da cui emerge altresì una chiara corrispondenza tra la vita della protagonista e la vita della città, in cui le due 'identità' in trasformazione si influenzano simbioticamente:

> As the city changed secretly from within, simultaneously changing its inhabitants, we failed to notice this change together with the change in ourselves. We live the city just the way we lived life; rowdily, with the blunt recklessness of youth. We wasted the city, just like we did our lives; lavishly, carelessly, hedonistically. (Baydar, 339)

La città è tanto specchio della protagonista quanto protagonista ella stessa e assume tante forme quante i suoi abitanti, diventando "a natural part of their being, an extension of their existence" (Baydar, 240). Per sua stessa natura, la rete urbana accoglie la diversità: "Mother had enjoyed mingling with Pera's cosmopolitan crowds to sounds of *bonjour*, *kalimera*, *buon giorno* and *iyi günler*, and frequenting places now lost to time [...]. In those days, it was inconceivable that the magnificent, elegant hotel would one day be replaced by and indestructible concrete eyesore" (Aciman, 316-317). Rappresi nel fluire della storia in comunità multiculturali e multietniche, i soggetti antropologici che popolano il tessuto urbano hanno una conoscenza inadeguata, "they did not yet know that cities had lives of their own, that they could not bear being abandoned, that they could devour their own offspring, that they could betray and committ suicide" (Baydar, 341). Le città dimostrano potenzialità antropofagiche e suicidarie. Analogamente, in Aciman la città subisce una sconfitta — "You, my Istanbul, are gradually loosing the struggle" (Aciman, 312) — che si ricollega all'inevitabile trasformazione del paesaggio urbano. Aciman sfrutta elementi concreti e ordinari (fragole, carciofi, caffè) per riflettere non solo sullo sradicamento identitario menzionato in precedenze bensì, nuovamente, così come negli altri racconti, sul tema della memoria, del passare inesorabile del tempo; piccole scene di quotidianità, come la vecchietta che vende fragole in un piccolo cestino sul ciglio della strada, sfociano in desideri di radicale cambiamento: "What a shame we cannot turn back the clock" (Aciman, 313).

Le figure femminili: autrici e personaggi

Le 'prime' donne[12] di Cambria sono generalmente velate, impegnate nelle faccende quotidiane in casa, l'ambiente normativo per eccellenza: "Di solito le donne, di giorno, non vengono alla moschea, ma non sono dispensate dalla pratica religiosa musulmana: tanto si può pregare benissimo a casa, tra un cambio di panni al bambino e una rimestata allo yoghurt" (Cambria, 35). Le spinte femministe cambriane emergono preponderanti durante la visita all'harem, ritenuto un luogo "di clausura, m'è sembrato piuttosto simile al cortile di Rebibbia, dove le detenute prendono l'ora d'aria" (Cambria, 55). Le figure femminili di Baydar, d'altro canto, non sono solo madri ma anche prostitute, che si incrociano nelle strade di uno dei quartieri centrali dell'Istanbul europea. Non vengono specificamente focalizzate, rimangono vaghe e indistinte rappresentanze della comunità locale: "Late at night, as families drove through the back streets of Beyoğlu, mothers would cover the eyes of their

---

[12] Mentre nei primi appunti, da qui l'uso di 'prima donne', le figure femminili solo accennate, nel resoconto del secondo viaggio, la scrittrice italiana si sofferma con più decisione sulla figura femminile, su criticità di natura politico-sociale: ad esempio, parla di Flitz Kutlar, "giovane fotografa nata a Izmir che viaggia — da sola — per il mondo, alla ricerca di 'Luoghi magici e sacri'" (Cambria, 218) per affrontare il tema della censura alla stampa, dell'approccio del governo turco alla questione dei curdi; cita Orhan Pamuk e il suo *Neve*, sfruttando il personaggio di Funda Eser e uno spettacolo teatrale dall'eloquente titolo, "«Uno spettacolo su una ragazza che brucia il suo chador», sottotitolo «Patria o velo»" (Cambria, 194-198), per elaborare la conflittualità tra "il malessere della tradizione — e oggi è tradizione polverosa anche la stagione di Atatürk — e l'impossibilità di una memoria che consenta la conciliazione con la storia del proprio paese" (Cambria, 194).

children, shielding them from the pictures of the women at Abanoz, thus evoking the very first of sexual curiosities (Baydar, 339).[13]

Peculiare, invece, è l'esposizione di Aciman che propone al lettore il rapporto nostalgico con la madre, a cui l'autrice, una volta trasferitasi, chiede di raggiungerla. La risposta è sofferente, il fatto materiale, ossia l'abbandono, è impensabile: "I can't do that. I can't leave this place, my dear. Despite all its losses, changes and setbacks, nowhere other than Istanbul can satisfy my soul. I'm not ready for homesickness yet. One day, maybe…" (Aciman, 316). La donna non può abbandonare Istanbul poiché non sembra esistere altro luogo in armonia con la sua essenza; l'essere intimo è radicato nel tessuto urbano, in palese dimostrazione del profondo legame tra l'individualità e lo spazio che reitera la fondamentale interdipendenza tra le due entità. Istanbul è casa; le due dimensioni antitetiche esterno-interno si uniscono in un *unicum* spaziale. La città acquisisce dunque tratti materni che sembrano confondere storia materna e urbana, così come i tratti tipici dell'una e dell'altra si mescolano in ricordi di gioventù. Le altre presenze femminili in Aciman sono sempre donne (molto) mature segnate dal trascorrere del tempo, che hanno perso la forza originaria così come la città, stremata dai cambiamenti. La corrispondenza donna—città si esplicita: "My soul hurts, my body burns…" you used to complain in those last years. While you were suffering, I was seeking ways of distancing myself from you, so that I could avoid witnessing the daily process of your body ageing a little more, your face fading and your souls wasting away" (Aciman, 319). Aciman sembra dialogare virtualmente con Magris che nel suo *Infinito Viaggiare* (2005) sostiene:

> Il viaggio nello spazio è insieme un viaggio nel tempo e contro il tempo. […] Noi siamo tempo rappreso, ha detto una volta Marisa Madieri. Non solo un individuo, anche un luogo è tempo rappreso, tempo plurimo. Non è solo il suo presente, ma pure quel labirinto di tempi ed epoche diverse che si intrecciano in un paesaggio e lo costituiscono, così come pieghe,

---

[13] Esaminando il testo di partenza, emerge un'incongruenza. L'autrice scrive: "Gece geç saatlerde, Beyoğlu'nun arka sokaklarından arabayla geçilirken, anneler Abanoz' daki kadınları görmesinler diye çocukların gözlerini elleriyle kaparlar ve ilk cinsel merakları uyandırırlardı" (Baydar 2020, 131). Le 'Abanoz'daki kadınlar' sono 'le donne di Abanoz' (dove Abanoz è la strada a luci rosse, almeno fino agli anni '70, di uno dei quartieri centrali della città) mentre nella traduzione si parla di 'the pictures of the women of Abanoz'. Si smaterializza la presenza fisica in una sorta di astrazione iconica che convoglia, inevitabilmente, un'immagine diversa.

rughe, espressioni scavate dalla felicità o dalla malinconia non solo segnano un viso, ma *sono* il viso di quella persona, che non ha mai soltanto l'età o lo stato d'animo di quel momento, bensì è l'insieme di tutte le età e gli stati d'animo della sua vita (xvi-xvii).

Il 'paesaggio sonoro'

In ultimo, si prende in esame la dimensione sonora, qui intesa come l'insieme del paesaggio sonoro e dalle metafore sonore come componente musicale. Meno incisiva è la proposta del paesaggio sonoro avanzato da Cambria che riporta rumori di fondo tipici della quotidianità in prossimità di moschee o musei o mentre sorseggia il tipico *çay* sulla collina di Pier Loti, mescolati al vociare tipico dei turisti. Gli stessi suoni della vita quotidiana che vibrano nelle strade sono ripresi, talvolta in qualità di toniche, talvolta come impronte sonore (Schafer, 10), da Baydar, la quale cita la musica *in absentia*, riflesso dell'incapacità di Istanbul, ormai fagocitata dai grandi centri commerciali zeppi di "all sorts of products from all over the world" (Aciman, 341), di vincere la sua battaglia contro la modernità deformante. Infatti, scrive Baydar, "One day this city is going to freeze like a stone and collapse", lasciando solo la "legendary silhouette of the city"; la modernità nelle sue innumerevoli declinazioni porterà all'annullamento del suono stesso, in un perenne e nefasto silenzio.

Con pensieri analoghi di perdita, sconfitta e silenzio ma con artifici in netto contrasto, Aciman, riconoscendo il primato del suono, crea dei chiari filamenti di comunione tra i luoghi e il paesaggio sonoro portati in superficie grazie all'associazione suono-memoria, saldando così le tensioni divergenti causate dal passare del tempo. L'autrice sottolinea attraverso la musica la perdita di una 'vecchia' Istanbul fatta di ricordi, sostituita dalla modernità; come Baydar, ricorre al campo semantico del dolore con l'immagine della 'ferita' condivisa:

As first I was just an observer, burying my sorrow inside while you deceived me. I did not care if I was wounded by every sledgehammer that struck your beautiful elegant body, every bulldozer that rolled over you. You seemed to be pushing me away. You no longer sang to me the songs I loved: "Nights on Heybeli Island", "Yesterday, I looked down on you from a hilltop, beloved Istanbul", "Row away, my love, let's lie down on blue waters" or "Kalamis." [14] (Aciman, 319)

L'autrice/io narrante vivrà il distacco da Istanbul con tale partecipazione emozionale da ridurre l'azione al totale silenzio. Eppure, non si tratta di un pacato silenzio statico causato dall' angoscia della partenza bensì dalla vergogna; quella di aver tradito e abbandonato la città.

> Overwhelmed by shame, I was unable to say anything to you when I left.
> In any case, you have never liked farewells and have always been confident
> that people will return.
> So, forgive me, my love, for all the wrongs I have done to you.
> Wait for me, my melancholy city. This is my ode to you, my Istanbul. My
> beloved Istanbul. (Aciman, 320-321)

La consapevolezza che il distacco non potrà mai provocare una cesura netta del rapporto viscerale con questo luogo, porta Aciman a creare continuità piuttosto che chiusura.

CONCLUSIONI

La "modesta proposta" suggerita da Adele Cambria trova piena applicazione dei testi presi in esame: "rivalutiamo la visionarietà della parola" (6). Nonostante le tre scrittrici partano da posizioni diverse, giungono a descrizioni spaziali e sonore similari, in cui si insiste sulla sfera della memoria e del passare inesorabile del tempo, che Baydar e Aciman declinano nell'ambito del dolore.

---

[14] La componente sonora — rumori d'ambiente, melodie e canzoni — assume particolare rilevanza nel resoconto di Aciman nel convogliare anche la forte partecipazione emotiva dell'autrice. Whitehouse, la traduttrice del racconto, per rendere le canzoni care all'autrice, ha optato per la traduzione dei titoli in inglese in corpo al testo, inserendo i titoli in originale nelle note. A riguardo, si notano delle scelte traduttive interessanti: 'Sana Dün Bir Tepeden Baktım Aziz İstanbul' tradotto in 'Yesterday, I looked down on you from a hilltop, beloved Istanbul', in cui si sminuisce l'aggettivo attributivo 'aziz', che richiama semanticamente ciò che è degno di venerazione e rispetto; 'Çek Küreği Güzelim Uzanalım Göksu'ya' diventa 'Row away, my love, let's lie down on blue waters', che può essere solo intesa come una scelta di relazione di continuità (sineddoche), in cui Göksu, il fiume, letteralmente 'acque chiare', subisce un trasferimento di significato. Ciò nonostante, va evidenziata la perdita di un chiaro contesto storico e geografico, che evoca tradizioni passate come le gite in barca a remi nella zona di Göksu ed elimina i riferimenti spaziali di quest'area di Istanbul.

Seppur più breve, il racconto diaristico di Baydar riporta con realistica vivacità i colori e gli odori della città. La scrittrice turca indaga un rapporto di grande complessità tra la protagonista e la città, intesa essa stessa come presenza antropomorfizzata in grado di ferire ed essere ferita. L'intreccio di piani temporali è elemento funzionale dell'intreccio narrativo: il ricordo smuove sofferenze intime legate a luoghi e paesaggi persi nell'inflessibile fluire del tempo. È un rapporto conflittuale di amore e odio che trova chiusura nell'istante in cui la protagonista chiude le tende sulla città: un gesto risoluto e limitante che separa irrimediabilmente le parti.

Cambria è enciclopedica; spiccano preponderanti i riferimenti letterari, storici, filosofici. Gli appunti presi nel 1983 potrebbero fungere da guida erudita per il viaggiatore interessato a scoprire i segreti della città turca, nella sua macro-storia, dai miti alle nozioni storiche. Con piglio critico e asciutto, Cambria presenta una rete urbana segnata dal tempo, non più memoria come per Baydar o Aciman, bensì accumulo di storia nella fluidità temporale. Lo sguardo cambriano infatti, ovviamente da viaggiatrice, si posa sulle architetture tanto quanto sulle strade. Meno romantico rispetto ai due racconti eppur estetico in egual misura, svela una città dal doppio volto, talvolta confine talvolta giuntura tra spazi e tempi.

Aciman sembra inserirsi tra Baydar e Cambria nelle scelte descrittive e stilistiche: pur proponendo stralci di micro-storia — ovvero invece di parlare dei grandi monumenti storici, predilige i piccoli luoghi caratteristici come bar e negozi locali — riflette sul cambiamento fisico della rete urbana. Il cambiamento della città corrisponde allo sradicamento del soggetto narrante che non si riconosce più nello spazio moderno e cementizio a cui l'uomo ha ridotto la città. Il rapporto dialogico riprende la perdita di un'amica e di una madre, in chiave autobiografica e intimistica ma meno straziante rispetto a Baydar. Il gesto di chiusura di Baydar corrisponde alla fuga di Aciman che però, in un movimento oppositivo, apre i confini all'infinito, spaziando nella dimensione mondo.

BIBLIOGRAFIA

Aime, Marco, & Papotti, Davide. L'altro e l'altrove. Torino: Einaudi, 2012.

Aciman, Stella. Bella. Istanbul: Galata Yayıncılık, 2002.

Aciman, Stella. "An Ode to My Istanbul", in Öğüt, Hande (Ed.). Istanbul in Women's Short Stories. West Sussex: Milet Publishing, 2001: 311-322.

Aciman, Stella. "Mâhur Saz Semâî'm İstanbul'um", Öğüt, Hande (Ed.). Kadın Öykülerinde Istanbul. Istanbul: Sel Yayıncılık, 2008: 9-17.

Baydar, Oya. "Remembering a City", in Öğüt, Hande (Ed.). Istanbul in Women's Short Stories. West Sussex: Milet Publishing, 2012: 337-344.

Baydar, "Oya, Bir Şehir Hatırlatmak", in Öğüt, Hande (Ed.). Kadın Öykülerinde Istanbul. Istanbul: Sel Yayıncılık, 2008: 130-134.

Baydar, Oya. "Oya Baydar Kimdir? Hayatı, Edebi Kişiliği, Eserleri" https://www.turkedebiyati.org/oya-baydar-kimdir/ (consultato 19.10.2020).

Cambria, Adele. Istanbul. Il doppio viaggio. Roma: Donzelli editore, 2012.

Çerkezoğlu, Simge. "Stella Acima: Ben Azınlık Yazarıyım", Yenidüzen (10 Ocak 2018) http://www.yeniduzen.com/stella-aciman-ben-azinlik-yazariyim-97799h.htm (consultato 19.10.2020).

Chombart De Lauwe, Paul-Henry. Paris e l'agglomération Parisienne. Paris: Presses Univ. De France, 1952.

Demirel Aydemir, Gül Deniz, "A Picture of Istanbul through the Eyes of Women Writers from Turkey", International Journal of Languages, Literature and Linguistics, 1(1), (Marzo 2015): 64-69.

Koçak, A., & Gürçay, S. "Soyluluk Çiçeği 'Erguvan'a Kültürel bir İnceleme", CIU, 21 (84) (2015): 33-44.

Levebvre, Henri. The Production of Space, D. Nicholson-Smith (trad.). Oxford-Cambridge: Blackwell, 1991.

Magris, Claudio. L'infinito viaggiare. Milano: Mondadori Editore, 2005.

Marfè, Luigi. Oltre la 'Fine dei viaggi'. I resoconti dell'altrive nella letteratura contemporanea. Firenze: Olschki, 2009.

Schafer, R. Murray. Our Sonic Environment and THE SOUNDSCAPE the Tuning of the World. Rochester, Vermont: Destiny Books, 1994.

Sennett, Richard. Fall of Public Man. Cambridge: Cambridge University Press, 1977.

Spunta, Marina. "Inhabiting Displacement": Narrating the Po Valley in Contemporary Fiction and Photography", in Ania, Gillian, e Hallamore Caesar, Ann (Eds.). Trends in Contemporary Italian Narrative 1980-2007. New Castle: Cambridge Scholar Publishing, 2007: 50-71.

T24, Oya Baydar hayatını anlatıyor: Evimi basıp Deniz Gezmiş'i ararlardı (23 Temmuz 2018) https://t24.com.tr/haber/oya-baydar-hayatini-anlatiyor-evimi-basip-deniz-gezmisi-ararlardi,671625 (consultato 19.10.2020).

Trevisan, Alessandra. Il "Coraggio di Didone" nel giornalismo di Adele Cambria", Revista Internacional de Culturas y Literaturas. (julio 2019): 183-197.

Tuan, Yi-Fu. "Space and Place: Humanistic Perspective", in Gale, Stephen & Olsson, Gunnar (Eds.), Philosophy in Geography, Vol. 20, Dordrecht: Springer (1979): 387-427.

Uzuner, Buket. Istanbullians. Istanbul: Everest Publications, 2008.

Ülgen, Erol, KARAÖRS, Metin e ÖZ, Emin (Eds.). Through Foreign Eyes: Istanbul in World Literature, (trad.ing. Ross, Jonhatan), Ankara: Ministry of Culture and Tourism, The Bank Association of Turkey, 2011.

Uslu, Melih. "İstanbul'un Rengi Erguvan", Skylife (Maggio 2010) https://www.sky-life.com/tr/2010-05/istanbul-un-rengi-erguvan (consultato 23.10.2020).

MAY THEIR MEMORY BE A BLESSING
The Innocent Victims in *Tiro al piccione* by Giose Rimanelli

Sheryl Lynn Postman
UNIVERSITY OF MASSACHUSETTS LOWELL

This year marks the seventy-fifth anniversary of the end of Italy's horrific eighteen-month Civil War. The country, as in any civil conflict within its own borders, was divided into two extremely hostile factions at two separate ends of the political spectrum: one, ultra conservative and nationalistic; the other, liberal and internationalist. The scars left behind from the civil turbulence within Italy would be deep and lasting and would still be felt today. *Tiro al piccione*, as Giose Rimanelli described to Cesare Pavese, recounts the tale of "un giovane della mia età che vede la Resistenza dalla parte sbagliata." The novel first appeared in 1953 and again, forty years later in 1991. The book was a triumph both times and it opened the path to conversations about the contradicting ideological struggle that penetrated Italy during those eighteen months of the civil war. The novel is a look at the war from a somewhat objective view point: the losing side. There are no justifications, no explanations; no retribution; and no politics. *Tiro al piccione* reflects the civil conflict from a detached perspective showing that war effects more than the military participants; it effects the innocent bystanders (women, the aged; and the young) as they, too, become victims of the venomous brutality.

Four decades after its first publication, Umberto Eco[1], and later, Raffaele Liucci[2], stated that *Tiro al piccione* is the first novel to use the term of a civil war for the eighteen-month period of conflict, and that no other writer portrayed better the merciless, national bloodbath of the time. Although written by a former participant of the hated and feared Black Brigade, *Tiro al piccione* is a narrative without any ideological political view other than to testify to the terror within the entire country and, at the same time, to show that no one was invulnerable to the brutality, not the children, the old, or women.

---

[1] Umberto Eco, "Il ritorno dello spetto, o yeah! Abbozzo di commedia all'italiana" in *L'Espresso*, 26 maggio 1995.
[2] Raffaele Liucci, "Ritratti critici di contemporanei: Giose Rimanelli." *Belfagor* Vol 6, LIII (November 30,1998): 673.

Tiro al piccione has no political dogma within the framework of the text. It, as Cesare Pavese wrote, "non è un libro politico- non vi esiste il caso del fascista che si disgusta o converte, [...]."[3]The author does not exalt war nor the political doctrines of either side. He does not bestow praise on any skirmish or any friendship that may have developed during that dark period. He clearly shows the horror and savagery of armed conflict. This apolitical philosophy of Rimanelli's corresponds with the personal description given of the author by Luigi Cortesi:

> Il mio prigioniero non era politicizzato, né en senso fascista né in senso antifascista.[4]

The prominent historian of the Socialist and the Communist parties in Italy is, in fact, the fictionalized *partegiano* (Maurizio) of the novel that the protagonist meets at the end of the war when he is being held as a prisoner after the last battle. In its final analysis, *Tiro al piccione* is an anti-war narrative. The book condemns war for the immorality that it generates and for the destruction that it causes to the human soul.

Rimanelli's *Tiro al piccione* is a narrative that takes the reader on a journey through the darkest days of Italy's Civil War and has him come out on the other side, during the emerging light of the post war reconstruction period. It allows the reader to witness the remnants of a savage conflict and the destructive effect it had on the innocent. Using black and white images painted with undertones of the red stains from the bloody confrontations, Rimanelli creates a devastating canvas of the sanguineous reality of war. It is that Civil War and all its savagery that function as the framework for the principal instruction of its protagonist and narrator, Marco Laudato.

In any civil war neither group truly wins; everyone loses something and both parties, ultimately, remain resentful and fearful of the other. Although

---

[3] In a letter of May 11, 1950 to the critic Carlo Muscetta, Pavese wrote:
...non è un libro politico--non vi esiste il caso del fascista che si disgusta o converte, bensí il giovane traviato, preso nel gorgo del sangue, senza un'idea, che esce per miracolo, e allora comincia ad ascoltare altre voci. E una tesi notevole e tale da interessare tutto il mondo, non solo gli italiani. In Cesare Pavese, *Lettere 1926-1950*, vol. II, a cura di Lorenzo Mondo e Italo Calvino (Torino: Einaudi, 1966) 725. See also: Sebastiano Martelli, Introduzione, *Tiro al piccione* by Giose Rimanelli (Torino: Einaudi, 1991) xviii.
[4] Luigi Cortesi. "1945: una ragazzata nella tragedia, e l'incontro con Giose Rimanelli." *Rivista di Studi Italiani.* Toronto, XIX , n° 1 (June 2001: 153-162.

there appears to be a victor everyone loses. A civil war is internal, a conflict that pits brother against brother and, as such, is reminiscent of the biblical tale of Cain and Abel. It is a re-creation of man's first murder, a fratricide. The story of Cain and Abel is, furthermore, a continuation of the Adam and Eve tale; both episodes have their protagonists go against the wishes and instruction of the Almighty and do that which they were forbidden. According to René Girard, a civil war is a sacred act because it evokes the original slaying and transports the person *ab initio*, to man's beginnings.

Italy's Civil War was a moment in time that had a lifetime impact on the author. It was the nightmare of his life as it occurred when he was still a young boy, creating a type of emotional cicatrix that never healed as it was constantly present in his psyche. The images and experiences that he witnessed always remained fresh. The horrific happenings that Rimanelli suffered during the war are present in all his novels, starting with *Tiro al piccione* to his last, *Il viaggio*. In each of his narratives, the author denounces combat and all its destructive characteristics. His position is clear: war is malevolent, no one is left without scars, it affects everyone; and no one is untouched by it.

Rimanelli's novel is a re-creation of the classic, Orphic journey of a politically and culturally naive, Southern Italian teenager. It is his search for self-awareness and understanding that eventually comes to him after having survived the blood thirsty eighteen months of Italy's Civil War. His trek to personal consciousness is a rite of passage for this youngster. At the same time, as the protagonist of the novel is seeking his own self-perception, the Italian peninsula, specifically in the north, is also undergoing a similar ritual of passage: from the closed, authoritarian universe of the Fascist government to the independent, elected existence of a new Democratic way of life in the nation.

I

At the start of the novel, the protagonist, Marco Laudato, wants nothing more than to escape the forced restrictions of his limited world in his hometown, and by the end of the narrative, he only desires to return to it. He has spent, nearly, two years fighting in a war that he never understood. Upon Marco's return to Casacalenda, he finds that the only thing that has changed in the two years he was away, was himself; his town had not altered at all:

> [...] Io credevo che, salvandomi dalla guerra e tornando a casa, sarei uscito dalla guerra e avrei trovato uomini nuovi, che m'avessero insegnato come si fa per riprendere a vivere in una Italia diversa. Invece la provincia era ancora attaccata ai fantasmi e alle illusioni del passato, e speculava ancora sulla nostra stupidità.[5]

According to Mircea Eliade, primitive society is divided into two basic categories: sacred and profane space. Eliade defines sacred space as a power in itself and, therefore, a reality.[6] In his autobiography, *Molise Molise*, written thirty years after *Tiro al piccione*, Rimanelli expounds on the power of his homeland when he compares it to a religion; *La mia religione sono queste radici*, and he adds, *Il sacro che mi circonda è azzurrassimo anche dentro di me, perché non l'ho mai perduto.*[7]

The writer uses his native town of Casacalenda, in Molise, as he will do in other novels to serve as the point of departure for his main character's travels. Through poignant jolts and bone chilling anecdotical scenes Rimanelli leads us across the complicated maze of a war-torn country to finally conclude, full circle, at the place where the journey began: Casacalenda.

The region of Molise plays a dominant role in all of Rimanelli's works. Molise manifests itself as the sacred world of the writer and it is in *Tiro al piccione*, the author's first published work, that the role and significance of the region begins to appear. Molise appears throughout the writer's opus and functions as his sacred world. It is, for Rimanelli, a symbol of a lost universe, his paradise, his Eden, from which he is forever forbidden to return.

Within the sacred space of Molise, the protagonist's home in Casacalenda, functions as his *axis mundi*, the center of his universe. It is from his parent's home that Marco decides to escape, at the start of the novel, and it is the

---

[5] Giose Rimanelli, *Tiro al piccione* (Torino: Einaudi, 1991): 249. All future references that come from this edition will be placed, by page number between parentheses, within the body of the text.

[6] Mircea Eliade, *The Sacred and The Profane* (A Harvest/HBJ Book: San Diego, New York, London, 1959) 32.

[7] Giose Rimanelli, *Molise Molise* (Isernia: Marinelli, 1979) 13.

place to where, after eighteen months of frightening combat, he wants to return. Moreover, his family celebrates his return, and it is, also, here that he must confront his past and where he finally grows up to be a man. As Molise serves as the sacred space in all of Rimanelli's narratives, his parent's home, whether in Italy, Canada, or the United States, always operates as his *axis mundi*.

The basic story of *Tiro al piccione* is a simple one. Marco Laudato, the protagonist, and narrator of the tale is a seventeen-year-old teenager who desperately wants to grow up and no longer be considered a boy. Marco had been a student for several years in the seminary. He decided, to his mother's displeasure, to abandon the religious life and return home. Once back in Casacalenda, he could not find any employment, which irritated his father. One night, after disagreements with his parents and his girlfriend, Giulia, he ran away from the confines of his medieval-like village only to become a forcibly conscripted member of the Fascist forces, the RSI. From the start, Marco is an unwilling participant.[8] Several times he manages to escape from the rightist forces, but on his last try, he is threatened with death if he tries to flee one more time.[9] At the end of the war, now a prisoner of the United States on a train heading south to be deported to Africa and a prisoner of war camp, once again, Marco flees from captivity and manages to return to his home and family.

His homecoming is bittersweet: Marco survived the war while close, hometown friends who did not participate in the hostilities, were executed by retreating German forces. Marco's disappearance twenty months earlier was not due to his wanting to fight in the conflict. The Germans withdrawing through Casacalenda offered Marco a ride. His hope was to see the ocean, to see the world outside his small, cloistered area. Instead, they took him north and through a series of misunderstandings, miscalculations and

---

[8] Marco is alone, hungry, cold and wet (from rain). He follows, almost unknowingly, a group of men into a building where he naively signs up, without understanding, the Fascist military service. When asked if he were content to have enlisted, he did not respond. The man repeated the question and Marco responded in the negative: ...e io dissi no. (36)

[9] "Tuttavia, una notte che corremmo sul luogo del bombardamento a rimuovere le vittime, nella confusione tentai di squagliarmela. Sentii la voce dura del sergente Sala alle spalle:
  -Se ti muovi ti sparo!
  Lo guardai e vidi che diceva sul serio.
  -Non volevo andarmene, -dissi.
  -A me non la fai, ragazzo. Ti conviene essere ragionevole.
  Il sergente Sala era il mio angelo nero." (66)

dire threats, Marco became an involuntary volunteer in the RSI. At the same time, his reappearance in Casacalenda was heavy-hearted because he perceived that the people of his rural community had not changed with the war's end. They still believed in long standing, self-gratifying and patriarchal rites of life. Many still clung to the Fascist ideology and many were hopeful for a new Duce. They dreamed of a political rebirth of the tyrannical past that allowed them to wield a great deal of power. A new Duce would keep the poor even more needy than before.

This societal form of oppression disseminated the ethical and moral concept that propelled *il problema del sud* to the foreground and, simultaneously, provided an explanation for which many desperately poor southern Italians migrated away from their home regions. It is a subject that Rimanelli confronts in many of his succeeding novels such as *Peccato originale*, *Biglietto di terza* and continues through his narratives including his last, *Il viaggio*. The *problema del sud* is suggested in *Tiro al piccione* within the subtext of the narrative. At the start of the novel, Marco, unlike his younger brother Michele, was unable to find any type of work. Marco is a seventeen-year old boy and Michele is a few years younger. Michele returns home after working long hours in the tailor shop complaining bitterly that Marco does not do any kind of labor:

> [...] Ho le spalle rotte e gli occhi che non ne posso piu. Non mi chiamo Marco, io per non lavorare. (11)

Marco, calmly, responds that there is no work available, "Non c'è lavoro, lo sai," but it does not ease Michele's anger or frustration. At the same time, the reader finds out that Pietro Laudato, Marco's father, lost his military position as squad leader after the militia disbanded. The senior Laudato had hoped that he would be mustered out of the service as a warrant officer with a better pension. Instead, he lost the stipend and was forced to join the day laborers looking for work, all of whom were waiting and hoping, because of massive unemployment, for a roof to collapse so as to have some sort of job and earn money.[10] Without those funds, the Laudato family had

---

[10] Gli operai si auguravano sempre che crollasse un tetto, o una masseria, in campagna, o il terremoto venisse a spingere la frana sulla camionale. (10-11).

to survive on much less. The financial dilemma in southern Italy did not improve during the two years that Marco was away and it had grown considerably worse. Marco's younger brother, Michele, now, at the end of the narrative, is a valet for an American military officer and, simultaneously, involved in Black Market activities to earn extra money so that the family could survive. Although this illegal operation upsets Marco, Michele claims that it brings food and money into the home, items that are desperately needed as the father has no means to bring either into the household.

The poverty and unemployment in this small town are evocative of the works of Giovanni Verga. Verga brought to light the exploitation of the underprivileged by the wealthy landowners of Sicily in the late 19th century. His work had a pronounced impact on the creative movement that came out of the Italian Civil War: Neorealism, a cultural effort within which Rimanelli's first two novels, *Tiro al piccione* and *Peccato originale*, have been classified. For the most part, the neorealist writer is someone who fought for the Resistance, such as Italo Calvino and his first novel, *Il sentieri dei nidi del ragno*, fall under this classification. In Calvino's narrative he, too, has a young boy, Pin, as the protagonist; but his hero is a pre-adolescent orphan from the lowest social class. *Tiro al piccione*, on the other hand, employs a contrary position to Calvino: Rimanelli's protagonist, still a boy, although not as young as Pin, comes from a unified family unit and fought for the Fascists. Giuseppe Iannaccone points out that *Tiro al piccione* lacks "la classica tipologia oppositiva buono-cattivo che infarcisce molta parte della narrativa resisteniale.[11]

Tiro al piccione consists of thirty-seven chapters and is divided into three parts. Part I consists of ten chapters and deals with Marco's relationship with his family, who basically criticize everything he has ever done; his relationship with Giulia, a girl from his childhood; his flight from Casacalenda in a German truck; his naive entrance into the Fascist army; his escape from the military and the help given to him by a Jewish barman in Milan; his recapture by the Fascists and his forced obligation to join the Black Brigade. Part II has twenty-one chapters and confronts Marco's experience with the RSI; his getting severely wounded in a battle and his romantic involvement with his

---

[11] Giuseppe Iannaccone, "Giose Rimanelli, oblio di non allineato" in Ideazione (marzo-aprile, 2006) www.ideazione.com/rivista/2-06/iannaccone02_06.htm.

nurse, Anna, that ends with a great deal of bitterness; the final battle of the war and the ultimate surrender of the Fascist forces to the Resistance. The last part of the book has seven chapters and shows the extremely negative reaction of the townsfolk as the Fascist prisoners of war are marched through the town; Marco's growing friendship with a partisan of basically the same age and education as he; Marco being shipped to a prisoner of war camp (in Africa) and his escape from the train in Cava dei Tirreni; the gentle hospitality that a peasant and his wife showed to him so as to be able, ultimately, to return to his parent's home; and finally his re-entry into Casacalenda after two years away and his encounters with family and townspeople without ever explaining the reason he left; and Marco's silent realization that he no longer is the boy who fled twenty months earlier but the man who has returned and now must accept the realities of his actions.

Time is, basically, chronological, starting in late September 1943 and concluding in June 1945, a period of twenty months. There are occasional flashbacks usually dealing with Giulia or some of Marco's friends. There is, however, one moment that stands out, a time in which past, present and even future co-exist. Marco, having finally escaped the horrors of the past two years, is now on the road home. At the train station, he and the peasant man, who helped him survive that first night of freedom, waved good-bye to each other:

> Appena arrivato il treno l'uomo mi tese la mano. Saltai su e stetti alla porta. Vidi l'uomo dissolversi in lontananza, e davanti agli occhi mi restò sempre il suo braccio teso che sventolava il berretto. (234)

Names and addresses were never exchanged. Marco remembers the unselfishness of this humble man who only wanted to help him return to his family. There were no indictments. no animus, and no reprisals. This simple farmer, like so many in Italy, realized that it was time to move forward and to do so meant that the country needed to start fresh without any reprisals. The nation must surmount its past to allow the present to refocus the country and the people towards a better future. The best way to travel this new pathway was to permit both the victims and the perpetrators the possibility of returning to their origins and starting anew.

Rimanelli's novel is written in the first-person singular giving the initial and erroneous impression that *Tiro al piccione* is an autobiography. Rimanelli has always stated that the novel has a great deal of autobiographical elements within it and, when he gave the manuscript to Pavese, the young author acknowledged that it is the story of "un giovane della mia età che vede la Resistenza dalla parte sbagliata." Years later, Rimanelli, in a conference at l'Università di Bologna, further, asserted that all his literary work is autobiographical in nature,[12] thereby propagating the false impression, for some, that the book is an autobiography. The autobiographical nature of Rimanelli's narrative is a concept that parallels the theory of Georges Gusdorf who claims that all literature is autobiographical in nature. This stylistic feature of the author is so deeply ingrained that it quickly passes to fact blurring the line between reality and fantasy. Yet, according to Giovanni Cecchetti, it is more a method by which Rimanelli redefines himself which is the basis of his constant and continual experimentation.[13]

Tiro al piccione is not an autobiography. It does not meet the criteria needed, according to Philippe Lejeune, of an autobiography; there is no autobiographical pact; no agreement between author, narrator and protagonist.[14] Additionally, Georges Gusdof points out that the author must be the historian of his own life.[15] There are a considerable amount of similarities between the protagonist and the author, but there are also a sizable quantity of incongruous elements between them starting with the name of the hero, and his father's and middle brother's names. The narrator and protagonist of the tale, Marco, is not the author of the book. Their names are not the same. Marco's role in the war, according to his correspondence with Enrico Cestari in their book *Discorso con l'altro*, was different from that of the author: Rimanelli was sent to the front, Marco was not. Moreover, there was no Giulia or Anna in the life of Rimanelli. They were literary devices to propel the story ahead.

---

[12] La mia letteratura è quasi tutta di carattere autobiografico: romanzi, poesia, critica letteraria. E questo perché sono solo nel mondo. Il mio studio non è mai stato il mondo, ma la realtà della mia esistenza in contatto diretto con i fatti pratici o ideali offertimi dalle contingenze storiche del mondo in cui vivo. Il mio discorso, dunque, è più narrativo che critico, personale più che oggettivo. Io imparo scrivendo.
Giose Rimanelli, "Osservazioni su fascismo e antifascismo culturale dal punto di vista di un non integrabile." *Nuova Dimensione* (maggio-giugno 1985): 4.

[13] Giovanni Cecchetti, "Autobiografia mitografica in Giose Rimanelli," in *Rimanelliana*, edited by Sebastiano Martelli (Stony Brook: *Forum Italicum*, 2000) 121.

[14] Philippe Lejeune, *On Autobiography*, translated by Katherine Leary (Minneapolis: University of Minnesota Press, 1989) 5-7.

[15] George Gusdorf, "Conditions and Limits of Autobiography" in *Autobiography: Essays Theoretical and Critical*, edited by James Olney (Princeton: Princeton University Press, 1980) 28-48.

The bleak color schemata of the narrative is initiated at the start of the novel. Prior to Marco's departure, while in bed with his brother Michele, they are looking around the room at all the newspapers:

> Fino a tardi restammo a guardare i giornali; i caratteri ingrandivano e rimpiccolivano. Formavano una nuvola nera nel soffitto. (12)

This black cloud will create a chiaroscuro effect throughout the entire narrative and will engulf and follow the young protagonist throughout the entire twenty months he is away. Until Marco's return from the war, he describes everything in shades of black and grey, a world devoid of all color or light. His memory of Giulia, as he departs Casacalenda, is "un pugno di panni neri sotto il muro." (19). Marco's flight from the sanctity of his familiar home is after midnight. He is enticed, in the heavily, darkened night sky, by the bright headlights of a disabled, retreating German truck that he hopes will take him to the nearby sea and free him from his restricted and archaic life in Casacalenda. Unfortunately, the lights do not guide the young protagonist to his envisioned freedom. They take the naive boy down a false route that will escort him, directly, into the bowels of Inferno in Italy's Civil War.

After Marco's first escape from the Nazi controlled Italian Fascist forces, he is captured and tortured for one month. The black cloud that overwhelmed him at his family's home at the start of the novel continues to follow and consume him. He is abused in a dark, unlit room; forced to fight for the Black Brigade; followed, incessantly, in training camp, by his *angelo nero* who constantly threatens to kill him if he runs away; and the city of Venice appears to have a perennial dark cloud over it. The total darkness begins to dissipate during the last battle of the war when he describes the battlefield; "I morti nostri erano punti neri sul bianco del monte" (p. 203). The *nuovla nera* that Marco saw for the first time in his parents' home two years earlier, now upon his return to Casacalenda after the war is totally gone, the sun has now entered the room; "Il sole saltava sulla coperta del letto passando per la finestrella del divisorio" (251).

The author's use of dark and light creates a type of chiasmus, and it plays an integral part in the protagonist's search for personal awakening. The black cloud that appears at the start of the novel seems to follow him everywhere he goes. Twenty months later, after the war and his return home, the sun finally appears and brightly shines into the room in which he has been sleeping. Marco has come full circle: he has returned home to the place from which he desperately wanted to escape and now has a new perspective on his life, one that is not restricted by any type of social or political barrier.

II

Rimanelli's classical education and the medieval Italian literary tradition are easily perceived within the text and the echoes of the great masters, specifically Dante and Boccaccio are evident in *Tiro al piccione*.[16] The use, however, of religious symbols and images, although not a common occurrence in contemporary Italian literature as, for example, Spanish literature, is not a surprise in this earliest work by the young author. Rimanelli was a student in a seminary for several years. He had classical and religious instruction and he would have had a considerable knowledge of multiple religious beliefs. Episodes within *Tiro al piccione* reverberate both the Christian and Jewish traditions. The names of Rimanelli's protagonist, his parents, and various other characters within the text, indicate, from the start, the religious characteristics and Christian principles alluded to within the narrative. The passages dealing with the Jewish customs and beliefs, nevertheless, have been barely touched upon.[17]

At the beginning of the saga, Marco is transfixed by the retreating German trucks. He creates an analogous image of the withdrawing trucks to long, black slithering snakes, evoking the physical likeness of the serpent in the Garden of Eden. It was the serpent that enticed Eve to eat from the Tree of Knowledge. He convinced her that eating the fruit, an action that G-d had banned, would make her equal. in all senses, to the Almighty. By eating from the forbidden tree, Adam and Eve disobeyed the word of G-d and, as such, were exiled from the Garden of Eden, forever prohibited to return.

There is a fundamental difference between the Jewish and Catholic view of the episode in the Garden of Eden. Although both religions believe that Adam and Eve disobeyed the mandate from G-d, the Jewish people do

---

[16] Sheryl Lynn Postman, *Crossing the Acheron* (New York: Legas) 2000.

[17] Sheryl Lynn Postman, "A Long Night's Journey into Day: Giose Rimanelli's *Tiro al piccione*." *Rivista di Studi Italiani* xxxii, n° 1 (June 2014).

not see it as something wicked or sinful, but rather, as a rebellion of a child towards their parent, and as such, G-d punishes Adam and Eve by banishing them from the Garden (albeit, this is a severe castigation) to never be allowed to return. Catholics, on the other hand, view the episode as *original sin*, and that Adam lost all his holiness and justice that he received from G-d, not only for himself, but for all mankind. Man is, according to Catholic dogma, still suffering because of the sin committed by Adam. Jews do not see the sin; for them it was an act of defiance, similar to that of a child with a parent, because it transgressed G-d's order. The idea that every child is damned because of *original sin* is alien to Jewish thought. The word *sin*, moreover, does surface within the text of Genesis, but not within the story of Adam and Eve. The term emerges within the episode of Cain and Abel when G-d, basically, foreshadows Abel's death due to Cain's indomitable jealousy.[18] Although Judaism does not believe that the actions of Adam and Eve are a sin, Cain killing his brother is definitely seen as such in both Judaism and Christianity.

The reader, from the start of Rimanelli's narrative, is confronted with a primitive world that the narrator describes using terms that are suggestive of the Garden of Eden, "Io guardavo il mandaloro nell' orto e la luce della luna," (p. 19) but upon his return, two years later, he notices that although the almond tree is still present, the opulent garden is not, "E vedevo anche la cima del mandaloro, ma non vedevo l'orto." (p. 237) As man was forbidden to return to Eden, Marco, too, was disallowed to return home during that eighteen-month period he was away. Enticed to flee by the trucks, Marco is taken from his Paradise and driven into the pits of Hell to fight for a political reality about which he knew nothing at all.

Two years of warfare have physically taken a toll on Molise and, at the same time, on the emotional character of the protagonist; he is not the same as when he departed, and the paradise to which he always wanted to return, was no longer accessible to him. To prevent man's re-entry into the Garden of Eden from which he was expelled, G-d placed the cherubim with a flaming sword at the East of the Garden. In a bizarre inversion of

---

[18] And the LORD had regard for Abel and his offering, but for Cain and his offering he had no regard. So Cain Was very angry, and his countenance fell. The LORD said to Cain, "Why are you angry, and why has your countenance fallen? If you do well, will you not be accepted? And if you do not do well, sin is couching at the door; its desire is for you, but you must master it." *Genesis* 4: 4-7.

this religious representation, Marco, the former soldier now without a sword, keeps vigilance over his Eden and for having participated in the national hostilities, prevents himself, psychologically, from re-entering his lost paradise from childhood.

In telling his mother the actual brutal facts of his two year ordeal, the mother, twice, tells him that he made his own decisions; that he chose to abandon his studies at the seminary; and that he opted to experience the world outside of their town and away from his home without any parental consultation.

Tu hai fatto quello che hi voluto e quello che non volevi. Tante cose hai fatto senza riflettere ... (p. 261)

and

Tu sei stato uno che è voluto andare e ti sei perso nella guerra ... (262)

As Adam and Eve defied G-d and were exiled from Eden forbidden to ever re-enter it, Marco disobeyed the wishes and mandates of his parents, and as such, he, too, found himself outside the realm of his Eden, unable to return to it. The statements that the mother makes are parallel to the those she made two years earlier prior to his absconding from Casacalenda.[19] She complained, at that time, that he left the seminary and, also, about his relationship with Giulia. Marco, now home after his horrific wartime experience, does not ask forgiveness for the actions of the past two years. He just tells his mother, emotionally, about them and seems to want a little bit of compassion from her. Instead, she confronts him about his choices. The mother does not appear to be able to forgive her son for abandoning his religious studies or her dream for his future. Simultaneously she details the pain that she and all mothers felt during the long war due to the loss of their sons in a lengthy conflict that none of the mothers understood.

The black cloud that hangs over the head of Marco as he absconds from Casacalenda and remains with him throughout the war years is remi-

---

[19] At that time, she stated: "-Dovresti smetterla con Giulia." She added: "Dio, come sono sventurata! Prima te ne torni dal collegio. Dici che farti prete no ti va, dici che hai perso la vocazione stando coi preti (6-7).

niscent of the biblical image in the Old Testament of the exodus of the Jews from Egypt. As the Jews were fleeing their captivity, G-d sent them a black pillar of smoke to guide them on their journey:

> And the LORD went before them by day in a pillar of a cloud, to lead them the way; and by night in a pillar of fire, to give them light; to go by day and night: He took not away the pillar of the cloud by day, nor the pillar of fire by night, from before the people.[20]

Marco's exodus is an erroneous flight from his hometown that, ultimately, thrusts him into the country's civil conflict. He does not follow the dark cloud to a pathway from bondage to freedom, but the contrary; it is a road that leads him into eighteen months of forced military captivity. His only desire upon entering the German truck was to see the ocean. He, unfortunately, chose to follow the mistaken beam of light that emanated from the German retreating truck and this vehicle took him along a disastrous route that did not lead to freedom from societal constraints but to a form of political enslavement.

The *pillar of a cloud* guides the Jews away from the advancing Egyptian forces who want to kill them, and it leads them on a new route to freedom from social, cultural, and political restraint. The dark cloud that surrounds the young protagonist, however, keeps him away from his family and prevents him from returning home to his Eden. Rather than being a benevolent guidepost on his journey, the cloud conducts him into the infernal depths of the Italian Civil War. More importantly, *the pillar of a cloud and the pillar of fire* that directed the Jews on their exodus from generations of captivity in a cruel and violent foreign world now suggests a path that the Italian people must follow so as to exit from the horrors of the Fascist regime.

The story of the Exodus of the Jews from Egypt is a political one. It has Moses telling the Pharaoh to "Let my people go," to give them their freedom from bondage and to direct them towards their Eden, their earthly paradise. The concept of paradise is not the same for a Jewish person as for a non-Jew. The Jewish people, basically, believe that there are two levels of Paradise: one, that is primarily terrestrial and the second, which was created at the beginning

---

[20] *Exodus* 13: 21-22.

of time and will appear again at the end of time. It is not reserved for Jews only. It is known as the Garden of Righteousness. As the Jews fled the barbarity and confinement of ancient Egypt that began their forty-year trek towards their earthly paradise, the Italians now must extricate themselves from the political existence of the infernal Fascist government. Breaking away from their Hell, they, too, would find their Democratic Eden on earth, and be free of the twenty plus years of authoritarian, dictatorial rule.

At the end of the war, Marco is a prisoner being held by the partisans. At that time, one of the guards takes an interest in Marco and visits with him several times during his imprisonment. He notices that he and Marco are about the same age and have similar educations. He also realizes that Marco has no political inclination at all. Maurizio sees beyond Marco's military uniform and the political philosophy for which it stands; he observes the true character of the prisoner. Both he and Marco are of a younger generation than the one that started the insane hatred in the country and it is their blossoming friendship that could serve as the paradigm for a new Italy in which they could all live together without rancor. They see beyond the diverse civic beliefs that divided the nation.

The name of the *partegiano*, Maurizio, is a name that could suggest an Italianized version of the Hebrew name Moshe (Mosè). Maurizio is like Moses, the prophet for a post war Italy, a country in which a person does not blindly judge another by his possible political association but rather by his genuine nature. As Moses is the leader for the fleeing Jews out of slavery, and the guide on the road to their earthly paradise, Maurizio is the role model to a new social and political existence in a country in which the people are heading towards a new democratic Eden, free of violence, hatred and civic bondage from the past.

The biblical image of Exodus in *Tiro al piccione*, although playing a small role in this narrative, reappears in Rimanelli's subsequent novels, such as *Peccato originale*, *Biglietto di terza*, *Familia* and even in his last narrative, *Il viaggio*. The exodus trope of the Jews escaping Egypt crossing the Red Sea becomes a spark for the story of Italian immigration. In each of the crossings, the promise of a yet unrealized social, economic and cultural dream is fulfilled and, in each situation, it suggests an arduous crossing and the necessary time required in order to, finally, have the social, political and cultural success for which they abandoned their native homeland and for which they searched. In the author's later novels, Rimanelli shows that the difficult journey of the post-war immigrant and their extremely hard life in their new country, will have positive consequences on their children and grandchildren; the future genera-tions will reap the harvest of the seeds their ancestors planted.

From the beginning, Marco is a boy, a term that is repeated constantly throughout the eighteen-month nightmare, even reiterated before the last battle of the war, and a state of being that the young boy desperately want-ed to change; he wanted to be a man. He flees his home due to the brutality of his father, the incessant admonishments from his mother for leaving the seminary, and the societal restrictiveness of his town. He has survived the war and, by definition, the rite of initiation of a boy becoming a man. This ritual begins to become clear for him during his transport for embarkation to Africa as a prisoner of war. Prior to being captured, he promised Sargent Elia that if he did not survive the last battle, he would go to Elia's hometown and give to his mother his military cap. Marco, on the train, de-cided that it was better not to do this and, instead, tossed Elia's beret and his own down a hole in the train floor that functioned as the facilities:

> [...] Con ciò avevo detto addio al mio amico morto ed avevo detto addio all'altro Marco Laudato che era rimasto lassiú con lui, e con tutti i morti della guerra. (226-227)

Mircea Eliade expounds that the rite of initiation is one that goes back *in illo tempore*. It is the transition from childhood to adulthood. According to Eli-ade, there is a basic change in the existential condition of the novice. The young boy who completes his rite of passage comes out of it totally differ-ent than when he started, thereby becoming another within themself. [21] Marco entered the war as a boy, not knowing or understanding anything about the political maelstrom of the day; but he came out of the hostilities as a man, witnessing and describing, without any justifications or rationali-zations, all the brutal, violent and harsh realities of war..

The protagonist's conversion from boyhood to adulthood, moreover, is evocative of the ancient Jewish rite of passage of the *Bar Mitzvah* which is unlike the Catholic confirmation. For the confirmation, the person going

---

[21] *Ibid.*, 2-3.

through the process is different in terms of their metaphysical standing when they enter and exit the church during verification. According to Jewish law, the Bar Mitzvah is the rite in which a boy becomes a man; a passage that is mentioned in the *Misrnah* and in the *Talmud.* It is a point in time in which a boy, usually, thirteen years of age, becomes accountable for his actions. Until he reaches this age, his parents hold the responsibilities for all his activities, but once he passes this specific stage of life, he is answerable for himself; the person's reputation changes regardless of a formal ceremony or not.

No one in Casacalenda seems to blame Marco for leaving all those months ago. No one appears to fault him for fighting for the wrong side. The family, as well as the people of the village, celebrate his return. Casacalenda still prefers the authoritative rule of the Fascists rather than the freedom offered by a democracy. The culpability of Marco's departure all seems to rest, according to the townspeople, on the shoulders of Marco's father, Pietro, because of his physical harshness to his son. Yet, the morning after his return home, in a conversation with his mother, Marco acknowledges his role in the war and the function he played in it. He does not deny anything. He describes the hell in which he lived for the twenty months he was away. He has taken responsibility for his actions and slowly begins to emerge from it demonstrating that he is no longer a boy, but a man.

Marco manages, at the start of being a forced volunteer, to escape from his first captors while in Verona and, successfully, gets to Milan. Once there, a Jewish barman, Samuele Kohn, offers the young runaway a drink and a change of clothes from his military uniform to civvies to facilitate his flight. The barman takes no money from Marco and, only, asks that the protagonist remember him if he needs help. Marco does not understand why he is willing to assist him and not the other soldier who enters the bar. The other serviceman is an Italian of German descent and Kohn does not trust him. Samuele Kohn is following an ancient principle of Jewish law, *Pikuach Nefesh*, that states that the preservation of human life overrides virtually any other religious rule and that no commandment takes precedence over it. Marco accepts everything from Kohn, but ultimately, he is captured, tortured, and interrogated. He is arrested as the other soldier turned Marco and the Kohn's in to save himself from a similar fate. One of the main interrogation points deals with the Kohn family. The young protagonist is asked multiple times about them and is even threatened with imprisonment in San Vittore, a name and place that terrifies the young boy. Marco knows nothing about the family and, ultimately, finds out that the husband and wife were sent to the infamous prison. He never saw them again. The seventeen-year old protagonist was given a choice: join the Black Brigade or be sent to San Vittore for further interrogation. San Vittore, during the German occupation, gained notoriety for its inhuman, barbaric handling of its prisoners by the SS guards and the use of torture. At the same time, the prison served as a way station for Jews arrested in northern Italy to be transported to the death camps, a fate that obviously awaited the Kohn family.

When Marco first arrived back in his hometown, not wanting to be seen by anyone, he jumped from the train before the station and waited until dark to enter his parents' home. He did not want to have to explain any of the past two years to anyone. He wanted to put it behind him. It was during the family celebration in which a few townspeople hailed the Fascist cause that Marco reacted negatively, and forcefully, to them and to that cat-astrophic political philosophy they do not want to surrender. Although the next morning the mother, who is not very sympathetic to her son's ordeal, tells him to clean himself up and dress for Sunday (which he does) to go out among the people, he is hesitant. Since returning home, he found out that several of his friends, non-participants in the hostilities, were victims of the German's revenge, executed during their retreat. He did not want to have to face their families as he survived, and they died. Marco ultimately realized that he must now stand before the public and take the burden of his own existence. He is aware that he cannot be protected by his parents as it is not their role any longer; he is no longer a child:

–Si, ma', allora dissi, e adesso sapevo che era necessario tornare in mezzo alla gente, vestito con i miei panni civili, e vivere finalmente per una ra-gione. (263)

The transition for Marco, from adolescence to maturity, is now complete. Marco knows what he must do: he must write about the experience; he must explain and describe all the horrors that he witnessed during those eighteen months so that the mothers who lost sons, and the nation, would understand the horrible reality in which their children and friends were lost. It was a world of blind antipathy, a dark and shadowy universe that now must be put behind them to move forward into a new day. Marco would shine a light onto this irrational malevolence to be able to move forward into a future without animosity and prejudice.

The Hebrew honorific words *Zichrono livracha, May their memory be a blessing*, reverberate the request of Samuele Kohn to the young Marco Laudato: to remember. It is a plea to commemorate all those who died in the political incubus that swallowed up the nation. Rimanelli is making the same request of the reader. He lived through the atrocities and the venomous actions of many toward their fellow countrymen during Italy's Civil War. He witnessed the destruction of people's lives. He saw the hatred. He has never forgotten any of it. There is, as there is for Marco, no justification or rationalization for any armed conflict, as all suffer; and it is the innocent who pay the highest price with the forfeiture of their freedom and the loss of their lives.

In an extraordinary coincidence, Rimanelli's narrative, which wants all to remember the horrors of the war so that it does not happen again, evokes the memory of the liberated prisoners of the Buchenwald concentration camp in April 1945. The Jewish prisoners, victims of the Nazi blind, horrific hatred and genocide, made placards with the words, "Never Again," to avert a second Holocaust of the Jewish population from ever happening again; the political prisoners, also, had the same placards with the same words. Their meaning was to express their anti-Fascist sentiments and, also, to prevent any rebirth of the Fascist ideology that controlled so many people for such a long time. Both implications are suggested in *Tiro al piccione* as the narrative was originally penned towards the end of 1945 and the beginning of 1946, coinciding with the release and freedom of the Buchenwald prisoners. Samuele Kohn, the rescuer of Marco Laudato, was taken to the San Vittore prison for transport to the death camps and was an apparent casualty of the Holocaust as he was never seen again; and Marco's detailed descriptions of the horrors and the misery of the civil conflict within the country are a perennial reminder to protect the people against any possible resurgence of the Fascist movement.

III

Giose Rimanelli's *Tiro al piccione* is not a gentle book, although it presents itself as a simple story of a young boy who wants to grow up and is, ultimately, thrown into the Avernus of a nation at war, fighting for the wrong side. It is a novel that presents the vivid, extremely harsh, and violent reality of Italy's Civil War and the effects it had on the entire country. No one, according to Rimanelli's narration, is immune to the blind hatred and barbarism that took place. Everyone, the active participants, and the innocent bystanders, are all casualties in this type of conflict. No one truly wins. Everyone pays a price. The novel is neither Fascist nor Communist; it is not related to any political doctrine. Interestingly, the author who never wanted to be part of any political organization wrote an incredibly powerful and testimonial novel of the catastrophic politics of war. In its final analysis, *Tiro al piccione* is an anti-war narrative.

The young author, who wrote this book when he was merely nineteen years old, takes the reader on a voyage through the physical and emotional devastation that engulfed the peninsula during an eighteen-month period. His aim is simple: show the carnage, the destruction, and the evil; do not hide the hatred, do not obscure anything; and do not glorify the contemptuously incomprehensible. So that the public will comprehend the malevolence they all suffered and endured, illustrate everything. The remembrance of the war should not be a glorious celebration, but a mournful reminder to the populace of all its terror, misery, and despair.

Tiro al piccione and its anti-war narrative is as relevant in today's culture as it was over sixty-seven years ago. The resurgence of the ultra-right Fascist and the Neo-Nazi movements in the world make it a mandatory read for all. Giose Rimanelli's intent remains the same now as it did then: not to ignore or forget any of the horrors or brutality the people suffered during those savage hostilities; remember them all, so it does not occur again.

"IN UNA LINGUA CHE NON SO PIÙ DIRE"
Poesia di mare e profezia di morte nel Mediterraneo
di Stefano D'Arrigo

Daniela Privitera

Il nome di Stefano D'Arrigo, nel quadro della critica accademica e militante, è legato alla fortuna del suo monumentale romanzo *Horcynus Orca*, pubblicato nel 1975.

Siciliano d'alto mare (secondo la definizione di Vittorio Nisticò che amava dividere i siciliani in due categorie: di scoglio e di mare aperto[1]), D'Arrigo lascia il piccolo borgo natio di Alì Marina in provincia di Messina nel 1946, per trasferirsi a Roma da dove continuò a percepire il suo senso dell'isola che non è compiacimento autoreferenziale per la propria diversità, ma ricerca di un *nostos* "di miele e fiele che porta con sé il desiderio di forgiare un 'codice' della propria origine" (Perrella 2015, 5).

Codice siciliano è, infatti, il titolo dell'unica prova poetica dell'autore, uscita per la prima volta nel 1957 comprendente appena 17 liriche ma subito premiata con il premio Crotone nel 1958.

Il volume di poesie fu ripubblicato nel 1978, con aggiunte insieme a una dedica alla moglie Jutta, e infine riedito dalla casa editrice Mesogea nel 2015.

La fortuna letteraria, tuttavia, sembrò non arridere a questo prezioso libretto di poco più di 80 pagine se lo si confronta con la ben più vasta risonanza del romanzo *Horcynus Orca* del 1975.

---

[1] Come si ricorderà si deve a Vittorio Nisticò, lo storico direttore del quotidiano palermitano "L'Ora", la definizione di due categorie dei siciliani come si legge in una sua nota datata 7 giugno 1960. "A pensare a certe complessità del nostro temperamento, c'è da domandarsi talvolta se in fondo i siciliani non vadano classificati in due categorie: i siciliani di scoglio e i siciliani di mare aperto. I primi potrebbero essere quelli che restano quasi abbarbicati ai luoghi natali e alle tradizioni, fatti dalle nostre dure esperienze di popolo scontrosi e diffidenti, e a ogni modo morbosamente gelosi di tutto ciò che è siciliano, compreso ciò che viene rimproverato. Siciliani di mare aperto potrebbero essere quelli, molto meno numerosi, che come un'inquietudine del sangue si portano dentro il senso dell'evasione e dell'avventura, e tendono e si spingono al largo, con una eccezionale capacità di adattamento ai posti più vari e più lontani della terra dove spesso finiscono col costruire il proprio destino. Ma come accade che spesso a prendere il largo sono anche i siciliani di scoglio, costretti ad emigrare per le vie del mondo in cerca di un lavoro e di un pane che qui gli sono mancati e si muovono fuori come esuli che sognano solo di tornare e morire accanto al proprio scoglio, così non si può dire che i siciliani di mare aperto siano meno siciliani degli altri o meno legati alla propria terra. Solo che essi portano la Sicilia come un pezzo di terra e di cielo che amano ripiantare altrove, in un clima diverso, lontano dalle difficoltà e dai problemi che hanno sempre reso drammatica la nostra esistenza di popolo". Vittorio Nisticò, *L'Ora*, 7 giugno 1960 in cosedicasanostra.tumbir.com.

Il prestigioso successo che la critica aveva decretato per l'uscita del romanzo aveva, infatti, relegato in secondo piano l'originale raccolta poetica del *Codice* darrighiano che, peraltro, come aveva testimoniato Giuseppe Pontiggia, siglando la quarta di copertina nell' edizione accresciuta del *Codice* del 1978, poteva essere considerato "un archetipo e un incunabolo" di quello che poi sarebbe stata la sfolgorante prosa dell'*Horcynus*.

Certamente, se si confronta il prezioso e originale impasto linguistico del romanzo dove "tutte le lingue e i miti del Mediterraneo sembrano essersi date convegno "(Pedullà 2019, 8) con l'impianto lirico del *Codice siciliano*, appare evidente la filiazione di *Horcynus Orca* da quel coacervo mediterraneo di una lingua barocca, insieme aulica e popolare, abituata da sempre a descrivere partenze, migrazioni e ritorni di un passato mitico e di un presente drammatico.

Tra le pieghe di una scrittura preziosa, erede di memorie ermetiche e romantiche (dalla parola pura di Macrì e Libero de Libero alla matrice höderliniana di temi trattati da D'Arrigo e dal poeta tedesco come il mito e la terra natale), emerge prepotente l'originale esigenza del poeta "trasmigrato" a Roma e perciò necessitato ad avviare con la propria terra natale un dialogo mai interrotto con le origini, come chi sa di dover lasciare per sempre la propria terra per non farvi mai più ritorno.

E in effetti, ciò che più risalta tra le tematiche trattate è il senso di una perdita immedicabile che riguarda tanto la terra quanto la lingua sentite come un "*nostos* insanabile" (Treccani, Bilotta) a cui gli esuli tendono in un disperato approccio di reinfetazione con la terra madre.

Il tentativo di D'Arrigo è allora la costruzione sapiente di un "codice" che non parli solo siciliano ma che del siciliano restituisca l'idea globale delle tante Sicilie, racchiuse nelle diverse componenti linguistiche.

Una lingua, quella del *Codice,* che dialetto non è, ma che dal dialetto desume la sua anima etimologica nella misura in cui ripristina l'antico splendore di una *koinè diàlektos* (lingua comune e mitica, espressione delle diverse anime dell'isola.)

Quella del *Codice* è una profondità di sguardo, che oltre a quella sveva, normanna o generalmente nordica, abbraccia anche l'anima africana della Sicilia come suggeriva a D'Arrigo l'amico e poeta Carlo Betocchi, secondo il quale:

bisognava in ogni modo sondare in profondo nella cultura arabo-federiciana, lavorare in questo senso, nel campo favoloso e cavalleresco della

Sicilia, e dei suoi rapporti africani, e non dimenticare tutto questo in favore soltanto della Sicilia dalle memorie soltanto classiche. (Betocchi, 1957)[2]

La volontà di D'Arrigo è quella di coniugare in una lingua simile ad un andirivieni di onde, come quelle del Mediterraneo, echi di civiltà passate come recita la lirica iniziale *Pregreca,* con memorie arabo-siciliane in cui il ricordo di un poeta come Ibn Hamdis, celebrato nell'omonima poesia (*Per Ibn Hamdis, poeta arabo di Sicilia*), rievoca nel lettore il dolore del distacco alludendo al triste destino di Hamdis che, cacciato durante la dominazione normanna dalla Sicilia, rimase come disse Sciascia: "con vuote le mani ma pieni gli occhi" del ricordo dell'Isola.

> […] e tu
> leghi ad un cedro il tuo cuore d'Emiro,
> l'Anapo al nostro orecchio navighi
> ancora su una foglia di papiro,
> perché tu sempre in gran segreto torni
> […]
> flagrante e clandestino qui rivivi
> a sera quando odora il gelsomino,
> fiore che d'aria accompagna il verso
> lungo ed estenuante del tuo esilio.
>
> (*Per Ibn Hamdis, poeta arabo di Sicilia,* vv.14-23)

La perdita, il distacco, l'esilio.

Sembra di leggere i versi di una tragedia odierna rappresentata sempre sulle sponde di quel mare fra le terre che fu di Ulisse, dei poeti federiciani e oggi degli immigrati. Per questo, *mutatis mutandis,* il *Codice siciliano* di D'Arrigo suona come un "classico" nell'accezione che Calvino volle dare a quei testi eterni che, al di là di ogni contingenza temporale, "hanno sempre qualcosa da dirci". In fondo, a scorrere le pagine del *Codice siciliano* non è peregrino affermare che esso si configura come il poema dei migranti, di ieri, di oggi e di sempre (Perrella 2015, 9).

---

[2] La lettera di Betocchi, oggi conservata nel Fondo Betocchi dell'Archivio Contemporaneo del gabinetto Viesseux di Firenze, è presente nella tesi di Dottorato di Daria Biagi: *Il discorso straviato. Stefano D'Arrigo e il romanzo del Novecento.* Dipartimento di lettere e Filosofia dell'Università di Trento, a.a 2012-2013.

Il poeta, da "spatriato, di là oltre la Sicilia", condivide il dolore della perdita e l'assenza con chi perennemente va in cerca di una destinazione che per qualche ingranaggio sbagliato diventa, poi, destino come quello dei popoli del sud a cui lo stesso d'Arrigo sente di appartenere, *in primis* da siciliano.

Il tema principale è quello del viaggio o meglio quello della migrazione, anche se per D'Arrigo, in fondo, la storia dei popoli va ricondotta ad una mera questione linguistica tra il "migrare e l'emigrare".

La lingua, infatti, è ciò che restituisce il senso autentico ad una realtà che sfugge di mano o cela drammatiche verità.

Così nei versi di *Pregreca*, le parole si rincorrono modulandosi in un ritmo salmodiante di preghiera laica, in cui la morte e il non ritorno, si profilano come un "avverso futuro di vivi".

Nel componimento, che apre la raccolta, il titolo allude già ai riti di sepoltura presso le antiche popolazioni dell'isola (nota al testo nell'edizione del 1978, Perrella 2015, 67) in cui l'immagine del corpo rannicchiato effigiato tra le anfore ritrovate, diventa quasi il segno premonitore di popoli che nell'emigrazione troveranno la morte e il divieto del *nostos*. La posizione dei cadaveri, ricorda la "postura che adottano gli emigranti quando espatriano, accovacciati come clandestini nelle stive delle navi. Una posizione di sconfitta e di difesa come quella dei feti nell'utero materno: l'immagine dell'emigrante perde così il suo carattere contingente e diventa una condizione ontologica che accomuna gli antichi e i moderni, i morti e i vivi" (Biagi 2013, 44).

E tuttavia, il tema principale emerge già nella prima lassa dove D'Arrigo sottolinea la differenza tra il *migrare e l'emigrare.*

Gli altri migravano: per mari
celesti, supini, su navi solari
migravano nella eternità.
I siciliani emigravano invece.

(*Pregreca*, vv.1-4)

Qual è la differenza tra il migrare e l'emigrare?

L'etimo latino su base indoeuropea del prefisso *mig-* implica sempre un cambiamento connesso all'indole dell'uomo e delle civiltà: migrano i popoli, migrano gli individui, migrano le lingue che, contrariamente a quanto pensiamo, non definiscono mai la carta d'identità di un popolo in ragione della loro magmatica fluidità; al contrario, *l'e-migrare* presuppone sempre un *e-spatrio*, un allontanamento spesso involontario che anela a un cambiamento ma non genera mai o quasi mai un ritorno: si emigra dal proprio paese non perché si vuole lasciarlo, ma per motivi economici, politici o per sfuggire alla fame, alla guerra, alla disperazione .

L'emigrazione, per D'Arrigo, è la condizione dei siciliani come del resto di tutti i popoli del sud.

Se emigrare, dunque, equivale a spostarsi per evitare il peggio, i segnali di una destinazione che predice i tratti inesorabili di un destino infausto dei siciliani (in partenza per il Nord o per un altrove qualunque) sono palpabili tra i versi di *Pregreca* costellati da un vocabolario funebre già sin dalla prima strofa come rivelano i lemmi "pece, nere sponde, tenebroso oltremare".

> […] figurati sul piede
> dell'imbarco come per simbolo
> della meridionale specie,
> spatriavano, il passo di *pece*
> avanzato a più *nere sponde*,
> al *tenebroso*, oceanico
> *oltremare*, al loro antico
> avverso futuro di vivi. (vv. 10-17)

Il dramma di chi emigra si traduce nel silenzio degli addii e nella perdita della lingua di coloro che "con le labbra per sempre cucite emigravano nell'aldilà".

Il vero dramma è però la profezia dei versi di D'Arrigo che ci fa pensare a quanto oggi "le comparazioni siano diventate universali e a quanto il *Codice* di D'Arrigo valga non solo più per i soli siciliani ma per tutti migranti che proprio in Sicilia, trovano il loro approdo, se lo trovano, dopo i viaggi tragici" (Perrella 2019, 59):

> S'imbarcavano per quelle rive
> in classe unica, ammucchiati
> o clandestini nelle stive
> di necropoli come navi olearie.
> All'impiedi nelle giare, rannicchiati

sui talloni, masticando qualcosa
nella notte, forse tossico
(quali pensieri? quali memorie?) (vv.52-59)

È la destinazione che diventa destino per tutti i popoli del Sud per cui il
Mediterraneo diventa un immenso *Campo profughi* di un

[…] ulisse senza nome che non ha Itaca o sposa
che chiede diritto d'asilo
e vuole prendere il mare e se lo guardi lo trovi
moltiplicato in tutte le facce
due milioni o sei milioni di clandestini.

(Ferraresso 2014, 16)

L'analogia tra passato e presente, tra i siciliani di ieri e gli emigranti di
oggi è accomunata dal sogno di una libertà (parola chiave del poemetto presente con sette occorrenze di parola) che assume via via il senso metaforico
di un interrogativo, di una fuga, di una scelta di vita o di morte e infine di
un'arca deprivata da ogni senso di vita e di futuro.

Oh disegni dell'aurora, quali
sogni di *libertà* detti
in gergo di congiurati
rei confessi vi furono allusi,
[…]
Oh alfabeto di morti
emigranti, […]

[…] chi riflesse
Dal vetro un messaggio
di *libertà*, che a noi viene, da noi va
ieri, domani, aldiqua, aldilà?

[…]

libertà qui si figura
cerbiatta malinconica
che tremula, esterrefatta
corre l'alea ma intatta
metafora vola dall'aldilà,
libertà sempre in fuga, intravista
sulla immemore pista
dei morti,

libertà un palpito a prua delle barche
trasmigranti come arche
nel sale che asciuga le impronte
di chi muore ed emigra
con una ruga in fronte (vv.88-128)
[…]
libertà sia di vivere sia
di morire, […]
[…]
Gli altri migravano su chimere,
[…]
I siciliani emigravano invece
su navi scalfite su patere
(alito di venti e vele di rame),
in pietrapomice e arenarie,

[…]

nel loro stemma
di senzaterra, di sconfitti
[…]
carne da macello, qui o là,
in Australia, nell'aldilà,
oltremare, dovunque sia
una miniera, un qualsiasi
budello per seppellire
l'enigmatica frenesia

di chi per morte s'imbarca
come su di un'arca
di *libertà*, coi bisogni
stretti alla vita e i sogni
zavorra viavia
da gettare e alleggerire (vv. 88-158)

Storie di ordinaria, attuale e drammatica tragicità a cui oggi nessuno vuol dare cittadinanza poetica per non riconoscere gli errori del nostro presente che condanna chi emigra a dimenticare il futuro. Al "suo" presente, ma anche al "nostro" sempre più incomprensibile e indecifrabile, perché ha perduto il senso delle parole e della lingua come impasto polifonico di voci intese come un fertile richiamarsi di estremi geografici ed umani, D'Arrigo contrappone il passato arabo, greco, normanno di una luminosa *Età dell'oro* riferibile alla sua stessa infanzia in cui il principio della comunione tra le lingue e le civiltà era ancora nell'indole degli uomini, come si legge nell'omonima lirica:

Oh età dell'oro, età dei figli
a picco di sé stessi cresciuti,
[…]
Oh età, locusta d'oro, negra nube
che migra alle mie spalle annuvolando
questa infanzia d'avo d'Africa, la mia,
[…]
età cupa dell'oro, locusta
che sino al cuore qui depredi e cresci
questa mia razza dai lobi forati
per le sue fedi, io arabo e io svevo,
parole e fumi qui in Sicilia io levo. (vv. 1-24)

La distanza che separa il passato mitico, epico e glorioso di un'isola (un tempo abitata da dei e semidei) da un presente omologato, desacralizzato e ridotto a gretta materia, si concretizza nella rievocazione del mare colore del vino cantato da Omero e anelato dai siciliani, esuli eterni, che, come tutti i clandestini ulissidi aspettano di ritornare per morire "di un'improvvisa dolcezza domestica":

[…] ci gridiamo addosso la nostalgia
di quel profilo che tesse in Eliso,
del cane sulla soglia che ci aspetta
ormai per morire ai nostri piedi
in un breve rantolo di fedeltà.
[…]

(Sui prati, ora in cenere, d'Omero, vv 45-49)

La morte come *nostos* è l'approdo ultimo che, tuttavia, si rivela impossibile per chi vive perennemente come emigrato dalla propria vita e da un presente che ha ridotto "in cenere" i prati attraversati dal cieco cantore di Chio:

Qui, dove m'assomiglio, in patria
sui prati, ora in cenere d'Omero,
io da una guerra reduce
[…]
perduto con lo scudo o sullo scudo
desidero tornare spalla a spalla
coi miei amici marinai che vanno
sempre più dentro nei versi, nel mare. (vv. 57-64)

A differenza del finale horcyniano, il ritorno, nel mondo poetico di D'Arrigo, è negato come egli precisa già nell'epigrafe iniziale dedicata alla moglie nell'edizione del 1978:

A Jutta
Da questo lontano principio del nostos horcyniano.

come a dire che la poesia non prevede un ritorno ma esorcizza la morte con la forza dei versi. Il senso rimane sempre quello della perdita e della deprivazione per una lingua che tende alla deriva e allo smembramento, all'azzeramento, ma l'originale elaborazione del mancato e impossibile ritorno si profila come separazione insanabile dell'esule che, per suggellare l'eterno legame tra il sé e la terra, si affida alla lingua come ultimo baluardo di sopravvivenza.

Dalla consapevolezza dello sgretolamento della parola poetica nasce la preghiera per una poesia che ha perso la sua forza salvifica e che riconosce solo l'impossibilità del dire.

Se i versi non riescono più a salvarci dalla morte, la lingua corre il rischio di perdere la sua resilienza e diventa incapace di ammortizzare l'urto tragico del presente.

Questo è il vero dramma che emerge in uno dei testi piu indiziari del *Codice Siciliano*: *In una lingua che non so più dire*.

Nessuno più mi chiama in una lingua
che mia madre fa bionda, azzurra e sveva,
dal Nord al seguito di Federico,
o ai miei occhi nera e appassita in pugno
come oliva che è reliquia e ruga.

O in una lingua dove avanza, oscilla
col suo passo di danza che si cuoce
al fuoco della gioventù per sfida,
sposata a forma d'anfora, a quartara.

O in una lingua che alla pece affida

[…]

è movenza d'Aragona e Castiglia,
sillaba è cannadindia, stormire.

[…]

O in quella lingua che la mormora
sul fiume ventilato di papiri,
su una foglia o sul palmo della mano.

O in una lingua che risale in sonno
coi primi venti precoci d'Africa,

che nel suo cuore albeggia, in sabbia e sale,
nel verso tenebroso della quaglia. (vv. 1-25)

Se la poesia — come diceva Mario Ruoppolo (Massimo Troisi) ne *Il Postino* — "non è di chi la scrive ma di chi gli serve"[3], la profezia di D'Arrigo sulla tragedia del presente dovrebbe aiutarci a comprendere che, se abbiamo trasformato il Mediterraneo in un mare non più capace di ascoltare e custodire l'incrocio dei vari destini, "oggi, che il nostos sembrerebbe precluso non ci rimane che l'andirivieni, il qui e il là tenuti insieme dai corpi nomadi, dove le patrie sono sia quelle reali sia quelle immaginarie" (Perrella 2015, 10).

BIBLIOGRAFIA

Biagi, Daria. 2013. *Il discorso straviato. Stefano D'Arrigo e il romanzo del Novecento.* Tesi di dottorato, a.a 2012-2013 -Dipartimento di lettere e Filosofia – Università degli Studi di Trento.

Bilotta, Mauro. *Stefano D'Arrigo*, in *Dizionario Biografico*, Treccani.it (consultato il 15/10/2020).

D'Arrigo, Stefano. 2015. *Codice Siciliano* (a cura di) Silvio Perrella, Messina, Mesogea.

Ferraresso, Fernanda. 2014. *Campo profughi*, in *Maremarmo*, Faloppio, Lietocolle.

Pedullà, Walter. 2019. *Tutta la terra in una goccia di mare* in *Speciale Stefano D'Arrigo*, "La Biblioteca di Via Senato." *Mensile* Vpl. XI, n. 5 (Maggio).

Perrella, Silvio. 2019. *Horcynus Orca. Il nostos di D'Arrigo* in *Speciale Stefano D'Arrigo*, "la Biblioteca di Via Senato." *Mensile*, Vol. XI, n.5 (Maggio).

---

[3] Il riferimento è al film di Michel Radford, *Il postino* (1994) interpretato da Massimo Troisi.

LA GASTRONOMIA ITALIANA NEI PERIODICI DICKENSIANI
HOUSEHOLD WORDS E *ALL THE YEAR ROUND* (1850-1870)

Raffaella Sciarra

1. Il 30 marzo 1850 Charles Dickens inaugura il primo numero del suo periodico settimanale *Household Words*[1], un progetto a lungo coltivato dallo scrittore, la cui fama, in quegli anni, era già nota a livello internazionale. Con questa pionieristica impresa editoriale, Dickens il "Conductor", come amava farsi chiamare prendendo a prestito un termine attinente più all'ambito musicale che a quello giornalistico, intraprese un percorso che sarebbe durato senza interruzioni fino alla sua morte, avvenuta nel 1870. Nel maggio 1859, tuttavia, dopo un lungo periodo di acrimonia con i suoi editori Bradbury & Evans, comproprietari con lui della rivista – una disputa che si intersecò con le travagliate vicende della separazione dello scrittore dalla moglie Catherine – la pubblicazione di *HW* venne interrotta. Tuttavia il settimanale, come una fenice, rinacque repentinamente dalle sue ceneri nella forma di un nuovo periodico, *All the Year Round*[2] — sostanzialmente una continuazione del precedente — di cui Dickens questa volta, oltre ad essere direttore, era anche proprietario di maggioranza.

L'autore, a neanche quarant'anni, non era soltanto un affermato romanziere ma aveva già maturato una notevole esperienza giornalistica, avendo collaborato a lungo con un numero considerevole di testate[3]. Il suo desiderio più intimo era tuttavia quello di avere un periodico tutto suo con il quale, tra l'altro, intraprendere una forma di servizio pubblico[4]. Di fatto le due riviste, vendute al prezzo competitivo di 2d. (due *pence*, un prezzo ac-

---

[1] Da ora in poi, *HW*.

[2] Da ora in poi, *AYR*.

[3] Dickens aveva cominciato a collaborare giovanissimo con *The British Press*, nel 1826. Successivamente aveva lavorato come stenografo per il tribunale (1829-31), come reporter parlamentare per *The Mirror of Parliament* (1831-32) e come cronista per *True Sun* (1832-34). Negli anni precedenti alla direzione di *Household Words*, contribuì inoltre ai periodici *Monthly Magazine, Morning Chronicle, Evening Chronicle, Bell's Life in London*; fu responsabile e collaboratore di *Bentley's Miscellany* (1837-39) e *Master Humphrey's Clock* (1840-41); scrisse anonimamente per *The Examiner* di John Forster (1848-49); fu infine direttore e collaboratore unico per *The Daily News* (1846), periodo in cui si rese conto di non essere portato per la routine editoriale di un quotidiano. Cfr. John Drew. 2011 Michael Wolff Lecture "An Uncommercial Proposition?: At Work on 'Household Words' and 'All the Year Round'". *Victorian Periodicals Review* 46.3: 291-316, specialmente 299.

[4] Cfr. John Drew, Hazel Mackenzie, Ben Winyard, "Introduction to *Household Words*, Volume I", *Dickens Journals Online*, http://www.djo.org.uk/household-words/volume-i.html.

cessibile alla maggioranza dei lettori), si rivolgevano principalmente ad un pubblico di fascia media e medio-bassa, offrendo ciononostante un prodotto eccellente[5]. Lanciando una miscellanea a buon mercato, infatti, Dickens intendeva promuovere il progresso sociale e l'accrescimento culturale delle classi meno abbienti, proponendo ai suoi lettori un'informazione attendibile e al tempo stesso dilettevole e, soprattutto, della letteratura originale e di qualità. Nei due periodici vennero infatti serializzate molte delle più notevoli opere di narrativa vittoriana (tra le altre, *Hard Times*, *A Tale of Two Cities* e *Great Expectation* dello stesso Dickens; *North and South* di Elizabeth Gaskell, *The Woman in White* e *The Moonstone* di Wilkie Collins, *A Strange Story*, di E. Bulwer Lytton). *HW* e *AYR* contavano circa 400 collaboratori, di cui quasi 90 donne − alcune delle quali già note al pubblico dei lettori, come Elizabeth Gaskell, Harriet Martineau o Eliza Lynn Linton.

In definitiva, Dickens diresse due dei più noti *magazine* inglesi della seconda metà del XIX secolo, proprio nel periodo di massima fioritura della stampa periodica. Il ruolo dei due settimanali dickensiani fu dunque di fondamentale importanza nei due decenni in esame. Essi, infatti, non solo ebbero un'influenza considerevole sulla formazione dei lettori e sulla cultura popolare ma, nel dare vita ad una "democratizzazione" della stampa giornalistica, trasformarono anche il modo in cui i periodici stessi venivano percepiti in quegli anni.

Se un grande punto di interesse delle due riviste risiede nella loro associazione con Dickens, sia in quanto direttore che in qualità di scrittore di articoli e di narrativa seriale, un altro aspetto essenziale da considerare è che esse collettivamente riflettono due decenni dell'Inghilterra vittoriana di metà Ottocento − lo spirito e il patrimonio di conoscenze, così come il gusto letterario e le abitudini sociali dei lettori della classe media. Inoltre, come è stato osservato, entrambe incarnano nei loro contenuti l'idea che la popolazione in età vittoriana era tutt'altro che stazionaria, ma che anzi questa fu un'epoca in cui la migrazione per necessità e i viaggi per affari o per piacere

---

[5] Tra le principali riviste concorrenti, si annoverano il *Chambers's Journal* (dal 1832), molto simile nel formato e nel costo (1.1/2d.), il *Reynolds's Miscellany* (1846), e altri settimanali più economici che pubblicavano anche narrativa seriale, come *Howitt's Journal*, *Eliza Cook's Journal*, *The Family Herald*, *The People's Journal* e *The Penny Magazine*. Cfr. John Drew, *Dickens the Journalist* (Palgrave Macmillan, 2003,) 109-110 e 209, note 22-23.

diedero luogo a una sorta di flusso perpetuo, di cui i due periodici dicken-siani forniscono una testimonianza tangibile[6].

Entrambi proponevano un'ambiziosa gamma di argomenti: questioni politiche e sociali, affari finanziari, salute pubblica, commercio, agricoltura, intrattenimento popolare, storia naturale, storia antica, scienze, vita nelle colonie, istruzione, moda, economia domestica, e approfondivano molte delle controverse questioni dell'epoca. Numerosi articoli trattavano inoltre di paesi stranieri, tra cui l'Italia. Inoltre, pur non essendo riviste di genere, esse contenevano anche un cospicuo numero di articoli inerenti al cibo e alla gastronomia.

2. È purtroppo notorio che la cucina britannica non abbia mai rappresenta-to un'eccellenza. Di questo erano consapevoli i vittoriani stessi: nel 1857 Henry Wills, vice-direttore di *HW* nonché braccio destro di Dickens alla redazione del giornale, invocando la nascita di una scuola che finalmente insegnasse alle giovani figlie di Albione i principi della nobile arte culinaria, nel suo articolo "A School for Cooks" affermava infatti che "[i]nnutritious, wasteful, and unsavoury cooking, is our national characteristic. No school of cookery has ever yet thoroughly answered in this country"[7], evidenzian-do in tal modo la limitatezza della gastronomia d'oltremanica. Inoltre, Wills prosegue, se i poveri hanno ovvie ragioni per non poter godere di cibo di qualità, l'ambizione gastronomica dei palati della classe media non va oltre gli arrosti e i bolliti di carne ("Prosperity is also a bad school for the middle classes, whose gastronomic ambition is literally bounded by roast and boi-led", 162). In realtà, al di là delle difficoltà economiche, egli denuncia, man-ca in Inghilterra qualsivoglia abilità culinaria che permetta di creare un buon piatto anche con gli alimenti più poveri. L'autore, difatti, contrappone l'inefficienza dei cuochi britannici alla variegata e ricca cucina francese, ca-pace di sapere trarre il meglio proprio da materie edibili che in patria ven-gono considerate di scarto come, ad esempio, le parti meno pregiate delle carni ("French cooks know how to extract the best qualities of the meat, how to make it nutritive, more than tempting even delicious sand how to

---

[6] Cfr. Hazel Mackenzie, Ben Winyard & John Drew, "Introduction to *All the Year Round*, Volume I, April 30-Oct 22, 1859", *Dickens Quarterly* 29.3 (September 2012): 266.
[7] W. H. Wills, "Chip: A School for Cooks", *Household Words*, Volume XVI, Magazine No. 386 (15 August 1857): 162-163. I numeri di pagina delle successive citazioni saranno inseriti nel corpo del testo.

utilise what, here, is utterly thrown away", 163). In patria, pertanto, prevalgono l'ignoranza dei principi basilari della cucina e dell'economia domestica e la mancanza di creatività.

Wills si era già espresso precedentemente sull'inettitudine dei cuochi e delle cuoche inglesi, in un articolo scritto a quattro mani con Eliza Lynn Linton, prolifica romanziera e collaboratrice di *HW*: "It has been too long an English fashion to despise cookery: not the pleasure of good living, but the art of making good food out of unpromising material"[8]. Nell'articolo, di contro, si lodano la cucina italiana e le proprietà dei suoi prodotti, in particolar modo della pasta, considerato un cibo economico, dall'ottima resa e dall'elevato valore nutritivo che, secondo gli autori, dovrebbe essere diffuso in Inghilterra specialmente tra le classi più povere. Se ne propone inoltre, come era allora in voga, un uso sia salato che dolce (con pepe, sale e formaggio o con burro e zucchero):

> Many other materials of food are also cast aside altogether, or comparatively but very little used. Thus macaroni, of which a pound at five pence gives four pounds of food when boiled, is almost unknown among our poor. Yet, seasoned with pepper and salt, and flavoured with grated cheese (which the poor can buy very cheap) or sweetened with sugar and butter, it makes a dish not to be despised, even by epicures. (43)

La stessa autrice scrive qualche anno più tardi, nel 1859, un articolo nel quale offre una panoramica sui prodotti edibili più bizzarri consumati in vari Paesi del mondo[9]. In questa rassegna gastronomica globale, l'Italia ricorre per ben tre volte con piatti a dir poco inconsueti. Tra i prodotti tipici offerti dal mare, ella annovera la già nota bottarga siciliana ("Botargo is a kind of caviare made from the spawn of the red mullet, and of great esteem in Sicily", 290). Di seguito menziona la zuppa di testuggine (tartaruga di terra), consumata sempre in Sicilia, che è sdegnosamente contrapposta all'aristocratica *turtle soup* britannica (tartaruga di mare): "But though we revel in turtle, we keep an adverse countenance to tortoise; yet, half the soup eaten by travellers in Italy

---

[8] W. H. Wills, E. L. Linton, "Common Cookery", *Household Words*, Volume XIII, Magazine No. 305 (26 January 1856): 42. I numeri di pagina delle successive citazioni saranno inseriti nel corpo del testo.
[9] Eliza Lynn Linton, "Uncommon Good Eating", *Household Words*, Volume XIX, Magazine No. 466 26 (February 1859): 289-293. I numeri di pagina delle successive citazioni saranno inseriti nel corpo del testo.

and Sicily is made of land tortoise, boiled down to its essence" (290). Si rende noto, inoltre, che nel nostro Paese, anticamente, era persino comune consumare del brodo di vipera, mentre la gelatina dello stesso rettile è ancora utilizzata come ricostituente ("In olden times viper broth was, to a benighted world, what turtle soup is to us; and viper jelly is still considered a restorative in Italy", 291).

Per di più, insieme agli olandesi, agli ottentotti africani, agli australiani e ai cacciatori della Baia di Hudson, anche gli italiani sembrano non disdegnare il porcospino in cucina. D'altronde, nota la scrittrice, si tratta di cibo molto nutriente, una sorta di incrocio tra pollame e maiale: "porcupine is a prime favourite with the Dutch, the Hottentots, the Australians, the Hudson Bay trappers, and the Italians. Porcupine is a cross between fowl and sucking pig, and accounted exceedingly nutritious" (290).

Infine, tra gustosi pipistrelli e lemuri consumati nell'arcipelago indiano, tra rane, serpenti cinesi e scimmie africane, l'autrice annovera la volpe – definita a "crowning delicacy" – tra le preparazioni italiane più prelibate, certamente non di gusto popolare. Il consumo della volpe come piatto costoso e raffinato, più adatto alla tavola di un cardinale, era infatti già stato segnalato nel citato articolo "Common Cookery" ("They eat foxes in Italy, where they are sold very dear, and thought fit for the table of a cardinal", 43).

3. Una peculiarità delle due riviste dickensiane era quella di avere dei "corrispondenti esteri" *ante litteram*, ossia degli inviati che dimoravano nei paesi di cui si occupavano. Per l'Italia, si trattava del prolifico Henry G. Wreford, che fu per molti decenni cronista da Roma e Napoli per il *Times*, l'*Illustrated London News* e il *Daily News*, e che contribuì ad una ventina di pezzi anche per *HW*. I suoi articoli ben illustrano quella che era la vita nel Sud Italia a metà Ottocento, e si soffermano spesso su aspetti folcloristici e popolari soprattutto dell'area campana. Molti sono i riferimenti anche alle abitudini culinarie in voga nel territorio partenopeo e, ovviamente, non stupiscono i continui rimandi al consumo di maccheroni, onnipresenti a Napoli e dintorni, e di gran lunga il piatto italiano più noto anche oltremanica.

A metà novembre del 1858, in una giornata incredibilmente calda e soleggiata che gli fa apprezzare il clima mediterraneo ("There was not a cloudlet in the heavens, and the heat was all too powerful; yet it was the middle of November. What a climate! what a country! and yet what a government!"[10]) Wreford fa visita personalmente al famoso pastificio Gambardella di Amalfi, da lui definito "the great flour prince of Amalfi" (161), e redige l'articolo intitolato "Macaroni Making", nel quale si sofferma accuratamente sia sulle tecniche di produzione dei maccheroni che sulle denominazioni dei vari formati esistenti, di cui fornisce la versione in "italiano" con relativa traduzione in inglese:

> There are various kinds of macaroni, or pasta, rejoicing in different names, as vermicelli stellata, starred, acine, dipepe, ricci fuitani, flowing rocks; semaza di meloni, melon seed; occhi di pernici, partridge eye; capelletti, little hats; stivalletti, small boots; punti del ago, needle points. (162)

L'autore, inoltre, analizza i metodi di preparazione della pasta sottolineando come in Inghilterra la prolungata cottura riduca i maccheroni in poltiglia, per poi illustrare il giusto modo di cucinarli e di condirli, con salsa di pomodoro o salsa a base di carne e abbondante formaggio. L'articolo comprova anche che nel corso dei secoli poco è cambiato in Italia per quanto riguarda la preparazione di tale alimento, e che già nel 1858 era comune condire la pasta con salsa di pomodoro, che verrà invece apprezzata in Inghilterra molti decenni dopo. Tuttavia, a giudicare dalle ricette pubblicate nei vari libri di cucina inglesi coevi, tali consigli non vengono affatto seguiti, ma al contrario prevale l'adattamento al gusto locale, come si evince dal riferimento ai vermicelli, utilizzati in patria soprattutto come dolce o al gratin: "The first is that long sort which we English use as a dolce or au gratin. All the others are used to thicken soup, like barley" (162).

In una diversa occasione, lo stesso corrispondente partecipa ad un matrimonio ad Anacapri, il giorno dopo la festa di Sant'Antonio di Padova. Nell'articolo "A Wedding in the Clouds"[11], ne descrive accuratamente i preparativi, gli abiti nuziali, il corredo della sposa, gli ornamenti, le decorazioni e anche il costume di offrire agli invitati caffè, rosolio e caramelle. Si fa altresì menzione della tradizione, da parte dello sposo, di distribuire abbondanti confetti ("comfits") tra la gente del paese, addirittura 140 libbre: "He had di-

---

[10] Henry G. Wreford, "Chips: Macaroni-Making", *Household Words*, Volume XVII, Magazine No. 410 (30 January 1858) 163. I numeri di pagina delle successive citazioni saranno inseriti nel corpo del testo.
[11] Henry G. Wreford, "A Wedding in the Clouds", *Household Words*, Volume VI, Magazine No. 140 (27 November 1852): 261-264. I numeri di pagina delle successive citazioni saranno inseriti nel corpo del testo.

stributed so much bread among the poor; he had thrown so many pounds (a hundred and forty pounds) of comfits among the people" (264). Non manca, inoltre, il pittoresco resoconto del lauto banchetto finale, nel quale i commensali si accalcano caoticamente attorno al tavolo − ma anche sotto di esso − e sgomitano per mandare giù, prendendoli con le mani, i consueti maccheroni. E qui l'autore si lancia in un patriottico paragone con i castigati costumi britannici a tavola, evidenziando come in Inghilterra regnino ordine e armonia, laddove nei conviti italici prevalgono incontinenza e caos:

> *There was no uniformity displayed in the mode of eating, as there is at English dinner-tables.* Every one threw his character into his work; and the long table was bordered round with groups of busy arms and heads amusingly contrasted: the even line being here and there pleasantly broken by an upraised hand, *from which two or three feet of maccaroni were in course of being dropped into a mouth below.* (264, *corsivi miei*)

L'autore, tuttavia, conclude l'articolo precisando che, nonostante gli sposi appartenessero alle classi più umili, non avevano lesinato né sul vino e né sul mirto, e che queste bevande non l'avevano nemmeno intossicato ("neither wine nor mirth were stinted, I saw no trace of intoxication", 265). Nell'ultima affermazione non è difficile cogliere un velato riferimento all'annoso problema dell'adulterazione di alimenti e bevande presente in Inghilterra proprio negli stessi anni.

In un ulteriore articolo, Wreford ha occasione di partecipare alle festività natalizie in un villaggio nei pressi di Napoli, e rimane colpito dalla devozione dei suoi abitanti per il presepe che è allestito nella chiesa del paese e dalla presenza fantasmagorica degli "zampognari" pastori erranti provenienti dai monti dell'Abruzzo, i quali ogni anno, alla vigilia di Natale, tornano ad allietare il cuore con le loro melodie e sono letteralmente venerati dalla popolazione locale. Infine, quando la musica cessa, non può mancare un buon "complimento": un bicchiere di vino, della frutta e a volte persino qualcosa di più sostanzioso: "The music ceases; and, for a moment a dead silence reigns throughout the little group; then Complimenti are produced for the principle personages: a glass of wine, a little fruit, and sometimes more substantial fare; and so the performances of the day conclude"[12].

In seguito, dopo aver digiunato per tutto il giorno, ci si prepara alla ricca cena della vigilia, di cui è protagonista il canonico capitone, accompagnato dal baccalà ("salt fish") e da una "marea" di pesci fritti, arrostiti, bolliti o preparati ad insalata (i polpetti) — non prima però di aver servito "the eternal dish of macaroni", conditi con l'olio:

> For twenty-four hours they will not touch either meat or animal fat; yet they sell the very beds on which they sleep to have their favourite and canonical dish of capitone — a kind of conger-eel, in great vogue at Christmas. At two o'clock the log is ignited; for the tradition is, that at about that hour the Madonna had need of a comforting blaze […] First, there is the eternal dish of maccaroni, dressed with oil instead of fat. Then comes the capitone, and the salt fish, and fish broiled, and fried, and boiled, and in salad and polpetti, until every sort of fish in the ocean is exhausted. (513)

Infine, sono serviti in abbondanza dolci e pasticcini, approntati dalle operose mani delle suore del convento nelle lunghe ore di silenzio e digiuno trascorse in clausura.

L'anno successivo, nel 1856, Wreford si reca a Nola, nota all'epoca per la produzione di olio e vino, per partecipare ad una rinomata festa popolare, la Festa dei Gigli in onore di San Paolino[13], tutt'ora in voga in Italia. In un'atmosfera campestre, in cui tutti sono allegramente vestiti a festa, dopo la processione dei "gigli" (strutture lignee rappresentanti le antiche corporazioni di arti e mestieri), si banchetta anche questa volta a suon di maccheroni con pomodoro e formaggio — ma non mancano altri alimenti mediter-

---

[12] Henry G. Wreford, "Christmas in Southern Italy", *Household Words*, Volume XII, Magazine No. 301 (29 December 1855): 513.

[13] La Festa dei Gigli è un'antica festa popolare cattolica che si tiene a Nola in occasione della festività patronale dedicata a San Paolino, a fine giugno. Essa rientra nell'ambito delle grandi strutture processionali a spalla, costruzioni lignee, denominate appunto "gigli", che arrivano fino a 25 metri di altezza. Ogni Giglio viene sollevato e manovrato a spalla dagli addetti al trasporto. Gli otto Gigli vengono addobbati dagli artigiani locali con decorazioni in cartapesta, stucchi o altri materiali secondo temi religiosi, storici o d'attualità e prendono il nome delle antiche corporazioni delle arti e mestieri: l'ortolano, il salumiere, il bettoliere, il panettiere, il fabbro, il sarto, il calzolaio, il beccaio, la barca (https://www.comune.nola.na.it/index.php/festa-dei-gigli.html).

ranei come la ricotta arricchita da capperi e acciughe: "There are mountains of maccaroni with pomi d'oro and cheese, and great hunks of ragout, and ricottos interspersed with capers and anchovy, and immense glass flagons of wine; so called by courtesy. And there is shrieking, and laughing, and no end of merriment[14].

Wreford non è solo un corrispondente estero, ma è davvero innamorato del popolo e del territorio campano, tanto da decidere di risiedervi per tutta la vita (morirà infatti a Capri, dove viveva stabilmente, nel 1892). Nel 1854, nell'articolo intitolato "Neapolitan Purity", ne difende persino l'integrità morale contro la convinzione comune che i napoletani abbiano una naturale predisposizione alla malvagità, ritenendo che qualunque essere umano è anzitutto il prodotto delle circostanze della vita. Per consolidare la sua opinione, egli ricorre inoltre a una evocativa similitudine culinaria, nella quale i maccheroni si confermano ancora una volta protagonisti della scena gastronomica e culturale:

That their moral perceptions or habits are not of the highest order every one (who knows them) says, and what everyone says must be true; yet hence to conclude that there is a natural predisposition to evil in them, *would be as absurd as to conclude that there is a natural predisposition to eat maccaroni* in them[15].

4. Il passaggio del testimone a *All the Year Round* segna anche un momento storico epocale per l'Italia. Siamo infatti nel 1859, in pieno Risorgimento, e la maggior parte degli articoli "italiani" che in questi anni occupano la rivista riguardano questioni politiche relative alle lotte per l'unità d'Italia. Va ricordato, invero, che *AYR* sostenne con impeto il Risorgimento italiano, sia attraverso i numerosi articoli a favore della causa, sia contribuendo a raccogliere fondi a sostegno della campagna a supporto di Garibaldi e Mazzini, peraltro esule in Inghilterra proprio in quegli anni.

Ciononondimeno, è possibile rinvenire contributi che, anche indirettamente, trattano della cultura gastronomica italiana. Ad esempio, nell'articolo

---

[14] Henry G. Wreford, "The Giglio Festa", *Household Words*, Volume XIV, Magazine No. 334 (16 August 1856): 117.

[15] Henry G. Wreford, "Neapolitan Purity", *Household Words*, Volume VIII, Magazine No. 203 (11 February 1854): 572, corsivi miei.

"Viva L'Italia" di Walter Thornbury[16], si parla ampiamente dei caffé milanesi dove si convive con i tanti ufficiali austriaci in uniforme bianca che consumano enormi tazze di caffè, limonate e buon vino.

Più interessanti sono sicuramente, per lo scopo di questa breve panoramica, la serie di articoli scritti da Percy Hetherington Fitzgerald, che fu in seguito anche autore della biografia *Memories of Charles Dickens* (1913). In "A Roman Reception" (1860), ad esempio, egli loda l'arte dei pasticceri italiani, soprattutto per quanto riguarda la creazione degli *ices*, sostanzialmente dei ghiaccioli a forma di frutta o animali, e dei molti dolci di raffinata fattura.

In "A Roman Cook's Oracle", Fitzgerald getta una luce inedita − almeno per i britannici − sulla gastronomia italiana. Infatti, se alla stragrande maggioranza dei figli di Albione il Bel Paese era noto solo o soprattutto per i maccheroni, la testimonianza di Fitzgerald conferma che la nostra cucina era ben ricca e variegata già a metà del XIX secolo, e che era possibile godere di ottimi pasti anche nelle taverne più modeste. L'articolo è il resoconto di una cena romana avvenuta nella taverna denominata "Little Bottles", situata nel ghetto ebraico. Qui campeggia l'oste, definito addirittura "Roman Soyer", in riferimento a Alexis Soyer, che fu tra i più celebrati cuochi francesi a Londra nel periodo vittoriano.

La specialità della casa è la zuppa di pesce ("The Mariners' Soup"), pietanza che in verità i vittoriani, di norma, non gradivano granché e che dunque non era considerato cibo d'élite ma, al contrario, un alimento molto economico e dunque piuttosto disdegnato. Tuttavia, gli ospiti devono piacevolmente ricredersi sulla convinzione britannica che il pesce non sia digeribile o non costituisca un pasto prelibato; la zuppa è infatti addirittura definita "divina" dai commensali. Tra i tanti pesci nominati il più ricercato è la leccia del Tevere, ma compaiono anche il cefalo, la spigola e la seppia, che mantengono nel testo i loro nomi originali in italiano. La cucina della taverna sembra essere davvero sopraffina, a giudicare dai toni estasiati delle descrizioni di Fitzgerald[17]:

---

[16] G. Walter Thornbury, "Viva L'Italia", *All the Year Round*, Volume I, Magazine No. 11 (9 July 1859): 253-257. I numeri di pagina delle successive citazioni saranno inseriti nel corpo del testo.

[17] Percy H. Fitzgerald, "A Roman Cook's Oracle [xv]", *All the Year Round*, Volume IV, Magazine No. 84 (1 December 1860): 176. I numeri di pagina delle successive citazioni saranno inseriti nel corpo del testo.

"Fry!" murmur his disciples plaintively. It is a miscellany again, a mingle-mangle, a grill of white trout, but oh! white trout and mullet glorified, transfigured, resplendent! What shall we say to the sepia, or cuttle-fish, made into a stufato, or stew, being left to simmer, and bubble, and grow tender as infants for hours, in its own rich juices, then seasoned with aromatic herbs and curious spices, the whole beating ox-tail and vermicelli soup shall I say it? What shall we say, on the decent removal of the mortal remains of the brave sepia or cuttle- fish, to a Poem, an Epic, a Pindaric flight in the shape of a dish called "Laccia?" Yes, Laccia; a preparation cold but divine, rich in oils, yet with the train, and other unpleasing relishes of that lubricative utterly sublimated. (176)

Per concludere, nella gastronomia romanesca non possono mancare i carciofi, che vengono conditi con olio di Lucca. Una serie di prelibatezze, insomma, sconosciute o quasi alle cucine d'oltremanica, che vengono in tal modo "propagandate" dal periodico dickensiano. La cena termina con il dolce, e l'autore alla fine dell'articolo sottolinea che la terra di Albione può vantarsi a buon diritto del suo "immortal beef" (carne di manzo), ma di certo l'Italia supera nella sua arte pasticcera persino il rinomato *plum pudding* inglese, il tipico dolce natalizio, che qui è disponibile tutto l'anno, con grande gaudio dei suoi estimatori:

Albion may proudly take her stand on her immortal beef, and defy the waves, yet let her not too incautiously claim the same pre-eminence for her plum-pudding, almost as famous. Reluctantly I say it, they order this matter better in Italy; and the rich ebony-looking block, bathed in a yellow cream, lighter and more delicate in flavour, transcends immeasurably the conscientious but ponderous twenty-pounder that rolls in about Christmas-time. Our Italian delicacy is not arbitrarily relegated to one festive season: we are glad to welcome him two and three times in the week. (176-77)

A conclusione di questa panoramica gastronomica, è d'obbligo una riflessione sul progetto digitale che ha reso possibile svolgere questa ricerca su documenti autentici. Nel 2006, infatti, la Buckingham University ha lanciato il progetto *Dickens Journals Online*, con l'obiettivo specifico di creare un'edizione digitale ad accesso libero delle due riviste dickensiane. Tutti i contenuti sono stati indicizzati e classificati, e sono state inserite informazioni sugli autori. Nel complesso, *Household Words* e *All the Year Round* comprendono, nel ventennio in esame, più di 6.000 contributi tra saggistica, romanzi serializzati, racconti e poesie. Tra questi, una nicchia di circa 150 articoli ha come oggetto l'Italia; la maggior parte di essi sono di argomento storico, mentre i restanti sono catalogati sotto la voce più generica "Description and Travel". Di fatto, non è presente una voce per "Italian Food and Cookery", e gli articoli che riguardano la gastronomia del nostro Paese sono davvero esigui. La tecnologia e la statistica dunque, da soli, ci aiutano a comprendere che la cucina italiana, e più in generale quella mediterranea, non costituiva ancora, nel periodo vittoriano, un tema di grande interesse. Nel corso del Settecento e dell'Ottocento, infatti, se anche l'Italia diventò meta del viaggio di formazione noto come *Grand Tour*, che di fatto contribuì, seppur lentamente, a far conoscere all'estero non solo le bellezze paesaggistiche, culturali e artistiche e il clima favoloso per cui il Bel Paese era già noto, ma anche le sue abitudini gastronomiche, l'arte culinaria italiana tuttavia non costituiva ancora un motivo di visita. La nostra cucina stentava in realtà ad affermarsi oltremanica e, spesso, anche i piatti più noti venivano stravolti e adattati al gusto locale. Siamo ben lungi dunque dal concetto di "dieta mediterranea", per il quale si dovrà aspettare all'incirca un altro secolo. È tuttavia anche mediante periodici come quelli dickensiani che la cultura gastronomica italiana entrò virtualmente, a poco a poco, nelle case vittoriane — proprio come oggi per noi, grazie a progetti digitali come questo, è possibile sfogliare il passato attraverso lo schermo di un computer. Verosimilmente, neanche la fervida fantasia di Dickens avrebbe potuto immaginare un tale futuristico avvenire per le sue riviste.

Symbolizing Christopher Columbus?
Reflections on Columbus and Italian Americans[1]

Anthony Julian Tamburri

JOHN D. CALANDRA ITALIAN AMERICAN INSTITUTE

PREMISE

In an article published in the *La gazzetta italiana* of Akron, Ohio, John Vallillo and Pam Dorazio Dean report on the name change of Columbus Day to Italian American Heritage and Culture Day, which took place on June 29, 2020. The vote was 12 to 1 to "keep the day as a celebration of Italian American traditions and to rename the second Monday of October 'Italian American Heritage and Culture Day'." In so doing, the special committee set up by the City Council wanted "to remove this issue from the agenda in Akron forever and to move on to other challenges in the community."

So, while the official name of the second Monday in October is no longer to be Columbus Day at the local level in Akron, Ohio, Italian Americans nonetheless may continue to celebrate "the accomplishments of Christopher Columbus ... and the annual cotillion, mass and luncheon, as well as the individual club activities, could continue." It is a sort of have your cake and eat it too, depending on one's perspective; it might also be seen as a total defeat if one's view is to keep Columbus *at all costs*. This second view not-withstanding, it is surely an alternative to the more strident and, at times, seemingly truculent and intransigent stance of "Columbus Do or Die!" To this end, in fact, the Council of the City of Akron resolved as follows:

> Section 2. *That Council encourages other governmental bodies, businesses, organiza-tions, and public institutions to similarly recognize the second Monday in October as Italian-American Heritage and Culture Day, rather than Columbus Day without in-fringing on the rights of the Italian-American community to continue its traditions and celebrations.* (emphasis textual)

---

[1] This is part of a much longer interrogation of the Columbus Affair of a similar title: "The Columbus Affair: Imperatives for an Italian/American Agenda" In this more abbreviated version, I am dealing with only one of the many issues that surround the Columbus Affair.

Though not overtly articulated in the resolution, "the rights of the Italian-American community" clearly include the celebration of "Columbus Day."

In that same article, Vallillo and Dean report that with the "passing of the resolution four objectives were accomplished":

1. Acknowledge the Italian-American community's emphasis on celebrating Columbus Day as part of our long term history;
2. Acknowledge the contributions of our immigrant ancestors and current Akron and Summit County Italian-Americans to local society in business, education, art, government and other occupations;
3. Acknowledge the strong presence of the Italian-American clubs and societies as well as the hundreds of thousands of dollars contributed to scholarships and charitable contributions; and
4. End the assault on Columbus Day by outside organizations and local politicians once and for all.

The fourth accomplishment, some might agree, is more of a desired outcome rather than an actual resolution of any facet of the issue at hand. It actually begs two questions rather than guarantee the articulated objective: First, "Is it not too early to know if potential assaults on Columbus Day will cease?"; and, second, "What does prevent other members of non-Italian-American 'organizations and local politicians' to decide otherwise in the future?" This, of course, is speculation on my part, at this juncture, and, as such, we should leave it for another time and place.

TALKING POINTS

In this venue, instead, I wish to articulate some thoughts on where we are, how we might move forward, and what might be an end point, however fleeting it might appear to some on either side of the Columbus Affair today. I begin with a modification of one of the four above-mentioned accomplishments of the City Council:

ACKNOWLEDGE THAT FOR ITALIAN AMERICANS Columbus is a symbol of *courage, perseverance*, and *exploration*, qualities that resonate with the history of the Italian immigration experience to the U.S. Acknowledge also — once the research is completed and the argument articulated — that while he and/or his crew may have committed acts of imprisonment or violence, said acts are to be condemned. That while "indentured servitude" was a consequence of war at the time, the Slave Trade industry to bring over Africans began in 1619 in this hemisphere.

It is an absolute necessity to acknowledge the negative consequences of the discovery of North America. Through careful research, it might indeed be argued that they are the unfortunate consequences *that followed,* and *not* the *desired intentions* of, Columbus in making his voyage. I realize that here I am approaching that quagmire of "intentionality." In order to avoid having to engage in a concerted discussion of its philosophical underpinnings, I will state here that I am presuming we could arrive at some semblance of an answer — however fleeting it may seem — if we engaged in the examination of the documentation available to us. To be sure, short of anything Columbus himself might have written, we can only depend on what is available to us and expend our time and effort on such historical realia.

One might also bring into the discussion the Doctrine of Discovery that was, as one is wont to say with such vast time lapses, the practice of the time. On the other hand, here, as in other similar cases, one runs the risk of having to deal with the issue of evaluating behavior of yesteryear — however far in the past said behavior may have taken place — through a moral and ethical lens of today. Thus, at this juncture, it becomes a question of one decision against another; there is no one unmitigated choice by which we evaluate, today, the events of centuries ago. That said, if we are apt to remedy, for example, slavery in the U.S. in some form or another, Columbus, too, one might say, must be evaluated accordingly. This is one of the conundrums that both defenders and detractors of Columbus must confront. Further still, in like fashion, one must not ignore the tragedies that befell Native Americans.

In so doing, then, one points to the inevitable negative phenomena that were a part of what was, in turn, a major geographical and philosophical paradigm shift within Western Civilization. Some have called it the major act of the millennium, the unification of two worlds, superseding to a remarkable degree both the Renaissance and the Age of Enlightenment. Neil deGrasse

Tyson, in turn, goes one step further, he called Columbus's voyage the "single most important event in the history of the human species" in that Columbus "reconnect[ed] the human species that ha[d] been separated for 10,000 years" (Rose). William Connell, in turn, speaks to the importance of agriculture as Columbus's legacy: "[I]f all the remaining monuments to him were to be destroyed, Columbus would still be with us. And the reason is straightforward: October 12, 1492 was the most important date in human history, at least since the invention of agriculture. From that date the world that we now live in had its beginning" (2020).[2]

What both deGrasse Tyson and Connell do in making such statements is to think beyond "the immediate consequences and look at his broader, unintended impacted [sic] on the human species as a whole" (Rose). By considering Columbus's feat of his transatlantic voyage and not the navigator himself as individual and all that it pertains, places him more within the realm of the representational. Thus, as either great sailor or precursor to turn-of-the-century immigration, Columbus must then be presented *not* as an individual, rather as a *symbol* of courage, perseverance, and exploration, all those qualities that intimately and integrally resonate with the *everyman*, as we are wont to say; the "povero cristo," as one might say in Italian, those afflicted and destitute Italians, especially at the turn of the twentieth century, who had to leave Italy in order to survive. Hence, their *courage* to leave, their requisite *perseverance* in order to survive and overcome the then anti-Italian discrimination, all of which is accompanied by their essential over-riding spirit of *exploration*.

While pro-Columbus Italian Americans might make an argument similar to what I have outlined above, there is one aspect of their reasoning that surely puts them back on their heels. I believe it is imperative that what Italian Americans who defend Columbus *cannot* do is characterize the anti-Columbus movement as an anti-Italian movement, claiming that attacks on Columbus statues are intentional and purposeful attacks on the "civil rights" of Italian Americans. It is a one-dimensional and sketchy extrapolation with no indices of fact. There

---

[2] Anthony C. Wisniewski states in his Op. Ed for the *Ames Tribune*: "Whatever his personal faults, without Columbus, there would be no United States, one of the relatively few countries in the world that guarantees the rights of individuals to petition their government peacefully through demonstrations."

is no credible evidence that the desire to take down statues of Columbus or protest against Columbus Day is anti-Italian. On the contrary, in Bennie Klain's short documentary, *Columbus Day Legacy*, the late Native American, militant activist Russel Means, states the following to his Italian/American interlocutors during a radio program: "We've always advocated an Italian pride day" (Klain, 5:24); he then continued later in the program: "Why don't they talk about Galileo, Leonardo Da Vinci, Joe DiMaggio, Frank Sinatra, all the icons of the Italian race? [...] All we ask is to change the name" (Klain, 21:57-20:20). His words — "We've always advocated an Italian pride day" and "All we ask is to change the name" — need to be underscored precisely because he is, *de facto*, supporting the celebration of Italian heritage while decrying the label — "Columbus Day" — affixed to it.

In like fashion, Kubal underscored this lack of anti-Italianism in his description of the agreement made for the re-instatement of the Columbus Day parade in Denver in 2000. It was dependent on a four-part accord between the city of Denver, the D-AIM (Denver American Indian Movement), Italian American leaders, and other community leaders (124). Kubal wrote:

> The agreement said that D-AIM would promise to call off the protest and *help the Italians celebrate an Italian heritage parade* if the Italian activists would agree to *not mention the name or present the likeness of Columbus* in any part of the parade or other ceremonies. They also had to agree to *not hold ceremonies around the Columbus statue in downtown Denver* and to *forbid all participants from using the words or symbols of Columbus.* (124; emphasis added)

At first glance, one might suggest excessive prohibition to the presence of anything that conjures up the sign /Columbus/. But that is not my point here. Instead, what was of ultimate significance then in 2000, as it will prove to be eleven years later, in 2011, in the very same city and with the same D-AIM and Italian/American leaders in Klain's *Columbus Day Legacy*, is that there was no discussion *against* celebrating Italian heritage. On the contrary, we see, in fact, that the D-AIM was ready to help the Italians celebrate an Italian heritage parade, given the adherence to other provisos of the agreement with regard to an embargo of any semblance of any form of verbal or visual representation of

Columbus. Thus, given the indices of fact in this regard, to claim anti-Italian discrimination, precisely because it is *not* embedded as an intention into the anti-Columbus movement — as both the 2000 D-AIM and the late Russell Means demonstrated in 2000 and 2011 respectively — can only prove to be a major distraction and, hence, bring unnecessary criticism to the pro-Columbus movement. In so doing, the pro-Columbus advocates themselves create an un-warranted critique from the anti-Columbus movement that can only set them back on their heels precisely because adherence to a false index, such as anti-Columbus protests equate to anti-Italianism, plants willy-nilly semiotic doubt in other indices that might otherwise have ample value.

There is, moreover, an unintended consequence to any unsubstantiated claim of anti-Italian discrimination, which, I would contend, is amplified in this situation. As many would agree, there still exists a practice of activities and comments that constitute a series of microaggressions toward Italian Ameri-cans in society today. That subtle form of prejudice that is often unintentional may raise its ugly head in the guise of an off-handed comment ("Judge [fill in the blank with an *Italian/American* name] is so articulate and fair in decision making!" said with a tone of surprise), an uncalculatedly painful joke ("Oh, you're Italian! Are you connected?"), or the so-called cute and/or funny adver-tisement, such as Eataly's truffle commercial ("Take home an Italian [truffle], it's worth the smell!"). I have documented other examples in various blogs over the years.[3] In some cases, the aggression is surely "micro-"; yet, in other cases, the aggression is more blatant and, hence, "macro-." A response of indignity and umbrage on the part of an Italian American today is often met with incre-dulity on the part of the non-Italian American, often met with a reaction such as, "Really?" You're offended?" or "Don't be so sensitive!" If we then cry anti-Italian discrimination where it does not exist, as in the case of the anti-Colum-bus movement, how then might we expect those very real and truly harmful micro- if not macroaggressions to be recognized as such, with the requisite gravity and earnestness that would necessitate an eventual sensitization and consequential change in thinking on the perpetrator's part?

---

[3] Regarding some of my blogs, one need only access i-italy.org (2016, 2014, 2013a-d, 2012a-b, 2011, 2010, 2009, 2008, and subsequent blogs in *La voce di New York* (2020, 2018, 2017a-c, 2016).

Finally, in this regard, the Columbus statue *qua* the sign /Columbus/ would need to be reclassified in today's general climate of "hate statues." After the Charlottesville tragedy of 2017, then Speaker of the City Council of New York, Melissa Mark-Viverito, demanded that the City examine its "hate statues," and within that group she clumped the Columbus Statue at Columbus Circle in mid-town Manhattan. In demanding the removal of the J. Marion Sims statue, for instance, she rightfully stated:

> At a time when Neo-Nazis, white nationalists and hateful right wing [sic] extremists run rampant throughout the country with impunity, we must send a definitive message that the despicable acts of J. Marion Sims are repugnant and reprehensible. J. Marion Sims conducted horrific, painful, medical atrocities on non-anesthetized enslaved Black women with free-reign. Mayor de Blasio and the Parks Department must remove this repugnant statue from our neighborhood once and for all. (Anonymous)

The intentionality of the likes of Sims (torturous medical experiments on "non-anesthetized enslaved Black women"), the *raison d'être* of the Confederate States of America (a treasonous breakaway from the U.S.A.), and the theory of white supremacy that undergirds Neo-Nazis, white nationalists, and hateful right-wingers (anti-Semitic, racist, genocidal), all of which we witness to our chagrin today, are surely things to eschew and condemn.

The question begged here is thus the following: Should we include in this group the likes of Christopher Columbus, whose original intentionality, one might argue, included none of the above despicable behavior we ascribe to the groups listed by Speaker Mark-Viverito? Columbus's primary motives, one might further contend at first glance, had no seemingly intentional, disreputable and/or loathsome aims. That said, back in 2017, those in defense of Columbus should have acted accordingly in reaction to Speaker Mark-Viverito; they should have immediately uncoupled the Columbus statue from the other statues of more recent referentiality through a process of systematic reasoning, beginning from what we might know, if not more likely assume, to have been his intentions and chronology. It may not be too late to do so now; one might indeed take up such argumentation and uncouple Columbus even now, as one moves forward. After all, Columbus is from one half of a millennium ago, so, to put it succinctly, one has the time. But here, as in other cases of a similar nature, the competence and articulation of the professionally trained scholar are of the utmost importance.

Further still, yet not able to exonerate him of all of his behavior, one might indeed distinguish the chronology involved, that the phenomenology of Columbus's era is pre-Enlightenment, whereas the phenomena of someone like J. Marion Sims, the Neo-Nazis, the white nationalists, and other hateful right-wing extremists — as well as the Confederate States of America — are not only post-Enlightenment but post-Industrial Revolution as well, and therefore imbued with a different value system that, in both theory and practice, have at their base a rationale of societal interaction and exchange that is different from that value system of the end of the 15th century. If anything, one might, indeed could, reposition Columbus historically and place him alongside the likes of George Washington and Thomas Jefferson, two other flawed individuals (i.e., owners of slaves) according to a post-Enlightenment / post-Industrial Revolution / post-Civil Rights reflection and judgement, yet whose accomplishments in the end save them from total banishment from history.[4]

In like fashion, then, one might try to save Columbus while acknowledging his flaws of the time. Once again, as with the first above-listed accomplishment, any research for this task is time consuming and complex, and it should be executed by a professional scholar, if not a team of qualified scholars: This is not a job for the amateur. To date, much has been written and much has been debated, and not always by the historically informed; as it stands, there is simply too many facile and anecdotal attempts at defending Columbus. Much more has to be done by the professionally prepared scholars. Whether one is pro- or anti-Columbus, research on the navigator must include at its base, first and foremost, ample examination of those documents that might shed greater light on late fifteenth- and early sixteenth-century apropos thought processes. This has yet to take place. One of the more complete works to date, especially within

---

[4] I refer to Wisniewski's above-cited Op. Ed. for a similar thought: "Somehow in the storyline, Columbus and Confederate statues have been wrongly blended as co-equal symbols of a racist past as the nation grapples with the killing of George Floyd, an African American man, by a white Minneapolis police officer."

an inter-ethnic framework, I would submit at this juncture, is Kubal's book (2009). Stephen Cerulli contextualizes the studies by Kubal and Ruberto and Sciorra, demonstrating a congruent vision by both an external and an internal voice (Cerulli, especially 39-44).

Felipe Fernández-Armesto underscores the dangers of writing on that about which one may know very little, if anything at all, and, as well, within the framework of a discipline in which one has not been professionally trained.[5] In his 2011 review of four books on Columbus,[6] Fernández-Armesto tells us that to "write well about history you do not need a Ph.D., just a few rare but accessible qualities: insatiable curiosity, critical intellect, disciplined imagination, indefatigability in the pursuit of truth and a slightly weird vocation for trying to get to know dead people by studying the sources they have left us." But Fernández-Armesto, the staunch historian that he is, also tells us in a more serious pose that it is imperative that the scholar command "[competence] in research," possess a healthy dose of "critical discrimination," and, as well, retain a sense of humility throughout the discovery of facts and his/ her construction of a "rational chronology" and "coherent narrative." This is not an easy enterprise, as Hayden White explains:

> [I]n his efforts to reconstruct "what happened" in any given period of history, the historian inevitably must include in his narrative an account of some event or complex of events for which the facts that would permit a plausible explanation of its occurrence are lacking. And this means that the historian must "interpret" his materials by filling in the gaps in his information on inferential or speculative grounds. A historical narrative is thus necessarily a mixture of adequately and inadequately explained events, a congeries of established and inferred facts, at once a representation that is an interpretation and an interpretation that passes for an explanation of the whole process mirrored in the narrative. (281)

---

[5] Fernández-Armesto, is, for all practical purposes, our living expert on Columbus and other themes of historical navigation, having authored at least four of his close to two dozen books in this regard (1991, 2007, 2010a, 2010b).

[6] The four books are by Lawrence Bergreen (2011), Nigel Cliff (2012), Carol Delaney (2011), and Douglas Hunter (2011).

This is the task of the historian *in nuce*. The risks, in turn, are high, as Fernández-Armesto tells us in his review. I would point only to one of the many examples he offers:

> ...scholars may have encouraged these amateurs' imprudence by publishing English translations of many of the sources. *Translated sources attract errors just as translated scriptures foment heresies,* and when the inexperienced attempt their own translations, the results can be even worse. Mr. Bergreen, Mr. Cliff, Mr. Hunter and Ms. Delaney *do not have the linguistic skills to master the literature on their own.* They all seem to be *illiterate in Latin* and *imperfectly assured* in handling the sources in Romance languages. (Fernández-Armesto 2011; emphasis added)

I have made this digression about the historian's task and responsibilities because of the dangers such errors in narrative chronology and misinterpretations due to poor or inexistent language skills can extract. The purist some may accuse him of being, Fernández-Armesto prefers an adequate knowledge of Latin, French, and Spanish in order to construct a "rational chronology" and "coherent narrative," as I cited above. These are, in the end, basic tools the historian must possess in her/his arsenal; they allow the historian to access certain knowledge that otherwise s/he would not discover. Such a preparation allows for a less difficult task for the necessary filling "in the gaps," as White reminds us above.

It is thus through a thorough exploration of various realia — consulting those old books in depositories no longer on the shelves, shifting through those archives that require limited access, processing other material old and new in other languages — that we can construct the "rational chronology" and "coherent narrative" that Fernández-Armesto underscores as the lynchpins for accurate and hence adequate history.

Thus, in this regard, as one example, we might better understand the issue of prisoners vs. slaves within the Columbian semiosphere by interrogating, in addition to other issues, two documents of discovery; the first a papal decree issued by Pope Nicholas V in 1452 that sanctioned and promoted conquest, colonization, and exploitation of non-Christian territories and peoples. This decree was upheld by Pope Alexander VI on May 4, 1493, which supported Spain's exclusive rights to the territory discovered by Columbus the previous year.[7] These are significant if only because it gives us both a more direct line to and confirmation of the thinking process of the era. One might indeed argue that thus began the conquest and colonization of the New World and, eventually, the spread up into North America. The obvious question, of course, is how does this impact our thoughts today on Columbus. Is there a straight line from Columbus and his deeds to the eventual appropriation of lands owned by native Americans? Well, the answer, one might say, is, yes. In a controversy over title of land in the early 1800s, the U. S. Supreme Court decided that Native American tribes did not have the absolute right to cede title of land. In the case, Johnson vs. McIntosh (1823), the U. S. Supreme Court decided:

> Not only has the practice of all civilized nations been in conformity with this doctrine, but the whole theory of their titles to lands in America, rests upon the hypothesis, that the Indians had no right of soil as sovereign, independent states. *Discovery is the foundation of title, in European nations, and this overlooks all proprietary rights in the natives.* The sovereignty and eminent domain thus acquired, necessarily precludes the idea of any other sovereignty existing within the same limits. The subjects of the discovering nation must necessarily be bound by the declared sense of their own government, as to the extent of this sovereignty, and the domain acquired with it. Even if it should be admitted that the Indians were originally an independent people, they have ceased to be so. A nation that has passed under the dominion of another, is no longer a sovereign state.[8] (568-568; emphasis added)

---

[7] With regard to the 1493 decree, we read that it "established a demarcation line one hundred leagues west of the Azores and Cape Verde Islands and assigned Spain the exclusive right to acquire territorial possessions and to trade in all lands west of that line. All others were forbidden to approach the lands west of the line without special license from the rulers of Spain. This effectively gave Spain a monopoly on the lands in the New World." See the original document with translation on the website of The Gilder Lehrman Institute of American History (www.gilderlehrman.org).

[8] As a side note, "Chief Justice John Marshall (1755-1835) had large real estate holdings (as did his family and friends) that would have been affected if the case had been decided contrary to those interests. Rather than remove himself from the case, however, the Chief Justice wrote the decision for a unanimous United States Supreme Court" (Frichner, 11).

Why is this important? It demonstrates how the Columbus phenomenon and its immediate consequences in the form of Pope Alexander VI's "Demarcation Bull" led to the cancellation of Native American tribes as sovereign states. No small deed, to be sure. The rest, as we say, is history, which underscores why, today, Native Americans readily trace back their current challenges to 1492 and those subsequent tragedies that continued to — what we might consider the major tragic marker for Native Americans — Wounded Knee in 1890, and afterward up through to 2013. During the period from 2007 to 2013, for example, a number of resolutions were adopted that finally "asserted Native rights" (*Doctrine of Discover: A Timeline*).

Such a tragedy, among others, surely explains why Native Americans even today would consider the Columbian legacy a most negative one, regardless of the positive aspect that others see in his voyages. I would recall at this point Neil deGrasse Tyson's above-cited characterization Columbus's crossing the Atlantic as the "single most important event in the history of the human species." This is, of course, the conundrum. What do we do with someone like Columbus who, as history would seem to have it, spans the moral spectrum of behavior from good to evil? From "reconnect[ing] the human species that ha[d] been separated for 10,000 years," deGrasse Tyson stated, to opening up the New World to the victimization of the Doctrine of Discovery, as others do indeed claim, Columbus remains in that category of the flawed individual who accomplished the unexpected. As stated above, he might be coupled to Washington and Jefferson, two other flawed individuals according to a post-Enlightenment / post-Civil Rights reflection and judgement, whose accomplishments in the end, so it seems, save them from total banishment from history. This is the philosophical enigma that begs our attention.

[IN]CONCLUSIONS

What we are dealing with, I strongly contend, is a question of some semblance of moral relativism and semiotics. For moral relativism, the question is: "What are those historical phenomena and how far do we go back into history and judge said phenomena and/ or individuals, and do we engage with or without prejudice?" Or, one might add, "Where is the line in the sand, if any?" All of this is dependent on our own cultural reservoir and what we bring to the interpretive table. Yes, it is a question of interpretation, as Hayden White wrote back in 1973: "The historian has to interpret his materials in order to construct the moving pattern of images in which the form of the historical process is to be mirrored" (282).

That said, mine is not a rhetorical exercise, it is not a syntactical, lexical, and/or semantic desired act of prestidigitation, precisely because all of this — syntax, lexicon, and semantics — lies at the base of our philosophical conundrum. If we are not in favor of Columbus, what do we do, then, with others such as, Washington and Jefferson? If we are in favor of Columbus, what do we do with those other figures and/or symbols that are problematic? For example, how do we reconcile something like the Balbo Monument in Chicago, a 2,000-year-old column taken from Porta Marina, Ostia, outside of Rome, and gifted to Chicago by Italy's Fascist government and delivered most ceremoniously by Fascist aviator Italo Balbo?[9] Or, more recently still, there is movement afoot to remove a Columbus statue in Brooklyn sculpted by Emma Stebbins (Duggan). Best known for her statue, "Angel of the Waters" (1873), located Central Park, New York, Stebbins was also the first woman to receive a major sculptural commission.[10] Further still, she was gay and openly lived with the actress Charlotte Cushman "in Rome for 12 years, until Cushman learned she had breast cancer. They returned to the United States in 1870, abandoning several of Stebbins's unfinished pieces in Italy" (Harlan).

At this juncture, I return to the idea that for Columbus possibly to survive, albeit with ample scars, one may surely recognize his crossing as the "most important event in ... history," as deGrasse Tyson states, but one must then rise above the literal and enter into the realm of the symbolic, as I mentioned earlier in this essay. The tryptic of courage, perseverance, and exploration that

---

[9] Italo Balbo (June 6, 1896–June 28, 1940) was a member of the *Camicie Nere,* he was Italy's Marshal of the Air Force, for a while the Governor General of Lybia, and, in the end, the Commander-in-Chief of Italian North Africa, all of which had tragic consequences. Had he lived and had the Fascist Regime survived, he might have very well followed Benito Mussolini as head of the Regime.

[10] As we read in Jennifer Harlan's *New York Times* obituary, "the angel has been visitant in movies like 'Enchanted' and 'Elf' and in television shows like 'Sex and the City.' Perhaps most famously, the fountain served as the setting for the final scene of Tony Kushner's theatrical masterpiece about AIDS and homophobia during the Reagan era, 'Angels in America.' (And it features in the opening credits of the HBO mini-series version of "Angels," hauntingly lifting her head toward the viewer.)."

one might readily ascribe to Columbus, as also referenced above, can be equally valuable in describing those qualities that the poor Italian immigrant had to muster up in order to leave his/her small country village, and travel to Palermo, Naples, or Genova, in order to board the vessel that would be his/her domicile for thirty-plus subsequent days in steerage.

WORKS CITED

Alexander VI, Pope. 1493. "Demarcation Bull." May 4. The Gilder Lehrman Collection, GLC04093. www.gilderlehrman.org.

Anonymous. 2017. "Harlem Speaker Melissa Mark-Viverito And Others Rally To Remove Offensive Statue." *Harlem World Magazine.* August 21. https://www.harlemworldmagazine.com/harlem-speaker-melissa-mark-viverito-others-rally-remove-offensive-statue/. Accessed August 1, 2020.

Bergreen, Lawrence. 2011. *Columbus: The Four Voyages, 1492-1504.* New York: Viking.

Cerulli, Stephen. 2019. *Italian/Americans and the American Racial System: Contadini to Settler Colonists?* The Graduate Center, City University of New York. https://academicworks.cuny.edu/gc_etds/3178/. Accessed July 21, 2020.

"Christopher Columbus & the National Debate." 2020. National Italian American Foundation. October 13. https://www.youtube.com/watch?v=fFeoWrkY6Kk&t=619s.

Cliff, Nigel. 2012. *The Last Crusade: The Epic Voyages of Vasco da Gama.* New York: HarperCollins.

Connell, William J. 2020. "George Floyd and…. Columbus? The Twin 'Original Sins' of the Conquest of America." *La Voce di New York.* June 12. https://www.lavocedinewyork.com/en/news/2020/06/12/george-floyd-and-columbus-the-twin-original-sins-of-the-conquest-of-america/. Accessed June 30, 2020.

Columbus Day Legacy. 2011. Bennie Klain, Dir. Trickster Films and Native American Public Communications.

Delaney, Carol. 2011. *Columbus and the Quest for Jerusalem: How Religion Drove the Voyages that Led to America.* New York: Free Press.

Doctrine of Discovery: A Timeline. N.D. Saint Paul Interfaith Network.

Duggan, Kevin. 2020. "Civic Gurus Call For Removal Of Downtown Brooklyn Columbus Statue," *Brooklyn Paper.* December 10. https://www.brooklynpaper.com/downtown-brooklyn-columbus-statue-removal/. Accessed December 11, 2020.

Hunter, Douglas. 2011. *The Race to the New World: Christopher Columbus, John Cabot, and a Lost History of Discovery.* New York: Palgrave MacMillan.

Fernández-Armesto, Felipe. 2011. "Faulty Navigators: Seeking to revolutionize views of the Age of Exploration, four books instead reveal more about the state of popular history." *Wall Street Journal.* September 17. https://online.wsj.com/article/SB10001424053111190483610 4576558540795723736.html. Accessed September 15, 2020.

Fernández-Armesto, Felipe. 2010a. *1492: The Year the World Began.* New York: HarperOne.

Fernández-Armesto, Felipe. 2010b *Columbus on Himself.* New York: Hackett Publishing Company.

Fernández-Armesto, Felipe. 2007. *Pathfinders: A Global History of Exploration.* New York: W. W. Norton & Company.

Fernández-Armesto, Felipe. 1991. *Columbus.* New York: Oxford University Press.

Frichner, Tonya Gonnella. 2010. "Preliminary study of the impact on indigenous peoples of the international legal construct known as the Doctrine of Discovery." United Nations Economic and Social Council. E /C.19/2010/13.

Harlan, Jennifer. 2019. "Overlooked No More: Emma Stebbins, Who Sculpted an Angel of New York," New York Times, May 29. https://www.nytimes.com/2019/05/29/obituaries/emma-stebbins-overlooked.html. Accessed December 11, 2020.

Kubal, Timothy. 2009. *Cultural Movements and Collective Memory: Christopher Columbus and the Rewriting of the National Origin Myth.* New York: Palgrave.

Rose, Brent. 2012. "Neil deGrasse Tyson: Columbus Landing in America Was the Most Important Event in Human History." Gizmodo. https: //gizmodo.com /neil-degrasse-tyson-columbus-landing-in-america-was-th-5928576. Accessed August 1, 2020.

Ruberto, Laura E. and Joseph Sciorra. 2020. "'Columbus Might Be Dwarfed to Obscurity': Italian Americans' Engagement with Columbus Monuments in a Time of Decolonization." In *Public Memory in the Context of Transnational Migration and Displacement.* Edited by Marschall S. New York: Palgrave Macmillan. 61-93.

Tamburri, Anthony Julian. 2020. "Public Monuments and Indro Montanelli: A Case of Misdirected Reverence?" in https://www.lavoce dinewyork.com/en/news/2020/06/24/public-monuments-and-indro-montanelli-a-case-of-misdirected-reverence/.

Tamburri, Anthony Julian. 2018. "The Making of America; and Italians Need Apply! Just Ask Carnegie Hall" in https://www.lavocedi newyork.com/en/new-york/2018/01/27/the-making-of-america-and-italians-need-apply-just-ask-carnegie-hall/

Tamburri, Anthony Julian. 2017a. "When We Were the Muslims: President Trump's Executive Order and the immigrant history of my grandmother" in https://www.lavocedinewyork.com/en/news/2017/01/29/when-we-were-the-muslims/

Tamburri, Anthony Julian. 2017b. "'…And There Was No One Left to Speak for Me'" in https://www.lavocedinewyork.com/en/news/2017/08/21/and-there-was-no-one-left-to-speak-for-me/

Tamburri, Anthony Julian. 2016. "The Coincidence of Italian Cultural Hegemonic Privilege and the Historical Amnesia of Italian Diaspora Articulations" in http://bloggers.iitaly.org/bloggers/40665/coincidence-italian-cultural-hegemonic-privilege-and-historical-amnesia-italian-diasp.

Tamburri, Anthony Julian. 2014. "Silence is not always golden..." in http:// bloggers.iitaly.org/bloggers/38457/silence-not-always-golden.

Tamburri, Anthony Julian. 2013a. Things that make you go hmmm..." in http://bloggers.iitaly.org/bloggers/37120/things-make-you-go-hmmm.

Tamburri, Anthony Julian. 2013b. "Elected Officials and The College Professor: Perspectives on Questions of Human Values" in http://bloggers.iitaly.org/bloggers/36625/elected-officials-and-college-professor-perspectives-questions-human-values.

Tamburri, Anthony Julian. 2013c. "Italy's PM recognizes historical discrimination against Italian immigrant in the US! in http://bloggers.iitaly.org/bloggers/36008/italys-pm-recognizes-historical-discrimination-against-italian-immigrant-us.

Tamburri, Anthony Julian. 2013d. "Really? This is Section A news for the United States?" in http://bloggers.iitaly.org/bloggers/35643/really-section-news-united-states.

Tamburri, Anthony Julian. 2012a. "We Didn't Come Over on the Mayflower!" in http://bloggers.iitaly.org/bloggers/19107/we-didn-t-come-over-mayflower.

Tamburri, Anthony Julian. 2012b. "Roberto Saviano and the Problems of Italian America" in http://bloggers.iitaly.org/bloggers/18933/roberto-saviano-and-problems-italian-america.

Tamburri, Anthony Julian. 2011. "Is it possible that we just can't help ourselves?" in http://bloggers.iitaly.org/bloggers/18135/it-possible-we-just-cant-help-ourselves.

Tamburri, Anthony Julian. 2010. Arizona Ethnic Studies Bill and Then Some..." in http://bloggers.iitaly.org/bloggers/14247/arizona-ethnic-studies-bill-and-then-some.

Tamburri, Anthony Julian. 2009. "Just when we thought it was safe to go back into the water..." in http://bloggers.iitaly.org/bloggers/7664/just-when-we-thought-it-was-safe-go-back-water

Tamburri, Anthony Julian. 2008. "An Offer We Can Refuse" in http:// bloggers.iitaly.org/bloggers/4232/offer-we-can-refuse.

Tamburri, Anthony Julian. 2007. "Bigotry" in http://bloggers.iitaly.org /bloggers/560/bigotry.

Vallillo, John and Pam Dorazio Dean. 2020. "Akron Changes Name of Columbus Day to Italian American Heritage and Culture Day." *La gazzetta italiana.* August. https://www.lagazzettaitaliana.com/history-culture/9489-akron-change-name-of-columbus-day-to-italian-american-heritage-and-culture-day. Accessed August 1, 2020.

Wisniewski, Anthony C. 2020. "Columbus statues need context, not disrespect and desecration." Ames Tribune. July 1. https://www. amestrib.com/story/opinion/columns/2020/07/01/anthony-c-wisniewski-columbus-statues-need-context-not-disrespect-and-desecration/42034631/. Accessed, October 14, 2020.

White, Haden. 1973. "Interpretation in History." *New Literary History.* On Interpretation: II. 4.2 (Winter): 281-314.

Significato e valore dell'insularità in Grazia Deledda

Gino Tellini
Università degli Studi di Firenze

> La parola consapevole non è quella più forte,
> esaltata o drogata, ma quella che acuisce
> vista e udito, moltiplica, analizzandole, le memorie,
> convalida e rende permanente il ricordo. [...]
> Nessun sentimento, per quanto delicato e geloso,
> deve ritrarsi di fronte alla possibilità
> di tradursi in parola.
>
> Giacomo Devoto,
> "La parola" (1963), in Devoto 1965, p. 16.

La Sardegna, per storia, antropologia, società, cultura, nella sua particolarità geografica di terra isolata nel cuore del Mediterraneo occidentale (prossima soltanto a un'altra isola, la Corsica) si configura nel corso dei secoli come realtà singolarissima e di forte autonomia[1]. Si presenta ben diversa dal resto d'Italia (sia l'Italia del Nord che l'Italia del Centro che l'Italia del Sud) e ben diversa dalla Sicilia, che si distingue nel corso dei secoli per tutt'altra storia. C'è chi sostiene che la Deledda, sarda, non vada considerata scrittrice italiana (lo ha affermato Michela Murgia)[2]. Ma non è esatto. Grazia Deledda è sarda e, al tempo stesso, è italiana, perché l'identità italiana (storicamente, ovvero da sempre) è multipla e polimorfa, ibrida e stratificata, polietnica e plurilinguistica. Studiare la letteratura italiana, che è insostituibile espressione di questa nostra differenziata realtà umana, significa educarsi a capire, rispettare, valorizzare le varietà e le diversità. Per meglio precisare la questione, si rammenti almeno che la letteratura sarda per molti secoli, fino al secondo Settecento, si è espressa non nell'italiano illustre corrente nella produzione letteraria peninsulare, bensì nella pluralità di lingue diffuse nell'isola, ovvero soprattutto il sardo, lo spagnolo (ovvero castigliano) e il catalano.

---

[1] Mi limito a indicare, per l'aspetto letterario, Natalino Sapegno, "Sardegna", in Binni-Sapegno (1968, 795-806). Per il profilo della Deledda nel quadro della narrativa tra Ottocento e Novecento, rinvio a Tellini (2017, capp. IX, X, XI, pp. 207-298). Il testo del romanzo *Canne al vento* è citato da Deledda 2021.
[2] L'affermazione "Grazia Deledda non è italiana, semplicemente non lo è", si ascolta nell'introduzione all'audiolibro Deledda (2018).

Di qui la vistosa latitanza, salvo rare eccezioni, di scrittori isolani di letteratura nazionale fino al Settecento e, parallelamente, la solida presenza invece di autori e di opere in lingua sarda (di ceppo neolatino) già fiorente nel Cinquecento, come rifiuto di subalternità e come scelta di indipendenza culturale dopo la conquista spagnola dell'Isola agli inizi del Quattrocento. A tale produzione, antitetica a quella di chi optava per la lingua spagnola, spetta uno spiccato rilievo di autonomia linguistica, poi rinvigorita fino al Settecento, con forti componenti di tipo didascalico in senso popolare, a conferma di una diffusione specie radicata tra le classi più umili, urbane e rurali (notevole il genere in prosa dell'oratoria sacra). Nell'Ottocento questa letteratura popolare in lingua sarda si espande, con un'orchestrazione più varia, secondo prevalenti accenti ora di schietta matrice arcadica, ora di intensa ossessione sentimentale, sempre però con rilevante evidenza etnografica. Con il passaggio nel 1720 del Regno di Sardegna alla casa Savoia, si ufficializza l'uso dell'italiano (di contro al sardo e allo spagnolo) e si italianizzano le strutture civili e amministrative dell'Isola. Bisogna giungere al secondo Ottocento per il decollo sistematico di una letteratura italiana in terra sarda.

Questa così radicale eccentricità isolana dal resto d'Italia, rende conto della pari eccentricità che connota l'opera della Deledda nel coevo panorama nazionale. Per molto tempo, la sua diversità è stata valutata come debolezza e insufficienza. Il fatto di risultare inassimilabile ai canoni della tradizione letteraria nazionale, è divenuto atto di accusa: accusa di scorrettezza, di sommaria ingenuità, di approssimazione espressiva, con il sintomatico ricorso alla tipica e famigerata formula dello "scriver male". La stessa formula che ha coinvolto nel medesimo giro di anni anche un altro nostro classico eccentrico e periferico (rispetto al centralismo della ufficialità letteraria), ovvero il triestino Italo Svevo. Il rimprovero di "scriver male", presuppone il rispetto tributato al mito del cosiddetto "scriver bene", cioè all'ideale della bella pagina. Il che è decisiva conferma di quanto perduri, in ogni stagione, nel nostro costume letterario, il culto classicistico della forma, che potremmo anche chiamare, adottando le parole del grande Ascoli a proposito di Manzoni, "l'antichissimo cancro della retorica"[3].

Preso atto che l'opera della Deledda è inassimilabile ai parametri della nostra tradizione letteraria e, in pari tempo, ribadito naturalmente che diversità

---

[3] Graziadio Isaia Ascoli, "Proemio all'*Archivio glottologico italiano*" (1873), in Ascoli (1967, 48).

significa tutt'altro che limitatezza, importa capire e definire i tratti peculiari di una scrittura tanto particolare. Qui mi limito a proporre non altro che talune preliminari chiavi di lettura, con specifico riferimento al romanzo *Canne al vento* (1913). Un dato che subito salta (letteralmente) all'occhio del lettore è l'intenso, fervido, acceso cromatismo. I colori sono fenomeno soggettivo, non qualità degli oggetti, ma percezioni della mente. E la percezione cambia con il cambiare della sensibilità individuale. I segnali luminosi che giungono dall'esterno alla nostra retina, si convertono in differenti tonalità sulla base delle nostre storie private, delle nostre esperienze e dei nostri ricordi. L'occhio della Deledda conosce attraverso il colore e del colore coglie con vitalissima sensibilità la vibrazione intensa. Sono colori spesso gridati, luminosi, non tenui, non sfumati. I colori non danno requie. Sono colori enfatici, spesso contrastanti e in antitesi tra loro, colori che fanno macchia, espressionistici. Colori che drammatizzano la fisionomia di oggetti e di persone. Sono colori senza sfumature, mettono in contatto forze opposte, tengono in tensione armonica aspetti antitetici delle cose, i contrasti che agitano l'aspetto visibile del mondo. Sia che esprima energia gioiosa, sia che trasmetta un tragico riflesso di dolore e di affanno, il colore comunica una percezione diretta, tangibile, fisiologica della realtà, senza mediazioni intellettualistiche. E in ogni caso, nella sua luminosità, è fonte di vita (anche nel dolore). Sprigiona linfa vitale. Assenza di colore è assenza di luce e di vita. La malinconica e triste Noemi, l'introversa Noemi, ancora bella ma intristita dall'avere represso dentro di sé i moti del cuore, è vista dal servo fedele Efix, come un fiore privo di colori: "Efix pensava alla casa desolata delle sue povere padrone, a Noemi che vi si consumava dentro come un fiore al buio" (cap. XI).

Il tocco rapido di colore può servire anche a isolare un dettaglio significativo, per assegnargli risalto emblematico. E difatti ricorrono spesso nel romanzo dettagli che acquistano valore di simbolo. Come il piuolo nella parete di casa delle sorelle Pintor, dove Efix è solito appoggiare la bisaccia, quando va in visita. A un certo punto (nel cap. XII), improvvisamente, il piuolo cade e il vecchio servitore capisce che deve partire, prima in cerca di Giacinto e poi per il proprio itinerario di espiazione: "Il piuolo, fisso lí da secoli, si staccò e balzò fra i ciottoli del cortile come un grosso dito nero. Egli trasalí. Sí, bisognava andarsene: anche il piuolo si staccava per non sostener piú la bisaccia" (cap. XII). Quel grosso dito "nero" che balza tra i ciottoli del cortile, come uno spirito maligno sporco di sangue, è di un'evidenza fulminante.

Non solo i colori e non solo l'acceso cromatismo. La percezione intensa della realtà si avvale anche di un altro senso più fisico rispetto alla vista. Ovvero l'olfatto, che irradia nelle pagine del romanzo il linguaggio degli odori, capace di indelebili stimoli sensoriali. Attraverso i colori, la vista ci dice la superficie delle cose, la loro veste esterna (pur tuttavia capace spesso di penetrarne il senso occulto), ma agli odori spetta una differente forma di conoscenza. Essi vengono dall'interno nascosto delle cose, ne tradiscono l'individualità e con un misterioso alfabeto aereo, volatile, impalpabile, ne comunicano la natura segreta. Sono gli odori della campagna, gli aromi delle piante, degli alberi, delle erbe, dei fiori. Oppure gli odori dei cibi: cibi umili, come il pane e la cipolla che Efix offre al giovane Zuannantoni, e il ragazzo mastica contento, mentre ride e piange per "l'odore aspro del companatico".

Attraverso gli odori si conoscono le cose e le persone. Il cieco, al quale Efix si accompagna nel suo peregrinaggio penitenziale, il giovane non vedente che racconta le storie della Bibbia ai pastori convenuti nelle festività religiose di campagna, riconosce all'odore i suoi ascoltatori. L'olfatto non mente e serve a distinguere anche le persone. E in pari tempo mette in moto associazioni repentine, suscita eventi lontani e richiama il passato. Come il profumo acre dell'euforbia che a Noemi ricorda, dopo venti anni, la drammatica fuga di Lia che ha segnato la rovina della famiglia. L'odore della pianta fa scattare la memoria:

> A misura che l'ombra calda della casa copriva il cortile e l'odore dell'euforbia arrivava dalla pianura, ricordava più intensamente la fuga di Lia. [...] Pare una rondine che sta per spiccare il volo. Scende, va al pozzo, innaffia i fiori, e mentre il profumo dolce della violacciocca si mesce all'odore acre dell'euforbia, le prime stelle salgono sopra il Monte (cap. III).

Il passato ritorna a vivere e anche i tempi verbali del racconto mutano di segno. La narrazione si attualizza e dall'imperfetto narrativo ("copriva", "ricordava") si passa al presente ("Pare", "scende", "va"...). Il momento della fuga è traumatico, decisivo per il destino di tutti i Pintor. E così la rievocazione mette in moto una pluralità di emozioni sensoriali che coinvolgono la vista e il tatto ("l'ombra calda"), l'olfatto, il gusto e la vista ("l'odore dell'euforbia", "il profumo dolce della violacciocca", l'"odore acre dell'euforbia"). Gli odori sono anche impietosi e danno risalto a pieghe dolenti, come avviene nel confronto del volto di Noemi con quello del suo ex fidanzato, don Predu, riavvicinato dopo venti anni:

> I loro volti eran vicini; quello di lui aveva un odore maschio, di sudore, di pelle bruciata dal sole, di vino e di tabacco, quello di lei un profumo di chiuso, di spigo e di lagrime (cap. IX).

Il senso dell'olfatto racconta senza reticenze il carattere scabro di don Predu, la sua spigolosa rudezza padronale, e al tempo stesso rende conto del delicato avvilimento di Noemi, della sua bellezza sfiorita. Ma in Noemi c'è anche la propensione al peccato, nella consapevolezza della sua inconfessabile passione per il nipote, e il lettore lo avverte da come lei, in chiesa, si accosta al confessionale, con disagio, senza pentimento, senza compunzione religiosa:

> Noemi sentiva anche lei, fin là dentro, fin contro la grata che esalava un odor di ruggine e di alito umano, un tremito di vita (cap. XII).

Il linguaggio degli odori è spietato. Proviene dall'aria aperta, dalla natura che parla attraverso erbe, fiori, piante, e viene dal chiuso di vite consumate nella sofferenza. Come la vita di comare Pottoi, che nel villaggio si mormora sia maga e indovina, la nonna di Grixenda e di Zuannantoni. Sul letto di morte, la povera vecchia pensa con angoscia alla nipote e si raccomanda a Efix, perché convinca il ravveduto Giacinto a mantenere la promessa e a sposare la ragazza. Perciò negli ultimi istanti di vita, nonna Pottoi tira a sé Efix, "tenacemente", per potergli parlare sommesso, in strettissima confidenza:

> La vecchia sollevò il braccio e lo attirò a sé tenacemente. Un odore di putrefazione e di tomba esalava dal lettuccio; ma egli non si scostò sebbene sentisse la collana di zia Pottoi, calda come fosse stata sul fuoco, sfiorargli il viso e l'alito di lei passargli sui capelli come un ragno (cap. XIII).

Il momento è tragico, in presenza della morte, nella desolata abitazione che trasuda povertà e miseria, ma Efix resiste, perché desidera assecondare l'anziana morente e rispettare la sua volontà (d'altronde Giacinto che sposa Grixenda risarcisce a distanza di tanti anni la nonna Pottoi, sedotta e abbandonata a suo tempo da don Zame, nonno di Giacinto). Spetta agli odori (e alla fisicità dei contatti) l'incarico di trasmettere lo squallido dramma del luogo e dell'ora, e insieme l'umanità del vecchio servitore.

Non solo esaltazione di colori e di odori. Conta, insieme alla vista e all'olfatto, anche l'udito che porta in primo piano le voci della natura, delle cose, delle persone. Un coro di voci, che si somma al cromatismo e alla stimolazione olfattiva. In apertura del romanzo, viene presentato Efix, al termine del suo giorno di lavoro. Egli guarda la campagna intorno, mentre annota. Guarda e ascolta il coro delle voci che parlano nella sera:

> le voci della sera avvertivano l'uomo che la sua giornata era finita. Era il grido cadenzato del cuculo, il zirlio dei grilli precoci, qualche gemito d'uccello; era il sospiro delle canne e la voce sempre più chiara del fiume: ma era soprattutto un soffio, un ansito misterioso che pareva uscire dalla terra stessa; sí, la giornata dell'uomo lavoratore era finita, ma cominciava la vita fantastica dei folletti, delle fate, degli spiriti erranti (cap. I).

Non interessa qui la trasfigurazione fantastica del reale in senso fiabesco, e neanche il processo (pascoliano) di umanizzazione della natura ("il grido [...] del cuculo", il "gemito d'uccello", "il sospiro delle canne"), che pure è fenomeno rilevante, bensì interessa il fatto che il calare della notte è descritto con il ricorso a stimoli sonori, importa la percezione uditiva che trasforma il paesaggio in un coro di voci (voci di uccelli, di piante, del fiume). Si conferma la particolare peculiarità di uno stile che conosce e rappresenta la realtà per via di una integrale percezione sensoriale.

La tensione uditiva è forte, tanto che gli oggetti si animano e prendono la parola, comunicano come creature umane. Le emblematiche "canne" del titolo, che crescono presso il "poderetto" dove Efix vive e lavora, si antropomorfizzano, si accostano al servo fedele, lo toccano e gli parlano:

> Le canne frusciavano, piegandosi fino a lui [Efix] per toccarlo, per lambirlo con le foglie che avevano qualche cosa di vivo, come dita, come lingue. E gli parlavano, e una gli pungeva l'orecchio perché sentisse meglio: era un mormorio misterioso che ripeteva il sussurro dei fantasmi della valle, la voce del fiume, il salmodiare dei pellegrini, il palpito del Molino, il gemito della fisarmonica di Zuannantoni (cap. XVII).

Le voci delle cose (tangibili o immaginarie) invadono la scena e risuonano in modi diversi, secondo mutevoli modulazioni: un "mormorio", un "sussurro", una "voce", un "salmodiare", un "palpito", un "gemito". La forza sensoriale dell'udito orchestra suoni diversi. Questa energia vocale che comunica significati secondo un proprio alfabeto sonoro, che si espande di pagina in pagina, proviene da una tradizione antropologica di cultura orale, nella quale la parola scritta resta inerte, non comunicativa, come accade a Efix, nel momento estremo dell'epilogo finale: "Efix sentiva le parole e le capiva anche, ma erano senza suono, come parole scritte" (cap. XVII).

Gli oggetti hanno una voce, che spesso s'avverte nei momenti culminanti della vicenda, come la fuga di Lia, rivissuta nel ricordo dopo tanto tempo dalla sorella Noemi, che da quella fuga è rimasta particolarmente segnata, e alla quale ripensa come un incubo:

> S'alzò [Noemi] dunque e salí nella sua camera, la stessa ove un tempo dormiva con Lia: lo stesso letto di ferro arrugginito [...]: le stesse pareti imbiancate con la calce [...]: lo stesso armadio tarlato [...].
>
> Noemi aprí l'armadio per rimettere il lavoro, e il cardine stridette nel silenzio come una corda di violino (cap. III).

Lo "stridere" acuto del cardine dell'armadio nel silenzio della casa è la voce che dà anima e vita all'angoscia di Lia, che i tanti anni trascorsi da allora non hanno medicato. Sono voci di oggetti, come questa dell'"armadio", oppure come quella del vecchio malmesso balcone di casa Pintor (cap. XVII: "nel silenzio si udiva il legno corroso del balcone scricchiolare"). Oppure sono voci che provengono da luoghi di lavoro, come il rumore del Molino a Nuoro, dove Giacinto ha trovato un'occupazione, e che Efix ascolta con commozione, come un nuovo palpito di vita: (cap. XIII: "Il palpito del Molino gli dava un senso di commozione [...]: gli pareva il battito d'un cuore, d'un cuore nuovo che ringiovaniva la vecchia terra selvaggia"). Oppure sono voci naturali, come quella del vento (cap. XIII: "il vento urlava dietro la chiesa"; cap. XVII: "ronzio del vento che passa"), o come il "palpitare" dell'acqua del torrente, al termine del romanzo, nel notturno lunare che vale per Efix da appressamento alla morte ("la notte d'autunno limpida e fredda [...] stendevasi dai monti al mare. Nel silenzio il torrente palpitava come il sangue della valle addormentata", cap. XVII). Oppure sono voci ignote e segrete, interiori, che giungono come un richiamo, quale quella che sente Efix, al momento di partire per il suo viaggio di espiazione: "Bisognava andare. Come aveva fatto, a non capirlo ancora? Gli sembrò che una voce lo chiamasse: e una voce lo chiamò davvero, al di là del muro, dal silenzio della strada" (cap. XII). L'intensità uditiva presuppone la fondamentale voce del silenzio ("dal silenzio della strada": anche il silenzio ha la sua muta voce) e la voce sonora, che esclusivamente risuona nell'interiorità di Efix, diventa per lui reale, come se qualcuno lo chiamasse, "al di là del muro".

Le voci che vengono dalla natura consentono un altro rilievo. Il paesaggio naturale non ha nel romanzo funzione di contenitore ambientale, o di palcoscenico, nel quale le figure umane si muovono da protagonisti. Non ha funzione di cornice. Dominanti sono il paesaggio e la natura, che si animano di vita autonoma e propria: il che assegna alla creatura umana (in modo affine a quanto accade nella poesia di Leopardi) una identità labile, precaria, fragile, di ospiti passeggeri nella grande scenografia dello spettacolo naturale.

L'orchestrazione di colori, odori, suoni, propone una polivalenza conoscitiva che consegna al lettore la percezione integrale di luoghi, oggetti, persone. "Il tempo era sempre nebbioso, e intorno alla chiesetta, bruna fra le pietre e le macchie della pianura era un silenzio infinito, un odore aspro di boschi" (cap. XIV): una semplice notazione ambientale, eppure riesce a tenere desto il senso della vista ("bruna"), dell'udito ("silenzio infinito"), dell'olfatto ("un odore"), del gusto ("aspro"). Occorre avvertire che questo stile di integrale percezione sensoriale della realtà non è una forma di espressione istintiva e irrazionale, dunque incolta (secondo l'interpretazione proposta nel 1928 da David Herbert Lawrence). La Deledda riesce invece nell'arduo esercizio di mettere a punto (con avveduta consapevolezza razionale) un proprio stile che comunica al lettore una originale percezione fisica della realtà, ovvero ha inventato lo stile che ricrea un effetto di prensile e tangibile immediatezza conoscitiva. Analogo, ma su un piano diverso, è il caso del realismo di Verga, che non deriva da una rappresentazione cosiddetta oggettiva della realtà (come si continua a ripetere), bensì dipende dal fatto di essere riuscito con la cosiddetta tecnica dell'impersonalità a inventare lo stile della realtà (o meglio lo stile che comunica l'"illusione della realtà")[4].

---

[4] "Parmi questo il modo migliore per darci completa l'illusione della realtà" (Giovanni Verga a Felice Cameroni, Milano, 27 febbraio 1881, in Verga [1988, 1372]).

In *Canne al vento*, la fondamentale peculiarità della scrittura è la commistione dei piani che conducono a una conoscenza pluritonale. E dunque la figura retorica decisiva di questo orizzonte espressivo è la sinestesia, l'accostamento di termini appartenenti a sfere sensoriali diverse (del tipo: "il sospiro delle canne", cap. I; "l'odore della sera", cap. III; "un silenzio grave odoroso", cap. IV; "un silenzio tremulo", cap. IV; "il sapore di tutta la tristezza", cap. IX; "Un silenzio verde", cap. XI; "una marea di vento", cap. X; "nuvole [...] stupite", cap. XI; "un'ombra dolce velava i loro occhi", cap. XIV; "la solitudine verde del poderetto", cap. XIV, e così via).

I luoghi, gli ambienti, gli oggetti, le cose che s'incontrano nel romanzo sono connotati da una concretezza tangibile, da una determinazione esatta, puntuale. La geografia è precisa, la toponomastica indicata con scrupolosa veridicità (nomi di paesi e villaggi, di chiese e basiliche, di valli e di monti). I nomi di alberi, piante, fiori sono sempre specificati (ontani, elci, alaterni, lentischi, pervinche, asfodeli, euforbie, filirèa, vitalbe, e via dicendo). Altrettanto si dica per le indicazioni relative alla fauna (cavalli, asini, volpi, galline, gatti, porcellini, falchi, colombi, usignuoli, cingallegre, cuculo, rondini, grilli). Ma tale empirica materialità descrittiva, espressione della cultura positiva di secondo Ottocento, ancorata a tradizioni antropologiche e linguistiche regionali, è in funzione (come succede anche nella poesia di Pascoli) di una costante infrazione ai canoni della logica e della certezza razionale. La determinazione geografica e la puntualità toponomastica si spalancano su un paesaggio fantastico:

> l'aurora pareva sorgere dalla valle come un fumo rosso inondando le cime fantastiche dell'orizzonte. Monte Corrasi, Monte Uddè, Bella Vista, Sa Bardia, Santu Juanne Monte Nou sorgevano dalla conca luminosa come i petali di un immenso fiore aperto al mattino; e il cielo stesso pareva curvarsi pallido e commosso su tanta bellezza (cap. X).

Efix, dopo la morte di Ruth, s'è messo in cammino, prima dell'alba, in cerca di Giacinto, ormai assente da tempo. E ai suoi occhi, dopo un po' che cammina, si offre al sorgere del sole questo paesaggio nei dintorni di Nuoro. I monti, nominati tutti con il proprio specifico nome, perdono la loro circoscritta determinatezza ambientale e diventano le quinte grandiose e fantastiche di un quadro luminoso che comunica la speranza di Efix, la sua fede nella propria missione dedicata al riscatto, infine, del traviato Giacinto.

La commistione di realtà e immaginazione, di puntualità empirica e lievitazione fantastica, di rappresentazione oggettiva e visionarietà, è tratto peculiare del romanzo. L'usuraia Kallina (nel cap. VII) è stata assalita da Efix, sconvolto dal fatto che la donna abbia prestato denari a Giacinto, accettando in cambio cambiali con firma (falsa) di don Predu e di donna Ester. Il servo, "pazzo di disperazione", si è scagliato contro di lei, maledicendola, e le ha sbattuto sul viso la berretta che si è tolto dal capo. All'inizio del capitolo successivo (cap. VIII), il lettore si trova dinanzi a un primo piano di Kallina, ancora in preda all'agitazione per lo scontro violento con l'adiratissimo Efix. Lei sta pregando, sola, seduta sullo scalino della porta di casa:

> Pregava [...] seduta sullo scalino della porta sotto la ghirlanda della vite argentea e nera, alla luna: e ogni volta che guardava intorno le sembrava ancora di vedere, qua e là sulla muraglia dei fichi d'India, gli occhi di Efix verdi scintillanti d'ira. Eran le lucciole (cap. VIII).

Gli occhi verdi, scintillanti d'ira, del suo avversario sono rimasti impressi nella mente della donna. Le pare di continuare a vederli nella notte intorno a sé. E li vede difatti. Vede piccole luci che scintillano intense, tra i fichi d'India. Sono le lucciole. Il passo rende conto del meccanismo psicologico che segna il passaggio dal dato di fatto reale e tangibile (le lucciole) al dato immaginario, fantastico, visionario, che è espressione di fantasmi interiori. Il medesimo procedimento ricorre nel capitolo ultimo. Dopo tante disavventure, dopo il pellegrinaggio di espiazione di santuario in santuario come mendicante, Efix è tornato alla solitudine del suo "poderetto". È una sera di novembre e si trova seduto al solito posto davanti alla capanna. Si guarda attorno e, mentre sente ormai che la sua esistenza sta per terminare, osserva in silenzio il cielo ingombro di nubi:

> passavano torme di cavalli grigi e neri, un punto giallo brillava dietro un castello smantellato e pareva il fuoco di un eremita o di un bandito rifugiatosi lassú: era la luna che spuntava (cap. XVII).

Il dato naturalistico della luna che sorge dà voce ai segreti sentimenti di Efix, alla consapevolezza che la sua vita volge al termine (ha avvertito "l'acuto dolore al fianco" che ne causerà la morte), ai desideri che in lui sono rimasti inespressi e inappagati (l'amore per Lia, come l'affetto per Giacinto, tradito dal ragazzo), al bisogno di raccoglimento e preghiera dinanzi alla malvagità del mondo (l'usuraia, le malignità dei paesani, il traviamento di Giacinto, la propria stessa colpa di omicida), agli impulsi d'infrazione e di libertà (lui servo onesto e rispettoso delle gerarchie di classe) che dentro di sé ha dovuto sopire e soffocare. È un confuso groviglio di impulsi e pensieri che lo assalgono in silenzio. Questa oscura matassa di sensazioni che gli si agita in cuore, Efix la proietta nel cielo al crepuscolo che osserva dinanzi a sé: un cielo ch'egli vede percorso da torme di cavalli grigi e neri, illuminato da una luce che pare il fuoco di un eremita in preghiera o il bivacco di un bandito ansioso di libertà e ribellione, dietro le rovine del castello del paese (correlativo oggettivo di un passato non dimenticato che ancora rivive e che incombe sul presente).

Ma quel "fuoco" in realtà è semplicemente "la luna che spuntava". Una fuggitiva nota di paesaggio condensa un intero mondo di affetti. Con procedimenti siffatti, dovuti a una sorprendente sapienza compositiva, è stato ricreato uno stile originalissimo che crea l'illusione di una percezione sensoriale istintiva, primitiva e arcaica, della realtà.

OPERE CITATE

Ascoli, Graziadio Isaia, *Scritti sulla questione della lingua*, a cura di Corrado Grassi, Milano: Silva, 1967.

Binni, Walter-Sapegno, Natalino, *Storia letteraria delle regioni d'Italia*, Firenze: Sansoni, 1968.

Deledda, Grazia, *Canne al vento*, letto da Michela Murgia, Roma: Emons, 2018.

--, *Canne al vento*, a cura di G. Tellini, Torino: Loescher, 2021.

Devoto, Giacomo, *Civiltà di parole*, Firenze: Vallecchi, 1965.

Tellini, Gino, *Storia del romanzo italiano*, Firenze-Milano: Le Monnier Università-Mondadori Education, 2017.

Verga, Giovanni, *Opere*, a cura di Gino Tellini, Milano: Mursia, 1988.

NOTTURNO MEDITERRANEO.
Il dramma della perdita d'identità in Annibale Ruccello

Giulia Tellini
UNIVERSITÀ DEGLI STUDI DI FIRENZE

A ventun anni, nel 1977, Annibale Ruccello, giovane ed entusiasta attore e autore di teatro di Castellammare di Stabia, si laurea in antropologia all'Università Federico II di Napoli. Nella sua tesi di laurea, dedicata all'analisi antropologica della *Cantata dei Pastori* (1698) del gesuita palermitano Andrea Perrucci, Ruccello indaga il mito cristiano della nascita, e, al contempo, l'antico mitologema connesso tanto alla figura della madre quanto dell'eroe solare[1]. Nel Seicento, infatti, quando Perrucci compone la *Cantata*, la religiosità delle classi popolari è ancora intrisa di elementi paganeggianti: il culto del Natale di Cristo continua perciò a essere "contaminato" da elementi pagani arcaici, legati al Natale del Sole (festeggiato il 25 dicembre), e da culti di ascendenza mitriaca.

Nel dicembre 1976, al Teatro dei Salesiani di Castellammare, Ruccello allestisce la *Cantata dei pastori*: oltre a curarne la regia, vi riveste anche una delle parti principali, ossia quella di Razzullo, maschera napoletana inserita da Perrucci nella sacra rappresentazione come forma di concessione al divertimento popolare. Razzullo è l'eterno affamato che chiede cibo e lavoro, e riceve solo guai e bastonate: sebbene sia istruito, è un povero diavolo vessato dalle avversità della sorte, che recita in dialetto per attirare il pubblico dalla propria parte, in antitesi ai modelli di comportamento diffusi e imposti dalla società.

Nei lazzi che costellano la *Cantata*, Razzullo è affiancato dal suo *alter ego* Sarchiapone, stolto e deforme, in fuga da un passato nel quale ha ucciso il proprio datore di lavoro: insieme, Razzullo e Sarchiapone, sorta di Io e di Es, conferiscono alle loro scene un'atmosfera onirica e surreale, dando vita a una di quelle coppie comiche, come i Fratelli De Rege o Franco Franchi e Ciccio Ingrassia, formate da attori opposti e complementari che fanno ridere in virtù della loro antinomicità.

Nel 1980, Ruccello inizia a scrivere per il teatro e i suoi protagonisti sono sempre personaggi che assomigliano a Razzullo: poveri diavoli che lui

---

[1] Cfr. Ruccello 1978, 25.

stesso definisce "deportati", personaggi di diversi, di emarginati, di isolati che sembrano comici, e nascono come tali, ma in realtà sono profondamente tragici. Al centro dei suoi testi, che hanno una forte impronta antropologica e sociologica, c'è sempre la Campania e Napoli, di cui viene preso in esame il passaggio, che si consuma proprio fra la seconda metà degli anni Settanta e l'inizio degli anni Ottanta, da "ultima metropoli plebea", come la chiama Pasolini ancora nel 1975 (Pasolini 1999, 553), a città che, costretta a una modernizzazione forzata e sregolata, vede andare in frantumi tutti gli antichi valori morali e religiosi, i caposaldi della famiglia tradizionale, nonché il dialetto ricco e arcaico del passato.

La crisi economica, l'epidemia di colera del 1973, il mutamento sociale e familiare, il generale clima di incertezza e di smarrimento, il terrorismo degli anni di piombo, il terremoto del novembre 1980: sono solo alcuni dei fattori determinanti nel restituire l'immagine di una Napoli ben lontana sia dalla romantica cartolina d'*antan* sia dal rassicurante *cliché* folcloristico.

Ruccello vive e scrive immerso in questo clima di degrado sia sociale che culturale e morale. I suoi modelli sono i grandi maestri del teatro napoletano, Eduardo De Filippo e Raffaele Viviani, ma le storie che racconta sono come sacre rappresentazioni popolari della tradizione campana suddivise in stazioni nelle quali si assiste a situazioni tipiche del cinema di genere anni Settanta (da Lucio Fulci a Brian De Palma). I suoi protagonisti prediletti sono personaggi umili, comici, come maschere della commedia napoletana, che si trovano alle prese con una realtà tragica, degradata, alienante.

L'opera di Ruccello sulla quale vorrei soffermarmi è *Notturno di donna con ospiti*, un dramma scritto e riscritto varie volte dal 1982 al 1984, e che altro non è se non un adattamento molto originale e di grande impatto emotivo del mito mediterraneo di Medea, e quindi dell'antico mitologema della madre infanticida. La protagonista, *alter ego* al femminile dell'autore, è Adriana, un personaggio che assomiglia un po' a Razzullo (e quindi a Sarchiapone); è una donna "scialbina", che è buffa, goffa e si sente sempre fuori posto, inadeguata, inferiore a tutti.

Figlia unica di un operaio che la sognava maestra, Adriana in passato ha interrotto le magistrali al terzo anno perché incinta di un apprendista meccanico, Sandro, ed è stata costretta dalla madre a lasciarlo e ad abortire. Ha sposato una guardia notturna, Michele, con cui si è trasferita in un'isolata periferia, e ha due bambini (un terzo è in arrivo). L'azione, divisa in due tempi, si svolge in una notte d'estate. Dopo che il marito è uscito per andare al lavoro, Adriana, rimasta da sola a casa con i bambini che dormono nella stanza accanto, s'addormenta davanti alla televisione accesa ma viene svegliata all'improvviso dallo squillo violento del campanello: iniziano, a questo punto, a entrare in scena gli "ospiti" evocati nel titolo. La prima è Rosanna, ex compagna di classe della protagonista; il secondo è Arturo, marito di Rosanna; il terzo è Michele; il quarto è Sandro, il primo fidanzato di Adriana. I primi due, l'una impiegata in un supermercato e l'altro aspirante personaggio televisivo, emblemi di un mondo fatto di spot pubblicitari e di tv private, rappresentano il non plus ultra dell'immaginario degradato piccolo borghese. Il terzo simboleggia l'uomo che rincorre il sogno piccolo borghese, delle vacanze in campeggio, della casa piena di elettrodomestici, di una relazione extraconiugale con una donna in carriera. Il quarto, Sandro, che, come scopriamo all'inizio, è in prigione per spaccio di droga, incarna lo stereotipo del sottoproletario delinquente, carnefice e vittima del mondo degradato in cui si trova a vivere. Altri due ospiti sono i genitori di Adriana: il padre amatissimo e remissivo, morto da due anni, e la madre castrante e simbiotica. La protagonista, al termine di una lunga notte durante la quale rimane invischiata in una rete sempre più intrecciata ed esasperante di ricordi dolorosi e di situazioni angoscianti, indossa un abito da sposa bianco, impugna un coltello da cucina e, fuori scena, uccide i figli.

Nel teatro di Ruccello, così come nella drammatica popolare, compaiono spesso figure quali il mendicante, il deforme, il bandito, il ritardato mentale: personaggi che, iscrivibili nell'ambito della devianza sociale, si potrebbero definire pirandelliani, per il fatto di essere (proprio loro, destinati ad attori non belli e perciò comici) protagonisti di situazioni drammatiche. Complice il nome, Adriana, non a caso, richiama subito alla mente l'*alter ego* romano di Mattia Pascal, Adriano Meis, ossia un personaggio patetico-grottesco, col "naso [...] piccolo" (Pirandello 1973, 333-334), il "mento piccolissimo puntato e rientrato" (406) e un "pajo d'occhiali colorati" (406) a nascondere lo strabismo: un individuo il cui dramma consiste nella solitudine e nella perdita d'identità, e che, come la protagonista del *Notturno*, è un diseredato (sia in senso sociale, sia in senso psicologico), un deportato, sradicato dal terreno della sua cultura-madre e trasferito con forza e sistematicamente ai confini della cultura ufficiale del potere[2].

Dal modo in cui viene descritto nella didascalia iniziale, anche il personaggio di Adriana, così come quello di Adriano Meis, sembra fatto più per un'attrice comica che non per una "prima attrice":

> [è] una giovane donna di circa venticinque anni incinta di qualche mese [...]. Indossa solo un sottanino un po' sbrindellato dalla fatica e dal sudore. Non è molto bella, anzi è scialbina se non fosse per una strana irrequietezza che le brilla negli occhi.
>
> (Ruccello 2005, 49)

Adriana è analoga al Razzullo della *Cantata*, maschera alla quale Ruccello, si è già accennato, è talmente affezionato da averla impersonata lui stesso: lei è al contempo l'eroina e la vittima della vicenda ed è vittima per il suo stesso essere eroina. È un'attrice comica immersa suo malgrado in un contesto drammatico.

"È l'imbrunire di una afosissima sera d'estate", si legge nella didascalia introduttiva, in "un appartamentino alla periferia di una cittadina di provincia":

> L'arredamento è nuovissimo e pretenzioso con elettrodomestici e mobili tirati impeccabilmente a lucido. Sul fondo si intravede un piccolo giardino protetto da veneziane che, all'inizio dell'azione, saranno tenute su. Nella stanza, in disordine sparso, giocattoli e abiti di bambino.
>
> (Ruccello 2005, 49)

Il Primo tempo si apre su un dialogo fra Adriana e il marito, Michele, "un tipo mediocre, né bello né brutto", che lavora di notte e si sta preparando per uscire. Rimasta in casa, da sola, con i due figli piccoli, Alfredino e Giovanni, che dormono nella camera al piano di sopra, la protagonista "*si dirige* verso un mucchietto di panni da riporre nella lavatrice [...]. Compiuta l'operazione, dopo aver svogliatamente preparato un toast e infilatolo nel tostapane, [...] *si dirige* al telefono" e chiama la madre (Ruccello 2005, 52; corsivi miei). Terminata

---

[2] Cfr. Sabbatino 2009, 12.

la conversazione e riagganciata la cornetta, "*si dirige* frettolosa verso il tostapane, ne estrae il toast, poi, mentre distratta con il telecomando accende il televisore, prende dal frigorifero una Coca-Cola. Si siede e mangiando guarderà
sempre più annoiata il programma". Da notare che la ripetizione del verbo
"dirigersi", per indicare ogni atto da lei compiuto, evidenzia come i gesti della
sua quotidianità siano improntati su un assoluto, patologico, turbativo, automatismo.

Adriana si ferma su un film di Franchi e Ingrassia, reclina "il capo sul
tavolo" (Ruccello 2005, 53) e, di lì a poco, sente suonare alla porta. Sono gli
ospiti notturni che arrivano a visitarla: Rosanna, Arturo, Michele, Sandro.
Gli altri due ospiti, i genitori di Adriana, non appaiono all'interno della casa
ma nel giardino, ossia nel luogo in cui si materializzano i ricordi dell'infanzia
e dell'adolescenza. Mentre i genitori provengono da una realtà ancora contadina, arcaica, che si esprime in dialetto e tiene in vita le proprie tradizioni,
le figure di Rosanna, Arturo, Michele e Sandro parlano un italiano standard,
segno evidente che hanno rinunciato ai loro valori identitari, e rimandano
tutte "un'immagine di artefatto" (Ruccello 2005, 55).

L'esasperazione di Adriana cresce progressivamente fino a raggiungere
l'apice nel corso del Secondo tempo, che, fra l'altro, la vede rivivere un litigio, avvenuto con la madre una decina d'anni prima, provocato dal suo annuncio di essere incinta e di voler lasciare la scuola:

MADRE E quanta mise so'?

ADRIANA Ruie mise...

MADRE E chi è chisto! Che fa? A qua' famiglia appartene se pò sapé?

ADRIANA 'O ssaie chi è! È Sandro.

MADRE Puozz'jettà 'o sanghe! 'O figlio d' 'o funtanaro? Io 'o sapevo! Che
    gente bassa! Che gente bassa! Manche un poco di orgoglio ce sta dint'a
    chella capa 'e mmerda ca tiene! A dicere patemo! ha fatto tanta sacrificie
    pe' me elevà! E io cu chi me vaco a mettere? Uh Madonna e che scuorno! Ma ossaje ca 'o nonno va ancora recuglienne cartune p' 'a via?

ADRIANA E pare ca m'aggia spusà a isso!

MADRE Statte zitta sinno t'accide! Hê capito? T'accide! Te levo d' 'o munno!? Sta discraziata fetente! E cu 'a scola? Comme faje cu 'a scola?

ADRIANA 'A lascio

MADRE   'A lasce, eh? 'O terz'anne 'è magistrale! N'at'anne e addiventave maesta 'e scola...

(Ruccello 2005, 70)

L'ingresso di Michele, Arturo, Sandro e Rosanna nel giardino, ossia nel luogo deputato a far ridestare persone e oggetti e suoni di un passato ormai remoto, crea un cortocircuito spazio-temporale che determina il definitivo crollo della protagonista. Lo spazio della memoria, dell'infanzia, del mito, del «sacro» mondo antico[3] di Adriana, non deve e non può essere contaminato. Pena la fine di tutto. Nell'*Enrico IV* di Pirandello, è l'irruzione del passato nel presente a generare la tragedia. Nella *Medea* (1969) di Pasolini basta un'occhiata, ironica, di Giasone a decretare la fine dell'infanzia e dell'età dei miti e del "mondo antico" (Pasolini 2003, 1322) della protagonista:

ADRIANA   Fuori! Fuori!

ROSANNA   Ma Adriana, che ti afferra!

ADRIANA   Ve l'avevo detto! Nel giardino non ci dovevate mettere piede! Nel giardino no!

ARTURO   Ma faceva caldo! Una boccata d'aria!

ADRIANA   No! Qui no! Voi non potete! Non dovete! Via! Andatevene via!

MICHELE   Ma Adriana!

ADRIANA   Pure tu! Tanto l'ho capito! Te si' mmiso d'accordo cu lloro! State tutti quanti d'accordo! Ma mo' basta! Jatevenne! Io mo' telefono alla polizia per farvi arrestare! A tutti quanti! Siete degli assassini! Confessa! Confessa! Tu li hai chiamati! Pe' m'accidere! Io te faccio schifo! Nun me può vedé!

(Ruccello 2005, 75-76)

Dopodiché, raccoglie da terra la pistola con la quale gli ospiti fino a poco prima giocavano alla roulette russa e li minaccia tutti, mentre urla frasi sconnesse dalle quali si intuisce che, dieci anni prima, per volere della madre, ha abortito e non si è più ripresa:

---

[3] Cfr. Pasolini 2002, 504.

ADRIANA   [...] 'E ccriature! Pure a loro volevate uccidere! Ci ammazzava-
te a tutt'e tre! [...]

ADRIANA   Anze, a tutt'e quattro! Pure questo volevi ammazzare! Ma io vi
ho scoperti! [...]

ADRIANA   Io vi ho scoperti! A tutti! Eri d'accordo con quelli là! Tutti
quanti d'accordo! [...]

ADRIANA   Tutti quanti d'accordo! Ma nun c'hê potuto! E sai perché? No!
Questo non lo sai! N' 'o puo' sapé! Perché questo qua non è figlio a te!

MICHELE   Non fa niente! Posa la pistola ed entra dentro!

ADRIANA   No! Nunn' è figlio a te! L'aggio fatto cu Sandro! Va bene? È
figlio a Sandro! [...]

ADRIANA   Cu Sandro l'aggio fatto! Primma ca te cunuscevo! (*Ride*) Si'
curnuto Michè! Si' curnuto! (*Ride*)

ARTURO   Va bene ma non c'è bisogno di fare questa tragedia.

ADRIANA   E zitto tu ca si' 'o primmo curnuto! Tutte cornute site! Tutte
quante! (*Indicandoli uno per uno*) Tu! Tu! Tu e pure tu! Quanta corna ca
tenite! (*Ride*)

MICHELE   Adriana guarda...

ADRIANA   Guarda che? Minacci ancora? Curnuto! L'aggio fatto cu Sandro! Primma ca te cunuscevo! E che è nun po' essere? Me l'aggio
astipato! Aggio fatto a Alfredino, t'aggio fatto a Giovanne e chisto
steva sempre ccà! Ccà! Dinto! E adesso è il suo momento! È lui che
mi ha salvato! Lui!

(Ruccello 2005, 76)

Adriana, che fin dall'inizio si caratterizza per l'indole dimessa e inoffen-
siva, e per una paura generalizzata della realtà esterna, vista come fonte di
pericolo e di minaccia, adesso è lei stessa a fare paura: un tema, quello della
vendetta del debole contro i forti, della vittima contro i carnefici, che, in un
amante di Brian De Palma come Ruccello, assume, al termine della *pièce*, le
stesse tinte *horror-gore* di un film *cult* come *Carrie* (1976), tratto dall'omonimo
racconto di Stephen King.

Alla fine, Adriana indossa un abito da sposa, impugna un "coltellaccio
da cucina", "si dirige" (ancora il verbo dell'automatismo) verso la camera
dei bambini e rientra in scena poco dopo "con il vestito e il coltello imbrattati di sangue" (Ruccello 2005, 77): è come se mettesse in atto l'assassinio

che caratterizza, tradizionalmente, la maschera di Sarchiapone e che consiste nella ribellione contro l'autorità, contro quanti hanno instaurato con lui rapporti di dominio. L'infanticidio compiuto da Adriana, con indosso un abito bianco che s'imbratta di rosso, si configura come atto di disperazione e di denuncia, come vendetta e liberazione. Il cromatismo del bianco e rosso rinvia, oltre alla sequenza di Carrie incoronata reginetta del ballo e coperta di sangue di maiale, all'immagine della strage degli innocenti, perpetrata da giovani soldati dai lunghi mantelli rossi che cavalcano bianchi cavalli.

Fra il tramonto e l'alba che incorniciano questo *Notturno*, Adriana compie un viaggio, dentro di sé e dentro il proprio passato, al termine del quale la rabbia da lei perennemente repressa, la rabbia contro una madre possessiva e contro un marito assente e contro tutti i propri errori e i propri sensi di colpa, esplode fino a sfociare nell'assassinio dei figli amatissimi. Ma il duplice infanticidio, all'alba, avviene davvero o è solo fantasticato, come la visita degli ospiti? Non si sa, e non importa saperlo, importa solo che lei lo faccia. Il finale è lasciato aperto. Il testo è disseminato di segnali di speranza ma solo per chi vuole vederli. E il finale, per chi non vuole vederli, è di una cruda, nuda, agghiacciata tragicità.

Il *Notturno di donna con ospiti* è strutturato in stazioni, proprio come una *Via Crucis* ma anche come una *Cantata dei pastori*. Può essere, infatti, entrambe le cose. L'ambiguità, come già accennato, è voluta. Mettere in scena un figlicidio come se fosse una sacra rappresentazione popolare sottintende da parte dell'autore la volontà di non raccontare i fatti come un brutale caso di cronaca nera da prima pagina, ma di sacralizzare lo sradicamento di Adriana, che è anche lo sradicamento di lui, di una città, di una cultura, e di un'intera generazione, per trasformare la vicenda in un dramma storico collettivo, in una tragedia sociale che riguarda tutti. La sfida che Ruccello si lancia è di dare una rappresentazione il più traumatica possibile della perdita d'identità e dell'omicidio/suicidio della protagonista, per far sì che lei, inconsapevole capro espiatorio della rivoluzione antropologica dei primi anni Ottanta, sia chiamata a scontare i peccati di una nuova società piccolo borghese senza valori, senza radici, senza cultura, appiattita sul presente, sull'apparire, sull'alienazione televisiva.

Ruccello, che parla del suo teatro definendolo "cinematografico", compone il suo adattamento del mito di Medea per un pubblico che vive immerso nel cosiddetto "reflusso" e nella nuova società dello spettacolo; perciò si avvale di ritmi, personaggi e situazioni da cinema di genere anni Settanta, spaziando dal *thriller* al *gore*. La sua rivisitazione della vicenda tragica, perciò, coglie e rispecchia, con grande esattezza, lo spirito dei tempi.

Come la Medea euripidea, Adriana, sradicata dal proprio mondo d'origine, è costretta a patire le conseguenze di un soffocante condizionamento culturale. La propria vita è dettata dalle mode della piccola borghesia e scandita dalle voci e dai suoni di una televisione che, tenuta sempre accesa, altera la sua cognizione della realtà, manipola il suo immaginario, le scompiglia in tavola le carte di ciò che è fittizio e di ciò che non lo è.

A differenza dell'archetipica *Medea* euripidea, nel *Notturno* non compare il fondamentale tema del tradimento e dell'abbandono da parte del marito. Non vi è una rivale che alla fine muore per mano della protagonista: snodo drammatico che rende equiparabile il *Notturno* alla *Lunga notte di Medea* (1949) di Corrado Alvaro (1949, 45-58) e alla *Medea* (1969) di Pier Paolo Pasolini, due adattamenti della tragedia nei quali la nuova promessa sposa di Giasone, ossia la principessa di Corinto, muore suicida, buttandosi giù da una torre del palazzo reale.

Mentre nel testo di Alvaro l'unica preoccupazione di Medea è proteggere i figli da un mondo dove ogni cosa fa paura e dove tutti hanno paura di tutti, nel film di Pasolini il motivo dominante è la "catastrofe spirituale" dell'eroina eponima, "il suo disorientamento di donna antica in un mondo che ignora ciò in cui lei ha sempre creduto" (Pasolini 2002, 514), come spiega il Centauro Chirone a Giasone.

Nella *Medea* pasoliniana, la protagonista è vittima d'una "conversione alla rovescia", perché, donna antica proveniente da un mondo arcaico e religioso, si trova disorientata e sperduta in un mondo laico e moderno che ignora tutto ciò in cui lei ha sempre creduto. Così anche Adriana è sola, sradicata e deportata, senza amore, perché non ama il marito, senza un lavoro, senza il padre, che sente di aver deluso e della cui morte non riesce a elaborare il lutto: le sue ancore di salvezza si sono inabissate. L'elemento di contatto più evidente fra il *Notturno* di Ruccello e il lungometraggio di Pasolini è la visionarietà che accomuna le due protagoniste.

La Medea di Pasolini, in crisi per essere stata abbandonata dal marito, s'immagina di avere di nuovo i poteri di quando era principessa della Colchide e sacerdotessa del Sole, di far recapitare alla nuova sposa del marito una veste avvelenata, di provocare così la morte della rivale e del padre di lei, e infine di pugnalare i figli. L'Adriana di Ruccello, in una notte d'estate, è vittima di una inquietante «*fantasticheria*» abitata dagli ectoplasmi di un immaginario da telenovela e da film di serie B: mostri dell'inconscio che approfittano della sua ingenuità, la tormentano perché inerme e diversa, la fanno sentire inadeguata, provocano in lei l'affiorare di sensi di colpa, complessi d'inferiorità, complessi di persecuzione. Alla «*fantasticheria*» dei quattro ospiti si alterna il «*ricordo-fantasticheria*» di alcuni momenti della propria vita familiare passata, con il padre adorato ma debole e succube della moglie, e con la madre ricattatoria, dominante, onnipresente.

In Pasolini, la visionarietà è occasionale e ha la funzione di restituire a Medea i poteri magici che lei ormai non ha più. Ruccello recupera da Pasolini la visionarietà ma la valorizza fino a renderla strutturalmente fondamentale, visto che tutto ciò che esaspera Adriana è interamente proiettato nella visione. Adriana, alla fine, uccide i due figli in preda a un *raptus* scatenato da vari moventi inconsci. Li uccide per salvarli dall'assedio di un mondo piccolo borghese, aggressivo e artefatto, al quale lei sente di non volere appartenere; li uccide per ammazzare se stessa con loro; per autopunirsi del fatto di aver deluso se stessa e il padre; li uccide per punire la madre; li uccide per punire il marito che non ama, che non comprende il suo disagio (così come Giasone non capisce il disorientamento di Medea), che non le dà nessun appoggio, che l'ha portata a vivere in un luogo sperduto e isolato; li uccide per tornare all'infanzia.

Il mitologema della madre infanticida è declinato nella forma di una sacra rappresentazione popolare che Ruccello attualizza tenendo presente sia il modello pasoliniano, sia la musica *pop* e la sottocultura *trash* anni Ottanta. Il dramma di Adriana, mitizzato e sacralizzato, diventa il dramma di tutti i napoletani nati sul finire degli anni Cinquanta, che hanno visto infrangere la loro cultura, le loro tradizioni, il loro dialetto e le loro canzoni contro l'omologazione dell'italiano standard televisivo, contro una degradazione morale e socio-culturale dilagante, contro la fiumana delle televisioni private e della musica *pop*.

Dell'archetipica tragedia euripidea, nel *Notturno* sono presenti lo sradicamento dalla cultura d'origine, il tradimento della figura paterna e il mitologema della madre infanticida. La protagonista, tuttavia, nonostante l'ambiguità del finale, sembra attuare l'infanticidio solo nella dimensione onirica, come risulta dalla visionarietà della penultima didascalia:

Mentre [gli ospiti] si allontanano Adriana, ormai rassicurata, si libererà di un cuscino nascosto sotto la sottana, lo getterà in lavatrice e, in uno stato di crescente esaltazione, estrarrà dall'elettrodomestico un abito da sposa. Lo indosserà poi si impossesserà di una borsetta da cerimonia da cui cadrà per terra un coltellaccio da cucina. Adriana avrà un sobbalzo poi impugnerà il coltello e, decisa, si dirigerà verso la camera dei bambini da cui rientrerà in scena dopo poco con il vestito e il coltello imbrattati di sangue.

(Ruccello 2005, 77)

Ma non basta. Dal colloquio incipitario fra Adriana e Michele s'intuisce che lei è incinta di cinque mesi e deve partorire a fine dicembre, perciò l'azione ha luogo in agosto, quando ha inizio la ritualità natalizia delle classi subalterne campane, con le feste di quelle Madonne – spesso nere – che simboleggiano l'aspetto di morte assunto dalla natura in attesa di risorgere. Il bambino che lei ha in grembo simboleggia perciò Cristo, il Volto rassicurante, che, nascendo, ha la funzione di riscattare la sofferenza di sua madre e, con lei, di tutte le figure del diverso, fra cui anche Razzullo e Sarchiapone.

"Niente è più possibile, ormai!" grida, al termine del film di Pasolini, Medea, mentre dà fuoco, insieme alla casa, a se stessa e ai cadaveri dei due figli. Il sacro dovrebbe sopravvivere nel mondo occidentale, ma è stato cacciato via. E non vi è nessuna possibilità di ritorno.

In Ruccello, però, la struttura a stazioni della *pièce* (come una *Via Crucis*, sì, ma anche come una *Cantata dei pastori*), il pianto conclusivo di Adriana, la sua gravidanza, la natura probabilmente onirica del suo duplice infanticidio, lasciano aperti spiragli di speranza.

BIBLIOGRAFIA INDICATIVA

Alvaro, Corrado. *Lunga notte di Medea*. In *Sipario*, 40-41, 1949, 45-58.

D'Amora, Mariano. *Se cantar mi fai d'amore... La drammaturgia di Annibale Ruccello*, Roma, Bulzoni, 2011.

Lombardi Satriani, Luigi Maria. *Menzogna e verità nella cultura contadina del sud*, Napoli, Guida, 1974.

Pasolini, Pier Paolo. *Lettere luterane. Paragrafo primo: come ti immagino* [6 marzo 1975]. In *Saggi sulla politica e sulla società*, a cura di Walter Siti e Silvia De Laude, con un saggio di Piergiorgio Bellocchio, cronologia a cura di Nico Naldini, Milano: Mondadori, 1999, 551-553.

_____. «Visioni della Medea» di Pier Paolo Pasolini (trattamento). In Il Vangelo secondo Matteo, Edipo re, Medea, introduzione di Morando Morandini, Milano, Garzanti, 2002, 2 voll., I, 477-540.

_____. «Marilyn». In Tutte le poesie, a cura di Walter Siti, Milano, Mondadori, 2003, 2 voll., II, 1322-1323.

Pirandello, Luigi. Il fu Mattia Pascal. In Tutti i romanzi, a cura di Giovanni Macchia, con la collaborazione di Mario Costanzo, introduzione di Giovanni Macchia, Milano: Mondadori, 1973, 2 voll., I, 319-586.

Ruccello, Annibale. Il sole e la maschera. Una lettura antropologica della "Cantata dei pastori", Napoli, Guida, 1978.

_____. Notturno di donna con ospiti. In Teatro, introduzione di Enrico Fiore, Milano: Ubulibri, 2005, 44-77.

Sabbatino, Pasquale. «Il corpo e il sangue della scrittura teatrale di Annibale Ruccello», in Annibale Ruccello e il teatro del secondo Novecento, a cura di Pasquale Sabbatino, Napoli: Edizioni Scientifiche Italiane, 2009, 11-27.

Tomasello, Dario. Il fascino discreto della tradizione. Annibale Ruccello drammaturgo, Bari, Pagina, 2008.

Mediterranea Individualità

Carmelina Vaccaro

Mare "nostrum", così è stato per secoli definito il Mar Mediterraneo, il concetto di "Nostrum" al di là di ogni navigata concezione riflette l'idea di un valore, della riscoperta d'identità di coloro, che lo sentono come bene comune, nell'ottica di questa prospettiva l'espressione "nostrum" contiene una forma di positivo condizionamento culturale, sociale e psicologico che da principio d'individualità finisce per essere modellato e ricostruito, grazie ai nuovi apporti, in un concetto di "noità"[1] nel suo significato non di "pluralis maiestatis" ma d'interpretazione condivisa, non arbitraria e/o proiettiva, del comune sentire. Si legge, questa è l'espressione, del clima relazionale che rivela il passaggio dal sentire individuale ad uno "macro sociale" di gruppo che "viene riferito ai gruppi sociali estesi, entità di ampiezza indefinita sottesa all'agire sociale ed all'appartenenza dei singoli, condizione per la vita sociale degli stessi;…. utile per indicare le diverse appartenenze etniche, ideologiche, culturali, socio/economiche, di genere e generazionali "(Licciardello, 2001).

Per meglio comprendere come siamo giunti ad una siffatta convinzione basterebbe comprendere come sin dall'antichità, anche se in maniera celata quasi inconsapevole, il concetto di "unione tra due elementi" (Eraclito fram.67), vedremo, rappresentava una visione intuitiva e anticipatoria di un futuro concetto di interdipendenza che larga trattazione ha avuto nei secoli avvenire, grazie alle moderne scienze così come oggi le nostre conoscenze riportano. La riflessione prende le mosse dall'idea che il nostro vivere il Mediterraneo, ci spinga verso la reale consapevolezza che gli abitanti siano frutto di una particolare commistione tra più elementi, civiltà, pensieri, tradizioni, lingue e prospettive diverse che ne fanno una realtà unica nel suo genere.

Risulta perciò essenziale, fare un anamnesi, di ciò che è stato e di ciò che oggi è, già a partire dall'osservazione di ciò che ci circonda come strumento

---

[1] Tale concetto, ci richiama a delle dinamiche psicosociali di grande rilevanza nella considerazione dell'altro come unità interdipendente rispetto ad una realtà di gruppo, in cui ciascuno rappresenta una risorsa. Lo spirito di appartenenza al gruppo può essere indicato dalla "Noità" nel senso di interpretazione condivisa del comune sentire, espressione di un clima psicologico/relazionale che testimonia il passaggio dal sentire individuale a quello gruppale (Licciardello 2001).

chiarificatore, per intendere il senso onnicomprensivo del già citato concetto di noi, importante eredità per i posteri.

Pertanto il principale intento di questo breve lavoro, è rappresentare, attraverso vari contributi e orientamenti, un concetto di "mediterranea individualità"[2] come un concetto "sintetico a priori" di Kantiana memoria in cui la preesistenza dell'individuale e dell'universale si saldano in un una realtà che diventa per questo unica nel suo genere. Da questo leggiamo

> Ora, se la rappresentazione che può essere data prima di ogni pensiero, si chiama intuizione, ogni molteplice dell'intuizione avrà un rapporto necessario con l'io penso, nello stesso soggetto in cui viene trovato questo molteplice. Ma questa rappresentazione- l'io penso- è un atto della spontaneità, e cioè non può essere considerata come appartenente alla sensibilità. Io la chiamo appercezione pura, per distinguerla da quella empirica, o anche l'appercezione originaria, poiché essa è quell'autocoscienza che, producendo la rappresentazione io penso la quale deve accompagnare tutte le altre, ed è una ed identica in ogni coscienza- non può essere accompagnata a sua volta da nessun'altra rappresentazione. (Kant, 1781)

Dunque Mediterraneità come acquisizione storico filosofica che nasce da una civiltà colta, già a partire dall'esperienza speculativa dei primi filosofi, come manifestazione di una visione intuitiva e consapevole, nella quale la rappresentazione degli opposti diventa una soluzione dinamica indispensabile per la sopravvivenza della natura stessa; il cambiamento come continuo processo dinamico si concretizza come un dono gratuito di conoscenza che dobbiamo a, chi seppur storicamente etichettato "l'Oscuro"[3] di fatto per cognizione filosofica certamente illuminante, Eraclito, le cui idee sono state analizzate ed elaborate dalla grande esperienza filosofica moderna e ancora più in là dall'evoluta e sintetica prospettiva d'orientamento psico-sociale .

---

[2] Il concetto nasce da una personale idea di complementarità tra ciò che in ogni tempo caratterizza l'individualismo umano e ne fa elemento di unicità della specie e le influenze ambientali educative e comportamentali che ogni soggetto subisce dal suo contesto storico d'appartenenza; queste lo rendono certamente come un caratteristico frammento di un elemento che ha funzione di unitarietà e di condivisione nel pieno rispetto delle differenze.

[3] Fu denominato in questo modo poiché scelse che la sua filosofia fosse per pochi e non per tutti "vi si accostassero solo quelli che lo potevano" al fine di evitare il dispregio e la derisione di quanti, leggendo cose apparentemente facili, credono di capire ciò che invece non capiscono. (Reale G. e Antiseri D. 2006).

Nell'idea Eraclitea del "Pantarei" tutto è in continuo divenire ed in ogni istante la natura vive una nuova vita, un'espressione diversa, la possibilità di cambiare il vecchio assetto fenomenologico con un equilibrio nuovo in cui la commistione di due elementi diversi diventa un'acquisizione di conoscenza diversa da quella posta all'inizio. Il dualismo diventa un'identità condivisa ove le componenti vivono e si identificano grazie sempre al loro opposto. Esso rappresenta ciò che viene definita armonia dei contrari "la guerra è madre di tutte le cose e di tutte le cose è regina" (Eraclito Fr. B, 53) ma in ogni cosa, sostiene Eraclito lo scontro diventa incontro, fusione e questo processo già è in fase di cambiamento e di continuo divenire nello stesso momento in cui viene vissuto e ancor prima pensato, la risoluzione della lotta tra le parti produce come effetto il dinamismo che cambia tutte le cose, che muta l'essere stesso nel contempo, …"ma a causa dell'impetuosità e della velocità del mutamento, si disperde e di nuovo si raccoglie , viene e va" su dunque, "diviene" assaporando il suo apposto. (Eraclito Fr. DK, 91)

Questo concetto opposto filosofico attraversato dalle prospettive scientifiche della psicologia sociale e della sociologia assume una nuova importanza, a partire dall'analisi del comune denominatore, l'uomo e le ragioni delle sue evoluzioni comportamentali e delle sue acquisizioni valoriali, che la storia delle lotte e delle conquiste, hanno tracciato nel corso dei lunghi tempi e che ancora oggi continuano a vivere.

L'uomo è certo, infatti, senza storia non ha radici, non vive, poiché si vive nel presente con le acquisizioni del passato e per gli obiettivi futuri. Tutto ha una storia e va verso la sua originale affermazione e i popoli che vivono questa piccola parte dell'universo lo sanno molto bene, poiché tutte le terre che si affacciano sul mediterraneo sono state scenario di continue scorrerie e di insistenti conquiste che in un sistema di reciprocità tanto hanno lasciato.

Di questa storia i Mediterranei ne sono parte e la conoscono molto bene in ogni suo dolore, in ogni sua ricchezza e in ogni sua influenza come ci insegna il giovane Tommasi di Lampedusa quando dal dialogo tra Don Fabrizio e il funzionario regio piemontese Chevalley, fa emergere tutta la tristezza di un mediterraneo conquistato, saccheggiato e oltraggiato dalle tante potenze che si sono avvicendate, ma la conclusione è interessante "Adesso la piega è presa, siamo fatti così" (Tommasi di Lampedusa,1958).

Dall'idea di colpa che tale visione storica pessimistica prospetta si ha la possibilità di uscirne con estrema dignità con ciò che ci ha insegnato la grande filosofia idealistica "tutto è necessario ed ogni evento ha un senso assoluto" (Hegel, 1807).

La storia, ci insegna Hegel, cultore esperto della realtà filosofica greca antica, nella tensione verso la modernità, è la storia di un "progresso" in cui dialetticamente la Ragione si realizza con il suo superamento nell'affermazione di uno Spirito Assoluto, che sebbene possa avere una valenza religiosa, non si esime dalla pregnanza sociale e psicologica, in cui la contrapposizione degli opposti diventa una forma dialettica di reciprocità. "L'Assoluto è lo Spirito: questa è la suprema definizione dell'Assoluto. Si può dire che la tendenza assoluta di ogni cultura e di ogni filosofia sia stata quella di trovare tale definizione e di comprendere concettualmente il suo senso e contenuto. Ogni religione e ogni scienza hanno sempre sospinto verso questo punto, e solo a partire da questa spinta va compresa la storia del mondo" (Ibidem).

Il mediterraneo è storia nella continua affermazione della propria identità multietnica, eterogenea pertanto molto ricca, frutto di un indissolubile intreccio di idee, posizioni, realtà, culture, atteggiamenti e comportamenti che fanno del suo popolo un "unicum"; il sentimento di fierezza è proprio di coloro che lo abitano da secoli; da esso, come una Venere nasce una splendida personalità caratterizzante e contraddistinta da forme di accoglienza, d'integrazione, d'empatia in questo difficile periodo storico particolarmente apprezzate.

Infatti proprio in questo momento il Mediterraneo ritorna ad essere la meta più ambita per l'affermazione di un concetto di libertà fortemente soffocato da troppi interessi. Tale concetto rappresenta un ciclico ritorno storico la ragione e la speranza in una spasmodica ricerca di appiglio che lottano senza sosta. Le aspettative libertarie, certamente, in questa visione mantengono un grande rispetto per tutto ciò che è, non tralasciando ciò che sarà, così come l'esperienza filosofica da una parte con i termini opposti e la storia, dall'altra, con la stratificazione culturale della differenza ci hanno insegnato, seppur inconsciamente che l'elemento fondante l'Universalità umana è lo spirito di cambiamento, di evoluzione che si può concretizzare solo attraverso l'accettazione dell'altro come potenziale, come risorsa da cui attingere e giammai come un ostacolo all'affermazione del concetto del "me", infatti io sono ciò che sono, anche grazie e quello che gli altri sono stati per me.

L'identità individuale viene a coincidere con l'identità di un popolo, come costruzione condivisa di un sistema valoriale che in quanto tale, potrà essere riprodotto universalmente, poiché in ogni tempo e in ogni luogo l'uomo mantiene sempre le stesse aspirazioni e la stessa voglia di affermazione, in questo, per tanti il "nostrum mediterraneo" rappresenta un caldo e mite abbraccio.

Pertanto comprendere il valore culturale, economico e sociale del "Mare Nostrum" diventa un indispensabile acquisizione per definire antropologicamente i concetti di "mediterranea civiltà" e di "solare interpersonalità".

Agli albori della "nostrum" civiltà c'è come detto l'esperienza dell'avvicendarsi di popolazioni di culture e di realtà, come detto, antropologiche molto diverse tra loro che ci riconducono alla considerazione psicologica del "tutto" che nell'impegno teorico gestaltico viene espresso "come diverso dalla somma delle sue parti". Ciò ci insegna una grande fetta della psicologia contemporanea (Anolli 2012), che conferma gli studi sociali del tempo nei quali già Tarde si era imbattuto, con il concetto "d'imitazione" [4] generato dall'unione tra le varie menti individuali al fine di generare una super mentalità che agisce inconsapevolmente, poiché trainata da un comune sentire e non da interessi individuali o/e personali: "i fenomeni sociali sono di natura psichica e constano nell'interazione delle menti individuali. Dove esiste tale interazione c'è anche la società, dove essa manca, manca anche la società" (Tarde, 1901).

Se volessimo analizzare tale approccio in maniera positiva si potrebbe certamente affermare che: "l'interazione mentale, cioè lo scambio di credenze e aspirazioni che danno vita ai processi sia costituito da tre fasi principali: l'imitazione, l'opposizione e l'invenzione. Dal momento in cui una nuova idea si presenta nella mente degli individui, essa tende ad essere mutata da altri individui e si propaga nella società. L'ondata di imitazione che viene fuori si allarga a macchia d'olio, ma durante questo processo incontra altre ondate di imitazione provenienti da centri diversi e si scontra con esse. Da questa opposizione può nascere o la distruzione di ambedue le ondate, o l'annullamento di un'ondata in favore dell'altra, o l'adattamento, che formano una nuova invenzione. Il processo continua all'infinito" (Ibidem).

Dunque l'aspetto utile da sottolineare è la realtà sociale che risponde a delle leggi universali in cui l'esistenza non è, se vissuta in un'ottica individuale e un popolo non può costituirsi tale, se non vive di un ciclico sistema d'influenza

---

[4] La società viene definita "un gruppo di persone che presentano tra loro molte somiglianze prodotte per imitazione".

che non annulli il "se" ma incrementi la realtà sociale in cui la singola espressione diventa un segno indelebile di un contesto unico e condiviso.

In questo non vige il rischio della perdita di libera espressione di "se stessi" poiché per creare "se stessi", bisogna osservare gli altri. "Una possibilità, più realistica, è quella che vede gli individui lungo un continuum, (identità sociale/identità personale) nell'impegno costante a contemperare le due componenti in quanto, è un paradosso pensare all'esistenza dell'uno o dell'altro in maniera scissa". (Hewstone, Strobe, Stephenson 1991).

E' innegabile, infatti, che a coloro che ci hanno preceduto, dobbiamo tanto oltre che linguisticamente, anche per averci donato la spregiudicatezza nell'affrontare gli eventi, con la forza morale della resistenza e con la capacità di resilienza; per chi sente il Mediterraneo scorrere nelle proprie vene, principio da avvalorare è il rifiuto ad attingere a sistemi di conoscenza sociale pregiudiziali vincolati a dei concetti sovrastrutturati e mentalmente organizzati, teorizzati con il termine di "categorie di conoscenza" (Kant 1981) tali risultano essere efficaci per sondare la conoscenza fenomenica e sociale, nell'accezione positiva del riconosce per unire e non discriminare, se così non fosse, tragico sarebbe il loro effetto nell'inficiare i principi di conoscenza dell'altro che bisogna sempre includere e non escludere. "…In altri termini, le categorie, sono utili strumenti di semplificazione e di ordinamento, che ci aiutano a discriminare con chiarezza fra gli stimoli che appartengono a una data categoria ed altri non appartenenti ad essa; in ambito sociale ci consentono di differenziare gli individui che appartengono ad una categoria e quelli che non vi appartengono ma anche di rispondere ad essi in base alla loro appartenenza, anziché alla loro singolarità" (Tajfel 1981).

Questo è il principio interpretativo che spinge l'idea di una mediterraneità come forte spirito di accoglienza e non "sic et simpliciter" un rendersi disponibile a "raccogliere" l'altro, ma nell'ottica più sociale di un accettarne la diversità facendone proprie le qualità, compenetrando empaticamente l'altro per la creazione di una reale fusione di obiettivi sociali e culturali, uni direzionati e iper valutati; in cui il concetto di nuova "individualità" si rifiuta di accettare le rappresentazioni dell'altro come un disvalore, un peso, ma si impegna ad assumere un atteggiamento, prima che un comportamento, di reale integrazione, in cui il vecchio diventa il nuovo e in cui "idealisticamente" l'oggetto considerato, impervia la storia di una ricchezza universale, come universale è stato e permane nell'immaginario comune il Mediterraneo, come "mare nostrum" in cui tutti potevano ed ancora oggi possono fermarsi a riflettere osservando il movimento dei flutti del mare per quietare le angosce o spesso per ritrovare la via verso "casa".

Questo è il luogo, in cui tanta bellezza si è sempre espressa senza veli con i suoi tramonti ricchi di caldo sole rosso, è il luogo che ha suscitato grazie alla sua grande ricchezza e alla sua posizione tanto interesse politico, piegandosi sotto i colpi, delle mire espansionistiche di tanti popoli, dai longobardi ai franchi, dagli arabi ai normanni, che di questa terra hanno fatto un terreno fertile per la nascita della civiltà moderna; esso è stato considerato "riposo" di tanti tra poeti, pensatori, artisti che hanno trascorso lunghe e interminabili giornate ad osservare la meraviglia dei suoi paesaggi, balsamo dell'anima. Ancora oggi, viene considerato come "ancora" preziosa, spiraglio verso la civiltà, per tanti che lottano per le più semplici espressioni di libertà, infatti, nessuno mai potrà rinnegare l'anelito di speranza che giunge da lontano poiché di fatto essere di mediterranea cultura vuol dire "saper essere sempre per l'altro", pertanto ad "utilizzare l'uomo come fine giammai come mezzo" (Kant, 1788).

Nell'idea di questo intervento, "Mediterranea individualità", vuole rappresentare la volontaria e storica espressione di un concetto dinamico d'accoglienza, fatto di solarità, di piccole rinunce nella ferrea certezza che il "tutto" rappresenti una nuova acquisizione, dal quale emerge come incontrastato valore la libertà, sommo bene a cui ogni essere vivente ha il diritto di tendere, come una "sintesi" tra l'affermazione universale e quella individuale.

… ma che l'uomo fosse libero in se e per se, per virtù della propria sostanza, che fosse nato libero come uomo , questo non seppero né Platone, né Aristotele, né Cicerone, né i giuristi romani, benché solamente in questo concetto stia la sorgente del diritto. Soltanto nel principio cristiano lo spirito individuale personale, assume essenzialmente valore infinito, assoluto; Dio vuole che si porti aiuto a tutti gli uomini. (Hegel, 1840)

Opere Citate

Anolli, Luigi e Legrenzi, Paolo. 2012. *Psicologia generale*. Bologna:Il Mulino.

Catelli, Giampaolo . 2000. *L'altra Sociologia*. Acireale-Roma: Bonanno Editore.

Eraclito (Fr.91 DK), tr.it. Giovanni Reale. 2006. In *I presocratici*. Milano: Bompiani.

Hegel, Georg.Wilhelm.Friedrich. 2007. *Enciclopedia delle scienze filosofiche in compendio*, tr.it Cicero Vincenzo. Milano: Bompiani.

_____. 1840. *Vorlesungen uber die Geschichte der Philosophie* trad.it. Codignola Ernesto, Sanna Giovanni (1964) *Lezioni sulla storia della filosofia.* Firenze: "La Nuova Italia Firenze" Editrice.

Hewstone, Miles, Wolfgang Stroebe, e Geoffrey M. Stephenson. 1991. *Introduction Social Psychology*, trad.It. (1999). *Introduzione alla Psicologia Sociale.* Bologna: Il Mulino.

Kant, Immanuel.1781. *Kritik der reinen Vernunft*, trad.it. di Esposito Costantino (2007).*Critica della Ragion Pura.* Milano: Bompiani.

_____. 1788. *Kritik praktischen vernunft*, tr.it Mathieu Vittorio. (2004) *Critica della ragion pratica.* Milano: Bompiani.

Licciardello, Orazio.(2001) *Il piccolo Gruppo Psicologico. Teoria ed applicazioni*, Franco Angeli Milano.

Maier, Franz Georg. 1970. *Il mondo mediterraneo tra l'Antichità e il Medioevo*, coll. *Storia Universale Feltrinelli* vol.9 Feltrinelli, Milano.

Reale, Giovanni. Dario Antiseri. 2006. *Storia delle idee filosofiche e scientifiche.* Milano: Bompiani.

_____. 2012. *Storia della filosofia: dall'Umanesimo ad Hegel.* Vol. 2. Milano: La Scuola Editrice.

Tajfel, Henri. 1981. *Human Groups and Social Categories*, Cambridge University Press/ Cambridge, trad.it. (1995).*Gruppi Umani e Categorie Sociali*, Il Mulino,Bologna.

Tarde, Gabriel.(1901) *L'opinion et la foule*, Alcan, Paris. Letto in Catelli Giampaolo . (2000). *L'altra Sociologia.* Acireale-Roma: Bonanno Editore.

Tommasi, Giuseppe di Lampedusa. 1958. *Il Gattopardo.* Milano: Feltrinelli. Cap. IV.

IL VENTRE DEL MEDITERRANEO

Maria Rosaria Virtti-Alexander
NAZARETH COLLEGE

Il Mediterraneo, la sua cultura, il suo passato. Il Mediterraneo è una favola bella per alcuni, angosciante per altri, ma pur sempre una storia da raccontare. È un sogno il Mediterraneo con I suoi colori che abbagliano e I suoi tramonti che innamorano; è il posto dove gli dei amavano rifugiarsi, luogo di trionfi e di cadute, di mostri e di venti che hanno fatto di queste spiagge la loro residenza. Tuttora il Mediterraneo è qualcosa di unico che muove al racconto, ad essere sognato da scrittori e registi, da poeti e musicisti, posto prescelto per congressi nazionali e internazionali. Eppure questo stesso mondo di favola è stato per lunghi anni conca di pianto per coloro che sono dovuti fuggire, eco assordante del dolore dei più deboli, racconto di fughe senza ritorni e di ritorni dolorosi, di rotture insanabili, di vuoti incolmabili. Il Mediterraneo non è solo luogo di sogno ma anche eco dell'orrore vissuto da troppi e per troppo tempo. Ed è questa la faccia del Mediterraneo che dobbiamo raccontare per non dimenticare e per far si che non si ripeta.

Sfogliando le pagine di tanti scrittori siciliani, purtroppo anche da troppi viene da dire, si legge di uno sfruttamento impensabile di donne, uomini e bambini sulla incantevole terra siciliana. Sono le cronache di Adolfo Rossi venuto in Sicilia nel 1893 a fornire il primo resoconto scritto sulle miniere di zolfo che avevano in quegli anni ricoperto la campagna siciliana, distruggendone non solo l'agricoltura ma soprattutto le giovani vite di bambini e giovinetti; loro unica colpa era la miseria più nera.

Scrive il Rossi:

Ma se lo spettacolo impressiona da lontano per la novità, da vicino stringe il cuore. I carusi portano impresse in tutta la persona le stigmate delle sofferenze a cui vengono sottoposti. Presi a lavorare a otto o nove anni, essi hanno generalmente le spalle curve per l'eccessiva fatica, le gambe storte, le occhiaie incavate per l'insufficiente nutrimento, la fronte solcata da rughe precoci. La legge che dovrebbe proteggere il lavoro dei fanciulli e secondo la quale nessun ragazzo potrebbe fare il caruso se non ha compiuto dodici anni, non viene fatta osservare.[1]

Alle domande sulle ore di lavoro, il Rossi spiega: "Generalmente dodici ore di seguito, dalle quattro alle quattro. Per sei giorni consecutive."

L'orrore del racconto del Rossi continua con la descrizione delle condizioni fisiche di questi piccoli disgraziati:

> Altri carusi ci vennero intorno, tutti dagli organismi rovinati per l'eccessiva fatica, dallo sviluppo impedito: vere immagini di schiavi affamati [....] Era uno spettacolo straziante [...] apparivano istupiditi dai patimenti e avevano lo sguardo come velato e spento, con le occhiaie livide. (Rossi, 22)

Adolfo Rossi era un giornalista di successo che dopo aver investigato le condizioni degli italiani all'estero torna in Italia, vuole capire la causa di quello che aveva osservato, una vera fuga di persone dai loro luoghi di nascita. Basta ricordare che tra il 1900 e il 1915 tre milioni di Italiani hanno lasciato la loro terra, e il numero più alto di questi fuggitivi nel Mezzogiorno, la Sicilia in prima fila.

Ed è appunto in Sicilia che si assiste alla nascita spontanea di un movimento di ribellione che prende il nome di Fasci Siciliani. Fasci come unione di povera gente, braccianti, senzaterra, derelitti. È un programma quasi ingenuo nella sua necessità: dare a tutti lavoro per ridare a tutti dignità umana. Ma nessuno dà loro ascolto. Non bastano voci note quali quella di Adolfo Rossi che, non pago del suo accurato resoconto delle condizioni di vita degli emarginati delle campagne siciliane, scrive sulla *Tribuna* per chiedere una risposta politica alla schiavizzazione del lavoro in Sicilia. Quando l'attesa risposta arriva, vede l'impiego della forza armata, e con essa la fuga di centinaia di migliaia di disperati costretti ad abbandonare la loro isola.

Immagini narcise alla voce di Rossi sono I racconti di numerosi scrittori siciliani da Verga a Pirandello per menzionarne alcuni, e il Ciaula di Pirandello si fa metafora universale di questi miseri individui, esseri che vivono nelle viscere delle montagne per cavarne zolfo. I loro corpi disfatti, la mente istupidita dalle lunghe ore trascorse nel buio delle profonde gallerie, luogo ormai

---

[1] Adolfo Rossi, *L'Italia della vergogna nelle cronache di Adolfo Rossi* (Longo Editore Ravenna) 21.

divenuto la loro unica casa, unico mondo conosciuto. Rimando a Pirandello la descrizione della vita nel fondo a una zolfara:

> Cosa strana; della tenebra fangosa delle profonde caverne, ove dietro ogni svolto stava in agguato la morte, Cìaula non aveva paura; né paura delle ombre mostruose, che qualche lanterna suscitava a sbalzi lungo le gallerie, né del subito guizzare di qualche riflesso rossastro qua e là in una pozza, in uno stagno d'acqua sulfurea: sapeva dov'era; toccava con la mano in cerca di sostegno le viscere della montagna: e ci stava cieco e sicuro dentro il suo alvo materno.[2]

E solamente quando Cìaula esce fuori dal buco nero della zolfara che ha paura. Il mondo che ormai non ricorda e che incude terrore è il nostro. E una sera che si ritrova a dover uscire in piena notte, si assiste al miracolo della riscoperta di una bellezza terrestre dimenticata anch'essa, è un momento epifanico per Cìaula e il pianto lo riavvicina alla sua umanità:

> Restò, — appena sbucato all'aperto — sbalordito. Il carico gli cadde dalle spalle. Sollevò un poco le braccia; aprì le mani nere in quella chiarità d'argento. Grande, placida, come in un luminoso oceano di silenzio, gli stava di faccia la luna. ...Ora, ora soltanto, così sbucato, di notte, dal ventre della terra, egli la scopriva. [...] E Cìaula si mise a piangere. (Pirandello, 1213)

La condizione dei braccianti, dei nullatenenti siciliani è tragica, il latifondismo è la norma ed I latifondisti permettono di lavorare solo a chi li favorisce. le famiglie danno a chi li favorisce mentre le campagne siciliane sono trasformate in deserti di fumare:

> Qua, le coste aride, livide di tufi arsicci, non avevano più da tempo un filo d'erba, sforacchiate dalle zolfare come tanti enormi formicaj e bruciate tutte dal fumo. (Pirandello, 96)

Tutta la Sicilia e diventata terra di zolfo e di tragedia, basta ricordare quella della miniera di Cozzo Disi[3] in provincia di Agrigento, la più grande

---

[2] Luigi Pirandello, *Novelle per un anno*, Vol. I (Milano: Mondadori, 1956) 1213.
[3] Archivio di Stato di Agrigento, Inventario 9, fascicolo 53.

tragedia mineraria in Italia dove trovarono la morte 89 operai e 34 feriti. La esplosione fu causata dallo sviluppo contemporaneo di idrogeno solfato e di grisou (antimonio) il quale a contatto delle lampade a fiamma libera degli operai diede luogo a ripetute esplosioni.

Pirandello ritorna alla misera storia dei Fasci, e come era stato per Adolfo Rossi, anche lui racconta il dolore del Mediterraneo. Nel mese di gennaio 1893, dopo la strage di Caltavuturo la situazione siciliana peggiora e il governo manda l'esercito per risolvere la richiesta di giustizia dei siciliani. Pirandello ci lascia pagine toccanti ne *I vecchi e i giovani*.

Pirandello conosce bene la situazione di miseria, la sofferenza e la disumanità del lavoro nelle miniere di zolfo. La famiglia Pirandello doveva la sua fortuna al commercio dello zolfo. Luigi stesso era stato chiamato dal padre Stefano più volte ad assistere al lavoro delle miniere, voleva che il figlio conoscesse il mestiere di famiglia. E Luigi va, osserva ed impara e ne fa materiale per I suoi lavori letterari. Più tardi riempie pagine di immagini di sfruttamento, di dolore, di fughe sofferte e di ritorni mancati. Si va via allo sbaraglio perché, pur non sapendo cosa si trova lontani dall'isola, si sa cosa si lascia. Questo mondo di sogno del Mediterraneo per loro non offre nulla eccetto una vita degradante e degradata, dolore e miseria. Si va via dalla dolce isola di Sicilia, culla di ricche civiltà, si lascia il blu cobalto del Mare Africano, i pini centenari, per raggiungere posti lontani, sconosciuti dove si ritorna bambini senza lingua, dove non si è capiti, ma dove di sicuro si potrà ritrovare la propria dignità.

Risalendo le suggestive e indimenticabili scogliere del Mediterraneo si arriva a Napoli dove risuonano altre miserie e ingiustizie. È stata Matilde Serao, scrittrice e giornalista, a suggerirmi il titolo di questo scritto. *Il ventre di Napoli*[4] è appunto il titolo del suo terrificante resoconto sulla condizione di Napoli, un'altra accusa all' inascoltato grido del Mediterraneo. Solo pochi anni dopo l'unificazione del paese la Serao ne scopre tutta la sua insolvenza, lo stato non ha fatto fronte alle proprie obbligazioni, ha trascurato il necessario alleviamento delle disuguaglianze sociali, l'irrisolta distribuzione del lavoro, l'inesistente istruzione per tutti.

Per la sua denuncia la Serao utilizza la parola ventre, ventre perché parte centrale del corpo umano e dunque vita. "Il ventre del Mediterraneo" ho

---

[4] Matilde Serao, *Il ventre di Napoli* (Milano: Treves, 1884).

voluto ripetere io, perché ai milioni di poveri infelici fuggiti da questo luogo mancava il necessario per la sopravvivenza, dunque la vita.

Altro luogo di cultura e di storia millenaria Napoli, città ancora più vecchia di Roma, che ha vissuto splendori e decadenze, trionfi e orrori. Una città capace di incantarti con I suoi racconti, con la sua musica, con la sua creatività. Le Sirene avevano scelto la bellezza del suo golfo come loro dimora e la dea Partenope la si vede ancora girare sulle sue spiagge. Come la Sicilia anche Napoli odora di mare e di sole ma soffoca anch'essa nella miseria e nell'ingiustizia. Come aveva fatto anni prima Adolfo Rossi, così la Serao giornalista, denuncia con *Il ventre di Napoli* l'indecenza delle condizioni di vita di una fascia del popolo napoletano, e dà la sua voce a chi è stata negata.

Al grido del governo Depretis di voler risolvere il problema della miseria di Napoli con un semplice risanamento di alcune vie, La Serao si erge guerriera. Il suo grido rivela l'ignoranza del governo alla realtà napoletana, e l'assoluta misconoscenza delle vere condizioni di una fascia del popolo napoletano.

"Sventrare Napoli?" chiede con ironia, e lei che la sua Napoli la conosce bene denuncia:

> Ma credete davvero che basterà, che sarà sufficiente distruggere degli edifici, inventare tre o quattro strade nuove attraverso I quartieri popolari, per salvarli?[5]

Un'azione del genere ammonisce la scrittrice creerebbe solo altre e più gravi miserie. Il popolo sarebbe spinto più dentro "il ventre "della città, quello più profondo, nelle viscere della città, nelle case del quartiere Porto o di Toledo. Case fatte di una stanza singola, senza finestre in vicoli senza sole dove le persone vivono uno addosso all'altro. Non basta sventrare Napoli, bisogna conoscerla invece per aiutarne la gente a sopravvivere la miseria, per impedirne la fuga in altre terre. Forte il suo grido di rivolta. A Depretis, la Serao suggerisce di entrare nei rioni bassi per vedere cosa veramente è "il ventre di Napoli":

> Io ho attraversato questo vicolo, fermandomi a guardare quei volti adusti, immobili di espressione, pazienti sotto le fatiche e sotto I disagi, quelle

---

[5] Matilde Serao, *Napoli D'Allora* (Milano: Longanesi &C. 1976) 24.

labbra mute: ho vissuto dei lunghi minuti in questo vicolo nerastro, tutto disselciato, pieno di acque luride, pieno di una melma attaccaticcia, in questo vicolo talmente tetro che sembra una tomba, e, a un certo punto sono stata presa dal delirio di fuggire, di fuggire, per non vedere più, per non udire più, per non avere più lo spettacolo della più amara delusione, nel mio cuore di napoletana, per non soffrire... perché quella gente vive e muore, laggiù, da niuno consulata, alle spalle dei superbi palazzi, ignota , obliata, disdegnata, disprezzata! (Serao, 23)

Sono queste le persone condannate a fuggire dal paese al quale sono legate invece da un amore viscerale, eppure si fugge. Così ci ripete Erri De Luca anche lui napoletano, anche lui cosciente della miseria che forza tanti a doverla abbandonare. La mattina al porto e usuale incontrare poveracci che con poche e cenciose cose emigrano. Tenero il commento dello scrittore:

Qualcuno piangeva pure nella miseria che lo costringeva, gli rimordeva la perdita. Tranne pochi e peggiori, nessuno aveva spirito di avventura. I soldi del biglietto erano stati raccolti dai risparmi di varie famiglie. Erano il loro investimento nel futuro. Sarebbero stati rimborsati dalla riuscita del loro parente. Il compito schiacciante, l'obbligo di fare fortuna, sgomentava come la vista del mare.... Il viaggio doveva servire a dimenticare il punto di partenza. Durava quasi un mese e alla fine sbarcavano uomini pronti, con il naso in aria.[6]

Anche De Luca tiene a puntualizzare che le partenze sono sradicamenti che spesso non guariscono, un allontanamento che diventa troppo spesso per sempre:

Vidi il golfo accendere le luci da Posillipo a Sorrento. Erano tanti fazzoletti bianchi, salutavano gli occhi aperti di quelli cha partivano. Quelli vicini a me erano fradici di lacrime. Quelli vicini a me non sono di prima classe, non hanno biglietto di ritorno. (De Luca, 127)

Si risale più sù la costa del Mediterraneo e si arriva a Minturno, l'antica Minturnae. Anche da qui molte le partenze per l'America, fughe per trovare

---

[6] Erri De Luca, *Il giorno prima della felicità* (Milano: Feltrinelli, 2009) 124.

ugualità e riconoscimento. Melania Mazzucco nel suo viaggio di ricerca dei suoi antenati, anch'essi fuggiaschi afferma:

> Ieri, 12 aprile 1903, dodicimilaseicento persone sono sbarcate sull'isola (Ellis Island) (...) Solo dalla loro nave, Il Republic sono scesi in duemiladuecentouno.[7]

Tanti, ma è la miseria il motore della partenza, e si va allo sbaraglio; dolore il presente dolore, sogno il futuro sogno anche se il pianto di quelli che partono si confonde con quelli che restano. La Mazzucco ricorda la miseria più nera della sua famiglia che li ha fatti andare:

> Ricordavo invece con imbarazzo la figura tragica dello spaccapietre Antonio, i cui figli erano morti di fame. Ero stata una bambina anoressica, e ogni volta che rifiutavo il cibo, mio padre diceva, severamente: tu lasci il riso nel piatto, ma I fratelli e le sorelle di tuo nonno sono morti di fame. (Mazzucco, XX)

La storia dei Mazzucco pesa enormemente sulle spalle della piccola Mazzucco tanto da spingerla, ora grande, a ricercare la storia dell'emigrazione di famiglia. E con la Mazzucco la storia del dolore del Mediterraneo ritrova altra voce. È un ventre vuoto il Mediterraneo che non può sfamare I suoi figli perché c'è ingiustizia e sopruso. E dunque il lento svenamento di paesi di giovani e meno giovani continua, fuggono portando con loro il dolore e le speranze di quelli che restano.

E la metafora del mare l'inarrestabile e continuo fuggire dei nostri simili, un flusso continuo come quello delle onde. Anni addietro intere famiglie immortalate da fotografie ormai indelebilmente impresse nella memoria universale:

> Ho negli occhi I volti tristi dei contadini, le loro mogli tristi, vestite di nero, I loro bambini tristi, ho negli occhi I loro tristi fagotti, che contengono tutto il loro niente (...) Quando, nell'archivio di Ellis Island, consultai la lista di passeggeri della nave Republic, (...) scoprii il nome delle 2200 persone che

---

[7] Melania Mazzucco, *Vita* (Milano: BUR, 2003) 53

viaggiarono. La nave- che dopo la sosta a Napoli fece scalo a Gibilterra-trasportava Italiani e Turchi (…) decine di ragazzi da Plati e Gioiosa Jonica, Gerace, Polistena, Scilla, Agropoli, Nicastro, Nocera, Teramo, Castellab-bate. La maggior parte aveva meno di vent'anni. (Mazzucco, 24)

(…) E dovevano tornare indietro. Solo una parte lo fece realmente: Il pro-tagonista (…) finisce per trovare un regno preferibile a quello da cui è par-tito – e per restarvi, cominciando un'altra vita. (Mazzucco, 24)

Da Minturno ci dice la Mazzucco quel lontano 1903 sono partiti ben ventinove persone tra cui due bambini, non si può morire di fame.

Importante raccontare il Mediterraneo, ma tutta la sua storia quella delle favole di questi luoghi sena dimenticare l'altra faccia, quella brutta dell'ingiu-stizia e della miseria,

Il Mediterraneo dunque, un mondo che racchiude la vita e il dolore, il sogno e la fuga, e per capire la ricchezza bisogna conoscerlo interamente, e solamente conoscendone le fughe che si possono conoscere e comprendere le bellezze, ammirarne il suo dolce viso e la sua millenaria storia che racconta di favole e di eroi, di vittorie e di trionfi.

The 20ᵀᴴ Century Wave of Italians in America: Renegotiating Identity Through Food

Roberto Zagarese

Introduction

In this paper, I provide an overview on some of the challenges that Italians faced in redefining their identity once they permanently settled in America. In particular, I focused on the role that food played in this complex process: old culinary habits and new food consumption slowly found a common ground, creating what America (among a long list of countries) consider now "traditional Italian cuisine." The approach toward food mirrors well the cultural clash that arose between Italian and American culture. Italians could afford and choose food that they were not able to consume in Italy — a sign of an overall improvement compared to their previous living conditions — but their standard of living and status were all but high compared to other ethnic groups. Food consumption shows the two contrasting faces of their experience: the American golden and shiny promise of a better future and the difficulty to cope with a harsh and completely new world.

In this sense, cultural tensions were strengthened between first- and second-generation Italians: parents tried to impose cultural values and habits on their children, who often challenged and rejected their Italianness because it was not aligned with what America promoted in school and in the society at large. A broad sample of real-life experiences has been collected over the years, which testify with a crude and direct tone some of the issues that these people went through. I shall refer to some to support the overall discourse presented.

Between Old and New:
Transformations of The Italian Culture Overseas

Starting from the end of the nineteenth century, a significant number of Italians travelled overseas in the hope to find better standards of living. More than four million of Italians went to America between the end of the nineteenth century and the 1920s alone (Diner 48). The first phase that characterised this migration flow saw some Italians returning to their homeland once they saved enough money. However, an increasing number of them started settling down permanently in this new world, described as a land of abundance and wealth that made the hardship and scarcity of their *contadini's* life a memory of a long gone past. Many of them were peasants from Southern regions such as Sicily and Calabria whose living and working conditions were extremely poor.

Italy in the 19th century was still affected by two severe and widespread scourges of the previous century: hunger and alcoholism. People used most of their scarce and limited resources to feed themselves, but many diseases arose, nonetheless, due to people's meagre diet — pellagra, to name one. Peasants' diet was mainly based on wheat, corn, potatoes, vegetables, dry fruits, some fresh fruit, and legumes. Goods such as coffee, sugar, butter, and olive oil were not consumed by peasants, who could not afford them. Moreover, peasants barely ate any meat, except for very few and special celebrations during the year. Products such as rice, milk, cheese, and eggs were produced only to be sold in the urban market. Peasants' food consumption in the 20th century was not very different from their diet in the mid nineteenth century. A side note on pasta ought to be made, being one of the foods that most than anyone characterizes now the 'traditional Italian cuisine' all over the world: it actually represents a relatively new item onto Italians' tables. Up to the 19th century it was produced on a very small scale by cooks or housewives and consumed only by affluent people in urban settings (and not by peasants). Only halfway through the 19th century the pasta-making machinery appeared on the market of cities such as Naples and Genoa and pasta started being produced on an industrial scale (Belderok 50). However, pasta became a popular and wide-spread food only over the 20th century.

When we look at this picture, we cannot be surprised that a good deal of the new Italian American identity defined itself around food: after all, Italians' scarcity, misery and deprivation centered around that. When one flies from a reality in which eating (well) is a luxury, it is reasonable to think that a lot of attention and importance is given to food once it finally gets easily accessible. Furthermore, food preserves and keeps alive cultural traditions and habits, an element that became increasingly worthwhile for first generation Americans as well as future ones. The bond that Italian Americans came to have with food is particularly strong because culinary traditions were considered to have the power to transplant cultural traits of Italian immigrants un-changed into America (Cinotto 20). In reality, Italians' food consumption was completely overturned in the US if it is compared to what peasants were used to eat in their homeland: coffee, sugar and sweets, olive oil, cheese, white bread (as opposed to the dark one eaten in Italy), canned tomato, butter, wine (and not the farmer's diluted *vinello*), pasta, and especially meat became items consumed on a regular basis. Foods that once were only a privilege of the upper class were now available to poorer Italians.

The first Italian immigrants, in fact, were mainly working as unskilled laborers with little hope of social advance. Cinotto, describing Italians in New York, tells us that "[u]ntil the mid-1920s, Italians were East Harlem's poorest and most disparaged ethnic group [...] [considered] ignorant, superstitious, dirty and lazy" and that they occupied "the most exhausting and most poorly paid jobs in construction and in the clothing [and] candy [...] industries; peddling fruit, vegetables, fish, ice, and coal" (23). But this situation was not only limited to New York. Diner shares the words of a Sicilian immigrant, Rosolino, living in Louisiana, who towards the end of the first decade of the 20th century writes in his letters to his brother the following: "*In America il pane è molle, ma la vita è dura*" (Diner 48). The experience of immigrants in San Francisco and other geographic areas was, indeed, very similar. To a certain extent, food helps Italians cope with the never fulfilled promises of the American Dream: in Italy, they were dreaming of a land of opportunities and wealth, but they actually experienced segregation, prejudices and a denial of social mobility. They, thus, focus on food as a way to forget the hardship they were still going through. Immigrants were also constantly dealing with nostalgia for that far away land that they called 'home' along with their families and their friends (DeAngelis 52). Food was a bridge between their past and their present, the embodiment of all that was left behind, so they naturally became very fond of it.

This attempt to forget or 'overlook' the humiliation and the hardship of a new life, are well documented in the countless letters sent back to Italy. The main focus is often, in fact, on America's abundance: "Here I eat meat three times a day, not three times a year" writes Antonio Rnciglio in 1900 to his countrymen (Diner 57). Distinguished Italian authors such as Luigi Pirandello and Luigi Capuana discuss and criticize the absence of a transparent and honest picture of America in immigrants' stories in works as *L'altro figlio* (1905) and *Americani di Rabbato* (1912). At the turn of the twentieth century, xenofobia quickly spread in America fed by stereotypes and associations such as the one between Italians and criminals/mob (*mafiosi*). Italians were openly labelled unwelcome 'guests' in the Dictionary of Races of People (1911) published by the US government: they were one of the most unwelcome cultures, defined violent, undisciplined, and uncapable of any degree of cultural assimilation (Meda 211-212). It is true, nonetheless, that some Italians did make a fortune in America after tough years of sacrifices, and it is probable that their letters simply reflected the joy and satisfaction of 'making it' after so much hard work and suffering. What it is hard for us to understand today is the revolution that certain foods, such as meat or pasta, meant for peasants who had been dealing constantly with hunger during their whole life and were now able to eat as *galantuomini* of the upper class. In a study conducted on dietary habits in New York in 1904, it was shown that many Italian families (often out of work because on temporary contracts) spent every month more money for meat than they spent for rent. Pasta was often served every single night for dinner, and in working class families (the main category) each member ate as much as two or three dishes. Olive oil also became important for Italian immigrants. Even though they had to import it from Italy or Argentina and pay a good deal of money for it due to its scarcity in America, they still bought it because it was considered as absolutely necessary (Diner 56-57). First generation immigrants even used to borrow money in order to afford delicacies and other expensive items.

These habits and behaviours show as much Italian peasants had dreamed of and desired such foods: they almost made them 'sacred' in America, an essential part of their Italian identity. In reality, as we have seen already, the culinary patterns that from that point on started being labeled 'Italian' did not resemble peasants' diet as much as they did not represent Italian urban cuisine. Immigrants incorporated into their new life those Italian foods they knew about but that rarely (or never) consumed before. In this way they both preserved and innovated Italian tradition. Italians used to live in confined areas (usually poorer suburbs) in proximity to each other. This favored a dialogue between different regional cuisines and culinary traditions and preserved distinctive food habits. Furthermore, Italian immigrants were also openly skeptical of American mass-culture food as well as schools' food programs. Fusion between new and old, South and North, gave birth to the 'Italian American cuisine'. Iconic dishes such as meatballs spaghetti and pizza offer two examples of this process: pasta, a food of affluence of southern Italians, was united with the newly acquired taste for meat and transformed into an everyday meal. Pizza, another southern food, was originally just a poor disc of bread with oil, salt and little else. In America the dough was abundantly covered by tomatoes, cheese, anchovies, onions, meat and much more. Sausages, a food specific to northern Italy, were prepared and cooked in different ways according to the region and the town, and usually consumed only for special holidays. However, in America the 'Italian sausage' becomes a staple of the Italian American diet, accepted and appreciated also by southern compatriots (Diner 53-61). The same process of 'validation' happens for the famous Sicilian dessert, *cannoli*: in America, this food, rooted exclusively into one Italian region, gets labelled universally as 'Italian'. Other dishes such as the *cotoletta parmigiana* (chicken parmesan) were created in America and reflect this process of blending and reinventing new and old, tasted and untested.

Food habits brought changes and shaped the Italian American culture on several levels, within the domestic walls and in relation to the society at large. Before talking about the issues that food created between generations, it is noteworthy to take a look at the impact that it had on the role of immigrant Italian women. The traditional structure of the patriarchal family was transplanted unchanged in America, which meant that women were often submissive to their husbands and had to take care of the house and, of course, of the cooking. In Italy, they almost never ate with their families because they had to cook for their husbands and then for their kids. They usually ate when everyone else was done with their meal. But it was as though their sphere of influence was expanded and strengthened in America: if their hard work in the house was still not considered equal to a real job but more like a 'natural duty' appointed to them, many women became more assertive when it came to 'the table' and the kitchen, affirming a good deal of authority on both domains. Carol and Andrea Dottolo talk about the control that they achieved through food. The Italian father is often described as an oppressive, authoritative, and hot-tempered figure whose sole presence created apprehension and anxiety to every family member. The choice of food largely depended on him and his wife tries to please his taste by cooking dishes that would please him (Dottolo 40-43, Cinotto 42-43).

This being said, if it is true that the stories collected seem to state unquestionably that men held the power and predominated in authority and influence on their wives (and the other members of the family), they also speak in favor of women when they were confronted at the dinner table: "[when my mother] was at table," explains one of the women interviewed, "she would say, 'zip it, we're eating' and that was it. There would be no more. Not at the table. She must have made a deal with him [my father] about it or something...friendly conversation-only at the table" (Dottolo 119). If the mother was seen as unable to influence the father's behaviour in most situations, she seemed able to control his conduct at the table. These childhood episodes got stuck with the woman, since they contrasted the general father's abuses towards her mother. Carol Dottolo, the co-author of the book, describes her mother's (Andrea Dottolo) rules for supper: "It was at five thirty sharp, and it did not matter where you were, what you were doing, it was expected by my mother, the cook, that you were to be at her table on time. If you did not arrive, dinner went on without you. That included my father who, at times, worked later than usual" (121). Carol and Andrea Dottolo talk about food as a way to manipulate people and thus gain power: families were able to fully appreciate and enjoy the new delicacies that America brought onto their table thanks to the cooking skills of the mothers. What once was mainly felt as a burden, namely cooking for the whole family, now becomes a distinguished element of pride that can be used as leverage. This unspoken contract stated that wives were going to please their family's palate if each member was going to behave according to the rules, which were — as the food was — in the cook's hands (Dottolo 127-132). This process of empowerment connected with food started with the boarding houses for single men that Italian Americans opened for those Italians who had just moved to the US. Italians usually boarded with people from the same region or village and paid a fixed amount of money (usually set at $3) for rent and food. The quality of the food was mainly what made the difference between a family and another, so women's cooking skills became an important commercial asset. Men outnumbered women because, besides single men, they usually moved to America without their families to make sure to get a job and be able to support other members. As a consequence, housewives' work was very profitable, and they sometimes made more money than their husbands. Their cooking skills increased their independence and influential power within the family. In America, women became the keepers of the Italian identity, the providers of food in the form of delicious meals, and an important financial support for their families (Diner 75-77). There are some documented cases in which Italian immigrant women went as far as turning the defined household responsibility of preparing food into a successful business venture, establishing a flourishing socio-economic future for the whole family (DeAngelis 55).

The pursuit and the definition of a common ground between the Italian and American culture was not just a complex process for immigrant parents but also for their American-born children. Schools played an important role in stressing the system of norms and values that defined one as American. Language, dietary habits, hygienic rules, are some of the categories that created tension and confusion between what children learnt at school and what they saw and were taught at home. In the 20th century, public schools were at the forefront of the process of Americanization, and they certainly reinforced generational conflicts by strengthening the sense of inferiority that first-generation children were already feeling upon themselves. As a consequence, many young Italian Americans refused and became hostile towards their Italian heritage, which caused them shame in the public sphere and prevented upward mobility and self-realization: "we tried to measure up to this outer world which we knew was American" tells Covello "[where] people had a life far easier and with greater luxuries than ours. But in trying to make a good impression [...] it was always at the expense of our family and what was Italian in us" (Cinotto 36). Public schools, along with research carried out on children's health, depicted Italian culture unfavorably: scarce hygienic norms, insufficient consumption of milk and cereals, excessive wine drinking and coffee, unhealthy reliance on pasta, white bread, and olive oil were among the most negative habits that educators and researchers pointed out. Food consumption was still influenced by the same beliefs on beneficial and harmful foods that peasants had in Italy. Some Italians thought that drinking milk would cause 'worms' in children, for example, while drinking wine was encouraged from a young age because it would stimulate the appetite and 'create blood' (Cinotto 29-39).

Everyday rituals such as lunchtime marked moments of great anxiety and discomfort for immigrant children. "I hoped [my American friend Sallie] wouldn't notice my sandwich made with Italian bread" (DeAngelis 54), recalls Stefana speaking of her childhood, because that would classify her as a member of the working class and would not allow her to realize her wish to become fully American. Jerre Mangione experienced strong embarrassment when his Italian family ate meals in public: "As long as the celebrations were held indoors away from public scrutiny I could enjoy them [...] But in the summer months [...] when they invaded the public parks [...] I would be tormented with the worry that they were making a bad impression on the Americans around us"

(Diner 81). The separation of children from family by the school and the increased consumption of American culture weakened the control of parents, especially fathers, over younger generations. Patriarchal authority was further undermined when children entered the workforce: they significantly expanded their personal autonomy and started experiencing aspects of American life not open to their parents. Fathers became increasingly dependent on their children's willingness to contribute with their (higher) wages to the family budget, which challenged the predominant role of the father and gave them unprecedented influence over family matters. Young Italian Americans dined out, spoke English at the dinner table, and soon Italian immigrants resigned to the Americanization of their children in the public sphere. In return, parents asked their children to declare devotion to a private ethnic sphere centered around the idea of 'family'. Food was employed to construct the foundation of the Italian American *famiglia*, with its strong emphasis on solidarity and loyalty to its members. In the end, immigrant parents regained partial control over their children thanks to food and food rituals, transforming something that American-born generations had previously rejected into a central element of the Italian American identity (Cinotto 41-46).

CONCLUSION

This brief culinary journey had the arduous goal to unfold, with the necessary simplifications, the complex role that food played in changing and defining Italian identity in America. We saw how Italian immigrants looked at food as a way to deal with nostalgia and as a means to preserve cultural traditions. At the same time, food represented their main reward in a country where living conditions were hard for Italian immigrants. Peasants' dishes changed significantly under the influence of old and new culinary traditions, giving birth to a brand new cuisine later defined 'traditional'. We concluded discussing how food influenced power dynamics within the family: it empowered Italian women and created tensions and hostility between parents and American-born children.

Ultimately, I realized that this paper had important implications for the intricate field of ethnic studies. I would like to stress this very aspect in these last few lines. Mario Soldati, during his stay in New York, writes angry about Italians. He is irritated by the parody of Italianness that some Italian immigrants display. He is confronted with people that forgot their roots, the real taste of their food, their wine, their music. Their spirits suffered a profound decay, which made them appear only a bad copy of what Italians look like: they represent the *italianità naufragata*. He continues by saying that they created a useless bubble in which they think they preserved the mentality and customs of Italy. In reality, the sole result they achieved is that of not being Italian nor American (Meda 216-217). As a matter of fact, they are neither fully Italian or American anymore: they are in the middle of a labyrinthine process of cultural negotiation and definition that would probably never cease. Maria Nardell, an Italian American born in the 80s, shares such inner conflicts. When she gets to high school, she notices that there are many other Italian Americans: "most of them seemed to spend their time together in the same social group [...] it became apparent that other groups of students associated a somewhat negative stigma with these students. Many were from lower-income, working class families [...] I did not associate myself with these students at all" (Nardell 210). It is perhaps interesting to notice how well far into the 90s, almost at the turn of the century, we still get some elements discussed above about the early 1900. First of all, these Americans (third or fourth generation American-born) spend time together because there seems to be a sense of solidarity and mutual understanding that pulls them together, namely their Italian heritage. This shows that the process of solidarity towards the *famiglia* and its community started with Italian immigrants endured over time. We still have some 'negative stigmas' associated with Italinness, and a desire for some members to reject it out of shame, just as Maria does. But there is something that these students have that Maria wishes she had: they seemed to be more sure of themselves, in their community and who they were in it. Maria feels the need of mending, somehow, the two parts of her identity.

When she gets into Harvard, she deepens her knowledge on Italian American history and identity. She understands that Italian Americans are not exclusively defined by either the American or Italian part or of their identity, but have a culture that is uniquely their own. Maria becomes more aware of the consequences of stigmatization and 'otherness,' realizing that the ethnic amnesia she was imposing upon herself was ripping her soul apart. Our identity is more often than not a beautiful and colorful mosaic, a patch-work composed by our heritage as well as by the different cultures and environments we live in (Nardell 211-212). I would like to conclude this journey into the complex process of cultural formation with some words by Ms. Nardell:

> I suppose that it is everyone's struggle to make sense of all the pieces that make up our multifaceted selves, and it is tempting to put each into a box with a label that it is easy to understand. But [...] we humans cannot be labeled so neatly; in doing so we only confine and limit ourselves [...] we as both persons and cultures are constantly changing. Perhaps the ultimate struggle in exploring ethnic identity is [...] to embrace the complexities that make us whole, vibrant and real [...] one's personal ethnic identity is always a work in progress. [...] Even though I know that [the study of my identity] will require ongoing study and effort to more fully explore, I believe that makes my life and sense of self all the more rich and meaningful. (213)

BIBLIOGRAPHY

Belderok Bob, "Manufacturing of Other Wheat Products," in Dingeana A. Donner (ed.), *Bread-Making Quality of Wheat: A Century of Breeding in Europe*. Dordrecht: Kluwer Academic Publishers, 2000. 47-54.

Cinotto Simone, "The Contested Table: Food, Gender and Generations in Italian Harlem, 1920-1930," in Simone Cinotto (ed.), *The Italian American Table. Food, Family, and Community in New York City*. Urbana: University of Illinois Press, 2013. 19-46.

DeAngelis Rose, and Anderson Donald, "Gastronomic Miscuglio: Foodways in Italian-American Narrative." *Italian Americana* 23.1 (2005): 48-68. *JSTOR*, www.jstor.org/stable/29776989.

Diner, Hasia R., "'The bread is soft': Italian Foodways, American Abundance," in Hasia R. Diner (ed.), *Hungering for America. Italian, Irish, and Jewish Foodways in the Age of Migration*. Cambridge: Harvard University Press, 2001. 48-83.

Dottolo Andrea L., and Dottolo Carol, *Italian American Women, Food, and Identity*. New York, Palgrave Macmillan, 2018.

Nardell Maria, *"My Italian-American Identity,"* *Italian Americana* 22.2 (2004): 208-213. *JSTOR*, www.jstor.org/stable/29776964.

Meda Ambra, "L' italianità "Naufragata": Rappresentazioni Letterarie Dell'emigrato Italiano in America Nell' odeporica Del Ventennio," *Italica* 90.2 (2013): 210-226. *JSTOR*, www.jstor.org/stable/23474993.

Aciman, Stella 202-05, 207-16
Adam 220, 228-330
Agnetta, Francesca Sabato 46-59
Agnoletto, Stefano 6, 29
Aguglia, Mimì 45, 49, 60
Aime, Marco 203, 215
Al Kamil, Malik 144-48, 151
Al-Tayyeb, Ahmad 153
Alessio, Giovanni 106, 116, 119, 121
Alexander VI, Pope 271, 272, 274
Alfano, Giancarlo 108-09
Alonge, Roberto 48, 59
Alvaro. Corrado 158, 202
Amato, Eugenio 114, 121
Anderson, Donald 326
Anderton, Chris 79
Andreini, Isabella 45
Anjou, Charles 192
Anolli, Luigi 305, 307
Anselmi, Rosina 45
Antiseri, Dario 302, 308
Appiani, Jacopo VII 173-75
Aprile, Pino 81, 89
Arduino, Anna Maria 45
Arminio, Franco 96, 106-08
Aristarco (E. Zazo) 42-3
Aristippo, Enrico 114
Aronica, Carla 7, 9, 29
Artioli, Umberto 169
Ascoli, Graziadio Isaia 279, 288
Attanasio, Maria 106
Aurispa, Giovanni 115, 122

Bagna, Carla 18, 20, 23, 29-30
Bahadınlı, Yusuf Ziya 204
Balbo, Italo 273
Balirano, Giuseppe 187, 199-200
Balistrieri, Virginia 45
Bancheri, Salvatore 1-3, 10, 12, 20, 30-1, 33, 129, 141
Barbarossa, Frederick 192
Barbella, Costantino 162

Barbieri, Ignazio 9, 30
Barbieri, Michele Pandolfini 182
Barni, Monica 25, 30
Barsotti, Anna 46, 59
Battaglini, Giuseppe Massimo 174, 183, 185
Battisti, Lucio 7
Baydar, Oya 202-16
Bel, Germa 64, 73
Belderok, Bob 318, 326
Benfante, Marcello 99-100, 106, 108
Ben-Ghiat, Ruth 83, 89
Berengairo IV, Raimondo 68, 101-2
Bergreen, Lawrence 269-70, 274
Bernard, Daniela 42
Bernard, Enrico 35, 41-3
Bernari, Carlo 35-7, 39-42
Berruto, Gaetano 17, 21, 30, 128, 141
Bessarione, Basilio 114, 122, 124
Betocchi, Carlo 239, 240
Bevilacqua, Piero 2, 5, 30
Biagi, Daria 240, 241, 248
Bilotta, Mauro 248
Boccaccio 228
Bonaparte, Napoleone 175, 177, 183
Bonfante, Giuliano 110, 121
Bonina, Gianni 99, 108
Bonsaver, Guido 82, 89
Borgia, Cesare 173
Botticelli 133
Bouchard, Norma 130, 136, 141
Bradford, Ernle 175, 186
Branda, Pierre 173, 186
Breda, Paola 5-6, 9, 31
Brettoni, A. 163, 172
Briot, Pierre-Joseph 183-86
Bucci, Giuseppe 48, 60
Bufalino, Gesualdo 106
Buranello, Robert 6, 31
Burgio, Michele 119, 121
Burgoyne, Michael 80

Buttitta, Antonino 189, 200
Buttitta, Ignazio 105-06

Caballé, Monteserrat 63
Calvesi, Maurizio 126, 130, 135, 141
Calvino, Italo 219, 224, 240
Cambria, Adele 202-03, 205-11, 213-16
Camilleri, Andrea 15, 28-29, 31, 99, 194, 199
Camilleri, Salvatore 110, 121
Caminer, Elisabetta 45
Campagna, Maria 46
Campo, Stefania 194, 199
Canal i Morell, Jordi 66, 68, 73
Canart, Paul 114, 121
Canseve, Edip 207
Capdevila, Arantxa 66, 73
Capiozzo, Giulio 78
Capozzi, Rocco 39, 43
Caracausi, Girolamo 112, 116, 121
Caracè, Carmelo 110, 121
Carbone, Rocco 155-61
Carlo I 70
Carlo III 62, 175
Carlo V 174
Carlo Magno 68
Caruso, Alfio 51, 59
Caruso, Salvatore 114, 121
Carvello, Angelo 3, 6, 31
Casini, Simone 1, 2, 6, 16, 18, 23, 29, 31, 129, 141
Castelló, Enric 66, 73
Casti, Giovanni Battista 202
Castiglione, Angela 116, 119, 122
Catelli, Giampaolo 307-08
Cavallaro, Daniela 45, 46, 59
Cavallo, Guglielmo 114, 116, 122
Cecchetti, Giovanni 226
Cecchinel, Luciano 107
Çerkezoğlu, Simge 204-05, 216
Cerulli, Stephen 269, 274
Ceruti, Emilio 62, 73
Cestari, Enrico 226
Chiaro, Delia 187, 200

Chombart De Lauwe, Paul-Henry 203, 216
Ciani, Ivanos 168, 172
Cignoni, Luigi 178, 180-82, 186
Cinotto, Simone 318, 321, 323-24, 326
Citati, Pietro 37
Clareno, Angelo 149
Cliff, Nigel 269-70, 274
Clua i Fainé, Montserrat. 64, 66, 74
Cogo, Flavio 82, 89
Collins, Wilkie 250
Columbus, Christopher 261-73
Coluccia, Giuseppe Luigi 114, 122
Connell, William J. 264, 274
Consolo, Vincenzo 99, 103, 106, 108
Constans II 191
Coria, Giuseppe 200
Cortesi, Luigi 219
Corti, Maria, 35, 42-3, 90
Coseriu, Eugenio 125, 141
Counihan, Carole 187, 200
Croce, Augusto 79
Cumbo, Enrico 6, 32
Cushman, Charlotte 273

Dalesme, Jean-Baptiste 185
Dali, Salvador 63
d'Altavilla, Constance 192
Danesi, Marcel 130, 136, 141
D'Annunzio, Gabriele 161-72
D'Arrigo, Stefano 99, 238-43, 245-46, 248
d'Asburgo-Lorena, Ferdinando III 176
d'Austria, Carlo 65
Da Vinci, Leonardo 133, 265
da Vitry, Giacomo 146-47
Dante 4, 228
Dante, Emma 46
Darrow, Tony 92
Da Vinci, Leonardo 265
De Amicis, Edmondo 55, 201
DeAngelis, Rose 319, 322-23, 326
Dean, Pam Dorazio 261-62, 277

De Clementi, Andreina 2, 5, 30
De Felice, Francesco 47
De Fisson, Carlo 177, 179-82
de Fixon, Charles 178
De Florentis, Cristiano 130, 141
Degas, Edgar 133, 135
De Gregori, Marcello 178
Delaney, Carol 269-70, 274
Deledda, Grazia 45, 278-80, 285, 288
della Robbia, Luca 126
De Luca, Erri 314
De Mauro, Tullio 15-8, 28-9, 31-2,
   128-29, 141
de'Medici, Cosimo I 174
Demirel Aydemir, Gül Deniz 207,
   216
De Nino, Antonio 171
de Roland, Chanson 171
De Rossi, Eugenio 176, 178-81, 186
De Vita, Nino 96-108
Devoto, Giacomo 278, 288
di Borbone, Ludovico 178
Dickens, Charles 249-51, 258-59
di Duccio, Agostino 126
Di Felice, Paola 130, 136, 141
Di Giovanni, Alessio 106
DiMaggio, Joe 265
di Lampedusa, Giuseppe Tomasi
   193, 197-98, 303, 308
di Lazaro, Aligi 168
Diliberto, Pierfrancesco (Pif) 195,
   199-200
Diner, Hasia R. 317, 319-22, 324,
   326
di Palermo, Eugenio 114
Di Tizio, Franco 165, 172
di Verdura, Fulco 193
Duranti, Alessandro 61, 74
Dolce, Lina 3
Donatello 126, 133
D'Onofrio 78
Dore, Margherita 187, 200
Dottolo, Andrea L. 321-22, 326
Dottolo, Carol 321-22, 326

Douglas, Mary 187, 200,
Douglas, Hunter 269, 274
Drew, John 249-51
Duggan, Kevin 273-74
Duse, Eleonora 45, 163-64

Eco, Umberto 15, 32, 217
Eliade, Mircea 221, 233
Elmo, Loredana 191, 200
Engin, Aydin 204
Epstein, Jacob 126
Eraclito 301-03, 307
Eve 220, 228-30

Fabbri, Franco 79
Fabiani, Enzo 134, 141
Fairclough, Norman 62, 74
Fara, Amelio 185-86
Faresia Getilde 45
Farina, Salvatore 188-91, 199-200
Farnese, Lavinia 195, 200
Fatini, Giuseppe 163, 172
Ferraresso, Fernanda 243, 248
Ferdinando III 177-81
Ferlita, Salvatore 55, 59, 97, 103,
   105, 108
Fernández-Armesto, Felipe 269-70,
   274-75
Ferrata, Giansiro 85, 89, 103
Filippo V 65
Fiore, Angelo 106
Fiori, Umberto 80
Fitzgerald, Percy Hetherington 258
Floyd, George 268, 274
Forcades, Teresa 63
Forcella, R. 172
Fortescue, Adrian 113, 122
Foucault, Michel 59
Francesco I 181
Franco, Francisco 65, 83
Franzina, Emilio 2, 5, 30
Frederick II 192
Frichner, Tonya Gonnella 271, 275

Gadamer, Hans-Georg 105, 109
Galileo 265
Garaudy, Roger 210
Gardaphe, Fred 87, 89
Garibaldi, Giuseppe 257
Gaskell, Elizabeth 250
Gaudí, Antoni 63
Gautier, Théophile 201
Genova, Luisa 21
Girard, René 220
Gerbino, Aldo 7, 32
Gesù Cristo (Jesus Christ) 156
Giannangeli, Ottaviano 171, 172
Giarrizzo, Salvatore 112, 122
Gibellini, Pietro 170-72
Gigante, Marcello 116, 122
Ginzburg, Natalia 44, 60
Ginsborg, Paul 78, 80
Giordano, Eliana 19, 21
Giotto 145, 206
Giovanni, Alessio 121
Goffman, Erving 56, 59
Goldlewski, Guy 173, 186
Gonzales, Ledesma 63
González, Felipe 65
Goyan Kittler, Pamela 187, 200
Gramsci, Antonio 49, 59, 91, 95
Grasso, Giovanni 49
Grice, Herbert Paul 61, 74
Grisoni, Franca 107
Guccione, Piero 106
Gürçay, S. 207, 216
Gusdorf, Georges 226
Guzzo, Siria 187, 199-200

Halliwell, Martin 80
Hamdis, Ibn 240
Harlan, Jennifer 273, 275
Harney, Robert F 5, 32
Heaney, Seamus 100, 109
Hegarty, Paul 80
Hegel, Georg Wilhelm Friedrich 304,
    307-08
Hemingway, Ernest 85
Henry VI 191

Hewstone, Miles 306, 308
Hooper, John 187, 200
Hopper, Edward 133
Hunter, Douglas 269, 270, 274

Iannaccone, Giuseppe 224
İlhan, Atilla 207

Jagger, Mick 195
Jefferson, Thomas 268, 272-73
Julier, Alice 187, 200
Jung, Carl G. 58-9

Kant, Immanuel 302, 306-08
Kaufman, Scott Barry 89
Klain, Bennie 265, 274
Koçak, A. 207, 216
Kohn, Samuel 234-36
Krondl, Michael 188, 200
Kubal, Timothy 265, 269, 275

La Capria, Raffaele 36
Lambardi, Sebastiano 173-75, 186
Làudani, Maria 114-15, 122
Laudato, Marco 220-36
Laudato, Michelle 223-24, 227
Laudato, Pietro 223, 234
Lavagnini, Bruno 116, 122
Lawrence, David Herbert 285
Lax, Donald 76
Legrenzi, Paolo 307
Lejeune, Philippe 226
Lettieri, Michael 6, 31, 33, 127, 130,
    132, 142
Levebvre, Henri 203, 216
Licciardello, Orazio 301, 308
Linton, Eliza Lynn 250, 252
Liucci, Raffaele 218
Lo Presti, Claudia 46, 59
Lorenzetti, Ambrogio 125-26
Loti, Pier 213
Lucà, Santo 114, 122
Luján, Néstor 72, 74
Luna, Bigas 63
Lytton, Bulwer 250

Mackenzie, Hazel 249, 251
Machetti, Sabrina 20, 30
Maillol, Aristide 126
Maier, Franz Georg 308
Malaparte, Curzio 81
Mandalà, Giuseppina Stefania 7, 32
Manganelli, Massimiliano 96, 97, 109
Mangione, Jerre 87, 323
Mannelli, Soveria 113-14, 122-23,
    161
Mantini, Vincenzo 182
Mantovani, Giuseppe 61, 74
Manzoni, Alessandro 104, 109, 279,
Maraini, Dacia 130, 135, 142, 193,
    200, 205
Marchetti, Giulio 63
Magris, Claudio 212, 216
Marfè, Luigi 216
Marino, Marco 100, 108
Marino, Maurizio 78, 80
Martelli, Matteo 56, 59
Martelli, Sebastiano 219, 226
Martineau, Harriet 250
Martinengo, Maria Cristina 186-87,
    200
Mark-Viverito, Melissa 267, 274
Marshall, John 271
Martoglio, Nino 46-51, 59-60
Martone, Thomas 130-31, 133-34,
    142
Mas, Artur 65
Maslow, Abraham 88-9, 90
Mastroberti, Francesco 183, 186
Mastrodascio, Silvio 127-37
Matisse, Henri 126
Mazzini, Giuseppe 257
Mazzucco, Melania 315-16
McGee, Harold 187, 200
Means, Russel 265-66
Meda, Ambra 320, 325-26
Mellini Ponçe de Lèon, Vincenzo
    176, 186
Melosi, Laura 167-68, 170, 172
Mendoza, Eduardo 63

Mercati, Giovanni 113, 122
Michelangelo 126, 133
Michetti, Francesco Paolo 162, 165,
    168
Mieli, Renato 85
Mirò, Joan 63
Mondo, Lorenzo 219
Moliler, Ludwig 114, 123
Montalbano, Salvo 194
Montale, Eugenio 35, 43, 97, 98, 109
Montanari, Massimo 187, 200
Moore, Henry 133
Morand, Paul 63
Morelli, Maria 45, 59
Moses 231-32
Murcott, Anne 187, 200
Murphy, Timothy 79, 80
Muscetta, Carlo 219
Musco, Angelo 46-51, 53, 58
Mussolini, Benito 36, 81-2, 273

Nadiani, Giovanni 107
Nahikiam-Nels, Marcia 187, 200
Nardell, Maria 325-26
Nasti, Agostino 47, 59
Nencioni, Enrico 163, 165, 172
Nettle, Daniel 104, 109
Nicaso, Roberto 11, 33
Ninci, Giuseppe 174, 176, 177, 180,
    181, 183, 184, 186
Nisticò, Vittorio 238
Nuessel, Frank 130, 136, 142

Occhipinti, Marcello 5, 10, 33
Oliveres, Arcadi 63
Ortese, Anna Maria 36-42
Ortiz de Antonio, Jordi 66, 74
Ovidio 171

Pagano, Giuseppe 110, 123
Papa Francesco (Pope Francis) 153
Parenti, Giovanni 170, 172
Parentin, Andrea 76, 80
Pasquale, Artie 92

Pasolini, Pier Palo 28, 99, 105, 109,
    151-2, 206, 290, 294, 297-300
Passalacqua, Giuseppe 46, 58, 60
Patermo, Luigi 6
Pavase, Cesare 41, 43, 218-19, 226
Pedullà, Walter 239, 248
Pegoraro, Silvia 126, 128, 130, 142
Pellegrini, Giovan Battista 110, 123
Perales-García, Cristina 66, 74
Perin, Roberto 5, 33
Perrella, Silvio 238, 240-42, 248
Pertusi, Agostino 113-15, 123
Petri, Romano 156
Petrilli, Raffaella 11, 33, 156
Petronilla 68
Picasso, Pablo 63, 135
Piccitto Giorgio 110, 112, 116-17,
    123-24
Pierro, Albino 107
Pirandello, Luigi 13, 46, 48-51, 59-
    60, 291, 294, 300, 310-12, 319
Pitrè, Giuseppe 55, 116, 119, 122-23
Plastino, Goffredo 79-80
Platone (Plato) 28, 136, 190, 307
Pomodoro, Giò 133
Pont-Sorribes, Carles 64, 74
Pont Sorribe, Carles 72, 74
Pope Nicholas V 270
Porcheddu, Andrea 46, 59
Postman, Sheryl Lynn 228
Pozzetta, George 5, 33
Praga, Marco 53, 59
Prat, Lorenç 74
Primo de Rivera, Miguel 64
Puigdemont, Carles 64-6

Quasimodo, Salvatore 82, 84

Raboni, Giovanni 97
Rago, Angela 92
Ramirez, Bruno 5, 33
Rashed, Rafia 77
Reale, Giovanni 302, 308
Reisigl, Martin 62, 74
Rentocchini, Emilio 107

Resta, Gianvito 57, 59
Riccobene, Lina 7, 10, 33
Rimanelli, Giose 218-26, 228-29,
    232, 236-37
Ristori, Adelaide 45
Rivera, Albert 66
Rnciglio, Antonio 319
Robert the Bruce 65
Robinson, Julie 91
Rodin 133
Rohlfs, Gerhard 112, 116, 124
Romaine, Suzzane 104, 109
Romano, Will 80
Ronchey, Silvia 114, 124
Rosato, Giuseppe 130-32, 142
Rose, Brent 264, 275
Rossato, Linda 187, 200
Rossi, Adolfo 308-09, 312-13
Rossi-Taibbi, Giuseppe 114, 124
Ruberto, Laura E. 269, 275
Ruffino, Giovanni 110, 124
Ruoppolo, Mario 248
Rusca, Giambattista 183
Russo, Luigi 3

Sadero Scarpa, Geni 50-2, 60
Saluzzo, Diodata 45
Samà, Cinzia 44, 60
San Bonaventura 145
San Francesco d'Assisi (Saint Francis
    of Assisi) 144-50
Sapegno, Natalino 278, 288
Santuccio, Maria Elena 58, 60
Saracino, Vito 48, 60
Sassi, Gianni 77, 78
Scaduto, Mario 113, 124
Schafer, R. Murray 203, 213, 216
Scarpetta, Eduardo 169
Sciascia, Leonardo 7-8, 28, 33-4, 106
Sciorra, Joseph 269, 275
Sellerio, Enzo 106
Sennett, Richard 203, 216
Serao, Matilde 312-14
Sicilano, Enzo 155
Siebetcheau, Raymond 18, 23, 31

Simeti, Taylor 190, 200
Sims, J. Marion 267-68
Sinatra, Frank 265
Siria, Guzzo 199-200
Sironi 135
Šklovskij Viktor B 56, 60
Soldati, Mario 324
Soyer, Alexis 258
Sperber, Dan 61, 74
Spinelli, Matteo 48
Spinoza, Baruch 149
Spunta, Marina 201, 216
Stebbins, Emma 273, 275
Stella, Gian Antonio 11, 33
Stratos, Demetrio 77-80
Stephenson, Geoffrey M. 306, 308
Strobe, Wolfgang 306, 308
Strozzieri, Leo 130, 133-34, 142
Sturino, Fran 5, 33
Sucher, Kathryn P. 187, 200

Tajfel, Henri 306, 308
Talat, Refik 205
Tamburri, Anthony Julian 275-76
Tarde, Gabriel 305, 308
Taylor Simeti, Mary 190, 200
Tavolazzi, Ares 78
Tedesco, Natale 106
Tellini, Gino 278, 288
Tellini, Giulia 60
Teti, Vito 158, 161
Thiébaut de Berneaud, Arsenne 185-
    86
Thornbury, Walter 258
Tiboni, Edoardo 172
Tiziano 133
Tofani, Paulo 78
Toppan, Marino 5, 6, 9, 31, 33
Tosti, Paolo 162
Trevi, Emanuele 97, 109, 161
Trevisan, Alessandra 205, 216
Troisi, Massimo 248
Tropea, Giovanni 112, 124
Trovato, Salvatore C. 112, 124
Tyson, Neil deGrasse 264, 272-73

Tuan, Yi-Fu 203, 217
Tuccio, Antonio 155
Turi, Gabriele 176-77, 186
Tusiani, Joseph 159, 161

Uccello, Antonino 190, 200
Uslu, Melih 217
Uyar, Turgut 207
Uzuner, Buket 201, 217

Vallillo, John 261, 262, 277
Van Dijk, Teun 61-2, 74
Van Esterik, Penny 200
Vazquez Montalban, Manuel 63
Vedovelli, Massimo 1-2, 5, 17, 23,
    30-1, 33-4, 128, 142
Verdi, Giuseppe 88
Verga, Giovanni 99, 163, 224, 285,
    288, 310
Vico, Giambattista 136
Vilardo, Stefano 5, 7-10, 30-4
Villalta, Gian Mario 107
Villena Martínez, Antonio José 66,
    74
Vittorini, Elio 43, 80, 82-6, 89-90
Vittorio Emanuele III 51
Vivanti, Annie 45
von Humboldt, Wilhelm 125, 141

Walker, Greg 80
Wallace, William 65
Washington, George 268, 272-73
White, Hayden 269, 273, 277
Wills, Henry 251-52
Wilson, Deidre 61
Winyard, Ben 249, 251
Wisniewski, Anthony C. 264, 268,
    277
Wittgenstein, Ludwig 128, 137, 142
Wodak, Ruth 62, 74
Wood, Sharon 44
Wrefrod, Henry G. 253-57

Zancan, Marina 44, 60
Zanobi, Folco 90

Zappulla, Enzo 46, 48
Zappulla Muscarà, Sarah 46, 48-51,
    60
Zavattini, Cesare 36
Zeno, Apostolo 45
Zinelli, Fabio 96, 104-05, 107,109
Zobi, Antonio 176, 178-79, 182, 186
Zucchi, John E 5, 34

NOTES

NOTES

SAGGISTICA

Taking its name from the Italian — which means essays, essay writing, or non-fiction — *Saggisitca* is a referred book series dedicated to the study of all topics and cultural productions that fall under what we might consider that larger umbrella of all things Italian and Italian/American.

Vito Zagarrio
  The "Un-Happy Ending": Re-viewing The Cinema of Frank Capra. 2011. ISBN 978-1-59954-005-4. Volume 1.
Paolo A. Giordano, Editor
  The Hyphenate Writer and The Legacy of Exile. 2010. ISBN 978-1-59954-007-8. Volume 2.
Dennis Barone
  America / Trattabili. 2011. ISBN 978-1-59954-018-4. Volume 3.
Fred L. Gardaphè
  The Art of Reading Italian Americana. 2011. ISBN 978-1-59954-019-1. Volume 4.
Anthony Julian Tamburri
  Re-viewing Italian Americana: Generalities and Specificities on Cinema. 2011. ISBN 978-1-59954-020-7. Volume 5.
Sheryl Lynn Postman
  An Italian Writer's Journey through American Realities: Giose Rimanelli's English Novels. "The most tormented decade of America: the 60s" ISBN 978-1-59954-034-4. Volume 6.
Luigi Fontanella
  Migrating Words: Italian Writers in the United States. 2012. ISBN 978-1-59954-041-2. Volume 7.
Peter Covino & Dennis Barone, Editors
  Essays on Italian American Literature and Culture. 2012. ISBN 978-1-59954-035-1. Volume 8.
Gianfranco Viesti
  Italy at the Crossroads. 2012. ISBN 978-1-59954-071-9. Volume 9.
Peter Carravetta, Editor
  Discourse Boundary Creation (LOGOS TOPOS POIESIS): A Festschrift in Honor of Paolo Valesio. ISBN 978-1-59954-036-8. Volume 10.
Antonio Vitti and Anthony Julian Tamburri, Editors
  Europe, Italy, and the Mediterranean. ISBN 978-1-59954-073-3. Volume 11.

Vincenzo Scotti
  Pax Mafiosa or War: Twenty Years after the Palermo Massacres. 2012. ISBN 978-1-59954-074-0. Volume 12.
Anthony Julian Tamburri, Editor
  Meditations on Identity. Meditazioni su identità. ISBN 978-1-59954-082-5. Volume 13.
Peter Carravetta, Editor
  Theater of the Mind, Stage of History. A Festschrift in Honor of Mario Mignone. ISBN 978-1-59954-083-2. Volume 14.
Lorenzo Del Boca
  Italy's Lies. Debunking History's Lies So That Italy Might Become A "Normal Country". ISBN 978-1-59954-084-9. Volume 15.
George Guida
  Spectacles of Themselves. Essays in Italian American Popular Culture and Literature. ISBN 978-1-59954-090-0. Volume 16.
Antonio Vitti and Anthony Julian Tamburri, Editors
  Mare Nostrum: prospettive di un dialogo tra alterità e mediterraneità. ISBN 978-1-59954-100-6. Volume 17.
Patrizia Salvetti
  Rope and Soap. Lynchings of Italians in the United States. ISBN 978-1-59954-101-3. Volume 18.
Sheryl Lynn Postman and Anthony Julian Tamburri, Editors
  Re-reading Rimanelli in America: Six Decades in the United States. ISBN 978-1-59954-102-0. Volume 19.
Pasquale Verdicchio
  Bound by Distance. Rethinking Nationalism Through the Italian Diaspora. ISBN 978-1-59954-103-7. Volume 20.
Peter Carravetta
  After Identity. Migration, Critique, Italian American Culture. ISBN 978-1-59954-072-6. Volume 21.
Antonio Vitti and Anthony Julian Tamburri, Editors
  The Mediterranean As Seen by Insiders and Outsiders. ISBN 978-1-59954-107-5. Volume 22.
Eugenio Ragni
  After Identity. Migration, Critique, Italian American Culture. ISBN 978-1-59954-109-9. Volume 23.
Quinto Antonelli
  Intimate History of the Great War: Letters, Diaries, and Memoirs from Soldiers on the Front. ISBN 978-1-59954-111-2. Volume 24.

Antonio Vitti and Anthony Julian Tamburri, Editors
The Mediterranean Dreamed and Lived by Insiders and Outsiders. ISBN 978-1-59954-115-0. Volume 25.

Sabrina Vellucci and Carla Francellini, Editors
Re-Mapping Italian America: Places, Cultures, Identities. ISBN 978-1-59954-116-7. Volume 26.

Stephen J. Belluscio
Garibaldi M. Lapolla: A Study of His Novels. ISBN 978-1-59954-125-9. Volume 27.

Antonio Vitti and Anthony Julian Tamburri, Editors
The Representation of the Mediterranean World by Insiders and Outsiders. ISBN 978-1-59954-113-6. Volume 28.

Philip Balma and Giovanni Spani, Editors
Translating for (and from) The Italian Screen: Dubbing and Subtitles. ISBN 978-1-59954-141-9. Volume 29.

Antonio Vitti and Anthony Julian Tamburri, Editors
The Representation of the Mediterranean World by Insiders and Outsiders. ISBN 978-1-59954-142-6. Volume 30.

Anthony Julian Tamburri, Editor
Interrogations into Italian-American Studies. The Francesco and Mary Giambelli Foundation Lectures. ISBN 978-1-59954-143-3. Volume 31.

Susanna Nanni and Sabrina Vellucci, Editors
Circolazione di idee e di persone: Integrazione ed esclusione tra Europa e Americhe. ISBN 978-1-59954-155-6. Volume 33.

Sian Gibby, Joseph Sciorra, and Anthony Julian Tamburri, Editors
This Hope Sustains the Scholar: Essays in Tribute to the Work of Robert Viscusi. ISBN 978-1-59954-167-9. Volume 34.

Antonio Vitti and Anthony Julian Tamburri, Editors
Mediterranean Encounters and Clashes. Incontri e scontri mediterranei. ISBN 978-1-59954-171-6. Volume 35.

Wendy Pojmann
Espresso. The Art and Sould of Italy. ISBN 978-1-59954-168-6. Volume 36.

Paolo Giordano and Anthony Julian Tamburri, Editors
Il miglior fabbro. Essays in Honor of Joseph Tusiani. ISBN 978-1-59954-184-6. Volume 37

www.ingramcontent.com/pod-product-compliance
Lightning Source LLC
Chambersburg PA
CBHW020822270326
41928CB00006B/408